*Also in the Collected Studies Series:*

**RENÉ METZ**
La femme et l'enfant dans le droit canonique médiéval

**MARCEL PACAUT**
Doctrines politiques et structures ecclésiastiques en Occident médiéval

**REINHARD ELZE**
Päpste-Kaiser-Könige und die mittelalterliche Heerschaftssymbolik

**C. R. CHENEY**
The Papacy and England, 12th–14th Centuries

**STEPHAN KUTTNER**
Gratian and the Schools of Law, 1140–1234

**STEPHAN KUTTNER**
The History of Ideas and Doctrines of Canon Law in the Middle Ages

**JEAN GAUDEMET**
La société ecclésiastique dans l'Occident médiéval

**JEAN GAUDEMET**
Eglise et société en Occident au Moyen Age

**YVES CONGAR**
Droit ancien et structures ecclésiales

**YVES CONGAR**
Thomas d'Aquin. Sa vision de théologie et de l'Eglise

**PETER LINEHAN**
Spanish Church and Society, 1150–1300

**YVES DOSSAT**
Eglise et hérésie en France au XIIIe siècle

**ARYEH GRABOÏS**
Civilisation et société dans l'Occident médiéval

**RAYMONDE FOREVILLE**
Thomas Becket dans la tradition historique et hagiographique

**BERNARD HAMILTON**
Monastic Reform, Catharism and the Crusades (900–1300)

# Vie canoniale en France aux Xe–XIIe siècles

Jean Becquet

# Vie canoniale en France aux Xe–XIIe siècles

VARIORUM REPRINTS
London 1985

*British Library CIP data*

Becquet, Jean
Vie canoniale en France aux Xe – XIIe siècles.
— (Collected studies series; CS220)
1. Canons, Cathedral, collegiate etc. — France
— Limoges 2. Catholic Church — Clergy —
History
I. Title
248.8′92 BX1912.7

ISBN 0–86078–168–2





*Published in Great Britain by* Variorum Reprints
20 Pembridge Mews London W11 3EQ

*Printed in Great Britain by* Galliard (Printers) Ltd
Great Yarmouth Norfolk

VARIORUM REPRINT CS220

## TABLE DES MATIÈRES

Ce volume est composé de 292 pages.

# AVERTISSEMENT

Centré sur le Limousin, le recueil des articles ici présentés s'étend à quelques réalités françaises et aquitaines qui donnent au Limousin canonial du Moyen Age les perspectives convenables.

La première de ces réalités est l'érémitisme pratiqué par des clercs épris de vie religieuse, éventuellement accompagnés de laïcs convertis. Le Limousin a fourni en la matière au XIIe siècle non seulement l'étonnante aventure de l'Ordre de Grandmont, doté d'une règle propre, mais aussi les réalisations plus modestes de l'Ordre de l'Artige sous étiquette canoniale avec la règle augustinienne. A vrai dire, les Artigiens préfigurent les Ermites de Saint-Augustin du XIIIe siècle et n'ont donc pas été retenus dans le présent recueil.

La première réunion de la Mendola, en 1959, marque une date dans les études canoniales sur la chrétienté latine: l'idéal de vie commune du clergé, occasionnellement expérimenté dans l'Eglise depuis les origines, s'est réalisé aux XIe et XIIe siècles sous divers aspects qu'il fallait examiner, non seulement au niveau des spéculations théologiques et des élaborations normatives, mais aussi sur le terrain des diocèses et des régions. Rendant compte de cette réunion et de la prospective qu'elle offrait, Pierre Toubert a bien senti[1] la nécessité d'enquêtes locales qui puissent confronter les besoins et les possibilités d'un moment — celui de la réforme grégorienne — avec les ressources du vocabulaire traditionnel et les aléas de la terminologie postérieure. L'historien ne peut se payer de mots!

A cette première réunion de la Mendola, j'avais présenté une brève esquisse de la situation canoniale limousine, et cette esquisse a été développée dans un article des *Analecta Praemonstratensia*[2]: "Les chanoines réguliers en Limousin aux XIe et XIIe siècles". On ne trouvera ici ni l'une ni l'autre de ces deux esquisses pour la raison que les divers articles reproduits dans ce recueil traitent en détail les diverses étapes typologiques qu'elles suggèrent; en outre, un article de synthèse (n° X) présente finalement les résultats acquis. On ne trouvera pas non plus ici un article purement bibliographique que j'avais publié dans les mêmes *Analecta*[3] sous le titre "Les établissements canoniaux dans les manuscrits des nouvelles acquisitions latines à la Bibliothèque Nationale de Paris", car cet article a le grave inconvénient d'omettre les cathédrales.

L'érémitisme est à l'origine de bien des réalisations religieuses: nouveau monachisme, fondations hospitalières, régularité augustinienne chez les chanoines . . . Mais si l'érémitisme a joué son rôle dans cette régularité pour le Limousin des Xe–XIIe siècles, on ne saurait poser la même affirmation pour la France du même temps. C'est pourquoi un article final donne un aperçu des régularisations augustiniennes dans ces centres majeurs de vie canoniale et de décisions ecclésiastiques que furent alors les cathédrales françaises.

Qui souhaiterait avoir une initiation rapide sur les problèmes que soulève ce recueil pourrait recourir au chapitre que j'ai rédigé sur les chanoines réguliers à la demande de mon regretté confrère dom Jacques Houlier pour son volume de l'*Histoire du Droit et des Institutions de l'Eglises en Occident, tome X, l'âge classique (1140–1378).*[4] J'ai depuis lors précisé le rôle paroissial des chanoines réguliers lors d'une autre réunion de la Mendola, en 1974, sous le titre "La paroisse en France au XIIe siècle".[5]

Les index de ce recueil se conforment aux besoins des usagers de *Variorum Reprints*. On a exclu, comme inutilement répétitive, la masse des références aux noms des évêques de Limoges et aux vocables des établissments religieux de la ville. En revanche, on a volontiers retenu les personnages et les localités dont le nom était susceptible de fournir quelque ouverture aux lecteurs d'un recueil nettement centré sur un seul diocèse.

JEAN BECQUET o.s.b.

*Ligugé,*
*février 1985*

[1] La vie commune des clercs aux XIe–XIIe siècles. Un questionnaire, dans *Revue Historique*, t. 231, 1964, p. 11–26.

[2] Tome 36, 1960, p. 193–235 (avec trois pièces inédites, 1062–1154).

[3] Tome 41, 1965, p. 246–255.

[4] Sous la direction de Gabriel Le Bras, Paris, éd. Cujas, 1974, un vol. in-8° de 568 p. (les chanoines réguliers: p. 79–97).

[5] Le istituzioni ecclesiastiche della "societas christiana" dei secoli XI–XII. Diocesi, pievi e parrochie. Atti della Settimana internazionale di studio, Milano 1–7 settembre 1974 (*Pubbl. dell'Università cattolica del S. Cuore, Miscellanea del Centro di studi medioevali, VIII* Milano [1977]) p. 199–222.

# NOTE DE L'ÉDITEUR

Les articles dans ce volume, comme dans tous les autres de la Série Recueils d'Etudes, n'ont pas reçu une nouvelle pagination suivie. En vue d'éviter une confusion possible et de faciliter la consultation lorsqu'il est fait référence ailleurs à ces mêmes études, on a maintenu la pagination originelle partout où c'était faisable.

Tous les articles ont été pourvus d'un numéro en chiffres romains dans l'ordre de leur parution, conformément au Sommaire. Ce numéro se répète sur chaque page et se retrouve aux titres de l'Index.

# I

## Chanoines réguliers et Érémitisme clérical *

Malgré un intervalle de temps dont la seconde guerre mondiale explique la durée, l'article « Chanoines » de Charles Dereine, paru en 1950 dans le *Dictionnaire d'Histoire et de Géographie ecclésiastique*[1], se situe dans la problématique établie par A. Fliche dans *La Réforme grégorienne* dès 1934-1940[2], problématique qu'il prolonge et corrige.

En effet, dans cet article et dans ceux qu'il y ajoutera par la suite[3], C. Dereine montre avec pénétration que la spiritualité des temps grégoriens est autant canoniale que monastique, et il établit les critères par lesquels s'établissent de délicates distinctions entre la vie canoniale de type carolingien et celle que, sous diverses formes, la règle de saint Augustin a animée à partir du milieu du XIe siècle. L'historiographie française du Moyen Age religieux sera redevable à ce Belge d'avoir, entre autres choses, rectifié les perspectives du maître de Montpellier en insistant sur le poids des traditions carolingiennes dans l'Empire face aux initiatives décidément italiennes et provençales de la papauté réformatrice.

Toute « vraie et fausse réforme dans l'Eglise » remet en honneur la vie de l'âge apostolique, et spécialement le partage des biens : pour des clercs vivant au service et du service des églises, la désappropriation individuelle, déjà prônée par saint Augustin et saint Jérôme, était un idéal que le concile romain

* On ne trouvera pas dans cette brève chronique une revue exhaustive ni même générale de tous les écrits se rapportant à la spiritualité des chanoines réguliers et des ermites médiévaux, mais une simple orientation à partir des institutions de ces formations religieuses. Le *Bulletin de théologie ancienne et médiévale* [B.T.A.M.] du Mont-César (Louvain) a été d'une grande utilité et l'on se contentera parfois d'y renvoyer.

(1) T. XII, 1953, col. 353-405.

(2) Le t. VIII de l'*Histoire de l'Eglise*... de Fliche-Martin est de 1940.

(3) Outre ceux qui seront cités plus bas, retenons surtout : « Les chanoines réguliers au diocèse de Liège avant saint Norbert », *Acad. royale de Belgique, cl. des Lettres, Mémoires* in-8°, t. 47, 1, Bruxelles 1952.

du Latran, en 1059, tenta vainement de faire passer dans la pratique générale. Les légats apostoliques, puis Urbain II en personne, parcourant la France et l'Aquitaine, les multiples voyages d'évêques en curie, les innombrables pèlerinages en Italie et en Terre Sainte, tout cela encouragea une restructuration du monde clérical et monastique à laquelle la montée démographique n'est pas plus étrangère que la pacification commençante du second âge féodal.

Ce remodelage était et reste beaucoup mieux connu, par des préceptes législatifs et des considérations théoriques, en ce qui concerne la gent monastique dont les structures plus rigides ont plus longtemps sauvegardé les institutions, et donc les documents.

La vie canoniale, plus souple et plus fragile, plus dépendante de la conjoncture ecclésiale, a vu bien souvent ses établissements passer en d'autres mains, celles des moines au haut moyen âge, celles des Mendiants ensuite, des clercs réguliers plus tard. Et quand les restaurateurs romantiques tentèrent la dernière en date des chrétientés, c'est à l'ordre monastique normalisé sous l'unique règle de saint Benoît[4] qu'ils pensèrent pour repeupler les cloîtres. Si, venu après dom Guéranger, dom Gréa avait eu le succès institutionnel et l'audience spirituelle que lui méritaient ses qualités de théologien et d'historien[5], l'étude de la vie canoniale médiévale n'aurait pas un tel retard sur les études d'histoire monastique : l'eau va toujours à la rivière... !

Au moins peut-on dire que les études récentes ou actuelles sur les chanoines ne doivent rien à une complaisance de leurs auteurs pour des familles religieuses qui, si l'on excepte le cas majeur de Prémontré et de la Confédération des Chanoines réguliers, n'existent plus et n'ont guère de chances de renaître ; c'est le souci de rétablir de justes perspectives dans le tableau de la vie religieuse du haut moyen âge, en profitant d'une documentation mieux connue, qui a provoqué ces études.

*

« *La vita commune del clero nei secoli XI e XII* » : tel fut le programme de la première semaine d'études triennales et internationales que l'Université Catholique de Milan organisa dans son centre culturel du Trentin, à la Mendola, en 1959.

(4) Ainsi en avait-il été de la réorganisation carolingienne !

(5) Sa descendance spirituelle forme actuellement l'une des congrégations canoniales récemment confédérées, les Chanoines Réguliers de l'Immaculée Conception.

C'était allécher ceux dont l'attention historique avait été éveillée et les recherches déjà orientées par Fliche, Dereine, Jean-Berthold Mahn et d'autres en langue française, J.-C. Dickinson en anglais, Herbert Grundmann et Georg Schreiber en allemand. A feuilleter les deux tomes d'actes issus de cette réunion[6], on s'aperçoit que la vie canoniale est, pour les chercheurs, surtout une institution à éclairer par des études de détail ou des synthèses régionales, voire à mettre en rapport avec les données économiques, politiques ou ecclésiastiques de la période considérée.

La spiritualité canoniale n'est ici envisagée comme telle et pour elle-même que par dom Jean Leclercq. Si, en effet, le regretté chanoine Delaruelle a surtout traité de la dévotion populaire en marge de la vie commune des clercs, le R.P. Petit avait simplement repris, à la lumière des recherches récentes, les vues exposées par lui sur les débuts de son Ordre dans le livre d'initiation générale qu'il consacrait dès 1947 à « La spiritualité des Prémontrés aux XII^e^ et XIII^e^ siècles ». De cet ouvrage qui reste classique, quoique un peu dépassé, on peut rapprocher par commodité « Les chanoines réguliers de saint Augustin. Aperçu historique » du P. Aloïs Van Ette, et « Vie canoniale. Idéal très ancien et toujours actuel » de dom H. Vissers, ces deux auteurs étant chanoines réguliers de la Congrégation de Latran[7]. Pour faire bonne mesure, on y ajoutera le recueil historique et statistique publié en 1954 par la Confédération des Congrégations de chanoines réguliers : « Canonicorum regularium sodalitates »[8].

Connaisseur consommé et fervent de la spiritualité monastique médiévale, dom J. Leclercq n'eut pas de peine à exposer que la spiritualité du clergé de vie commune trouve, aux XI^e^ et XII^e^ siècles, sa plus parfaite expression dans celle des chanoines réguliers, et à montrer tout ce que ceux-ci devaient aux traditions ascétiques et mystiques du monachisme bénédictin. Ayant un même but : l'amour de Dieu, des moyens semblables : la vie claustrale, la même théologie pré-scolastique, les moines et les chanoines réguliers ne pouvaient guère se distinguer que par l'accent mis sur tel aspect de leurs institutions du moment, comme la *cura animarum* rarement exclue chez les seconds et rarement permise chez les premiers. Dom Leclercq concluait donc à une dualité traditionnelle, cléricale et monastique, dans la spiritualité des chanoines réguliers. Un article comme celui

(6) Même titre, 2 vol., « Pub. dell'Università Catt. del S. Cuore », ser. III, Sc. Stor. 2-3, Milan 1962.
(7) Publiés le premier à Cholet en 1953, le second s.l.n.d. [imprimé à Saint-Michel en Brabant, Belgique, en 1958].
(8) Vorau, Autriche, 1954.

de dom Oury, publié en 1962 sous le titre : « L'idéal monastique dans la vie canoniale : le bienheureux Hervé de Tours († 1022)[9] » témoigne de la permanence de ces vues.

L'exposé de dom Leclercq a valeur cardinale pour la présente chronique, par les sérieuses réserves consignées dans les interventions d'auditeurs aussi compétents que le P. Petit, C. Dereine ou le P. Amargier. Ces réserves sont, à vrai dire, embarrassées par une masse de faits où dom Leclercq n'avait lui-même que l'embarras du choix de ses exemples, et le meilleur est certainement le *De Claustro animae* d'Hugues de Fouilloy[10] ! Les objectants se sont aussi trouvés devant des embûches typologiques : la règle de saint Augustin n'est, à l'époque, qu'un élément secondaire de la vie canoniale, ou de la vie hospitalière, ou de l'érémitisme, tandis que la règle bénédictine est alors essentielle à l'Ordre monastique, sauf le marginalisme cartusien. Reste le vrai problème : le service liturgique et charitable des lieux de culte ne suffisait-il pas à offrir au clergé des normes de vie commune et les moyens d'approfondir sa vie spirituelle ?

Cette première semaine de la Mendola devait se révéler très stimulante pour ses participants et les lecteurs de ses actes. Le premier volume de ceux-ci se termine par un questionnaire italien très détaillé qui vise à établir une typologie canoniale générale à l'Occident latin et à fournir des cadres d'étude pour toutes les questions d'histoire canoniale ; à ce questionnaire, dont la richesse pourra paraître confuse, M. Szymanski a donné assez vite des éléments de réponse pour la Pologne[11]. Mais le projet officieux d'une bibliographie courante internationale, par grands ensembles nationaux, de l'histoire canoniale complète, parallèle aux abondantes bibliographies d'histoire monastique, n'a pas eu de suite, faute d'un support périodique assuré. En outre, la revue *Ordo canonicus*, publiée à Rome depuis 1947 et partiellement consacrée à des études historiques médiévales, cessa de paraître en 1960.

En revanche, l'excellente revue *Analecta praemonstratensia* des Prémontrés belges d'Averbode reste indispensable pour tout ce qui touche à la spiritualité et à l'histoire de leur Ordre ; elle publie même des textes législatifs et des études juridiques sur le sujet. De même la *Revue des études augustiniennes* a un « Bulletin augustinien » qui distingue bien les chanoines

(9) *Revue Mabillon*, t. 52, 1962, p. 1-31.

(10) On a même voulu attribuer — à tort, semble-t-il — à un Clunisien cette œuvre qui aura au moins une imitation dans le monde canonial (cf. B.T.A.M., t. 8, 3017 et t. 9, 1096 et 2266).

(11) J. Szymanski, « Problèmes de la *Vita canonica* dans la Pologne des XIIe et XIIIe siècles », *Aevum*, t. 38, 1964, p. 468-478.

réguliers. De plus, si le bulletin bibliographique de la *Revue Mabillon*, hospitalier aux abbayes et prieurés monastiques ou canoniaux, a cessé de paraître en 1966, la collection de bibliographie rétrospective patronée par la Revue a repris la publication d'un volume[12] qui respecte, en la justifiant, une division des deux Ordres, rappelée par les Carolingiens, reconnue par la pratique diplomatique de la curie romaine, entretenue par les usages liturgiques médiévaux.

Les travaux consacrés directement ou indirectement à l'Ordre canonial depuis la première rencontre de la Mendola ont été si nombreux que l'on doit écarter de leur revue nombre d'aspects importants en se contentant de les évoquer. Ainsi en va-t-il de la règle de saint Augustin qui n'a partie liée avec l'Ordre canonial que de manière accessoire, quoique vitale. Ainsi en va-t-il de la doctrine spirituelle des Victorins qui font un peu figure de comparses dans le sillage contemplatif de saint Grégoire le Grand, et que leur intellectualisme semble désolidariser de la tradition bénédictine et érémitique[13] (on voit là l'inconvénient qu'il y a à qualifier la spiritualité canoniale par le degré de tradition monastique qu'elle accueille).

Une des questions en suspens est la réhabilitation des institutions canoniales carolingiennes, parfois discréditées par la régularisation grégogrienne comme les chanoines, réguliers ou non, le sont par des restaurations monastiques. La vitalité de ces institutions fut réelle, surtout en pays d'Empire où l'on n'avait pas les mêmes facilités qu'en Aquitaine pour accueillir les nouveautés romaines ; partout, du reste, elles devaient servir de support au culte des cathédrales, sauf exception. En 1967 paraissaient « De Akense regels voor *canonici* en *canonicae* uit 816 » de J. van Waesberghe[14], et aussi un ensemble d'études sur « Saint Chrodegang »[15]. C'est également des situations carolingiennes qu'étudient divers auteurs particulièrement pénétrants comme H. Sylvestre[16] ou L. Musset[17].

(12) Coll. « Abbayes et Prieurés », t. XIV (diocèse actuel d'Arras), en cours de publication par fascicules de la *Revue Mabillon* (Ligugé).

(13) Art. « Contemplation » du *Dict. Sp.*, t. II, 1953, col. 1961-1966 ; ou encore R. JAVELET, *Psychologie des auteurs spirituels du XII^e^ siècle*, Strasbourg 1959. La classique *Histoire de la Spiritualité*, dans les parties de son t. II (1961) dues aux PP. J. Leclercq et F. Vanderbroucke, distribue chanoines réguliers et ermites dans des paragraphes de chapitres qui concernent les « ordres nouveaux » du XII^e^ siècle (moins les Cisterciens), les milieux scolaires ou la piété des laïcs.

(14) Assen, 1967, Van Gorcum ed. Cf. *R.H.E.*, *Bibl.* t. 63, 1968, n° 724.

(15) Communications présentées au colloque tenu à Metz à l'occasion du douzième centenaire de sa mort, Metz 1967, 204, p. in-4°.

(16) « Sur l'une des causes de la grande expansion de l'ordre canonial dans le diocèse de Liège aux X^e^ et XI^e^ siècles », *Revue Belge de Phil. et d'Hist.*, t. 31, 1953, p. 65-74

(17) « Recherches sur les communautés de clercs séculiers en Normandie au XI^e^ siècle », *Bull. Soc. Antiquaires de Normandie*, t. 55, 1959, n. 1-34.

Mais ce sont les chanoines proprement réguliers, c'est-à-dire désappropriés personnellement selon l'idéal grégorien et les formulations augustiniennes, que présente le P. Giroud dans une thèse : « L'Ordre des chanoines réguliers de saint Augustin et ses diverses formes de régime interne. Essai de synthèse historico-juridique[18]. » La *cura animarum* restant une question controversée parce que nos usages pastoraux nous la représentent comme dirimante, on doit signaler quelques travaux d'approche à partir de textes législatifs, tels que ceux de C. Dereine[19], « Le problème de la *cura animarum* chez Gratien », ou de F.J. Schmale[20], « Kanonie, Seelsorge, Eigenkirche ».

Le congrès de la Mendola de 1959 avait fait ressortir le besoin d'enquêtes codicologiques et d'éditions de coutumiers. C'est le premier besoin que rappelait C. Dereine en 1951 et en 1959 dans la revue *Scriptorium*[21], car les collections manuscrites saisissent pour ainsi dire au vol, dans des montages improvisés et sans lendemains institutionnels, les essais d'adaptation des usages canoniaux traditionnels aux idéaux du mouvement grégorien. C'est le nouveau mérite de l'Université Catholique de Milan d'avoir patroné deux solides contributions à des recherches de cette nature, celle de dom C.D. Fonseca, co-auteur du questionnaire des actes de 1959, « Medioevo canonicale[22] » et celle de dom G. Picasso, « Collezioni canoniche milanesi del secolo XII[23] ». L'historien de la spiritualité, trop souvent réduit aux traités en forme ou aux personnages représentatifs, ne peut ignorer ces tâtonnements anonymes où se cherche une ascèse collective et où se décèle parfois une mystique.

L'édition de coutumiers éprouvés par la pratique des principaux Ordres canoniaux est des plus nécessaires. Si la législation des Victorins suscite moins d'intérêt que leur pensée, deux des principales éditions ont été menées à bien par des érudits dont les attaches géographiques soutenaient la jeune ardeur. Le Flamand L. Milis, après une thèse considérable sur « L'Ordre des chanoines réguliers d'Arrouaise. Son histoire et son organisation, de la fondation de l'abbaye-mère (vers 1090) à la fin des chapitres généraux (1471)[24] » a publié tout récemment les *Constitutiones canonicorum regularium ordinis arroa-*

(18) Martigny, Suisse, 1961.
(19) *Studia Gratiana*, II, 1954.
(20) *Historisches Jahrbuch*, vol. 78, 1959, p. 38-63.
(21) T. 5, p. 107-113, et t. 13, p. 244-246.
(22) « Pub. dell'Università Catt. del S. Cuore », Contributi, ser. III, Sc. stor. 12, Milan 1970.
(23) Mêmes publications, Saggi e Ricerche, ser. III, Sc. stor. 2, Milan 1969.
(24) « Publications de l'Université de Gand, Faculté des Lettres et des Sciences », n° 147-148, Bruges 1969.

*siensis*[25]. Le dominicain suisse J. Siegwart a de son côté publié *Die consuetudines des Augustiner-Chorrherrenstiftes Marbach in Elsass (12 jahrh.)*[26]. Il va sans dire que l'une et l'autre de ces contributions majeures à l'histoire du droit interne, et donc de la vie religieuse, de deux importantes familles canoniales régulières disparues, sont précédées et suivies d'articles divers de leurs éditeurs, qu'il serait trop long de citer.

Un des importants rapports de la Mendola, en 1959, dû à P. Classen, portait sur le même sujet qu'un des exemples majeurs de dom Leclercq : Gerhoh de Reichersberg et l'association canoniale groupée autour de Rottenburg. Les *Opera inedita* de Gerhoh, traités et opuscules, commentaires sur les Psaumes, ont été l'objet d'une édition critique par les Franciscains médiévistes de l'Antonianum romain[27].

Pour terminer avec la Mendola 1959, sans s'attarder sur toutes les études régionales qu'elle a suscitées ou encouragées, disons seulement que la Lorraine n'en est pas restée au souvenir de saint Chrodegang[28], que l'Italie du Nord fait honneur au passé grégorien de Milan[29] et que la Belgique médiéviste bénéficie d'une étude sur la spiritualité de ses Croisiers[30].

*

En 1954, le P. Chenu avait placé « Moines, clercs, laïcs au carrefour de la vie évangélique... » au XII^e^ siècle[31]. La semaine de la Mendola de 1962 traita des ermites et celle de 1965 des laïcs[32].

En introduisant les rapports et discussions de 1962 par un exposé sur l' « Erémitisme occidental avant l'an mil », dom J. Leclercq trouva une fois de plus dans sa large information les nuances que demandait la fluidité de son sujet ; il distinguait un érémitisme monastique, c'est-à-dire vécu en marge des

(25) *Corpus Christianorum. Continuatio mediaevalis*, XX, Turnhout 1970.

(26) *Spicilegium Friburgense*, vol. 10, Fribourg 1965.

(27) *Spicilegium Pontificii Athenaei Antoniani*, 8-10, Rome 1955-56. P. Classen, *Gerhoh von Reichersberg. Eine Biographie*, Wiesbaden 1960.

(28) M. Parisse, « Les chanoines réguliers en Lorraine. Fondations, expansion », *Annales de l'Est*, 1968, p. 347-388.

(29) C.D. Fonseca, « Le canoniche regolari riformate dell'Italia nord-occidentale. Ricerche e problemi », *Relazioni... al XXXII Congresso storico subalpino, Pinerolo, 6-9 sett. 1964*, p. 337-381.

(30) M. Vinken, *De Spiritualiteit der Kruisheren*, Anvers 1953.

(31) *Rev. Hist. eccl.*, t. 49, 1954, p. 59-89.

(32) Les actes sont édités dans les mêmes *Pubblicazioni* que pour la Semaine de 1959, mais respectivement : *L'eremistismo in occidente nei secoli XI e XII* (« Miscellanea del Centro di Studi Medioevali », IV, 1965), *I laici nella* Societas christiana *dei secoli XI e XII* (*ibid.*, V, 1968). Ce second recueil n'a d'intérêt que pour les convers canoniaux traités par D. Fonseca (p. 262-305).

grands monastères, et donc mieux connu par une documentation mieux conservée, un érémitisme indépendant vécu en tout petits groupes peu stables, enfin un érémitisme organisé de manière souple mais fixe dans des laures encore mal connues. Le dénominateur commun de tous ces érémitismes est, bien entendu, la solitude, c'est-à-dire la distance prise par rapport aux facilités et aux gênes d'une civilisation qui, toute rurale qu'elle fût, était responsable d'une certaine « crise du cénobitisme[33] ».

Dom Leclercq distingue chronologiquement, dans l'érémitisme occidental des origines à nos jours, une première période, objet de son exposé, appelée par lui « patristique » par commodité. La période grégorienne des XIe et XIIe siècles se présente à ses yeux comme une phase d'effervescence de la chrétienté où les initiatives religieuses prennent souvent la forme d'un érémitisme indépendant qui peut mener aussi bien à la croisade, au pèlerinage, à l'hospitalité, à l'hérésie ou à une réanimation des formules canoniales et monastiques, voire à des créations originales comme Camaldoli, Grandmont ou la Chartreuse. Les Ermites de Saint-Augustin du XIIIe siècle représentent bien une troisième période où l'érémitisme de base, affecté d'un coefficient augustinien commode, sert de fondement à des organisations communautaires urbaines calquées sur celles des ordres mendiants.

Le choix exclusif que les Carolingiens avaient fait de la règle bénédictine pour codifier l'ordre monastique soulignait involontairement la référence de ladite règle à l'excellence de l'érémitisme. Mais ce choix ne consacre pas l'érémitisme comme unique inspiration et seul couronnement de la vie monastique traditionnelle en Occident latin. L'érémitisme a souvent permis une rénovation de l'ordre canonial par simple recul, pris individuellement vis-à-vis de ses structures, avec appui d'éléments laïcs occasionnels.

C'est ainsi que la Chartreuse a pour origine un clerc cultivé parti au désert avec quelques laïcs. Nul ne niera que ses institutions premières doivent beaucoup aux usages monastiques, mais il faut reconnaître l'originalité de la formule que ne diminuent en rien les tâtonnements du début. Au rapport de M. Bligny sur cet Ordre, dont l'historiographie n'est pas à la hauteur de son illustration, il faut ajouter les études du P. Maurice Laporte et diverses éditions des premiers écrivains[34].

(33) L'expression est de dom Morin et date de 1928 ; dom J. Leclercq l'a presque reprise dans « La crise du monachisme » (cf. B.T.A.M., t. 8, 996).

(34) Les travaux de dom M. Laporte sont multigraphiés en 5 vol. in-4° hors commerce, dont le t. IV contient une édition critique des premières coutumes. Le vol. 88 de la collection « Sources chrétiennes » est consacré aux *Lettres des premiers Chartreux*, I (Paris 1962).

Sur Fonte Avellana et Camaldoli, les actes de la Mendola de 1962 fournissent les solides contributions de MM. Capitani et Tabacco, venues s'ajouter aux travaux de dom Leclercq sur saint Pierre Damien[35]. Traitant de la spiritualité populaire à propos des ermites, E. Delaruelle était, cette fois, tout à fait *ad rem,* car l'ermite « patristique » libre et pauvre, est beaucoup plus au contact du peuple chrétien que le cénobite canonial ou monastique cloîtré et renté. Déjà vers l'an mil, des Camaldules italiens allaient exercer chez les Slaves un érémitisme missionnaire qui devait continuer l'évangélisation que saint Adalbert avait appuyée sur des monastères bénédictins ; le rapport de M. Kloczowski est très éclairant sur la disponibilité évangélique des ermites.

Le rapport de dom J. Becquet sur « L'érémitime clérical et laïque dans l'Ouest de la France » illustre cette existence d'un humus clérical, plus propice que tout autre terrain monastique ou canonial, aux germinations un peu folles dont la moisson ne s'engrange pas toute chez les moines, fussent-ils cisterciens. Le clerc prédicant que fut Robert d'Arbrissel est à l'origine de l'Ordre de Fontevrault qui offrait aux femmes une formule de vie venue du monachisme traditionnel, mais il créa pour ses disciples masculins une abbaye de chanoines réguliers. Son disciple Giraud de Sales se ralliera à la règle monastique à la fin de de sa vie seulement.

En Limousin, bien documenté par cinq biographies d'ermites du XII^e^ siècle, un seul de ces ermites se rallie aux Cisterciens après bien des hésitations[36]. Deux autres rénovent les formules canoniales en rejetant explicitement la *regulae monasticae sarcina* que propose Hugues de Cluny à l'un d'eux. Dans la même région, des pèlerins vénitiens ont pour descendance spirituelle le petit Ordre de l'Artige qui rassemble clercs et laïcs en petits établissements extra-paroissiaux sous l'étiquette commode de la règle de saint Augustin[37]. Aucun écrit spirituel ne subsiste de ces groupes de clercs ermites, mais leur simple stabilisation pour plusieurs siècles suppose la vigueur des institutions codifiées à Aix en 816 et stimulées aux temps grégoriens ; la concurrence de l'Ordre monastique et l'apparition des Mendiants ne permettaient pas de soupçonner jusqu'ici cette vigueur.

L'Ordre de Grandmont est connu par deux des cinq biographies précitées, celles du fondateur et d'un disciple, le

(35) *Saint Pierre Damien, ermite et homme d'Eglise,* Rome 1960.

(36) Il s'agit d'Etienne d'Obazine ; cf. la récente édition de sa vie par M. Aubrun (Clermont-Ferrand 1970).

(37) J. Becquet, « L'Ordre de l'Artige », *Bull. Soc. Archéol. et Hist. du Limousin,* t. 97, 1970, p. 83-142.

second ayant contribué à mettre par écrit la doctrine du premier sous le nom duquel on rédigea encore, dès le milieu du XII^e^ siècle, une règle concurrente des règles de saint Benoît et de saint Augustin. La doctrine d'Etienne de Muret, fondateur involontaire de Grandmont, est un évangélisme qui ne doit rien, dans son conditionnement notionnel, aux Pères du Désert racontés par Cassien et d'autres, mais beaucoup à saint Grégoire le Grand. Quelques usages claustraux servirent, c'est évident, de support à la vie des petits groupes de Grandmontains[38]. Les avatars de ces petits groupes où la propriété collective était strictement limitée et les responsabilités matérielles confiées aux seuls frères lais, a été décrite par le même auteur qui a édité les textes du premier siècle grandmontain. Dans ces textes, des commentaires et un coutumier prolongent la règle de l'Ordre que de multiples interventions pontificales allaient assimiler progressivement à l'Ordre de Cîteaux.

Les recherches érudites de dom Oury l'ont amené à considérer « L'érémitisme dans l'ancien diocèse de Tours au XII^e^ siècle[39] ». Mais, pour terminer sur un travail fort utile de vulgarisation canoniale régulière, signalons « La réforme des prêtres au moyen âge. Pauvreté et vie commune », du P. Petit[40], l'historien de Prémontré ; on y trouvera une anthologie de documents traduits et une table chronologique.

(38) J. Becquet, *Scriptores Ordinis Grandimontensis,* « Corpus Christ. Continuatio med. », VIII, 1968.

(39) *Revue Mabillon,* t. 58, 1970, p. 43-92.

(40) Coll. « Chrétiens de tous les temps » n° 29, Paris 1968.

# II

# Saint Hugues sur les chemins de Moissac

## La réforme canoniale

Les historiens de la réforme grégorienne se posent et se poseront longtemps encore la question de savoir quel rôle a joué Cluny dans cette réforme. Ils devront se demander de quel Cluny ils parlent, et aussi de quel aspect de la réforme il est question : querelle des investitures, restitutions d'églises, lutte contre la simonie et le nicolaïsme... Entre un événement comme la présence de saint Hugues à Canossa, et une problématique de mentalité comme la lente imprégnation de la conscience collective de l'Occident par Cluny, il y a place pour quantité de questions limitées mais suggestives[1].

Comme la réforme du clergé tient une place croissante dans les travaux sur la période grégorienne depuis une quinzaine d'années, je me suis demandé quel rapport il avait bien pu y avoir entre le monachisme clunisien et la réforme canoniale. Dans un gros volume consacré à saint Bernard récemment, il y a un chapitre qui concerne les chanoines réguliers[2]; dans deux savants volumes encore plus récents qu'une collaboration internationale a consacrés à la vie commune du clergé aux XI^e^ et XII^e^ siècles, le rôle de saint Hugues n'est évoqué de manière précise que pour Toulouse, et surtout pour Tolède[3].

Dans ces deux cas il s'agit de saint Hugues, allant, sur les chemins de Moissac, vers Toulouse et l'Espagne, dans une chrétienté en mal de renouveau et donc exigeante pour son clergé.

⁂

Dès 1888, Dom L'Huillier reprochait à l'abbé Delarc de passer presque sous silence le rôle de saint Hugues dans l'application de la réforme

1. Ainsi l'article de Th. Schieffer, *Cluny et la querelle des Investitures* dans *Revue Historique,* t. 225 (1961), pp. 47-72.

2. *Bernard de Clairvaux,* Publications de la Commission Historique de l'Ordre de Cîteaux, t. III, Paris, 1953, pp. 263-288.

3. *La Vita commune del Clero nei secoli XI e XII,* dans *Atti della Settimana di Studio : Mendola, sett. 1959* (*Pubbl. del Univers. Catt. del S. Cuore, Ser. III, Sc. Stor. 2-3,* Soc. Ed. Vita e Pensiero, Milano). Dans les perspectives et hypothèses de travail, au début du tome I (pp. 5-6), M. Violante retient surtout le rôle décisif des Clunisiens dans la crise des dernières années de Grégoire VII; le chanoine J.F. Rivera traite de Tolède (t. I, pp. 221-222) et M^lle^ E. Magnou reprend en partie (t. II, pp. 110-114) le travail cité *infr.* note 16.

du clergé à l'époque grégorienne[4]. Nous n'avons plus les excuses qu'avait l'abbé Delarc, mais nous avons le devoir d'être plus précis que ne l'est généralement Dom L'Huillier. Nous savons mieux en effet dans quelles conditions le sous-diacre Hildebrand, ami de Cluny, fit, au concile de Latran du printemps de 1059, le procès de la vie menée par les chanoines dans le sillage plus ou moins atténué des usages carolingiens et comment il prôna un retour à la vie commune des Apôtres et des anciens Pères[5].

On n'a pas la preuve matérielle que saint Hugues ait été présent à ce concile de 1059[6], bien qu'on le trouve au chevet du pape Étienne IX à Florence le 28 mars 1058[7]. Par contre, il est certain qu'à la suite de ce concile, saint Hugues fut légat de Nicolas II dans l'actuelle France du Midi tandis que le cardinal Étienne de Saint-Chrysogone était envoyé dans la France du Nord et de l'Est[8]. La lettre du pape destinée aux évêques des Gaules, de Gascogne et d'Aquitaine fut remise aux légats pour être lue dans les conciles provinciaux : cette lettre contenait les décrets pris au Latran et notamment la prescription de la vie commune pour les clercs désireux de vivre en religieux (*religiosos clericos*)[9].

On peut suivre saint Hugues dans ces conciles, grâce à l'itinéraire dressé récemment par M. Diener[10]. Les deux légats sont à Vienne au début de 1060, puis saint Hugues préside à Avignon un concile qui a, entre autres tâches, la charge de nommer un évêque au siège de Sisteron livré depuis dix-sept ans à un simoniaque[11]; or, on choisit Gérard Chabrier qui était, non un clunisien, comme on l'a dit[12], mais le prieur des chanoines réguliers de Saint-Laurent d'Oulx.

C'est encore saint Hugues qui, selon toutes probabilités, présida le concile réuni à Toulouse le 3 avril 1062 et au cours duquel furent déposés pour élection simoniaque les évêques Frotaire de Nîmes et Foulques de Cahors[13]. Ce dernier devait même être exclu de la consé-

4. Dom L'Huillier, *Vie de Saint Hugues ...*, Solesmes, 1888, p. 99, n. 2.

5. G. Bardy, *Saint Grégoire VII et la réforme canoniale au XI^e^ s.*, dans *Studi Gregoriani*, 1947, t. I, pp. 48-64; J. Leclercq, *Un témoignage sur l'influence de Grégoire VII dans la réforme canoniale*, *ibid.*, 1959, t. VI, pp. 173-227.

6. Dom L'Huillier l'affirme néanmoins (*op. cit.*, p. 93).

7. H. Diener, *Das Itinerar des Abtes Hugo von Cluny* dans *Neue Forschungen über Cluny und die Cluniacenser ...herausg. von G. Tellenbach*, Freiburg, 1959, pp. 353-426.

8. Th. Schieffer, *Die päpstlichen Legaten in Frankreich ...(870) bis zum ...1130*, *Hist. Stud.*, n° 263, Berlin, 1935, pp. 62 et suiv.

9. Migne, P.L., t. CXLIII, col. 1366.

10. Cf. note 7.

11. N. Didier, *Les Églises de Sisteron et de Forcalquier du XI^e siècle à la Révolution*, dans *Essais et Travaux ... de l'Université de Grenoble*, n° 4, Paris, 1954, pp. 19-23.

12. Dom L'Huillier, *op. cit.*, p. 97.

13. Th. Schieffer, *op. cit.*, p. 65.

cration de l'église de Moissac dont nous commémorons le centenaire, mais rétabli dans ses fonctions par le pape[14]. En 1063, saint Hugues alla au concile de Rome qui reprit les mesures de 1059 sur la réforme du clergé et nous le retrouvons, aussitôt après, à Avignon comme légat avec le cardinal Hugues Candide[15]; il réapparaît au concile de Bordeaux de 1067, puis dans ceux de Toulouse et d'Auch l'année suivante... L'année 1063 est aussi celle où saint Hugues réussit la réforme de Saint-Martial de Limoges avec l'aide de saint Pierre Damien dont les idées réformatrices en matière canoniale sont connues[16].

Une chose est certaine : Hugues de Cluny connaissait les volontés romaines en fait de vie commune des clercs lorsqu'il prenait contact avec le clergé d'Aquitaine, et cela nous aide à comprendre plusieurs faits postérieurs à ces contacts.

D'abord, on comprend mieux que la réforme du chapitre Saint-Étienne de Toulouse ait pu avoir lieu, non pas en 1077, mais dès 1073 comme on l'a proposé récemment avec des arguments de critique externe très valables en eux-mêmes[17]. Dèjà, en 1072, on voit l'évêque d'Albi invoquer les conseils du légat Guiraud d'Ostie pour essayer de ramener ses chanoines dans le giron de leur église selon la règle des Pères[18] : phraséologie ecclésiastique mise à part, il s'agit de les inviter à la vie commune. Or, l'année suivante, l'évêque de Toulouse Izarn, qui est sur son siège depuis deux ans à peine, emploie pour réformer son chapitre des formules qui dénotent plus d'audace[19] : il impose aux chanoines la désappropriation individuelle et la communauté à table et au dortoir, mais il prend soin de le faire avec la permission du comte Guillaume, sur le conseil d'Hugues de Cluny, propagateur de la discipline monastique et avec le zèle secourable de l'abbé Hunauld de Moissac. Quand on connaît la suite des événements, et spécialement le caractère entreprenant du Béarnais Hunauld, on a l'impression que l'abbé de Moissac a poussé Izarn à prendre le taureau par les cornes : nous sommes dans l'année où Hildebrand est devenu pape sous le nom de Grégoire VII le 22 avril; en revanche, le rôle de saint Hugues apparaît plus lointain.

14. L. Ayma, *Histoire des évêques de Cahors,* Cahors, 1878, pp. 216-226; cf. J.-L. 4482.

15. Sur ce point, N. Didier (*op. cit.,* p. 18, n. 1) précise H. Diener (*op. cit.,* n° 54 de l'*Itinerar*).

16. J. Leclercq, *Saint Pierre Damien, ermite et homme d'Église, Uomini e dottrine,* VIII, Rome, 1960.

17. E. Magnou, *L'introduction de la réforme grégorienne à Toulouse (fin XI$^{e}$-début XII$^{e}$ siècle)*, dans *Cahiers de l'Association Marc Bloch de Toulouse, Études d'Histoire Régionale,* n° 3, Toulouse, 1958.

18. *Gallia Christiana* I, *Instr.* 5-6; C. Dereine date le fait de 1079 faute d'avoir tenu compte de la note corrective ajoutée au texte (*Vie commune, règle de saint Augustin et chanoines réguliers au XI$^{e}$ siècle* dans *Revue d'histoire ecclésiastique,* XLI, 1946, p. 378, n° 88).

19. E. Magnou, *op. cit.,* pièce n° 1, p. 2.

On sait comment les choses évoluèrent à Toulouse[20]. En 1077, Izarn donna à Hugues de Cluny l'église de la Daurade. En 1082-83, c'est Saint-Sernin qui est donné aux Clunisiens par l'évêque, à l'instigation d'Hunauld de Moissac, et après de sombres difficultés. Mais cette fois, on est allé un peu loin, ou l'on a mal manœuvré, et le pape intervient en faveur des chanoines de Saint-Sernin. Le 23 juillet 1083, le comte Guillaume rend leur autonomie à ces derniers sur le conseil du légat Richard de Saint-Victor, de l'abbé Hugues de Cluny, qui désavoue de ce fait Hunauld de Moissac, et surtout grâce aux bons offices de l'évêque Gérard de Cahors. Nous allons revenir sur ce dernier personnage, mais il faut noter tout de suite que l'abbé de Cluny est, ici encore, comme en 1073, nommé en position intermédiaire, entre le titulaire d'une autorité éminente et un protagoniste local efficace.

Gérard de Gourdon avait succédé à Foulques sur le siège de Cahors peu avant 1068, date du concile de Toulouse auquel il assista[21]. Si le comte de Toulouse semble avoir tant apprécié ses services en 1083, c'est sans doute parce que Guillaume disposait des deux évêchés de Toulouse et de Cahors et que Gérard lui devait sa nomination... dans des formes probablement plus régulières que celle de son prédécesseur[22]. Puis Gérard était l'évêque diocésain de Moissac et devait connaître Hunauld : qui nous dit qu'il n'a pas discrètement renseigné saint Hugues sur la situation locale? En fait, on voit Gérard accepter une nouvelle introduction des Clunisiens dans son diocèse, à Figeac dont saint Hugues et Hunauld viendront prendre possession le 10 octobre 1074[23]; on le voit d'autre part donner aux clercs de Saint-Sernin le sanctuaire du Vigan, près Gourdon, pour qu'ils y établissent la vie régulière[24]. Gérard était donc bien placé pour replâtrer une situation compromise à Toulouse par les maladresses de l'évêque et des Clunisiens locaux. Vers 1090, c'est encore lui et le comte Guillaume que

20. E. Magnou, *op. cit.*

21. H. Diener, *op. cit.*, n° 51 de l'*Itinerar* et sa note.

22. Gérard aurait été parent du comte s'il faut en croire (?) G. Lacoste (*Histoire générale ...de Quercy,* Cahors, 1883, t. I, p. 428).

23. Bruel, n° 3469; ou *Gall. Christ.* I, *Instr.*, 44.

24. C. Douais, *Cartulaire de ...Saint-Sernin...,* Paris-Toulouse, 1887, n° 295; divers historiens ont avancé sans preuves que Le Vigan fut donné aux chanoines de Saint-Sernin pour leur servir de refuge au moment de leur dépossession par Izarn; la *Gallia* (I, 129) avance la date de 1074 sans plus de preuves; C. Dereine (*op. cit.*, n° 102) propose 1068-1085 d'après les dates extrêmes de l'évêque et du pape nommés dans l'acte; Douais propose 1080-1085, la première date étant la plus ancienne où apparaisse le prévot Pierre, que l'on rencontre aussi dans des actes non datés et peut-être antérieurs à 1080. — On ne sait auquel des deux Gérard, évêques de Cahors entre 1068 et 1112, il faut faire l'honneur des donations approuvées pour Cluny dans les textes édités par Bruel (n° 3419-3423) et que la *Gallia* (I, 129) date de 1072, toujours sans preuves. Mais c'est au successeur de Gérard de Gourdon que le cardinal Richard de Saint-Victor recommande les intérêts particuliers de Saint-Sernin (Douais, *op. cit.*, n° 284, à dater après 1099 à cause de l'initiale de l'évêque d'Albi fournie par le texte).

le pape Urbain II chargera de mettre une bonne fois à la raison Hunauld de Moissac, mais cette fois la compétence juridique des deux personnages suffit à expliquer cette mission[25].

Les bonnes relations entre saint Hugues et Gérard persisteront. Lors de son voyage en Espagne de 1090 — sur les chemins de Moissac — l'abbé de Cluny descend chez l'évêque qui, sur son conseil, rédige, le 14 mars, un testament en faveur des chanoines de sa cathédrale[26] : trente chanoines réguliers qu'il a rassemblés péniblement (*undecunque non sine labore ...aggregavi*) ; et le texte montre qu'il s'agit moins d'une décision prise *in extremis* par un prélat soucieux de son éternité, que d'une innovation[27] tentée au cours de son épiscopat. Or, le début de cet épiscopat, ce sont les conciles présidés par saint Hugues, prestigieux légat de quarante ans; à la fin de sa vie, l'évêque qui a bien mérité de la réforme, de l'expansion clunisienne et de la paix locale, profite du passage du grand personnage pour assurer sur des bases solides le grand œuvre de cette vie : la régularité de son clergé. Que son amitié pour saint Hugues ait incité Gérard à presser la rédaction de son testament, on en a un indice dans le fait qu'il y ajouta des précisions matérielles presque aussitôt et fit garantir ces précisions par divers personnages parmi lesquels on retrouve une fois de plus Izarn de Toulouse, le comte Guillaume et le prieur de Saint-Sernin[28]. Quelques années plus tard, en avril 1095, Gérard voyait passer à Cahors un autre Hugues, l'archevêque de Lyon connu sous le nom d'Hugues de Die ou de Romans qui, sur les instances d'Hugues de Cluny. venait d'accepter à nouveau d'Urbain II le titre de légat[29]; le vieil évêque en profita pour faire approuver une dernière fois son testament. Et c'est sans doute cette approbation qui permit aux chanoines de la cathédrale d'obtenir directement du pape quelques mois plus tard une confirmation de leurs droits et possessions (23 août).

Assurément, le rôle de saint Hugues n'apparaît qu'en filigrane dans la réforme canoniale en Aquitaine. Si même on voulait estomper encore

25. E. Magnou, *op. cit.*, pièces 10 et 11.

26. D. L. d'Achery, *Spicilegium...*, t. III, in-f°, Paris, 1733, pp. 415-416.

27. C'est dans ce sens qu'il faut comprendre le *noviter* de la page 416. La situation canoniale à la fin du XI<sup></sup>ᵉ siècle en Aquitaine fait l'objet de recherches en cours : en attendant, on peut consulter J. Becquet, *Les chanoines réguliers en Limousin aux XI*ᵉ *et XII*ᵉ *siècles*, dans *Analecta Praemonstratensia*, t. XXXVI, 1960, pp. 193-235.

28. L'archevêque Richard de Bourges qui signe le premier est décédé le 23 avril 1090 (*Gallia Christiana*, t. II, 43; cf. M. Prou, *Recueil des actes de Philippe I*$^{er}$*...*, Paris, 1908, n° CXXIV, p. 311, note 1); il n'est pas encore démontré que la réunion qui fut l'occasion de ces signatures fut la dédicace de l'église de Lalbenque (Lacoste, *op. cit.*, p. 439, n. 1).

29. Abbé Rony, *La légation d'Hugues, Archevêque de Lyon, sous le Pontificat d'Urbain II (1088-1099)*, dans *Rev. Quest. Hist.*, t. CXII, 1930, pp. 124-147; Hugues, qui signe ici comme légat, ne reprit ce titre que dans les derniers mois de 1093 et partit de Lyon pour Saint-Jacques de Compostelle le 4 avril 1095, en passant par le Puy, et donc par Cahors.

ce rôle, on pourrait alléguer la petite histoire de Geoffroy du Chalard[30]. Un peu avant 1090, ce jeune prêtre de Limoges était soucieux de perfection personnelle et attiré par le désert; saint Hugues passant par là — sur les chemins de Moissac — l'invita à se faire moine, mais notre homme déclina le fardeau des observances monastiques (*monachalis regulae sarcinam*) et se fit ermite avant de recevoir la bénédiction canoniale de l'évêque de Périgueux Raynaud de Thiviers, l'un des signataires du testament de Gérard de Gourdon.

Ce Raynaud de Thiviers, parallèlement à son collègue et voisin de Cahors, a fondé des chanoines réguliers et soumis les moines de Terrasson à ceux de Saint-Martial de Limoges qu'avait réformé saint Hugues en 1062-1063[31]. Dans le diocèse de Limoges, c'est l'évêque Gui de Laron qui, en 1074, autorise très volontiers l'introduction des Clunisiens à Beaulieu, alors qu'il a de graves difficultés avec les moines de Déols, et se voit soutenu par le légat Hugues de Die[32].

Gérard de Gourdon, Raynaud de Thiviers, Gui de Laron : trois évêques voisins et contemporains de l'Aquitaine septentrionale, tous trois issus de familles féodales dans le diocèse même qu'ils ont à diriger. Ils sont réformistes et, pour arriver à leurs fins, il est bien évident qu'il leur faut s'appuyer sur de hautes autorités : le Siège Apostolique et ses consignes, quand il s'agit de leur clergé, Cluny et ses usages éprouvés, quand il s'agit des moines de leur diocèse. Que l'abbé de Cluny ait été légat ne pouvait que leur faciliter les choses.

Peut-être est-ce à la lumière de ces considérations qu'il faut relire les conseils que saint Hugues donnait au début de 1087 à Bernard, un Clunisien devenu abbé de Sahagun et près d'être promu archevêque de Tolède[33]. Tout le développement de l'abbé de Cluny sur l'organisation interne de l'Église de Tolède repose sur les thèmes canoniaux de la réforme grégorienne : un cœur et une âme, vie commune à l'instar des apôtres et de l'Église primitive, office divin chanté ensemble... Tout cela est en circulation et en application depuis une génération chez les clercs réguliers!

30. *Vita Beati Gaufredi*, éd. A. Bosvieux, dans *Mém. Soc. Sc. Nat. ... Creuse*, t. III, 1862, pp. 75-160. Dans une notice autobiographique insérée dans la *Vita*, Geoffroy dit s'être installé dans son ermitage entre septembre 1088 et août 1089; le rédacteur de la *Vita*, qui est seul à parler de saint Hugues, travaillait entre 1150 et 1169, et non dans la première moitié du XIIe siècle, comme le pense l'éditeur, ce qui explique l'absence de date pour l'entrevue.

31. J. Becquet, *La mort d'un évêque de Périgueux à la première croisade : Raynaud de Thiviers (✝ 1101 ou 1102)* dans *Bull. Soc. Hist. et Archéol. du Périgord*, t. LXXXVII, 1960, pp. 66-69; ajouter le texte de la réforme de Terrasson, ms. Paris, B.N., lat. 12 759, f° 199.

32. H. Diener, *op. cit.*, p. 292; J. Becquet, *Les chanoines réguliers en Limousin aux XIe et XIIe siècles* dans *Anal. Praemonstratensia*, t. XXXVI, 1960, p. 212.

33. M. Férotin, *Une lettre inédite de saint Hugues ... Complément de la lettre ...*, dans *Bibl. Ec. des Chartes*, t. LXI, 1900, pp. 339-345 et t. LXIII, 1902, pp. 682-686.

On pourrait objecter l'incise de saint Hugues sur le choix éventuel de profès de Cluny pour constituer au nouvel archevêque un entourage d'auxiliaires immédiats, et rappeler que, si l'abbé de Moissac Durand de Bredon fut promu au siège de Toulouse, les Clunisiens français devaient occuper un certain nombre d'évêchés ibériques; on pourrait voir dans tout cela une tentative de « monaquizar » le siège primatial espagnol[34].

Mais il faut dire aussi, si l'on veut comprendre saint Hugues, que son incise n'est qu'une incise (*...clericos dico, vel si fieri posset, nostri ordinis professores, ...aggregetis.*), que la situation de Bernard était bien exceptionnelle : successeur à Sahagun d'un clunisien pratiquement chassé par les moines locaux, il allait se trouver « parachuté » sur le siège d'un archévêché à peine reconquis sur les infidèles. En fait les chanoines de Tolède faillirent chasser eux aussi leur nouveau pasteur et c'est sans doute ce qui donna tout leur sens aux discrètes suggestions de saint Hugues.

***

Je m'en voudrais de prétendre conclure après avoir si brièvement accompagné saint Hugues sur les chemins de Moissac. Il semble toutefois que ce petit exercice de « Personenforschung » confirme dans la défiance à forcer les contrastes[35]. Assurément, il y eut des tensions latentes entre moines et clercs au temps de saint Hugues (vg. Limoges), entre étrangers et autochtones, entre générations réformistes peut-être... Mais tout cela paraît peu de chose en regard du mouvement général de la réforme des deux clergés avant l'apparition des ordres nouveaux. Il y a assez de lieux communs dans l'historiographie clunisienne pour qu'on n'ouvre pas trop facilement la porte à celui d'un Cluny désireux de supplanter le clergé canonial.

## DISCUSSION

M. le chanoine DELARUELLE. — Je pense que la communication de Dom Becquet devrait être complétée, ce qu'il ne pouvait faire évidemment lui-même, par des recherches sur la théologie du sacerdoce à cette époque et

34. Cf. J.F. Rivera, *article cité*.
35. Ceci fait écho aux vues exposées par Dom Jean Leclercq dans *Pour une histoire de la vie à Cluny* (*Rev. hist. ecclésiastique,* t. LVII, 1962, pp. 385-408 et 783-812).

sur les relations qu'il a suggérées lui-même entre les différents ordres. Je me rallie tout à fait d'ailleurs à ce qu'a dit tout à l'heure dom Hourlier, qu'Hugues avait une pensée beaucoup plus rationnelle et systématique qu'Odilon. Justement quand il s'agit de l'abbé Hugues, on trouve, semble-t-il, toute une réflexion sur la place des moines dans la société, réflexion qui d'ailleurs ne coïncide pas toujours avec celle de son contemporain Grégoire VII (au moment de l'entrée du duc de Bourgogne à Cluny par exemple) si bien qu'il serait, je crois, utile de poursuivre des recherches dans les années qui suivront; et, puisque nous avons ici des Bénédictins illustres, je souhaiterais pour mon compte qu'on étudie, plus profondément qu'on ne l'a fait jusqu'à maintenant, la manière dont le sacerdoce a été recherché à l'intérieur des différentes congrégations. Je pense surtout au sacerdoce des abbés, notamment des grands abbés de Cluny, qui quelquefois s'appliquent à signer *presbyter,* avec une dévotion spéciale à l'ordination reçue. Il est permis de penser en effet que ces relations entre moines et chanoines se rattachent justement à cette réhabilitation du sacerdoce au point de vue théologique, au point de vue spirituel, à d'autres points de vue encore, ce qui a été une grande préoccupation de la réforme grégorienne.

Dom BECQUET.. — Je remercie Monsieur le chanoine Delaruelle et je me demande simplement si le fait de signer *presbyter* pour un abbé a une signification. Je crois me souvenir en effet qu'un concile de Poitiers de 1100 fait obligation aux abbés de se faire ordonner prêtres, ce qui semblerait indiquer que certains s'en sont dispensés assez facilement, l'exercice de leurs fonctions, du reste, n'impliquant pas nécessairement le sacerdoce. Ce serait à chercher, dans les canons des conciles en particulier.

III

# La vie de saint Gaucher, fondateur des chanoines réguliers d'Aureil en Limousin

La vie de saint Gaucher d'Aureil était connue principalement jusqu'ici (1) par les six leçons de son *transitus* qu'ont éditées les premiers Bollandistes au XVII$^{e}$ siècle ; or, ces six leçons dépendent d'une *Vita* partiellement conservée et encore inédite, que l'on trouvera en appendice. On se propose ici de passer d'abord en revue les plus anciens documents et travaux concernant les débuts d'Aureil ; puis de situer la *Vita* dans sa tradition textuelle ; enfin, d'examiner successivement diverses données fournies par le texte à la lumière d'autres données étrangères à cette tradition. La conclusion rassemblera l'essentiel de nos connaissances actuelles sur saint Gaucher.

*
* *

C'est Bernard Gui qui, le premier, parle de Gaucher dans une de ces brèves notices qu'il a consacrées aux saints limousins (2) : « *Sanctus Gaucherius Normannus apud Aurelium prope Sanctum Leonardum in X° dormiuit in ecclesia quam ipse edificauerat ibidem. Florebat autem anno Dni M°C$^{c}$XXX° ; cuius gesta habentur ibidem. Festum eius agitur V° ydus Aprilis* ». Le prieuré d'Aureil, qui dépendait au Moyen-Age du chapitre cathédral de Limoges, fut pillé en 1569 par les Huguenots et réuni en 1600 au collège des Jésuites de la ville ;

---

(1) Voir les *Vies des saints et Bienheureux*... des Bénédictins de Paris, t. IV (Paris, 1946) p. 218-219 ; depuis lors, N. CHASLUS a surtout utilisé Collin (*infr.* note 10) dans *Saint Gaucher d'Aureil* (in-8° de 16 p., Limoges, 1953). Aux bibliographies d'A. LECLER dans le *Dict. Hist. Géo. Eccl.*, t. V (1931) col. 710-713, de COTTINEAU dans *Répertoire... Abbayes et Prieurés*, t. I (Mâcon, 1935) col. 208 et d'A. DE LABORDERIE dans *Bull. Soc. Hist. Archéol. Limousin*, t. LXXII, 1 (1927), p. 119-120, il faut ajouter l'article de J. DECANTER *L'inventaire de l'église du prieuré d'Aureil*, même *Bulletin*, t. LXXXVI, 3 (1960), p. 383-392. Je remercie M$^{lle}$ Sémeilhon, de la Bibliothèque Municipale de Limoges, des précisions suivantes : la notice de ROY-PIERREFITTE sur Aureil constitue, en 46 pages, la partie III (Limoges, Sourillas-Ardillier, 1857) des *Etudes historiques sur les monastères du Limousin et de la Marche* (Guéret, 1863), et la communication de cet auteur sur le sujet est au tome IX (1859) du Bulletin précité ; les *Mélanges*, édités par A. LEROUX dans le même *Bulletin*, t. XXX (1882-1883), p. 241-300, contiennent des chartes concernant les débuts d'Aureil ; quelques-unes de ces chartes ont été utilisées dans *La forêt de Courson* par Z. Toumieux, même *Bulletin*, t. LI (1902), p. 102-119.

(2) *Nomina sanctorum Lemouicensis dyocesis* au ms. Paris B. N. n. a. lat. 1171, f° 213 v°.

son chartrier fut retrouvé en 1647, mais on ne sait ce qu'il en est des *Gesta* dont parle Bernard Gui.

Après la médiocre notice (3) de Du Saussaye sur Gaucher parue en 1637, le P. Labbe ne pouvait mieux faire en 1657 que d'éditer une vie latine du saint (4) d'après un ancien manuscrit de l'Eglise de Limoges, en y ajoutant quatre vers trouvés dans un autre vieux manuscrit venu, cette fois, d'Aureil au collège des Jésuites. En 1675, les Bollandistes Henschen et Papebrock éditèrent le même texte (5) que Labbe, mais en lui laissant ses divisions selon six leçons liturgiques que lui donnait un autre vieux manuscrit limousin ; ils ajoutaient quatre autres vers sur Aureil tirés du même vieux manuscrit d'Aureil — en fait le cartulaire primitif —, et quelques éclaircissements dus à François de Blois et au Grandmontain Charles Frémon.

François de Blois était un magistrat de Meulan en Vexin, patrie de saint Gaucher ; il consacra à celui-ci, dès 1652, un petit livre (6) qui témoigne de recherches fort diligentes pour l'époque. En partie grâce à Antoine Wyon d'Hérovalle, notre auteur put utiliser les notes encore inédites du P. Labbe, des indications tirées du chartrier de la cathédrale de Limoges et de ses bréviaires, et la notice de Bernard Gui (7). Il alla même chercher dans une notice (8) d'André Du Val sur Etienne de Muret une confirmation des rapports entre celui-ci et son héros.

Charles Frémon, d'autre part, avait fourni (9) sur Gaucher d'Aureil, dès 1647, des indications étrangères aux leçons liturgiques de Labbe et des Bollandistes. D'autres indications de même nature furent données en 1672 par un hagiographe limousin, le chanoine Collin qui se réfère seulement à l' « ancien chartulaire de l'Eglise de St-Estienne de Limoges », sans citer Frémon, alors qu'il était en relations érudites avec l'abbaye de Grandmont (10). En 1685, le Carme de Limoges

---

(3) *Martyrologium gallicanum*, t. I (in-f°, Paris), p. 197-198.

(4) *Nov. Bibl. Mss....* t. II (Paris), p. 560-563.

(5) *AA. SS. Apr.* I (éd. 1865), p. 841-844.

(6) *Vie de S. Gaucher... d'Aurel*, in-12 de 228 p, (Paris, Billaine, 1652 ; Paris, B. N. Impr. Ln[27] 8327). Des reliques furent transférées d'Aureil à Meulan en 1654 (N. CHASLUS, *op. cit. sup.* note 1 : p. 12).

(7) Il vit cette notice d'après un ms. des Carmes Déchaux de Clermont qui est sans doute l'actuel ms. Paris B. N. lat. 5043.

(8) De 1613 à 1647, il y eut au moins sept éditions des « Fleurs des Saints » de Ribadeneira, adaptées par Gaultier, avec la collaboration d'André du Val (voir p. ex. les pages 195-199 du tome I de l'édition de 1687 seule consultée) ; Du Val avait connu le P. Frémon qui faisait sa théologie à Paris en 1640-1641 (note suivante).

(9) Dans *La vie... de St Estienne fondateur de l'Ordre de Grandmont* (Paris, 1647). Sur l'auteur, voir J. BECQUET *Bibliothèque des Ecrivains de l'Ordre de Grandmont* dans *Revue Mabillon*, t. LIII (1963), p. 76, n° 35.

(10) *Histoire sacrée de la vie des Saints... diocèse de Limoges* (Limoges, 1672) p. 104-118 ; la notice sur Etienne de Muret fait allusion au ms. appelé *Speculum* prêté à Collin par l'abbé de Grandmont.

Bonaventure de Saint-Amable rectifia quelques assertions de Collin et des Chroniques de Limoges sur Gaucher (11), en utilisant des documents grandmontains, mais aussi les « archives de la Cathédrale de Limoges ».

Disons tout de suite que Collin brode parfois de manière inquiétante et que ses références, ainsi que celles de François de Blois et de Bonaventure, sont trop peu précises pour que l'on sache au juste ce qu'il y avait sur Gaucher dans les archives de la cathédrale (12). D'autre part, les leçons liturgiques que l'on peut retrouver actuellement ne diffèrent pas du texte édité par les Bollandistes (13), et les notices diverses compilées aux XVII^e^ et XVIII^e^ siècle ne sont que des amalgames sans autorité véritable (14). Enfin, il y a tout lieu de croire, comme on le verra, que le Grandmontain Frémon a utilisé le texte incomplet de la *Vita* édité en appendice.

Plus récemment, un archiviste de la Haute-Vienne, l'infatigable Alfred Leroux, a publié l'inventaire analytique du fonds d'Aureil inclus dans le fonds du collège des Jésuites, ainsi que des deux premiers fonds de l'évêché de Limoges (15); les titres d'Aureil venant du chapitre furent répertoriés un peu plus tard (16). Alfred Leroux retrouva encore l'ordinaire d'Aureil, du début du XIII^e^ siècle (17), et M. Jacques de Font-Réaulx, en reconstituant le plus ancien cartulaire de la cathédrale, a signalé avec précision les anciennes copies d'érudits concernant ses archives (18).

Mais surtout, un archiviste-paléographe, Gaston de Senneville, conseillé par Leroux, édita en 1900 le cartulaire d'Aureil contemporain de saint Gaucher avec les vers concer-

---

(11) *Histoire de S. Martial...* t. III (Limoges, 1685), p. 418-420, cf. 474 et 552 et t. II, p. 372 et 583.

(12) Des compilations appelées *Les Vies des Saints...* par A. Baillet (t. III, 1739, p. 549), ou sans nom d'auteur (celle de Goujot, Mesenguy et Roussel, t. I, 1734, p. 377-378) ne citent que les Bollandistes, mais la première au moins a dû connaître le travail de François de Blois.

(13) Mss. Paris B. N. lat. 17 670 f° 99-102 v° et 14 366 f° 167-169. Les Grandmontains faisaient la fête de saint Gaucher avec trois leçons qui n'ont rien à voir avec la *Vita* (Ms. Paris Mazarine n° 354 f° 353 v°).

(14) Citons le ms. Limoges, B. M. n° 51, f° 23, le ms. Paris B. N. n° 14 661 f° 25 et 32, n° 17 670 f° 97-98, les mss. Paris Ste-Geneviève n° 165 f° 53-54 r°, n° 1923 f° 5-9 r°, n° 1927 f° 25 r°, n° 1979 f° 53 v°, n° 2570 f° 84-85 r°, le ms. Limoges Séminaire n° 5, III, p. 122-123 où Nadaud a rassemblé des informations venues des divers bréviaires manuscrits et imprimés de Limoges. Je remercie mon confrère Dom Le Moyne qui m'a aidé dans la vérification des mss. de Ste-Geneviève.

(15) *Inv. sommaire... Hte-Vienne, série D.* (Limoges, 1882), art. 648-972 ; Id. *série G,* t. I (Limoges, 1908).

(16) *Arch. Dép. Hte-Vienne. Répertoire numérique... série G,* par A. Petit (Limoges, 1931), art. 3 G 819-821.

(17) A. D. Hte-Vienne, D 1221 ; cf. *Bull. Soc. Hist. Archéol. Limousin,* t. XXXIII (1885), p. 101-103.

(18) *Sancti Stephani Lemovicensis cartularium,* même *Bulletin,* t. LXVIII (1919), p. 1-251 ; une chronologie des évêques et dignitaires du chapitre est jointe en annexe.

nant le saint et sa fondation (19) : on put ainsi constater que ces vers avaient été transmis par une copie du début du XIV^e^ siècle mise en tête du cartulaire lui-même. L'édition ne comporte pas l'introduction qui aurait permis à Senneville de revoir de plus près certaines dates, mais elle est pourvue d'une liste critique des prieurs et d'index.

*
* *

L'actuel ms. Paris B. N. lat. n° 10 891 (20) est relié aux armes de Louis-Philippe, et sa cote ancienne au « Supplément latin n° 263 » indique qu'il est entré à la Bibliothèque du Roi après 1740. C'est un recueil factice en trois parties écrites toutes trois au XII^e^ siècle ou au début du XIII^e^ siècle. La première partie contient une *Vita A* de saint Etienne de Muret, et la troisième contient les Pensées du même personnage (*Liber Sententiarum*) (21). A la fin de la première partie (f° 78 v°), on voit le décalque de lettres gothiques du XIII^e^ ou XIV^e^ siècle, provenant d'une reliure précédente, ce qui donne à penser que la constitution du recueil est postérieure à cette époque.

La deuxième partie du manuscrit contient la *Vita* incomplète de saint Gaucher éditée ici en appendice. Il n'en reste que dix folios de 152 × 212 mm. réglés à la mine de plomb ; les huit premiers folios ont été numérotés par pages de 1 à 16 au XV^e^ ou XVI^e^ siècle et, déjà à ce moment, les dix folios étaient dans un désordre dont témoigne une note de même date que la pagination (f° 79 v°), désordre consacré par la pagination d'ensemble du XIX^e^ siècle (79 r°-88 v°).

Il est certain que la première partie du manuscrit vient de Grandmont, en raison d'une note ancienne (22). Pour penser que les deuxième et troisième parties n'en viennent pas aussi, il faudrait supposer que les relieurs du XIX^e^ siècle ont ajouté ces deux parties à un manuscrit du supplément latin de la Bibliothèque du roi. On constate d'autre part que le Grandmontain Frémon, à propos de Gaucher, n'ajoute rien de plus aux données des leçons liturgiques connues, que des indications contenues dans la seconde partie. Enfin, la présence

---

(19) *Cartulaire des prieurés d'Aureil et de l'Artige en Limousin*, même *Bulletin*, t. XLVIII (1900), p. I-XII et 1-500 ; les vers sont édités avec notes sur deux pages non paginées après la planche qui suit la p. XII (mauvaise copie au ms. Paris B. N. lat. 14 661, f° 32). *Cf. infr.* note 65.

(20) *B. H. L.* n° 3272 et *Cat. Cod. Hag. lat. B. N. Paris., ed. Boll.* n° DXXVII.

(21) J. BECQUET, *art. cit.* note 9 *sup.*

(22) J. BECQUET *Le bullaire de Grandmont* dans *Revue Mabillon*, t. LIII (1963), p. 112 ; en outre, le f° 30 présente une addition de la même main qui a complété le *Speculum* de Grandmont.

d'une *Vita* d'Etienne de Muret dans la bibliothêque d'Aureil est constatée au début du XIII^e^ siècle (23) ; on peut d'autant plus supposer une contrepartie à Grandmont que les deux saints étaient censés avoir eu des rapports d'édification et que notre ms. 10 891 présente des fautes de copie. Si l'on était certain que cet échange de bons procédés a eu lieu à la fin du XII^e^ siècle, on comprendrait que le recueil, constitué à Grandmont entre le XIV^e^ et le XVI^e^ siècle, ait été utilisé sur place par Frémon au XVII^e^ siècle ; mais ce n'est pour le moment qu'une hypothèse vraisemblable.

Si mutilé que soit notre texte, il nous conserve par bonheur d'appréciables éléments de comparaison avec les leçons liturgiques et avec les *Vitae* similaires : le prologue, une table des chapitres sans analogie dans l'hagiographie limousine du moment, et les dernières lignes de la *Vita* sous forme d'une doxologie comparable à celles qui terminent deux *Vitae* grandmontaines du XII^e^ siècle (24).

La comparaison entre les six leçons du *transitus* et ce qui reste de la *Vita* est valable pour les cinq premières leçons. Cette comparaison suggère que l'abréviateur chargé de constituer les leçons liturgiques n'a voulu retenir que les évènements saillants de la vie du saint et qu'il l'a fait en découpant la *Vita* beaucoup plus qu'en la résumant. Laissant naturellement de côté prologue et table, cet abréviateur a commencé par transcrire littéralement les six premiers chapitres de la *Vita,* mais sa troisième leçon se termine par quelques lignes absentes de notre texte : comme il y est dit que Gaucher fut le premier à établir une forme de vie religieuse vouée aux « pensées contemplatives », on ne serait pas autrement surpris de cette lacune dans un texte qui vient peut-être de Grandmont où l'on revendiquait le même honneur pour Etienne de Muret (25). Passant sur un premier miracle et sur les tentations du saint, l'abréviateur a transcrit le transfert à Aureil sur l'invitation d'une colombe et l'autorisation du chapitre de Limoges ; sa cinquième leçon se termine sur le sujet des rapports de Gaucher et d'Etienne de Muret, sans mention d'autres relations.

La sixième leçon passe directement à la mort du saint, par-dessus douze chapitres consacrés, d'après la table, au développement d'Aureil et à son influence ; compte tenu des procédés de l'abréviateur, il y a tout lieu de croire que cette

---

(23) A. D. Hte-Vienne D 1221 (catalogue aux f° 42 r° *sq.*).

(24) P. L. 204, col. 1030 et 1221-1222.

(25) De même, la fin de la 5^e^ leçon présente, par rapport à notre *Vita,* le qualificatif supplémentaire d' « *institutor ordinis* » qui était superflu pour les Grandmontains.

leçon reproduit le c. XXIX perdu de la *Vita*. Il s'y ajoute le sommaire des quatre miracles survenus avant l'inhumation du saint, dont la *Vita* nous a gardé en partie le récit, mais que l'abréviateur a négligés comme les seize chapitres de miracles énumérés dans la table ; ces miracles ont peut-être été réservés pour les leçons perdues de la translation (26). La leçon se termine par quelques mots sur une canonisation que la table de la *Vita* ignore et par une formule doxologique différente de celle de cette *Vita*.

*

* *

La troisième partie de ce travail sera consacrée à l'examen des principaux évènements rapportés par la *Vita*, à l'exclusion des miracles presque tous perdus. On examinera d'abord les données historiques les plus proches du rédacteur anonyme, à commencer par son prologue et la canonisation de son héros. L'influence exercée ou subie par Gaucher, et sa mort seront critiquées ensuite, car il s'agit de faits que l'hagiographe a pu connaître par intermédiaire. Les origines du saint et la fondation d'Aureil furent certainement hors de portée de notre rédacteur, et ne seront abordées qu'en dernier lieu.

Outre les documents signalés dans notre première partie, il y aura lieu d'exploiter les analogies possibles avec un ensemble inespéré de *Vitae* d'ermites limousins du XII$^{e}$ siècle (27), dont notre texte n'est que le dernier venu ; toutes ces *Vitae* ont été écrites dans le monastère où a vécu le héros, et une génération au plus après sa mort. Outre les vies grandmontaines (28) d'Etienne de Muret (+ 1124) et d'Hugues Lacerta (+ 1157), il faut signaler spécialement celle d'Etienne d'Obazine (+ 1159) commencée immédiatement après la mort du héros par un disciple qui connaissait les vies de saint Bernard et de saint Malachie (29). Geoffroy du Chalard

---

(26) Ces leçons de la translation sont attestées pour le 18 septembre dans le calendrier de l'ordinaire signalé *supra* note 17, mais on n'a pas retrouvé trace de leur texte, sauf peut-être dans un trait d'abstinence de vin rapporté au ms. B. N. lat. 14 661 f° 32, d'après un vieux bréviaire de Limoges (*reliquo vitae tempore nullam vigneticam gustavit*), et sans correspondance ailleurs.

(27) Ces *Vitae* ont été utilisées par J. BECQUET dans *Les chanoines réguliers en Limousin aux* XI$^{e}$ *et* XII$^{e}$ *siècles* (*Anal. Praemonstratensia*, XXXVI, 1960, p. 193-235) et dans *L'érémitisme aux* XI$^{e}$-XII$^{e}$ *siècles dans l'Ouest de la France* (Actes de la Semaine d'étude tenue à la Mendola en septembre 1962 sous les auspices de l'Université Catholique de Milan, à paraître en 1964).

(28) Voir la *Bibliothèque*... citée *sup.* note 9 et y ajouter, à propos d'Hugues Lacerta, l'article de G. François-Souchal *Les émaux de Grandmont au* XII$^{e}$ *siècle* dans *Bull. Monumental*, t. CXX, 1962, p. 339-358 et CXXI, 1963, p. 41-64.

(29) Editée par BALUZE dans *Miscellanea*, t. IV (Paris, 1683), p. 69-204 ou t. I (éd. Mansi, Lucques, 1761), p. 149-204. M. Michel Aubrun, professeur au lycée de Guéret, prépare une thèse sur ce texte.

(+ 1125) avait laissé des notes autobiographiques ; le disciple qui lui succéda presque immédiatement comme prieur y ajouta un essai personnel et fit rédiger par un de ses chanoines, entre 1150 et 1169, une *Vita* qui met en cause Gaucher d'Aureil (30).

*L'auteur.* — D'après le prologue, l'auteur est un chanoine d'Aureil qui, sur la demande de ses frères, met par écrit les souvenirs de témoins sur un personnage dont il déplore la discrétion ; il ne se range pas lui-même au nombre de ces témoins. Le successeur immédiat de Gaucher est présenté comme disparu, ainsi que l'évêque d'Angoulême Lambert de la Palud ; mais le premier était déjà remplacé en 1147 et le second en 1148, tandis que Gaucher mourait en 1140 (31) ; or, le biographe grandmontain d'Hugues Lacerta (+ 1157) écrivait entre 1163 et 1170 la vie d'un personnage qu'il n'avait pas connu ! En fait, la fin du c. XXXIV de notre *Vita*, conservée par bonheur, semble indiquer seulement que le texte fut rédigé antérieurement à tout culte rendu à Gaucher et aussi que l'évêque de Limoges Gérard (+ 1177) était décédé au moment de cette rédaction. Notre auteur a certainement pu consulter le *rotulus* de Gaucher, conservé avec sa *Vita* à Aureil au début du XIIIe siècle, mais il n'y fait pas allusion (31 *bis*).

Il serait intéressant de savoir si notre auteur écrivait en vue d'obtenir la canonisation de Gaucher ou pour un autre motif, tel que l'édification des disciples. Ecartons tout de suite l'argument qu'on pourrait tirer de l'expression « *sanctus Gaucherius* » pour placer la rédaction après la canonisation de 1194 ; il est vrai que la *Vita B* d'Etienne de Muret introduit cette titulature dans la *Vita* A du personnage après sa canonisation de 1189 ; mais nous n'avons la *Vita* de Gaucher que par une copie dont la date exacte n'est pas connue et qui a pu conformer ses expressions aux évènements postérieurs à

---

(30) Editée par A. Bosvieux dans *Mem. Soc. Sc. Nat. Archéol. Creuse*, t. III (1858), p. 75-160. L'éditeur de ce texte n'a pas compris l'expression « *infra annos* » qui indiquait que le successeur de Geoffroy n'avait pas l'âge d'être prieur en 1125, ce qui eut lieu en 1127 ; or le 3e canon du concile de Latran de 1179 devait imposer 25 ans d'âge pour toute charge d'âme, et un enfant (*puer*) guéri par Geoffroy après 1089 mourut *senex* avant le prieur en question qui était déjà remplacé en 1169 (Leroux, Molinier et Thomas *Doc. Hist. Marche et Limousin*, t. I, Limoges, 1883, p. 137).

(31) Pour le successeur, *cf.* la table de la *Vita* et le cartulaire d'Aureil (*sup.* note 19, p. 384) ; pour Lambert, *cf.* c. XIV de la *Vita*, Cartulaire d'Obazine (Ms. Paris, B. N. n. a. lat. 1560 f° 112) et *Gallia Christ.* II, 1003.

(31 *bis*) *Cf. sup.* note 23.

l'original (32). La comparaison avec les autres *Vitae* limousines est plus instructive.

La *Vita A* d'Etienne de Muret a servi d'illustration à la règle mise sous le nom du héros ; mais la *Vita* de Gaucher avoue sans ambages que celui-ci a renoncé à faire pratiquer aux siens l'abstinence qu'il s'imposait à lui-même (33). Le biographe d'Etienne d'Obazine s'excuse d'écrire la vie d'un personnage non canonisé, mais le souci principal de ce disciple fervent est l'apologie des usages pratiqués par son maître ; le biographe de Gaucher, quant à lui, semble dépenser une emphase un peu artificielle à décrire les mortifications de son héros. En revanche, le biographe d'Hugues Lacerta souhaite expressément voir son œuvre servir à la confection d'une légende liturgique et l'on a ajouté un miracle à sa conclusion ; le biographe de Geoffroy du Chalard, qui n'a que trois miracles posthumes à ajouter à sa *Vita,* fait proclamer par le dernier miraculé, devant le peuple et le clergé, que Geoffroy est « saint et agréable à Dieu ».

Lors donc que l'on voit la *Vita* de notre Gaucher consacrer à ses miracles quelque trente chapitres sur cinquante, on peut se demander si son auteur ne visait pas à constituer ce qui, déjà à l'époque, était un dossier de canonisation. Si l'on ajoute à cela la place exceptionnelle faite dans le texte — indûment, comme on verra — à un Etienne de Muret canonisé à Limoges en 1189 par les légats apostoliques (34), on est amené à soupçonner que le rédacteur, qui n'a guère soigné son style, a travaillé entre cette date et 1194.

*La canonisation.* — On a vu qu'un abréviateur a terminé la sixième leçon du *transitus* de Gaucher en encadrant, entre la date approximative de son acmé et une quelconque doxologie, un bref récit de sa canonisation (35). Ce récit a pu être

---

(32) Des expressions comme *sanctissimus, beatissimus,* employées pour un personnage dont le biographe sait qu'il ne jouit d'aucun culte, comme Hugues Lacerta, relèvent de la pieuse rhétorique. Il en va autrement pour le titre de *confessor* employé par la *Vita B* d'Etienne de Muret après sa canonisation. Geoffroy du Chalard est appelé *sanctissimus confessor* dans le titre de sa *Vita* et parfois *sanctus Gaufredus* dans le texte, mais il s'agit d'une *Vita* connue par une copie du XVe siècle et l'on ne sait ni pour Geoffroy, ni pour Etienne d'Obazine, rien de précis sur les origines du culte qui leur fut décerné.

(33) Le coutumier d'Aureil, au début du XIIIe siècle, indique bien qu'on n'avait jamais attribué aucune directive précise au fondateur (*infr.* note 48).

(34) Cette place a été gardée, à l'exclusion des autres personnages, dans les leçons liturgiques qui abrègent la *Vita* ; il y a là un indice de l'importance du fondateur de Grandmont dans le clergé limousin autour des années 1200.

(35) Sur les canonisations dans la deuxième moitié du XIIe siècle, voir S. KUTTNER *La réserve pontificale du droit de canonisation* dans *Rev. Hist. Dr. Fr. et Etr.* XVII, 1938, p. 172-228 ; R. FOREVILLE *Un procès de canonisation à l'aube du* XIIIe *siècle (1201-1202). Le livre de saint Gilbert de Sempringham* (Paris, 1943) ; H. DELEHAYE *Pierre de Parie, légat du pape Alexandre III en France* dans

fait de mémoire, mais comme on le retrouve avec des variantes chez Collin qui, suivi par Bonaventure de Saint-Amable, a utilisé les archives de la cathédrale, on peut se demander s'il n'a pas existé dans ces archives quelque procès-verbal de translation.

D'après la leçon et Collin, le pape Célestin III (1191-1198) aurait accordé à l'évêque de Limoges Sébrand Chabot (1178-1198) l'inscription de Gaucher au catalogue des saints, après enquête ; l'évêque aurait procédé à la *revelatio* des restes du saint et à leur mise dans des reliquaires le 19 septembre 1194. En fait, le millésime est fourni par les quatre vers sur Gaucher consignés au cartulaire ; la date du 18 septembre est assurée par le calendrier de l'ordinaire d'Aureil et il s'agit précisément d'un dimanche cette année-là.

Le cas de Gaucher d'Aureil est donc à peine plus sûr que celui de Ladislas de Hongrie dont la *Vita* dit seulement qu'il fut canonisé au temps de Célestin III en 1192 (36). Mais il faut se rappeler que saint Jean Gualbert fut proclamé saint par le même pape en synode romain (37), sans qu'il y eût besoin de bulle comme pour Etienne de Muret en 1189. Et s'il a existé une correspondance entre le pape et l'évêque de Limoges à propos de Gaucher, elle a pu disparaître au XIVe siècle avec certaines archives de l'évêché. En définitive, on pencherait plutôt vers une simple canonisation épiscopale avec permission apostolique.

En effet, le même évêque Sébrand et le même diocèse de Limoges avaient vu en 1189 les légats du pape proclamer la canonisation d'Etienne de Muret avec de solides considérants sur la compétence du Siège Apostolique en la matière (38). Assurément, la réserve papale n'était pas encore créée et les termes employés en 1189 se ressentent de la réaction contre les immixtions séculières dans la première crise de Grandmont. Mais précisément, un nouveau prieur fut choisi pour Aureil en 1194 parmi les chanoines de Bénévent (39) ; on peut se demander si des difficultés internes n'ont pas amené l'évêque Sébrand à penser que, tout comme à Grandmont, la canonisation du fondateur serait un utile moyen de pacification pour Aureil et d'édification pour son clergé. S'il n'a pu obtenir du

---

*Rev. Quest. Hist.* XLIX, 1891, p. 1-61 (le cas de saint Annon de Cologne dont les moines de Siegburg font lire la *Vita* à un légat de passage en 1181 et obtiennent ainsi un *transitus* confirmé par Lucius III en 1183).

(36) *Prop. add AA. SS. Dec. Martyrologium Romanum* (Bruxelles, 1940), p. 259. Prosper Lambertini retient le cas de Gaucher dans *De Serv. Dei canonizatione*, I, c. IX, n° 7 (*Op. omnia*, Prato, 1839).

(37) J.-L. n° 17 034 [*bis*] ; cf. *Anal. Boll.* XLIX, 1931, p. 213.

(38) J. BECQUET *La première crise de l'ordre de Grandmont* dans *Bull. Soc. Hist. Archéol. Limousin*, t. LXXXVII, 1958-1960, p. 283-324.

(39) Cartulaire cité *sup.* note 19 : p. 388-389.

Siège Apostolique pour son candidat autant d'honneurs que les Grandmontains pour leur bienheureux père, — ce qui n'est pas prouvé — il faut se rappeler que le modeste prieuré d'Aureil ne jouissait pas, comme la fondation posthume d'Etienne de Muret, d'appuis tels que ceux d'un roi Plantagenet.

*Mort de Gaucher.* — Le début de la sixième leçon — et donc le c. XXIX de la *Vita*, selon toute vraisemblance — fait mourir Gaucher à 80 ans après quelque 60 ans de priorat à Aureil, où la même *Vita* (c. VI et X) le fait arriver vers l'âge de 21 ans. Les quatre vers sur Gaucher indiquent pour cette mort le millésime de 1140, qui ne provient donc pas de la *Vita*. Les biographes de Geoffroy du Chalard, d'Etienne d'Obazine et d'Hugues Lacerta indiquent le millésime de la mort de leur héros. Si le biographe de Gaucher ne l'a pas fait, c'est peut-être pour avoir voulu imiter la *Vita A* d'Etienne de Muret : celle-ci note le jour de la semaine et du mois où il est mort, à 80 ans lui aussi, fournit avec une précision excessive l'année de son entrée au désert, mais néglige de donner à son décès un millésime que l'on retrouve également dans quatre vers aberrants (40).

Ce silence relatif de notre *Vita* expliquerait peut-être le « *floruit... anno Domini MCXXX* » de la fin de la sixième leçon comme une précision parue souhaitable soit à l'hagiographe, soit à l'abréviateur. Bernard Gui a repris l'expression telle quelle, et ses expressions suggèrent qu'il n'a vu que la leçon, et non la *Vita*. Les premiers Bollandistes ont fait de 1130 l'année de la mort du saint, mais la présence à ses funérailles de l'évêque de Limoges Gérard (1137-1177) exclut cette interprétation. Le cartulaire d'Aureil ne confirme pas la date de 1140, mais bien le caractère accidentel de la mort (41) qui eut lieu le 9 avril d'après le *transitus* du calendrier.

*Influence reçue et exercée par Gaucher.* — La *Vita* de Geoffroy du Chalard nous fait voir Gaucher d'Aureil, ermite renommé, renvoyant à son aîné Geoffroy un pénitent qui avait offensé celui-ci, afin qu'il termine ses jours sous sa direction. A la mort de Geoffroy, Gaucher vint célébrer ses funérailles

(40) Les quatre vers sur Gaucher sont signalés par Bonaventure de Saint-Amable (*op. cit. sup.* note 11) d'après un document indépendant du cartulaire d'Aureil et sans allusion aux quatre vers sur Aureil. Les quatre vers sur Etienne de Muret furent recueillis entre 1163 et 1170 à la fin de l'abrégé de la *Vita* d'Etienne de Muret qui précède la *Vita* d'Hugues Lacerta, mais on ne les retrouve pas dans les deux exemplaires anciens de la *Vita A* d'Etienne de Muret. On ne sait à quoi pouvaient servir des compositions de ce genre, sauf à fournir un support mnémotechnique à une date vénérée dans une famille religieuse.

(41) Edition citée *sup.* note 19 : n° LXI.

et dut y prononcer les paroles que sa science et son éloquence faisaient attendre de lui, mais que son émotion lui fit dire en langue vulgaire.

Ces traits sont précieux, car ils confirment de manière indépendante les trop brèves indications de la table de notre texte sur l'influence exercée par Gaucher. Cette influence s'exerce sur quelques grands personnages (42) (c. XXIII-XXVI), et s'ajoute à la popularité acquise au saint homme par quelques miracles faits de son vivant (43) (c. XVII et XIX-XXI). Un des titres parle même des pouvoirs reçu d'Urbain II pour ramener les pécheurs au bien (*consulendi peccatores* ; c. XVIII) ; or on sait qu'au moment où ce pape passa par Limoges (fin 1095 et début 1096), le soin des âmes était sérieusement contesté aux moines et chanoines réguliers (44) ; il n'y a donc rien d'invraisemblable à ce que Gaucher, prieur depuis une dizaine d'années et âgé d'environ 35 ans, ait obtenu quelques garanties apostoliques.

Faut-il penser que ce passage d'Urbain II à Limoges a déterminé le séjour de deux ans que la *Vita* fait faire par Gaucher à Saint-Ruf d'Avignon (c. XIII), séjour qui aurait fait de lui dans sa province le pionnier de la vie canoniale austère selon la règle de Saint Augustin ? Il est vrai qu'Urbain II a beaucoup fait pour Saint-Ruf (45), mais il est possible que l'évêque de Maguelonne Geoffroy ait bénit le cimetière d'Aureil, en compagnie de l'évêque de Limoges Humbaud, quelques années avant le passage du pape (46) ; or Geoffroy

---

(42) L'influence pacifiante exercée sur le comte de Poitiers et quelques nobles doit être rapprochée de la charte n° CCXL du cartulaire cité note 19 ; les évènements sont sans doute à dater de la lutte du comte contre l'évêque de Limoges Eustorge, partisan d'Innocent II, vers 1130 (A. RICHARD, *Histoire des comtes de Poitou*, t. II, p. 25 ; ajouter le c. LXIV de la *Vita* d'Etienne de Muret qui rapporte des faits de guerre contre les possessions de l'évêché de Limoges après 1124).

(43) L'obéissance des animaux (c. XVII) est un trait attesté dans la *Vita* de Gérard de Saint-Aubin d'Angers écrite aussitôt après sa mort en 1123 (*AA. SS. Boll. Novembr.* II, p. 493-509) et dans celle, très suspecte, et écrite après 1170, de Guillaume Firmat (+ 1095 ; *ibid. Apr.* III, 336-343).

(44) J. BECQUET art. et rapport cit. *sup.* note 27 ; ajouter le rapport de C. DEREINE dans les *Atti* cités *ibid.* et l'article du même auteur *Le problème de la cura animarum chez Gratien* dans *Studia Gratiana*, II, Bologne, 1954, p. 307-318, sans aller toutefois jusqu'à parler comme lui d'une bulle obtenue par Gaucher (note 16).

(45) C. DEREINE, *L'élaboration du statut des chanoines réguliers, spécialement sous Urbain II* dans *Rev. Hist. Eccl.*, XLVI, 1951, p. 534-565.

(46) Cartulaire cité note 19 : n° LIII ; l'éditeur place le fait au moment du voyage d'Urbain II, mais si l'on est assuré de la présence de Geoffroy à Clermont (LABBE *Bibl. Nov. Mss.*, I, 800), l'église d'Aureil fut consacrée en août 1093 et Humbaud fut en difficultés quelques années avant sa déposition par Urbain II en 1096. Geoffroy qui est bien situé comme soutien d'Urbain II dès 1085, a pu être envoyé à Limoges comme enquêteur et amené par le « prévenu » en visite à l'annexe régulière du chapitre (J. ROUQUETTE ET A. VILLEMAGNE, *Cartulaire de Maguelonne*, t. I, Montpellier, 1912-1913, et *Bullaire de l'Eglise de Maguelonne*, ibid., t. I et II, 1911 et 1914).

avait réformé ses chanoines en 1095 et ceux-ci suivaient certainement les coutumes de Saint-Ruf sous le successeur de Geoffroy, Gauthier (1104-1129).

A vrai dire, ce que l'on sait des premières observances de Saint-Ruf ne permet guère d'y trouver trace d'une abstinence absolue que Gaucher, à en croire la *Vita,* aurait ramenée à Aureil, sans succès durable auprès de ces disciples (47). Cet échec doit même être rapproché des difficultés rencontrées par Etienne d'Obazine dans le même domaine ; l'abstinence absolue était une pratique érémitique et monastique et si l'ermite Etienne finit par adopter la règle monastique pour la maintenir chez les siens, l'ermite Gaucher, qui dépendait du chapitre de Limoges, ne pouvait en faire autant. Il fit si peu qu'au début du XIIIe siècle, il faudra rédiger un règlement local pour Aureil où l'on n'avait pas de coutumier à montrer aux novices (48) !

Mais au moment où l'on rédigeait ce règlement, il y avait encore à la bibliothèque d'Aureil deux exemplaires des coutumes de Saint-Ruf, dont l'un copié à la suite de l'ordinaire de la maison. Les relations de Gaucher avec Urbain II sont des plus admissibles, et ses relations avec Geoffroy de Maguelonne sont certaines. Ne voit-on pas d'ailleurs les ermites de Chaumousey aller eux aussi se documenter à Saint-Ruf vers 1092 et recevoir ensuite des conseils de modération de l'évêque Gauthier de Maguelonne (49) ? On peut donc admettre un séjour de Gaucher à Saint-Ruf, mais on ne peut ni dater ce séjour, ni juger de ses résultats pour la réforme canoniale en Aquitaine.

On peut encore se demander si notre hagiographe n'a pas surfait l'influence exercée par son héros sur les religieux de son temps. En fait, il n'a pas été possible de retrouver trace du monastère de « *Forestis* » en Auvergne (50), fondé par un

---

(47) C. Dereine, *Saint-Ruf et ses coutumes* dans *Revue Bénédictine,* LIX, 1949, p. 161-182 ; c'est de Maguelonne, et non de Lille en Flandre, que l'évêque Gauthier, successeur de Geoffroy avait été prévôt. M. Dereine prépare une édition du coutumier de Saint-Ruf meilleure que celle d'A. Carrier. V. en fin d'Appendice.

(48) Ce règlement est édité par J. Becquet dans *Le coutumier des chanoines réguliers d'Aureil... (Bull. Soc, Hist. Archéol. Limousin,* XCI, 1964). — La fête de saint Ruf est au calendrier de l'Esterps (J. Becquet, *art. cit. sup.,* note 27 : p. 214, n. 61), et à celui d'Aureil (A. D. Hte-Vienne D 1221).

(49) C. Dereine, art. cit. *sup,* note 47.

(50) Il est possible que cet établissement ait disparu par annexion. La commanderie de Tortebesse en Auvergne (cton Herment P.-de-D.), constituée en 1189, avait au XIIIe siècle une dépendance à La Forêt (cne Cisternes-la-Forêt, cton Pontaumer, P.-de-D.) et une autre à la Mazière-aux-Bonshommes (cton Crocq, Creuse) ; or, on sait que le terme de Bonshommes désignait les ermites au XIIe siècle ; l'église de la Forêt, dont l'évêque de Limoges approuvait le titulaire au XVIIe siècle, on ne sait pourquoi, présentait des caractéristiques archi-

certain Etienne disciple de Gaucher (*Vita*, c. XV). Pour Lambert de la Palud, fondateur bien connu de la Couronne en 1122, avant d'être évêque d'Angoulême, il est très admissible qu'il soit venu s'édifier et se documenter auprès de Gaucher, (c. XIV), mais là encore, aucune confirmation extérieure à la *Vita* n'a été trouvée (51). Enfin, comme on va le voir, le cas d'Etienne de Muret est à lui seul plus que suspect.

Etienne de Muret est présenté par notre texte (c. XII) comme un disciple de Gaucher, mais disciple si réticent quant à l'accueil paternel fait aux femmes par son maître, qu'il se fit construire une cellule à deux portées de flèche du monastère double d'Aureil, en un lieu appelé Muret ; Etienne aurait ensuite transporté cellule et toponyme près d'Ambazac, d'où son nom d'Etienne de Muret.

En fait, au moment où la *Vita* de Gaucher était rédigée, on attribuait officiellement à Etienne de Muret la règle qui excluait les établissements féminins de l'ordre de Grandmont issu de lui après sa mort ; mais on a montré le caractère systématique de ce texte pseudépigraphe (52). D'autre part, les textes grandmontains, assez fournis pour le XII^e siècle, ne font aucune allusion au fait qu'Etienne de Muret ait été disciple de Gaucher, son cadet d'une quinzaine d'année.

L'explication la plus simple de cette histoire est suggérée par notre texte lui-même, et elle est d'ordre toponymique : il y avait un Muret près d'Aureil et un autre près d'Ambazac. Or, si l'on souhaitait associer deux personnages dans la gloire céleste, il pouvait être convenable de les associer dans leur ascèse terrestre et l'on n'a pas oublié qu'Etienne de Muret fut canonisé en 1189. Mais les chanoines d'Aureil dirigeaient des moniales toutes proches (53), alors que les Grandmontains se réclamaient de leur fondateur pour n'en rien faire : aussi voit-on la *Vita* consacrer tout un chapitre à équilibrer les attitudes opposées de cha-

---

tecturales qui pouvaient dater du XII^e siècle (A. D. Rhône, 48 H 3121, n° 8). Dom Boyer n'avait pu davantage identifier la *Forestensis ecclesia* (Ms. Paris, Bibl. Ste-Geneviève n° 1979, f° 65). Je remercie M. Sève, directeur des Archives du Puy-de-Dôme, qui a orienté mes recherches vers le fonds de Tortebesse.

(51) J. DE LA MARTINIÈRE *Une falsification de documents... La fondation d'Agudelle* dans *Le Moyen-Age*, XXIV, 1911, p. 1-45 ; depuis cette excellente étude sur les débuts de Lambert, M. JACQUES BOUSSARD a réédité l'*Historia Pontificum et Comitum Engolismensium* (Paris, 1957).

(52) J. BECQUET, *La règle de Grandmont* dans *Bull. Soc. Hist. Archéol. Limousin*, LXXXVI, 1955-57, p. 28-29 ; il est possible que le monastère de Grandmontaines attesté en 1212 soit une survivance d'un état de fait antérieur à la règle.

(53) La fondation du monastère de Bos-las-Mongeas pour des religieuses, indiqué par le titre du c. XVI de la *Vita*, est confirmé par le n° LXXIX du cartulaire cité note 19 (entre 1108 et 1137).

cun des fondateurs, en donnant le beau rôle à Gaucher, sans aucun démérite pour Etienne.

Les Grandmontains de la fin du XIIe siècle pouvaient d'autant moins se formaliser de ce rapprochement, dont l'hagiographe n'est sans doute pas l'inventeur, qu'il mettait en valeur une des caractéristiques de leur règle, approuvée dès 1158 par le pape, et que la *Vita A* d'Etienne mettait celui-ci à l'école de divers religieux anonymes. Il pouvait suffire au copiste de Grandmont d' « oublier », dans la *Vita* de Gaucher, le passage qui concurrençait par trop l'originalité contemplative de sa maison, et que la leçon liturgique a gardé. Plus tard, les historiens grandmontains admettront sans trop de peine que Gaucher ait été le maître d'Etienne, et ils l'identifieront même avec le chanoine à qui leur fondateur apparut après sa mort (54) !

*Les origines de Gaucher et la fondation d'Aureil.* — L'hagiographe de Gaucher fournit, sur la prime jeunesse de son héros, des précisions topographiques assez habituelles dans les vies d'ermites limousins du XIIe siècle, malgré l'imprécision chronologique qui y règne sur le même point (55) ; notre Gaucher était de Meulan en Vexin (56). Mais le songe de la mère enceinte est ici un thème hagiographique connu, plus suspect encore sous sa forme d'un songe double à signification identique dont la répétition est voulue par Dieu, comme dans la Genèse (57). Et le fait que notre auteur se

---

(54) Ainsi Pardoux de La Garde au ms. Séminaire de Limoges n° 82 f° 54 v°, cf. f° 38 r°-39 v° ; le P. Frémon dans *La vie...* (cit. note 9), p. 65 avec des réserves ; le P. Lévesque dans *Annales Ordinis Grandimontis* (Troyes, 1662), p. 33. Le P. Frémon rapporte même que les Jésuites de Limoges avaient l'intention de bâtir une chapelle à la croix qui marquait le Muret d'Aureil ! On ne sait d'où provient l'argument misogyne du feu et de l'étoupe que, d'après Lévesque, Pardoux rapporterait à propos des deux saints « *ex aliis gestis Beati Gaucherii* » ; s'agit-il d'une amplification grandmontaine ou d'une leçon liturgique de la translation ? Les références de Pardoux sont rien moins que sûres !

(55) On trouve les noms des deux parents pour Etienne de Muret et Etienne d'Obazine, la localité pour Etienne de Muret et Geoffroy du Chalard, la province pour Etienne d'Obazine et Hugues Lacerta, mais aucune date pour personne !

(56) D'après JOUILLETON *Histoire de la Marche...*, t. I (Guéret, 1814), p. 141, une fille d'Audebert II, comte de la Marche (où est situé Bénévent) aurait épousé en 1076 Simon de Crépy, seigneur du Vexin français et les époux, très pieux, se seraient faits religieux ; mais il s'agirait d'une fille de Robert II comte d'Auvergne d'après les Bénédictins de Paris (*Vies des Saints...*, t. IX, 1950, p. 642-644). Les quatre églises possédées dans le Vexin par Aureil dès le début du XIIIe siècle (coutumier d'Aureil à l'article D 1221 des A. D. Hte-Vienne) ne sont nulle part mentionnées au cartulaire contemporain du saint ; il s'agit de Gargenville (cton Limay, S.-et-O.), Magny-en-Vexin (ch.-l. cton, arr. Mantes, S.-et-O.), St-Léonard au Petit-Andely (cne et cton Les Andelys, Eure) Montalet-le-Bois (cton Limay, S.-et-O.) ; cf. LONGNON *Pouillé Prov. Rouen* (Paris, 1903) et A. LEROUX *Inventaire* cité *sup.* note 15 : p. LV.

(57) F. LANZONI *Il sogno della madre incinta nella letteratura medievale e antica* dans *Anal. Boll.* XLV, 1927, p. 225-260.

réfère expressément au témoignage de son héros (58), recueilli par son entourage, ne change rien à cette suspicion.

En revanche, il n'y a rien que de très banal dans le fait que le jeune Gaucher soit allé en pélerinage à Saint-Gilles avec le religieux qui l'avait formé et pris à son service ; et comme Saint-Léonard était sur sa route, il a fort bien pu s'y convertir (59), quel que fût dans cette conversion le rôle joué par maître Humbert sur lequel on reviendra. Il est seulement étonnant que l'hagiographe insiste sur l'amour de la chasteté comme motif de la conversion de Gaucher, alors qu'il lui fera gloire ensuite de ne pas éviter les responsabilités religieuses à l'égard des femmes.

En fait, les notations de la *Vita* concernant les origines de Gaucher n'offrent rien qui ne corresponde à la présentation édifiante de souvenirs de jeunesse incontrôlables, transmis par les confidents respectueux d'un vieillard. Au reste, le cartulaire d'Aureil apporte une confirmation partielle à ce que dit la *Vita* sur les premiers compagnons de Gaucher (60). Et si le récit de la fondation d'Aureil relève vraisemblablement des mêmes sources d'information que les « enfances » du héros, il donne lieu à des contrôles plus faciles.

Il faut d'abord admettre sans difficultés que Gaucher et son premier compagnon, après trois ans d'érémitisme, aient été empêchés de fonder un établissement durable sur des terres monastiques, car le procédé est bien attesté à l'époque (61) ; mais l'avertissement d'une colombe à cette occasion est encore un thème hagiographique connu (62). Puis, il faut écarter la date de 1071 proposée pour la fondation d'Aureil par le second quatrain du cartulaire, puisque Gaucher est mort octogénaire en 1140 (63). Cette erreur, probablement volontaire, est accompagnée d'une autre erreur.

(58) « ... *ut audivimus ab ipso...* » (et non *ab ipso genitore*, comme dit Lanzoni). Le biographe d'Etienne d'Obazine, admirateur de la vie de saint Bernard où se lit un songe analogue, rapporte le fait à son héros avec moins d'assurance que ne fait notre auteur.

(59) J. Becquet, *Aux origines du prieuré de l'Artige, chef d'ordre canonial en Limousin* (XII^e^ *et* XIII^e^ *siècles*) dans *Bull. Soc. Hist. Archéol. Limousin*, t. XC, 1963, p. 85-100, à propos des pénitents Marc et Sébastien installés à Saint-Léonard vers 1100.

(60) Il est curieux que le premier compagnon de Gaucher, Germond, ne soit pas signalé dans le règlement de fondation d'Aureil ; Pierre Foucher, dont parle la *Vita* est bien situé dans le cartulaire et il sera honoré sous le nom de « saint Faucher », sans qu'on en sache davantage sur lui.

(61) J. Becquet, rapport cité sup. note 27.

(62) *Vita Nivardi ep. Remensis* dans *M. G. H. Script. Rer. Mer.* V (1910), p. 165-166, pour l'abbaye d'Hautvilliers.

(63) Notre *Vita* faisant d'Etienne de Muret un disciple de Gaucher d'Aureil, on devait être amené à établir au désert le premier quelques années avant le second, que sa propre *Vita* fait arriver à Muret en 1076.

due à un scribe cette fois, en ce qui concerne la date de consécration de l'église d'Aureil : il faut lire, comme le suggère l'abbé Legros (64) :

« Anno milleno nonageno *septeno*
Quatuor ablatis, facta est dedicatio nostra »,

ce qui donne 1093, et le 21 août, indiqué comme dédicace par le calendrier de l'ordinaire d'Aureil, est bien un dimanche cette année-là comme le même Legros l'a vu dans un « cartulaire de la cathédrale ».

En effet, c'est dans le courant de 1093 que l'évêque de Limoges Humbaud (1086-1096) fit à Aureil une donation sur ses terres patrimoniales du Bas-Berry (65) ; le 6 novembre 1095, le prieur Gaucher (*dompnus Gaucherius*) signait un arrangement entre le même Humbaud et les moines de Déols, aussitôt après l'archidiacre et maître Humbert (66). En outre, une indication du cartulaire d'Aureil permet de faire remonter la fondation au temps du premier évêque « grégorien » de Limoges, Gui de Laron, prédécesseur d'Humbaud, décédé le 17 avril 1086 (67).

Ces précisions chronologiques sont indispensables, car l'auteur de la *Vita* résume, sans le dater, l'acte de fondation d'Aureil qu'il dit avoir trouvé dans les chartes de la cathédrale de Limoges, et aucune des copies de cet acte ne nous fournit de date ni de noms de témoins ou de dignitaire du diocèse. Cet acte curieux semble avoir été consigné pour la première fois au dos d'une bulle de Pascal II qui, en 1105, confirmait les possessions du chapitre de Limoges, dont Aureil ; c'est de cet exemplaire que dépend l'édition actuelle (68). Tout semble indiquer que les chanoines de la

(64) Ms. Séminaire de Limoges n° 27, II, p. 297-307, d'après Nadaud, ms. *ibid.* n° 5, III, p. 123. *Septuageno* est une dittographie amenée par le premier vers du quatrain. SENNEVILLE, ayant accepté 1071, est obligé de faire mourir Gaucher nonagénaire contrairement à la *Vita* dont l'auteur pouvait être mieux renseigné sur la mort de son héros que sur sa jeunesse.

(65) Cartulaire cité note 19 : n° LXXXI ; cf. E. CHÉNON *Notes archéologiques et historiques sur le Bas Berry, 12e série* dans *Mem. Soc. Antiquaires du Centre*, t. XXXVII, 1914-1916, p. 14-15 (le § LI de cet article est consacré au cartulaire d'Aureil et rectifie certaines dates de son éditeur).

(66) Cartulaire cité note 18 : n° LXXXI.

(67) Cartulaire cité note 19 : n° LVI, cf. n° LIV et J. BECQUET, art. cit. *sup.* note 27 : p. 212. La *Vita* (c. X) place la construction de l'église après le règlement de fondation établi par le chapitre de Limoges ; c'est une simple vraisemblance.

(68) Cartulaire cité note 19 : p. 375-376, en annexe. SENNEVILLE a pris comme base de son édition la copie de dom Col (B. N. lat. n° 9193) plutôt que sa première transcription (B. N. Moreau 284, p. 126 ; cf. J. DE FONT-RÉAULX, *op. cit.* note 18 : *Introduction*) ; on peut ajouter à son édition 1° que le ms. B. N. lat. 17 118 f° 110 v° donne une copie due au Feuillant Pradillon « *Ex actis et instrumentis ecclesie Lemouicensis* » et que cette copie est isolée au milieu d'autres textes sans lien avec elle, 2° qu'une autre copie au ms. Paris B. N. Baluze n° 41 f° 93 v° est également isolée et sans indication de provenance, 3° qu'une copie a été faite au XVIIe siècle d'après une « Bible d'Aurel, escripte en lettres de forme », actuellement perdue (A. D. Hte-Vienne 3 G 813).

cathédrale accordaient peu de confiance aux fondations érémitiques dont ils patronnaient les débuts, mais que l'évêque de Limoges Pierre Viroald (1100-1106), le même qui imposa la régularité à Saint-Léonard, fit noter avec précision la situation d'Aureil (69).

Cet acte, ou plutôt ce règlement de fondation, fait du nouvel établissement un lieu de retraite pour les chanoines de la cathédrale qui voudraient librement renoncer au siècle et suivre désormais la régularité (*regularem tramitem*) ; Gaucher et son compagnon Rainaud sont seuls nommés, et le premier semble être considéré comme prieur et membre de droit du chapitre de Limoges. Or Gaucher avait au plus 24 ou 25 ans quand mourut l'évêque Gui, et la confiance que pouvait inspirer un jeune étranger ne s'explique que par des raisons fournies dans la *Vita*.

L'hagiographe dit que le chanoine de Limoges maître Humbert, qui enseignait dans les parages de Meulan, attira le jeune Gaucher dans le « désert » de son Limousin boisé et lui servit de garant auprès du chapitre cathédral. Une notice de Bernard Gui, non exempte d'erreurs, fait du même Humbert un chanoine de Limoges et un maître parisien qui, désireux de se consacrer à Dieu, obtint du chapitre l'emplacement nécessaire à un établissement de chanoines réguliers (70). Il est du moins prouvé que maître Humbert reprit en mains une fondation érémitique faite en 1080 sur les terres des chanoines de Limoges ; un apport de reliques italiennes et peut-être une translation firent de cette fondation le prieuré Saint-Barthélemy de Bénévent, grâce à l'évêque Gui de Laron (71).

Tout comme l'évêque, maître Humbert avait des principes réformistes, mais son œuvre proprement canoniale nous est pratiquement inconnue. A-t-il voulu rééditer avec le jeune Gaucher et sur des bases juridiques plus solides l'expérience mal engagée par d'autres à Bénévent (72) ? Quoi qu'il en soit, on le voit contresigner, comme prieur de Bénévent, une donation faite à Aureil par un archidiacre de Limoges à une date

(69) La charte de fondation de Bénévent, qui était dans une situation juridique analogue à Aureil, n'est connue que par le cartulaire de la cathédrale. Voir J. Becquet, premier art. cit. *sup.* note 27 : p. 217.

(70) Labbé *Bibl. Nov. Mss.* t. I, p. 638 ; Bernard Gui ne connaît Gaucher que d'après les leçons liturgiques qui ne mentionnent pas Paris.

(71) J. Becquet, art. cit. *sup.* note 27 : p. 208 ; le cartulaire de Bénévent cité dans cet article montre que Gui y fonda un marché et donna 5 ou 6 églises au prieuré ; le successeur de Gui, Humbaud, ne fut pas moins généreux, et l'on a vu sa bienveillance pour Aureil. On ne doit pas oublier que le doyen réformiste de Paris, Milon, était archevêque de Bénévent (en Italie) en 1074-1075 (J. Becquet *Saint Etienne de Muret et l'archevêque de Bénévent Milon* dans *Bull. Soc. Hist. Archéol. Limousin*, t. LXXXVI, 1955-1957, p. 403-409.

(72) Cartulaire cité note 19 : n° LXV ; *Cartularium* cité note 18 : p. 201.

qu'il est difficile de faire descendre après 1085. Il faut donc admettre avec la *Vita* que l'installation de Gaucher à Aureil eut lieu quand celui-ci avait environ 21 ans, soit entre 1081 et 1085 ; le règlement de la situation juridique de la fondation a pu suivre de peu cette seconde date et n'être mis au net, à Limoges, sans autre formalité, qu'en 1105-1106.

*
* *

On a donc comparé la copie incomplète d'une *Vita* du XII$^{e}$ siècle avec les leçons liturgiques extraites du texte primitif et complet ; on a utilisé, pour ce faire, tout ce qui pouvait actuellement éclairer les principaux évènements de cette *Vita*. Les explications les plus simples de certaines difficultés convergent dans l'hypothèse que la *Vita* a été écrite en vue de la canonisation du héros. Avant que des découvertes improbables ne viennent confirmer ou infirmer cette hypothèse, on peut la retenir comme la plus vraisemblable et résumer comme suit ce que l'on croit savoir.

Gaucher naquit à Juziers (73), près de Meulan en Vexin, vers 1060. A l'instruction que lui firent donner ses parents, il ajouta la formation reçue d'un saint homme, un certain Rainier, qui l'emmena en pélerinage à Saint-Gilles. Vers l'âge de 18 ans, il vint avec un compagnon, Germond, s'installer dans les bois de Chavagnac en Limousin après une nuit de prière au tombeau de Saint-Léonard de Noblat ; peut-être avait-il été attiré en ces régions par maître Humbert, chanoine écolâtre de la cathédrale Saint-Etienne de Limoges ?

Mais les deux ermites ne purent obtenir la concession perpétuelle de leur emplacement qui appartenait aux moines de Saint-Augustin de Limoges et aux moniales de Sainte-Marie de la Règle. Au bout de trois ans, ils se transportèrent dans un bois voisin appelé les Sauvages dans la forêt d'Aureil ; ce lieu appartenait aux chanoines de Limoges et maître Humbert y facilita, entre 1081 et 1085, la création d'un établissement de chanoines réguliers avec l'appui des évêques successifs Gui de Laron (1073-1086) et Humbaud de Sainte-Sévère (1086-1096). L'église du nouveau monastère Saint-Jean-l'Evangéliste d'Aureil fut consacrée le 21 août 1093 et son prieur alla faire un stage à Saint-Ruf d'Avignon.

(73) La leçon *Egisius* est attestée par Labbe et par notre ms. n° 10 891, contre la leçon *Egosus* des premiers Bollandistes. Il y avait là, comme le dit la *Vita*, une église Saint-Pierre ; c'était un prieuré de Saint-Père de Chartres et la commune, que François de Blois appelle « Jusiers », est dans le canton de Limay (S.-et-O.) Cf. COTTINEAU « *Répertoire...* » col. 1503-1504.

Pendant un peu moins de soixante ans, Gaucher vit sa fondation se développer, notamment par l'acquisition d'une dizaine d'églises et de divers revenus. Il fonda pour les femmes un monastère tout proche d'Aureil, Sainte-Marie du Bos-las-Mongeas (74), il prêcha, il reçut de nombreux visiteurs parmi lesquels des réformateurs religieux comme Lambert de la Palud. L'un de ses disciples nommé Gérard a probablement fondé un monastère au lieu inconnu appelé *Forestis* en Auvergne, mais on ne peut admettre qu'Etienne de Muret se soit mis à l'école de Gaucher.

Gaucher tomba de sa monture le 7 avril 1140 près de Feytiat (75), à l'âge de 80 ans environ, et il en mourut le surlendemain 9 avril. Sa vie et le récit de ses miracles furent probablement rédigés après 1189 et avant sa canonisation qui eut lieu le 18 septembre 1194. A cette occasion, l'évêque de Limoges Sébrand Chabot, procéda à la translation de ses restes après avoir obtenu au moins l'autorisation du pape Célestin III.

## APPENDICE

Vie de Gaucher d'Aureil d'après le ms. Paris, B. N. lat. 10 891.

*Incipit prologus* [79 r°] Graue et insolitum mihi, fratres karissimi, iniungitis opus. Pius quidem ammonitus, sed proprie impossibilitatis effectus. Quod quamquam a peritis uiris esset sollicite considerandum, tanto a me ignaro sollicitius et cautius deberet prouideri, ne tanto operi uiderer non honorem dare, sed detrahere. Ideo diu multumque renisus uoluntati uestre, iure forsitan uidebatur quod etiam presumptionem ipsi meam potuissetis improuide temeritatis arguere, si tantam rem que utique esset operose tractanda, facile ac sine ulla deliberatione susceperim. Cum me oporteret prius ipsius rei pondus unde dicendum foret expendere, et sic adiuuante domino, si uires facultas explorata promitteret, ad hoc arripiendum quod iuberetis accederem. Sed quia, sicut cogitanda fuit iniuncti operis difficultas, ita cogitari debuit utrum qui iniungitis auctoritas. Nec debui nec uolui usquequaque resistere, certus quia uires meas multo amplius adiuuarent uestre oraciones quam grauaret ipsius materie magnitudo. Deinde illa consideratio animum meum suis uiribus diffidentem in audaciam subeunde uestre preceptionis

(74) Hameau de la commune actuelle d'Aureil, canton Limoges-Sud (H.-V.).
(75) Commune limitrophe d'Aureil, même canton.

produxit quod iam non humilitatis esset cum perseuerantibus tenere silencium, sed superbie ultra renuere. Unde facturus mihi opere pretium uideor, si uitam sanctissimi uiri exemplo aliis mox futuram perscripsero, quo utique ad ueram sapientiam et celestem militiam diuinamque uirtutem legentes incitabuntur. In quo ita uestri quoque racionem conmodi ducimus [79 v°] ut non inanem ab hominibus memoriam, sed eternum a deo premium expectemus. Quia et si ipsi non ita uiximus, ut aliis exemplo esse possimus, dedimus tamen operam ne eos lateret qui esset imitandus. Igitur Scti Gaucherii uitam scribere exordiar ut que ante prioratum uel in prioratu gesserit, quamquam ad omnia opera illius non potuerim peruenire, adeo quia ea in quibus ipse tantum sibi conscius fuit nesciuntur, quia laudem ab hominibus non querens, quantum in ipso fuit omnes uirtutes suas latere uoluisset, quamquam etiam ex hiis que comperta nobis erant plura omisimus quia sufficere credidimus si tantum excellentia notarentur. Obsecro autem eos qui lecturi sunt, ut fidem dictis adhibeant, neque me quicquam nisi compertum et comprobatum ab illis qui uiderunt scripsisse arbitrentur, alioquin tacere quam falsa dicere maluissem. *Explicit prologus. Incipiunt capitula.*

*Primum cap.* Vnde ortus et quid eius presagium sanctitatis.

*Secundum.* Alia iterum de eodem uisio.

*IIIum.* Qualiter sit edoctus.

*IIIIum.* De peregrinatione eius ad sctum Egidium.

*Vum.* Quod a magistro suo Vmberto ammonitus lemouicinium adierit.

*VIum.* In quo loco cum socio suo Grimundo primo habitauerit.

*VIIum.* De socio saluato arbore super eum cadente et de asperitate uite eius.

*VIIIum.* Qualiter ei diabolus insidiatus sit.

*VIIIIum.* Quo signo ammonitus sit ut ab illo loco accederet.

*Decimum.* Qualiter a canonicis lemouice sedis quicquid uoluit impetrauit.

*XIum.* De austeritate uite dni Rainaldi.

*XIIum.* Quare ab eo discessit Stephanus de Mureto eius discipulus qui primus fuit Grandimontensium.

*XIII Cap.* De Instituti [f° 82 r°] one ordinis ecclesie sue.

*XIIIIum.* Quod ordo corone ab eius doctrina initium habuit.

*XVum.* Quod forestensis ecclesia quasi riuulus de fonte aureliensis ecclesie prodierit.

*XVIum.* De institutione sanctimonialium.

*XVIIum.* Quod auis ei obedierit ad terrendum inobedientem et quod lepores ab eo se capi sinerent.

*XVIIum.* De potestate consulendi peccatores ab Vrbano papa accepta.
*XVIIIum.* De caduco sanato.
*XXum.* De quodam surdo, ceco et muto reddito sanitati.
*XXIum.* De domno Petro Fulcherii per obedientiam beati uiri aquam dante.
*XXIIum.* De conuersatione domni petri Fulcherii et eius obitu.
*XXIIIum.* Qualiter uillam suam Deus per eum liberauit ab impetu comitis pictauorum.
*XXIIIIum.* Quod cuiusdam tiranni interitum sanctus predixit Gaucherius.
*XVum.* Qualiter orationibus suis alium reuocauit tirannum ab impietate sua.
*XXVIum.* Quod nobilis quidam matrona in Quadragesima desiderium amisit carnis et pristine sanitati restituta [est].
*XXVIIum.* De suo successore et de promissione ostensionis si apud Deum post obitum eius preces habebant effectum.
*XXVIIIum.* De domno Geraldo de Muris.
*XXIXum.* De obitu sanctissimi uiri ; quod diu desiderauit unus e famulis suis, eadem die uitam finiuit.
*XXX.* De quodam claudo eadem die erecto.
*XXXIum.* De muliere quadam clinica eadem die sanata.
*XXXIIum* Quod eadem die quidam cecus lumen oculorum recepit.
*XXXIIIum.* De febricitantibus multis eadem die sanatis.
*XXXIIIIum.* Quanta cautela eius corpus custoditum fuerit ne illud ecclesia sua amitteret.
*XXXVum.* De frequentia miraculorum.
*XXXVIum.* De pa [f° 82 v°] ralitico quodam
*XXXVIIum.* De muliere surda et muta.
*XXXVIIIum* cap. De infirmo quem cum alternatim sibi misissent domnus Gaucherius et domnus petrus Fulcherii, tandem sanauit eum domnus Gaucherius.
*XXXIXum.* De hostissa sua sanata.
*XLum ca.* De nepote hospitis sui sanato.
*XLIum.* De quodam in extremis posito ad uitam restituto.
*XLIIIum* (sic) *cap.* De quatuor insanis sanatis.
*XLIIII capl.* De habenti dupplicem infirmitatem saluato.
*XLIIIIIum.* De muliere cordis saltum habentem saluata.
*XLVIum ca.* De puero saluato subtus rotam (1) molendini.

(1) Le scribe avait écrit *terram* et a corrigé.

*XLVIIum caplum.* De saluatis in mari.

*XLVIIIum caplum.* De caduco qui uiso corpore sancti Gaucherii in sepulchro sanus factus est.

*XLVIIIIum cap.* Visio scti Gaucherii ad quendam canonicum suum.

*L.* Alia uisio de gloria huius sancti.

*LIum.* Qualiter apparens tota una nocte quendam puerum custodiuit ne ab incendio lederetur.

*Expliciunt capitula.*

*Incipit uita beati gaucherii primi pastoris Aurelii. Primum.* Igitur Gaucherius Meothlensis oppidi indigena fuit parentibus religiositate clarissimis procreatus, uico autem sancti Petri nomine egisius educatus. Cuius uitam cum adhuc esset clausus utero matris. dominus quasi quodam presagio uolens notificare mundo genitrici eius manifestauit nocturno silentio. Nam ut audiuimus ab ipso : nocte quadam cum mater eius esset grauida de illo, in sompnis uidit se tenere restem unius cimbali, que tam prolixa uidebatur quod de terra usque ad celum protendebatur. Quam restem suspensam in cimbalo cum manu traheret, cimbalum in celo sonaret. Que uisio bene conuenit [f° 80 r°] dei famulo Gaucherio qui, et si ductus propagatione carnis, quod signatur per restem, domans eam sub leui iugo Christi, factus est cimbalum tinniens. Quia quemadmodum sonantibus cimbalis fit quedam uox commotionis, quod populus Christi debeat properare ad ecclesiam Dei, ita et famulus Dei Gaucherius quodam modo fuit cimbalum exemplo uite et predicationis uoce commonens Dei plebem ne tardaret ire ad suum creatorem.

[*Secundum*]

Vidit etiam in sompnis genitrix eius cum nondum foret editus humanis uisibus se tenere sursum duo cornua lune ambabus manibus. Luna autem pro defectu carnis ponitur quia ad tempus uidetur crescere et decrescere, sed cum incipit per defectionem decrescere, cornua solent attenuare. Que omnia bene assignantur Dei famulo, quia cum honere carnis que ad tempus deficit esset oppressus, bina cornua lune tenebat in manibus, quia superbiam et lasciuiam sue carnis subiugauit suis manibus, id est cum geminis alis uirtutis, scilicet duobus preceptis caritatis, Dei uidelicet amoris et proximi ; qui amor ignitos sui dilectione per angustum callem facit tendere et hoc sursum despiciendo terrena facit ire ad celestia. Hoc amore succensus Dei famulus Gaucherius in hac peregrinatione solo corpore constitutus cogitatione et auiditate in illa eterna patria est conuersatus quia uestimentum quod induit in baptismate seruare studuit per innocentiam uite, quod est attenuare cornua lune, id est incentiua carnis uicia edomare usque in finem uite, euangelista attestante : « Qui autem usque in finem perseuerauerit, saluus erit ».

[80 v°] *Tercium.*

Adueniente itaque tempore subintrantis infancie a parentibus studiis liberalibus diligenter traditur. In quo doctrine collatio cum ubertate ingenii consentiens, eruditissimum dupplicato bono id est nature et industrie reddiderunt, atque ut in eum perfectio litterarum plene conflueret, docibilis puer que audiebat quasi thesaurum sibi commissum pectoris armariolo tenaci memoria bene recludens, parui temporis articulo ad biuium phitagorice littere perductus, sinistrum ramum deuitauit, id est lasciuiam huius mundi, qua illa etas solet occupari, dextrum quippe ramum a primeuo iuuentutis flore prosequutus est Dei famulus Gaucherius quia sicut apis prudentissima in studio queque bona colligens, reposuit in ara mentis que postmodum erat mellificaturus populo Dei dulcedine sui uerbi quatinus per artam uiam que ducit ad uitam exemplo sui sequerentur.

*Quartum capitulum.*

Factus namque adholescens, adhesit cuidam uiro nomine Raenerio, uita et fama ualde religioso, cui seruiuit diebus plurimis fiducialiter, sed pocius pro Christo familiariter. Ab ille enim sumpsit maxime uite sue inicium et subiit Christi tyrocinium et castitatis domicilium. Ille autem uir Dei desiderauerat multo tempore ad Sanctum Egidium pergere, si Dominus sibi socium fidelem coniungeret qui hunc laborem ipsius amore iniret. « Ad hoc uotum subiendum et tanti laboris socium, « ecce, inquit Gaucherius, presto sum si uestre paternitati meum placeret solacium ». Cui ille : « Amantissime fili Gaucheri, nullum te in hac uita possum habere meliorem quem a Domino credo [f° 81 r°] esse datum consortem. Ergo sanctum par et carum sibi, scilicet gemina lucerna mundi, ut melius in itinere domarent fessa membra, non deposuere assueta pondera. Nam Gaucherius antequam posset per etatem crimen conmittere, assueuerat cilicium induere. Sed incipiens gressum, dupplex induit cilicium. Ille uero homo Dei Raenerius ad carnem thoracam erat pro Deo portare solitus. Ambo itaque pedites obtatum iter ingredientes ad sepulchrum beati egidii peruenerunt leti, et ut breue uobis faciam, facta oracione alacres remearunt in patriam.

*Quintum*

Sub eodem fere tempore uenerandus magister Vmbertus Lemouice sedis canonicus, cuius iste erat familiaris scolasticus, forte in illis partibus regebat studium, cui etiam aperuit sui animi desiderium. Cuius admirans adholescentiam et animi constantiam, blandis sic alloquitur eloquiis : « Fili karissime Gaucheri, si hoc residet in tuo animo quod mihi confiteris uerbo, sequere in mea patria que multum est nemorosa et ibi, ut spero in Dominum qui tuum semper confortet desiderium, inuenies aliquem loculum tuo animo aptum in quo poteris Domino seruire, qui tibi porrigat manum pietatis sue. »

*Sextum capitulum incipit.*

Cum autem iam esset fere annorum X et VIII et pertimesceret contaminari de hiis que succrescunt humano generi, secutus sui magistri umberti monitum, sciens et ipse a Domino esse predictum : « Omnis qui reliquerit domum, uel fratres, aut sorores, aut patrem etc... propter me, centuplum accipiet et uitam eternam possidebit ». Ideo athleta Dei hac promissione suffultus, loricam fidei indutus patriam uiduaturus [f° 81 v°], reliquit patrem et matrem et pios parentes et dulcem patriam, et sociato sibi Germundo uenerabili uiro, eius futuro canonico, sed tunc temporis sui secreti ignaro, qui sequens doctorem supradictum, uenit in partes aquitanie causa discendi scientiam artis grammatice, cum illo ergo Dei prouidentia uenit in hac prouincia (*sic*) et hospitatus est in Sancti Leonardi uillam (*sic*), cuius maximam miraculorum audierat famam. Pernoctauit igitur nocte illa ante sepulchrum beati uiri cuius conuersationem et uitam obtabat imitari, flagitans ab eo humillimis precibus ut apud Dominum obtineret sui desiderii effectum. Insurgente uero diluculo cum sacra missarum solempnia celebrarentur, accepta licentia a beato uiro, cum compatriota suo ceptum iter tetendit, et circum circa girans nemora, ad locum cui est uocabulum Chauanacum tandem Dei ductu peruenit, cuius aspiratione per tot et tanta means locorum spacia, huc gressum diuertit, implens illud prophete : « Ecce elongaui fugiens et mansi in solitudine » Ibique cum socio per triennium commorans, heremiticam uitam duxit, quanquam hominibus parum notus, Deo tamen non ignotus.

*VII Capitulum*

Quadam uero die dum cum supradicto socio arborem unam bipennibus incidere temptaret, et arbor iam casura nutaret, exclamauit Dei famulus : « Fuge, frater, quam citius, quia arbor iam cadet uelocius » Ille uero illuc cepit fugere, quo arbor uolebat cadere. Sed ruens eum retinuit et desuper occubuit. Quod uidens Dei famulus extensis ad Dominum manibus piis exorauit precibus ut socium custodiret, et incolumem redderet. [f° 84 r°]. Res mira et multum stupenda ! Arbor cecidit et ei nichil nocuit. Qua in re Deus primum ostendit quantam famuli sui curam gereret, cum etiam eius discipulo arbor ruens desuper occumberet et nichil nocuisset, quia Deus arborem uno in loco circumflexerat, quo eius discipulum sanum et incolumem subiacere prouiderat. Sed Dei famulus illuc cum citis gressibus occurrit, et comitem quem toto corpore esse dilaceratum estimauit, illesum inuenit, et omnipotenti Deo gratias reddidit. Sed non est nostre facultatis retexere quot et quantas famis, sitis, frigoris, uigiliis aliisque assultibus demonis ibi Dei famulus Gaucherius pro Domino sustinuit passiones. Nam fame et siti carnem perdomuit, quia uentri sepe subtrahabat unde carnem proximi sustentabat. Et cum cibum ad horam protraheret, ut saltem uilibus escis famem expelleret, pocius excitabat quam minueret. Et eciam diebus plurimis uitam sine cibo et potu duxit, sed ut percunctantibus utrum ieiunus esset, uerum dicere posset quia ieiunus non esset, auellanam siue aliquid tale minimum sumebat. Ociosam uitam omni tempore uelut crimen studuit fugere ut ieiuniorum laborem labor operis dupplicaret.

*Octosimum* (sic) *capitulum incipit*

Ingruente frigore plus solito illo in tempore cum uis algoris plurimos coherceret, in nocte non habebat pannum nisi lodicem unum unde cohoperiebat se et socium. Nocturnas uigilias erat solitus agere, ut non ante menbra sopori traderet, quam psalterium complesset. Et quamuis lectum non haberet quo requiesceret, pro lecto sellam habebat ubi sedendo fessus dormitabat. Sed quot demonis assultus ibi per- [f° 84 v°] tulit Christi tyrunculus ! Nam antiquus hostis humani generis semper inuidens bono, mirabatur se uinci a puerulo qui multos fraudibus subtrahens a Christi tyrocinio demerserat in inferno, et qui non nullos iam milites Christi emeritos coronam precipitauerat in gehennam. Titillabat itaque sensus eius, et pubescenti corpori insolita uoluptatum incendia suggerebat. Cogebatur Christi famulus cogitare quod nesciebat et eius animo speciem uoluere cuius experimentum non nouerat. Tum in memoriam reducebat patriam quam derelinquerat, tum patris et matris absenciam quos teneram suam diligentes puericiam furtim fugiens sua uiduerat presencia. Sed callidus hostis quia nequaquam preualuit dominari in seruum Christi illicite suggerendo, tamquam ei Dominus dixisset : « Omnia que habet in manu tua sunt », quadam nocte cum completo psalterio menbra dedisset sopori et maxima uis algoris humana corpora plus solito perurgeret, inimicus ei nocte ac die insidians, lodici quo propter imminens frigus se et socium cooperuerat igne supposito, concremauit illum in momento. Sed uir Dei expergefactus a sompno, sentiit adesse demonis assultus et signo crucis armans se totum et cellulam suam, laudes Deo reddidit quia nudus cum diabolo preliaturus non haberet unde teneretur.

*VIIIum Capitulum*

Per idem tempus dum ibi maneret et illic remanere haberet in cogitatu, quam sepe quedam columba adueniens quandoque super scapulas, quandoque super capud illius repausabat et uelut eum obiurgans quod in tali loco mansionem sibi parare disponeret, [f° 85 r°] rostro capud illius acerrimis ictibus percutiebat. Quam uir Dei abigens, ualde secum admirans rem tacitus considerabat. Columba uero quasi minis illius perterrita aduolans, culmen tecti ipsius conscendebat, huc illucque stipulam qua illud tuguriolum tegebatur pedibus dispergens, illo in loco in quo diuina prouidentia monasterium eius nunc exstat constructum, festucas apportabat, illicque reponebat, hoc indicio ostentans in quo loco cellam suam construere deberet. Quod cum semel ac iterum et amplius quam numero comprehendatur sanctus Dei fieri cerneret, intellexit columbam tamquam Dei nuncium aduenisse, et per hoc factum nunciare diuinam non esse uoluntatem ibi se ulterius remanere.

*Decimum*

Locus autem ille in quo tunc temporis athleta Christi manebat, eo tempore ad ius uidebatur pertinere monachorum Sancti Augustini et sanctimonialium Sancte Marie de Regula Tam hos quam illas diu multumque deprecans ut sibi locum ad seruiendum Deo concederent imperpetuum, passus est repulsam. Nullatenus enim petitioni eius acquiescere uoluerunt, nisi quandiu ipse uiueret. Quibus respondens ait : « Non mei solum modo causa sollicitus sum, sed pocius pro illis qui post me futuri sunt ». Et his dictis recessit ab eis. Quare illum deserens locum, in aliud nemus cui uetustas Saluaticos nomen indiderat — nunc autem Aurelium uocatur — uicesimo secundo etatis sue anno secessit. Quod nemus a priori loco quasi stadium unum uidetur distare. Quo in nemore, inter densitates arborum desiderio suo apto reperto loco, comperto quod Sancti Stephani esset silua illa, adiit lemouice sedis canonicos, postulans suum desiderium [f° 85 v°] habere effectum. Quem illi benigne suscipientes et de sanctitate eius per magistrum Vmbertum cuius instinctu ad istam deuenerat prouinciam edocti, pie petitionis eius prompto animo se spondent adesse fautores. Cognoscentes igitur quamplurima monasteria laudabili religiosorum uirorum prouidentia multorum saluti profutura, in quibus et de conmissis conuersionis uia penitentibus preparatur, et Deo seruientium exemplis deuocionis emolumentum prerogatur, et defunctis requies eorum precibus impetratur, libenter concesserunt dompno Gaucherio et suis tam presentibus quam futuris, locum ad edificandum monasterium regularium canonicorum, ubi si quis suorum canonicorum seculum relinquere et in monasterio Aureliensi Deo seruire uellet, regularem deinceps tramitem per omnia subiturus, facta peticione sua suscipiendi, aditum ei absque contradictione patere sibi retinuerunt. Verumtamen Aureliensis cenobii priore iam defuncto, eiusdem cenobii canonicis secundum Deum eligendi sibi priorem liberam concesserunt facultatem. Electum uero in capitulum suum adduci uoluerunt, quem suum canonicum et fratrem constituentes, Aureliensis monasterii patrem et priorem confirmarent et ut ipse generali capitulo obedientiam scripto promitteret, confirmatus autem et in choro loco suo positus, ualedicens omnibus, ad sua cum gaudio remearet et deinceps nomen et locum prioris optineret. Addiderunt etiam quod cum ipse apud Lemouicas aliquando iret, dispensator eorum uni canonico qui cum illo esset, sicuti sibi, refectionem preberet. Et alia multa constituerunt animabus fratrum utriusque partis profutura, que in preli [f° 83 r°] bata ecclesia cartulari precepto scripta reseruantur. His omnibus concordans sanctus pater Gaucherius sui uoti compos effectus, rediit festinus, de edificanda ecclesia nomini domini sollicitus.

### *Vndecimum capitulum Gaucherii*

Sub eodem itaque tempore multi audientes uite eius sanctitatem inter huius mundi procellas timentes animarum suarum incurrere periculum, conueniebant ad eum secularia deserentes et exemplo eius prouocati, soli Deo militare cupientes. Inter quos uenit uenerabilis memorie Rainaldus nomine subsequenti tempore ecclesie sue subprior factus. Cuius conuersionis modum si quis describendo uellet enarrare, haberetur fortasse incredibile. Nam ut omittamus cetera, ut omnem sue carnis lasciuiam edomaret et delicta iuuentutis sue et ignorancias digno penitencie fructu abstergere ualeret, media yeme cum ceteri fratres nocte quiescerent et ipse aliquantulum quietis sibi sentiret adesse, de lecto resiliens in cuppam aqua frigida plenam intrabat, que lectulo eius quasi comes indiuidua semper adherebat. De qua multociens fratres nimia frigoris inclemencia congelatum et semimortuum eum extraxisse referunt.

*XIIum Cap.*

Alius etiam uenit, Stephanus nomine, uir mire sanctitatis et abstinencie qui cum beati Gaucherii austeritatem uite miratus, imitaretur et mores, et innumeram ad illum confluere utriusque sexus cerneret multitudinem (nouerat enim uir beatus Gaucherius neutrum sexum a regno Dei exceptum ; quare ex utroque pariete, uirorum scilicet ac mulierum, celestem nitens edificare Iehrusalem, quantum iactus est lapidis a cella sua habitaculum feminarum construxerat, tam uiris quam mulieribus pauper [f° 83 v°] tatem suam distribuens) uenit ad eum uenerandus uir Stephanus, sciens per mulierum affinitatem multociens humanas mentes fuisse deceptas et illusas. Cui et ait : « Sanctissime pater, timeo ex consorcio mulierum anime mee imminere periculum. Vnde nolens tua sanctissima uiduari presencia. peto in solitudine ista, iuxta tuam cellulam aliquod mihi preparari habitaculum » Cuius rogatui pius pater libenter annuens, quantum arcus bis potest mittere sagittam, in loco qui muretum appellabatur, oratorium ei instanti opere constitui precepit. Vnde a loco illo cognomento Stephanus de Mureto appellatus est. Cum autem ad beatum uirum Gaucherium plures utriusque sexus uisendi gracia accederent, non uidebatur eis bonum reuerti nisi et orationibus hominis Dei Stephani de Mureto se prius commendassent. Quorum ille frequentiam equanimiter non ferens, secessit in quadam solitudine quam a loco in quo prius manserat Muretum appellauit. Cuius loci nomen usque hodie manet. Hic pater extitit omnium Grandimontensium et a prescripto loco, scilicet a Mureto, Grandismons suum habuit inicium.

*Tredecimum capitulum incipit hic.*

Sub eodem tempore, in tota illa prouincia non inueniebatur heremita nec monachus albus. Quare tam suorum fratrum quam aliorum religiosorum uictus precibus, ut apostolorum uitam sibi et suis institueret imitandam, audiens apud Auinionem in ordine regularium canonicorum canonicos Sancti Rufi preualere, illuc usque properauit. Vbi per biennium commoratus, et rigorem ordinis contemplatus, indeque reuersus, iuxta regulam Sancti Augustini et secundum quod audierat et uiderat, suos de cetero uiuere instituit. Ab esu carnis suos regulares per multum tempus abstinere precepit quousque [f° 86 r°] subsecuto tempore cum mature iam esset etatis, diu multumque renisus, tandem multorum precibus uictus religiosorum uirorum, ut erat misericors ac pius, eis edulium carnis concessit. Ipse uero quamdiu uixit in usum suum nullam penitus pinguedinem habuit. Immo uilibus cibis contentus, pocius excitabat quam fugabat famem. In die autem festo pasche et penthecostes et natalis Domini, propter reuerentiam festi et fratrum diligenciam, quoniam inter eos erat, semel uel bis in os mittebat de carnibus et comedebat. Si quando etiam inuitatus esset ad prandium ab aliquo qui eum adiuraret ut carnes ederet, semel uel bis assumebat de carne et comedebat *uel manduca* [*bat*] (1), sciens peccatum magis nocere ex affectu quam ex effectu. Et ut diabolus semper eum occupatum inueniret, numquam manus eius ociosa fuit, quin aut scriberet aut laboraret. Numquam psalmodia ex ore eius discessit nisi quando aut ederet aut dormiret. Helemosinam etiam largicionibus munificus, quod docebat uerbo ostendebat exemplo.

*Quatuordecimum capitulum.*

Verum cum admirande sanctitatis eius fama parsim per diuersa loca diffunderetur, offerebantur ei ecclesie et terre et alia multa donaria ; quorum maximam partem uir Deo dignus noscitur respuisse. Quod ne uideatur incredibile, liber in eius ecclesia positus indicat quasdam ecclesias que modo ab Aureliensi ecclesia possidentur, quasi inuitus accepisse. Sed cum filiorum suorum miro modo cresceret numerus, tam a laicis quam a clericis obiurgatus, accepit oblata a fidelibus munera ut successores sui haberent unde suam penuriam releuarent. O uere admirabilis lux mundi, quam Dominus non est passus latere sub modio, quemadmodum ciuitas supra montem posita, humanos non potest effugere uisus ! O fons [f° 86 v°] gratia sancti spiritus repletus, de quo quamplures dulces et limpidissimi emanauerunt riuuli ! Nam cum longe lateque per multa terrarum spacia sanctissima de eo personuisset fama et multi ad eum conuenirent cupientes eius dulci frui colloquio, et instrui exemplo, uenit ad eum quidam sacerdos Lambertus de palude dictus, qui cum eo diebus multis conuersatus, et asperitatem uite eius non sine admiratione intuitus, et de regularium canonicorum ordine et uita ad plenum instructus, repedauit tanti patris fretus exemplo, primus loci illius qui nunc Corona uocatur fundator et rector. Qui postea episcopatum Engolisme ciuitatis multis annis Deo donante rexit.

---

(1) De la même main au-dessus du mot précédent.

*Quindecimum capitulum.*

Alius quidam ex discipulis suis ecclesie sue canonicus professus cui uocabulum erat Stephanus, accepta ab eo licentia, in territorio Aruernensi deuenit, ubi in quadam silua quam indigene loci illius Forestem appellant, ecclesiam fabricauit. In qua quamplurimis fratribus congregatis, pater eorum spiritalis primus factus, secundum regulam Sancti Augustini et iuxta doctrinam uenerabilis patris sui Gaucherii eos uiuere edocuit. Quis enarrare ualeat constitutas per diuersa loca ecclesias in quibus iuste et pie uiuendi iste sanctissimus uir preambulus et exemplum fuit ? Nam in eius temporibus circum circa non erat ecclesia que de eius monasterio sibi patrem non cuperet habere spiritalem. Alii etiam eo tempore canonici seculares suum deserentes propositum, secundum uitam et conuersationem huius beati uiri, canonici regulares sunt deinceps effecti (1).

. . . . . . . . . . . . . . . . . . . . .

[f° 87 r°] oppressos. Ad caput autem eius erat quisdam religiosus qui anulos quos ei porrigebat plebis deuocio in digito eius mittebat, iterum illos pro benedictione accipere cupientis. Post tertium igitur diem, condigno honore traditur sepulture. De hoc prefatus episcopus Geraldus testificari erat solitus quia si Deus de eo in terris fasta uellet celebrari, totus officii cursus quasi de martyre posset fieri.

*XXXV capitulum.*

Non omnes possumus enumerare uirtutes quas Dominus in uita istius sancti uel etiam post transitum eius operari ad laudem et honorem sui nominis operari dignatus est. Non enim pre multitudine omnia miracula eius potuerunt commendari memorie. Omittimus etiam plurima, ne dubia pro certis uel falsa pro ueris texere uideamur, quia quo ordine facta fuerint ambigimus. Hoc autem reuera scimus quia post transitum eius per multum tempus ianue ecclesie illius in qua sancti uiri corpus humatum erat, neque die neque nocte clause fuerunt, propter copiosam multitudinem uenientium populorum ; ante sepulchrum autem eius dependebant ex cera facti oculi, manus, pedes, corpora hominum similitudinem habentia, mortuorum sudaria, baculi debilium et alia multa que ibi detulerant qui salutem per intercessionem beati Gau-

---

(1) La phrase est finie avant la fin de la ligne du manuscrit, ce qui indique que le chapitre est complet.

cherii consecuti fuerant. Et quamuis uniuersa sit referre difficile, ad deuocionem tamen fidelium populorum aliqua de pluribus que fideli [f° 87 v°] relatione cognouimus, pro modulo nostro dicemus.

*XXXVI cap.*

Quidam homo de Pairaco ita grauissima erat tactus infirmitate quod nec manum ad os ducere, nec pedibus gressum figere, nec in aliud latus se uertere, etiam si super eum domus arderet, ullo umquam ualebat modo. Ita etiam erat omnibus membris debilis factus, quod nullo illorum se poterat adiuuare. Iste igitur, cum diuturna premeretur egritudine, audiuit quot et quanta Dominus per seruum suum Gaucherium operabatur magnalia ; et confidens de Dei misericordia et de Sancti huius pio suffragio, deprecatus est amicos suos ut quoquo modo possent, ad memoriam serui Dei illum adducerent. Parant uehiculum amici eius et quidam eorum illum comitantur in itinere. Quamcitius autem monasterium in quo sanctus Domini quiescebat uidit, cepit dolere uniuersa menbra sua et pre dolore sudore diffluere. Clamat ut deponant eum de uehiculo in quo eum prius apportabant. Deponunt. Et qui prius inualidus omnibus menbris suis extiterat, per intercessionem beati uiri uigore recepto, ad reddendas Deo gratias et beato Gaucherio cum pedibus suis solo diuino sustentatus regimine occurrit.

*XXXVIIum cap.*

Mulier quedam erat in parrochia sancti Dionisii pistorio labore degens. Conueniebantque circa festiuitatem Sancti Leonardi ex diuersis terrarum locis plurimi ad ferias que in uilla erant futuras in qua sanctissimi corpus Sancti Leonardi quiescit. Ad illas ferias mulier ........................
[f° 88 r°] ut inter erumnas huius seculi, mereamur habere protectorem et in celis intercessorem. Per dominum nostrum Ihesum Christum qui cum patre et spiritu sancto uiuit et regnat unus Deus in eternum et ultra. Amen.

*Obiit autem Sanctus Gaucherius V° ydus aprilis* (1).

NOTE

Cet article était à l'impression quand a paru celui de Dom Daniel Misonne : *La législation canoniale de Saint-Ruf d'Avignon à ses origines. Règle de Saint Augustin et Coutumier* dans *Annales du Midi*, t. 75 (1963), p. 471-489. Si la règle de saint Augustin apparaît dans les débuts de Saint-Ruf (2e quart du XIe siècle), l'abstinence absolue n'y apparaît que dans le coutumier de Liètbert (1100-1110) ; ceci suggère une pratique de cette abstinence un peu antérieure à Liètbert, pratique dont Gaucher a pu s'inspirer à la date que nous proposons.

(1) Main postérieure, du XIIIe ou XIVe s.

# IV

# Le coutumier des chanoines réguliers d'Aureil en Limousin au XIII$^{e}$ siècle

On a dit récemment que les prieurés canoniaux limousins d'Aureil et de l'Artige avaient bénéficié de publications assez exceptionnelles quant à ce genre d'établissements[1]. Le bénéfice est surtout sensible pour Aureil dont beaucoup de chartes anciennes, comprises ou non dans un cartulaire édité par ailleurs, furent publiées par d'excellents érudits[2] ; le temporel de l'établissement fit l'objet d'une thèse de droit[3], un inventaire de l'église au XVI$^{e}$ siècle fut retrouvé et publié à son tour[4], enfin une étude critique sur la vie du fondateur paraît en même temps que le présent travail[5].

Il faut toutefois attirer l'attention sur un document qui a échappé au comte de Senneville lorsqu'il établissait la liste

---

(1) J. BECQUET, *Aux origines du prieuré de l'Artige, chef d'ordre canonial en Limousin (XII$^{e}$ et XIII$^{e}$ siècles)*, dans *BSAHL* t. 90 (1963), p. 85-100.

(2) G. DE SENNEVILLE, *Cartulaires des Prieurés d'Aureil et de l'Artige en Limousin* dans *BSAHL* t. 48 (1900) p. I-XII, une planche, deux pages non paginées et p. 1-500. A. LEROUX, E. MOLINIER et A. THOMAS, *Documents historiques ...la Marche et le Limousin* (2 vol. Tulle, 1883-85). A. LEROUX et A. BOSVIEUX, *Chartes, chroniques et mémoriaux ...de la Marche et du Limousin* (Tulle, 1886).

(3) J. FOUGERAS-LAVERGNOLLE, *Le patrimoine du prieuré d'Aureil ... d'Aureil* (Limoges, 1918). Cette thèse de droit ne saurait tenir lieu de l'étude économique et sociale que permettrait le fonds d'Aureil.

(4) J. DECANTER, *L'inventaire de l'église du prieuré d'Aureil en 1542* dans *BSAHL* t. 87 (1958-60) p. 383-392.

(5) J. BECQUET, *La vie de saint Gaucher, fondateur des chanoines réguliers d'Aureil en Limousin*, dans *Revue Mabillon*, t. 54 (1964), p. 25-56.

des prieurs d'Aureil en appendice à son édition du cartulaire[6]. Le 3 juillet 1218, la curie romaine donnait mission à trois supérieurs canoniaux d'Auvergne ou du Limousin d'examiner la plainte de six chanoines d'Aureil contre leur prieur Roger[7] ; les deux premiers plaignants étaient G. de Quinsac et Pierre de Saint-Martin. On sait par ailleurs que Roger avait fait édicter en 1215 un statut capitulaire contre les testaments abusifs et les emprunts inconsidérés[8] ; on sait aussi qu'il était toujours en charge le 30 octobre 1218[9]. Mais en 1220, Pierre de Saint-Martin devenait prieur d'Aureil, avant de devenir prieur de Bénévent, en 1236 au plus tôt[10].

* * *

Il faut encore et surtout exploiter un document beaucoup plus intéressant, qui est le « manuscrit liturgique » restitué à Aureil par Leroux, mais trop sommairement décrit par lui.

Ce manuscrit semble avoir été rédigé d'une manière assez curieuse. Un premier scribe, dont l'écriture gothique moulée évoque à première vue le XIII^e^ siècle, a rempli un calendrier, vierge et d'écriture analogue, au moyen des fêtes du monastère d'Aureil, et notamment des fêtes du fondateur Gaucher canonisé en 1194[12] ; il a placé ce calendrier en tête.

---

(6) Il s'agit d'une bulle d'Honorius III éditée par Horoy dans *Med. Aevi Bibl. Pat.* t. II (Paris, 1879) *Honorii III... Ep. Lib. II, n° CCCXV;* Pressutti l'a répertoriée par erreur parmi les mentions concernant Orléans (*Aurelianenses* pour *Aureliacenses: Regesta* n° 1487 ; la photocopie montre que l'erreur est imputable au scribe du ms. Vat. Reg. 9 f° 280v°).

(7) Les trois commissaires étaient l'abbé de Chantoin et les prieurs de Saint-Léonard et du Chalard. La curie avait des formules toutes prêtes pour des plaintes de ce genre ; la même année, le 7 novembre, le prieur du Chalard était encore chargé d'une intervention identique chez les moines d'Uzerche qui se plaignaient de leur abbé (Pressutti, *Regesta* n° 1671).

(8) A. Leroux et A. Bosvieux ont édité le texte sans en voir la nature juridique exacte et d'une manière qui pourrait être améliorée (*op. cit. sup.* note 2 : p. 66-67) ; G. de Senneville a pu lire la date de 1215 sur le document (*op. cit. ibid.:* p. 390, note 8).

(9) *Ibid.* note 10.

(10) *Ibid.* p. 391-392. Aureil et Bénévent dépendaient tous deux du chapitre cathédral de Limoges ; en 1194, un chanoine de Bénévent devint prieur d'Aureil.

(11) *BSAHL* t. 33 (1886) p. 101-103 ; il est actuellement coté D 1121. Ce manuscrit n'a rien à voir, quoiqu'en pense Leroux, avec le bénédictionnaire d'Orléans qui a appartenu à Mgr de l'Isle du Gast (p. 101, note 1).

(12) Il s'agit d'un calendrier ne comportant au départ que les indications chronologiques, et de dimensions légèrement inférieures au reste du manuscrit auquel il a été rapporté. A. Leroux pense qu'il a été rédigé pour les années 1239 ou 1250 parce que la date de Pâques est portée au 27 mars (*op. cit. sup.* note 11), mais la date de Pâques est la même pour 1155 et 1160. La fête de saint Guillaume de Bourges, canonisé en 1221, a été rajoutée le 10 janvier en gothiques du XIII^e^ siècle, mais la fête de saint Étienne de Muret (canonisé en 1189), adoptée par le diocèse de Limoges en 1290, est rajoutée le 8 février d'une écriture gothique postérieure à celle de saint Guillaume.

d'un ensemble où il a copié la première colonne de l'ordinaire liturgique de la maison. Un second scribe, d'écriture analogue, a poursuivi la copie sur deux folios, et a peut-être ajouté des versets[13] de l'office de saint Gaucher sur une des pages blanches qui précédaient le calendrier, mais il a abandonné le travail à son tour. Un troisième et dernier scribe, le principal, a repris le manuscrit à son compte dans une gothique plus expéditive et beaucoup moins soignée, comme s'il se fût agi d'un livre personnel.

Ce scribe principal a terminé la copie de l'ordinaire, et il y a ajouté le coutumier du monastère et le catalogue de sa bibliothèque. Il a poursuivi par la transcription de psautiers rimés[14], et de pièces liturgiques à notations disposées autour d'une seule ligne, pièces interrompues par la perte des derniers feuillets[15]. Le scribe a encore garni de vers liturgiques ou gnomiques les espaces restés libres avant ou après le calendrier[16] ; c'est là également qu'il a noté les dépenses faites pour la construction d'Aureil par Bernard de Quinsac, Pierre de Saint-Martin avant son priorat (1220), Bernard de Quinsac à nouveau, enfin G. de Quinsac et quelques autres dont l'un est attesté ailleurs en 1221[17].

Bernard de Quinsac est signalé en tête du catalogue pour d'autres libéralités, en livres celles-là, et l'ouvrage le plus récent inscrit dans ce catalogue est le livre des décrétales d'Innocent III († 1216). Sa famille joua un rôle important dans l'histoire d'Aureil, bien qu'aucun de ses membres n'en

---

(13) Édités par Leroux (*op. cit.* note 11) sous le nom d'invocations.

(14) Le premier (f° 44 r°-47 v°) est un psautier du Saint-Esprit dont tous les quatrains commencent par *Veni*, et qui ne semble pas autrement connu. Le second qui se donne comme *Liber salutatorius compendiose editus etc.* (48 r°-50 v°) est consacré à la Vierge et commence successivement ses trois cinquantaines par *Salve*, *Ave* et *Gaude*. Le troisième (51 r°-53 r°) se donne aussi comme un psautier de la Vierge, mais a été édité comme psautier de la sainte Croix, avec des compositions analogues, par le P. Dreves dans *Analecta Hymnica* t. 35 (Leipzig, 1900) p. 11-25. On est d'autant plus surpris de ce que le P. Dreves n'a pas signalé le premier psautier, que Leroux avait communiqué le manuscrit d'Aureil au P. Blume, collaborateur du P. Dreves (*ibid.* t. 39, 1902, p. 9).

(15) Ce procédé diastématique s'est conservé en Aquitaine plus longtemps qu'ailleurs (Dom G. Suñol *Introduction à la paléographie musicale grégorienne*, Paris-Rome-Tournai, 1935, p. 58). Toutes les pièces sont connues et signalées par U. Chevalier dans *Rep. Hymn.* n° 19632, 7420, 3413, 9458, 36779, 21653-60, 10834-36, 35939 ; la dernière est la seule qui, affectée à l'octave de saint Gaucher, ne soit connue que par notre manuscrit.

(16) Les 27 vers dactyles du f° 2 r° et les vers gnomiques du même f°, partie inférieure du v° ; les premiers semblent une fin de pièce qui n'a de chance d'être identifiée que par une édition.

(17) Édité par Leroux, *op. cit. sup.* note 11 ; pour Guillaume d'Eyjau, voir la pièce CCCLXXXI du cartulaire dans l'édition Senneville.

fût jamais prieur[18]. Étienne de Quinsac figure dans quantité de chartes du monastère dans la seconde moitié du XIIe siècle, et il fit libérer son frère Constantin de toutes obligations féodales par un bienfaiteur d'Aureil, peu après que le fils de Constantin, Bernard, fût devenu chanoine auprès de son oncle. Bernard devait signer comme sacriste bien des chartes entre 1196 et 1220, et l'on a vu que c'est encore un G. de Quinsac qui contribue à la construction du monastère et prend la tête des mécontents de 1218, victorieux en 1220.

Il serait donc tentant d'identifier G. de Quinsac et le scribe principal du manuscrit d'Aureil ; il aurait repris un manuscrit laissé inachevé par son parent le sacriste Bernard, et il y aurait noté avec complaisance les avantages procurés à son monastère par sa famille. Mais ce lignage des Quinsac n'est pas autrement connu pour l'instant ; il faut donc se contenter provisoirement de dater la rédaction du manuscrit de la première moitié du XIIIe siècle ; c'est au reste ce que suggère l'examen du coutumier.

*
* *

On a dit à propos de Gaucher d'Aureil, le peu de certitude qu'il y avait à ce que les usages de Saint-Ruf aient été formellement adoptés à Aureil. Le texte édité ci-après ne fait aucune allusion à ces usages. Aussi bien suffisait-il à des chanoines de desservir leur église dans le cadre de leur ordinaire liturgique et des habitudes conventuelles, transmises par l'exemple des anciens et contrôlées éventuellement par une communauté régulatrice qui est, pour Aureil plus que pour tout autre communauté canoniale, le chapitre de la cathédrale[19]. Mais dans certains cas de reprise en main, un règlement de vie commune pouvait se situer utilement entre les prescriptions rituelles et les directives très générales de la règle augustinienne ; le début du priorat de Pierre de Saint-Martin a peut-être été un de ces cas.

La mention de la fête du *transitus* de saint Gaucher (c. 32) donne à notre texte un *terminus a quo* dans la canonisation de 1194. D'autre part, la mention explicite d'un « concile de

---

(18) C'est ce que Senneville a rectifié depuis Leroux (Cartulaire cité note 2, p. 389, note 5).

(19) Voir les actes de la Semaine d'étude organisée en 1959 à la Mendola (Italie) sur les chanoines réguliers : « *La vita commune del clero nei secoli XI e XII* » (2 vol. *Publ. dell' Univ. Catt. del S. Cuore ser. III, Sc. Stor. 2-3*, Milano). La revue *Aevum*, de l'Université Catholique de Milan, va donner à partir de 1964 un bulletin d'histoire canoniale réparti en aires linguistiques européennes. Les coutumiers connus sont signalés dans la revue *Scriptorium* t. 5 (1951) p. 107-113 et t. 13 (1959) p. 244-246.

Latran » (c. 36), qui est en fait celui de 1179, pourrait donner à croire que celui de 1215 n'était pas connu au moment de la rédaction du texte. A l'appui de cette hypothèse, on pourrait alléguer encore que si les additions terminales de notre collection intègrent des décisions de chapitres généraux, elles ne le font pas pour les mesures de 1215 contre les emprunteurs imprudents. Mais si le recueil a été composé après 1220, ces mesures ont pu être négligées comme datant d'un gouvernement de fâcheuse mémoire ; on remarquera aussi que le chapitre sur le prieur (c. 36), est bien tard venu dans l'ensemble du texte et qu'il fait peu confiance à ce personnage. En fait, les raisons de dater le coutumier du prieur Pierre de Saint-Martin (1220-1236) sont trop faibles pour entraîner une certitude.

Une étude sur le contenu du coutumier d'Aureil ne peut être menée à bien que par comparaison avec celui de l'Artige sur le plan local, par comparaison aussi avec les coutumiers canoniaux contemporains encore inédits pour la plupart. On signalera seulement ici les principaux points du texte susceptibles de retenir l'attention.

Il s'agit du règlement disciplinaire intérieur d'une communauté canoniale, indépendante de fait, et responsable d'une bonne trentaine d'églises. Les chanoines étaient en situation de claustraux s'ils résidaient au monastère, avec ou sans charge *(ballia)*, ou en situation d'obédienciers s'ils desservaient les églises. La communauté d'Aureil entretenait deux prêtres du dehors (c. 31) pour satisfaire aux obligations rituelles envers les défunts. Le rattachement des *afevati* (c. 32) était plus lâche, mais la domesticité comprenait au moins un portier (c. 33), un auxiliaire de chaque sexe pour l'aumônier (c. 26), et sans doute un garçon de réfectoire (c. 25). Des enfants étaient instruits dans le cloître d'Aureil (c. 18), et les donnés laïcs s'occupaient de l'administration des biens extérieurs (c. 39), centralisée au monastère (c. 40).

Le texte permet de descendre, de l'histoire économique régionale, aux détails de l'histoire culinaire, avec la préparation des châtaignes et la suralimentation des jours de saignée (c. 26, 27, 29). Il permet aussi de constater la persistance de pénalités rudes, telle que la "course" (c. 20). Il montre encore que la fidélité de principe à l'égard de la règle augustinienne (c. 36) n'était pas incompatible avec certains droits de propriété personnelle, spécialement pour les chanoines en charge.

N. B. — Des numéros ont été ajoutés, pour la commodité des références, aux titres des chapitres simplement écrits en rouge dans le texte original.

## CONSUETUDINES RELLIGIONIS [39vo]

Quoniam ad religionem accedentes per multum tempus sunt ibi priusquam nouerint statum religionis, ut breui tempore sciant quid agere uel uitare debeant, laudabiles consuetudines quas sancti patres nostri tenuerunt, in scriptum redigimus ut, eas obseruando, per uiam qua ad dominum uenerunt, regia uia incedentes, eos subsequi ualeant.

### 1. — *De breui faciendo*

Omni sabbato scribantur in breui et recitentur in capitulo ebdomadarii misse, diaconatus, subdiaconatus, lectionis in refectorio et seruitores refectorii et coquine. Ex hiis nullus alicubi pergat nisi pro eo aliquis reddatur qui officium suum impleat ab eo rogatus. Si diaconus in ecclesia non fuerit, presbiter aliquis nouicius impleat officium diaconi ; hoc idem dicimus de subdiacono, ut diaconus nouicius impleat officium suum.

### 2. — *De mandato faciendo*

Omni sabbato ad minus in Quadragesima et usque ad hyeme, mandatum fiat in capitulo iuxta consuetudinem antiquam ad horam collationis, et inde ad caritatis poculum accedant in refectorio.

### 3. — *Qualiter intrant chorum*

Claustrales omnes in principio hore nocturne uel diurne festinanter in choro conueniant. Si quis post primum psalmum intrauerit chorum, ueniam petat in chori presentia ; et ad matutinas, post ymnum.

### 4. — *De silentio*

Perpetuum silentium teneant in choro, in monasterio, in dormitorio, in refectorio, in claustro, preter horas constitutas, et in illis horis, sermo non debet haberi nisi bonus.

### 5. — *Quod faciant auscultari quod dixerint*

Nullus legat lectionem in monasterio, uel cantet, uel missam celebret nisi prius preuiderit aut fecerit auscultari. Modus standi uel sedendi consuetus iuxta primatum cuiusque in choro et extra chorum obseruetur, nec pompatice uel cum cachino intret quis chorum uel ecclesiam, sed humiliter et honeste et deuote.

### 6. — *De honore prioris*

Quociens prior transierit ante sedentes uel fratres/ante priorem uel presbiterum sacris uestibus indutum, omnes assurgunt eis et inclinent, preter dormitorium ubi hec non obseruantur.

7. — *Quando debeant communicare*

Omnes claustrales non presbiteri prius confecti ad minus omni quindena communicent.

8. — *De primatu cuiusque*

Omnes obseruent locum suum in choro, in capitulo, in refectorio secundum quod primo uel ultimo intrauerint ordinem.

9. — *Qualiter debeant ire ad processionem*

Quocumque habent eundi necessitatem, ad processionem uel aliorsum, ordinate pergant et tantum distet alter ab altero quantum epistilia claustri distant a semetipsis ; et quociens exire chorum habent necesse, uel ad fontetes[1], uel ad processionem que remanere debeat in naui ecclesie, maiores debent precedere et minores subsequi. In reditu, debent precedere moderni et ueteres subsequi. Si processionem faciant ante altaria, primi precedant, maiores succedant. In reditu, e conuerso.

10. — *De succentore.*

Succentor instituatur qui breue faciat et absente cantore incipiat que incipienda sunt a cantore, humiliter et deuote.

11. — *Quis debeat chorum rege[re] dominicis*

Ebdomadarius secunde misse dominicis diebus et terciis dobliis debet ad missam regere chorum.

12. — *De sacrista*

Prouideat sacrista ubi preparet competentia luminaria olei uel cere in monasterio, (in dormitorio,... ... ...)[2] Munda etiam preparet uestimenta, linteamina et ornamenta nitida et reficiat que sunt reficienda. Ad matutinas et ad horas pulset uel faciat pulsare quousque conuentus chorum intrauerit. Aquam et uinum et hostias et uasa hiis congrua prouideat.

13. — *De subsacrista*

Ad hoc prouidendum et supplendum, habeat sacrista subsacristam qui monasterium et que in eo sunt fideliter et cum grandi cura conseruet.

---

(1) On ne sait ce que désigne ce mot.

(2) Sur grattage postérieur, avec deux ou trois mots illisibles.

### 14. — *De suppriore*

Ad rigorem ordinis conseruandum et disciplinam, semper presens assit supprior [40vo] (qui faciat que scripta sunt ... ... non negligenter obseruet, ita ut) nec ... iota (pretereat)[1], cui, absente priore, obediant tanquam priori in obseruationem ordinis, regule et discipline. Supprior eandem potestatem habet in claustro quam prior, preter receptionem canonicorum et mutationem balliuorum.

### 15. — *De licentia petenda*

Nullus claustralis claustrum exeat absque licentia prioris uel supprioris, preter balliuos qui intrare possunt et exire propter officium suum supplendum. Tamen, nullus neque claustralis, neque balliuus uillam exeat absque licentia ; quod si fecerit, iuxta consuetudinem debet emendatoriam subire uindictam.

### 16. — *Quando debeant esse in claustro*

Cum monasterium exierunt, in claustro debent residere, et ibi eos inuenire debet inuitatio signorum sedentes, orantes, qui nesciunt discentes, minus doctos docentes, scribentes uel aliquid opus exercentes communitati profuturum.

### 17. — *De summo silentio*

Omnes ad minus a minimo usque ad maximum post uesperas uel post cenam in claustrum debent conuenire, ibique singuli singulos libros tenere usque ad collationem, nisi tamen propter utilitatem communem aliquis euocatus fuerit, et hoc cum licentia.

### 18. — *De magistro infantum*

Infantes magistrum debent habere timentem deum, qui eos doceat et obseruet ne inordinate se habeant. Qui si sustinuerit eos insolenter se habere, uirgis puniatur et nisi emendauerit, cum dedecore amoueatur, utpote qui nulli rei est aptus.

### 19. — *Quomodo se habeant in dormitorio*

Cum quis intret dormitorium, si cappa est indutus, capucium ponat super capud suum, ut nusquam respiciens, nisi eo quo tendit, caute et suaviter incedat, ne offendat cum strepitu suo quiescentes. Post uesperos, nullus sternat lectum suum, et unusquisque solus in lecto suo cubicet. Nullus

---

(1) Les parties entre parenthèses sont écrites postérieurement sur grattage ; on distingue encore le mot *subscribi* dans la première partie du grattage.

garcio dormitorium. ascendat, nisi sub custodia, et hoc in magna (necessitate. Canonici)[1] in caligis lineis uel laneis et camisia et braccis iaceant. Pueri non ascendant dormitorium in nocte sine lumine nec soli. Cum pulsatum fuerit ad horas nocturnas uel diurnas, uel d...[2] si ignis illuc increuerit, eo properent quo campana eos uocauerit.

### 20. — *Quam habeat penam qui contra ordinem fecerit*

Tantum amorem in domino et caritatem debent inter se habere religiosi ut nullus excessus alterius sustineat qui non eum partem corrigat aut in capitulo coram omnibus eum faciat emendari. Disciplinam sibi iniunctam nullus subire fugiat quia deus non iudicabit bis in idipsum ; nec aliquis aliquem contra disciplinam deffendat. Caritatiua debet esse correctio, non maliuola nec de rancore animi procedere. Si canonicus aliquis noster iacuerit ...[3] in uilla uel comederit aut biberit uel ad domum monialium de bosco iacuerit, de tam longinquo debet uenire nudus quam longe fecerit forifactum. Pro aliis excessibus grauibus, secundum capituli iudicium ponatur in forma cum pueris, aut comedat sine mappa in refectorio et ultimus sedeat in choro et capitulo, et cotidie tundantur eius latera donec emendatum eum cognouerit presidens.

### 21. — *De benedictione*

Cum quis alicubi ierit quo debeat esse duobus uel tribus diebus uel amplius, non sine benedictione ire debebit. Cum redierit, debet accipere benedictionem in choro et ueniam in capitulo.

### 22. — *De nouiciis*

Cum quis nouiter intrauerit ordinem, debet esse sub custodia aliquantulum temporis, nec legere aut cantare solus in choro ad minus per VII dies, nec per annum debet habere uocem in capitulo.

### 23. — *De professione facienda*

Omnes religiosi profiteri debent iuxta consuetudinem domus sue. Quod si quis facere renuerit et obierit, non debet habere psalmos pro stratos nec tres [f° 40 v°] missas singulorum nec psalteria. Prior debet eos monere ad faciendam professionem. Renuens, si non abscesserit, debet ab ordine propelli. Quandiu ibi remanserit, quasi excommunicatus manebit.

---

(1) Mots récrits, sur texte délavé, semble-t-il, ou effacé.

(2) Mot abrégé et non lu ; peut-être "*deforis*".

(3) Mot non lu ; on croit lire *sinas* ou *finas*.

Nouiter intrantes non debent mitti in obedientiis, non ordinari nisi prius professi fuerint.

## 24. — *De lectione refectorii*

Lectio debet esse in refectorio ad prandium et cenam, ad quam quislibet claustralis debet scribi preter priorem et suppriorem et celerarium et infantes. Qui lectionem habuerit in refectorio, seruicium debet habere in sequenti ebdomada.

## 25. — *De refectuario*

Refectorius debet subilitum[1] qui mundum teneat refectorium et mensas preparet, et panem et uinum a celerario accipiat, et ciphos et cochlearia et cultellos et mappas custodiat ; et quando aqua uino immiscetur, debet esse presens, in quo non nisi tercia pars aque debet infundi, uel minus si uinum non potuerit ultra aquam sufferre. In festis annalibus et in receptis debet habere unam canoniam. Celerarius debet melius facere seruitoribus in potu uel in cibo.

## 26. — *De elemosinario*

Elemosinarius debet in refectorio et in thalamis que superauerint colligere. De refectorio nullus debet aliquid dare uel extrahere uel transmittere. In festis annalibus et in receptis, debet canoniam unam habere. Hominem unum debet in domo helemosinaria habere, qui ligna afferat ad opus pauperum, et fenimam que lectos sternat pauperum et pannos abluat et resarciat, et pedes eorum abluat, et que in domo illa se custodiat. Isti in orto canonicorum debent quandoque seruire, sed non sine licentia helemosinarii. Helemosinarius debet ab unoquoque obedientiario sextarium unum siliginis accipere ad mensuram cellarii, unde pauperibus porte helemosinam imparciatur. Omnibus pauperibus qui uenerint ante prandium, debet celerarius helemosinam dare ; his qui post, helemosinarius. Hic accipere debet a celerario tria quadra polente et tres dimidios panes ad mandatum pauperum cotidianum. In Quadragesimo debet accipere polentam unam et tres panes dimidios, ut sufficiat panis ieiunantibus quibus debet de residuo uini et pulmenti quod esse in refectorio et in thalamis bonum s[c]it. In Quadragesimo debet pauperibus cibus preparari de farina mosdurarum. Femina domus helemosinarie debet habere cotidie de cellario dimidiam polentam et homo quinque quadra.

---

(1) Lecture douteuse ; il s'agit sans doute d'un auxiliaire gagé par le chanoine réfectorier.

## 27. — *De celerario*

Celerarius debet esse benignus et pater fratribus, et hospitibus hilari uultu necessaria ministrare. Diebus dominicis et martis et iouis debet conuentui dare carnem ; nunquam petasum[1] solum debet dare ; ceteris diebus oua et caseum. Diebus ueneris debet dare oleum in fabbis. Omnibus diebus debet preparari conductum in coquina, nisi caro porcina uel bouina uel arietina preparetur. Terciis dobliis in quibus caro ministratur, debet dari aliqua pitantia ; ceteris diebus oua cum caseo ; dobliis, duo fercula ; primis classicis, tria fercula. Prouidentiam debet habere secundum qualitatibus singulorum, ut unicuique ministret quod opus fuerit. Quoniam frumentum redditur nobis quandoque cum lolio uel zizania, illud frumentum debet purgari (purgamentum cum silligine admisceri[2]). In Quadragesimo et in Aduentu debet omnibus diebus oleum conductis istum fundere. Diebus dominicis, martis et iouis et in festis ym...ratis pitantiam preparare piscium uel (conductum)[2] castanearum. In Quadragesimo, duos conductos [41 r°] ; in unaquaque mensa debet polentam unam apponere. Super infirmantes, tantam debet exibere misericordiam ut eis tamquam membris Christi seruiatur.

## 28. — *De infirmis*

Quotiens frater non potest rigorem ordinis sustinere, debet adduci in infirmaria et ibi debet a seruitore quodam ministrari, et canonicus quidam sibi deputari qui uideat et precipiat que infirmo debent apparari, et qui ordinem suum sibi decantet diebus et noctibus, et eum sepe ammoneat de confessione. Secundum genus infirmitatis, debent sibi necessaria ministrari et ab unoquoque debet per singulos dies uisitari.

## 29. — *De minutis*

Qui sibi minuunt, debent duobus diebus habere duos panes ; diebus non carneis, octo oua ; diebus carneis, duo, unam gallinam et uinum sine aqua cum uino aquatico. Si sine licentia sibi minuerint, non accipiunt que prenotata sunt.

## 30. — *De mortuis*

Moriturus non debet facere testamentum. Si aliquid alicui dare uoluerit, postulet a priore et si sibi concedatur, fiat ; aliter, non. Si testamentum fecerit scienter et contra prohibitionem, quia prohibitum est, quasi excommunicatus careat sepultura. Si proprietatem suam celauerit, quasi excommunicatus habeatur. Mortuo subueniatur instanter in missis et

(1) Côte de porc (Du Cange s. v.).
(2) Mots sur grattage, d'une main postérieure.

psalmis et elemosinis. Presbiteri debent ei IIII[or] missas, non presbiteri IIII[or] psalteria. Preter hec omnia, obedientiarii debent ei IIIes pauperes et septenarium et tricenarium et anniuersarium. Breues debent pro eo portari ; ad quod faciendum, debet helemosinarius meliorem pannum uestium suarum post primam accipere. Reliquos pannos debet camerarius accipere ad mandatum prioris faciendum. Lectisternia debent in camera portari. Claustralem sine proprio debet camerarius uestire de melioribus[1] pannis mortui ; preter sudarium quod debet querere ... ... ... ... ... ... ... ...[2]. Ceteris nichil horum debentur. Conuentus ab hora exitus anime ipsius semper circa eum debet esse, psalmos canendo usque dum tradatur sepulture. In nocte dexter chorus debet uigilare circa eum usque ad matutinas, sinister post matutinas.

### 31. — *De duobus presbiteris*

Duo presbiteri constituti sunt per capitulum nostrum ad subuentione mortuorum qui omnibus diebus debent uigiliam dicere et missam pro mortuis celebrare preter natale et epiphaniam et pascha (et ascensionem)[3] et penthecosten ; et hii debent accipere tantum cibi et potus quantum et canonici.

### 32. — *De afeuatis.*

Afeuati nostri debent habere cibum in epiphania et priuicarnio, pascha, rogationibus, penthecoste, capitulo generali, assumtione beate Marie, in festo omnium sanctorum, (in aduentu domini et in nathale eiusdem[4]), in festo sancti Iohannis euangeliste, in festo transitus sancti Gaucherii et receptis canonicorum nouiter intrantium.

### 33. — *De portario.*

Ad portam custodiendam constituatur quidam edoctus quid agere debeat, qui nocte et die portam teneat clausam. Canonicis et familie nostre debet portam aperire indubitanter. Si quis de extraneis uoluerit intrare, respondeat ei humiliter : « Domine, ne uideatur uobis graue quia non audeo uobis aperirė. Dicatis mihi nomen uestrum et ibo querere si uobis aperire debeam » Tantum uictus et uestitus ministretur ei, quod honus istud subire uelit.

### 34. — *De camerario, quid agere debeat.*

Camerarius debet sufficientem uestitum fratribus ministrare secundum antiquam consuetudinem, et cum uictus et uestitus

---

(1) Mot sur grattage et postérieur.
(2) Sept à huit mots grattés à demi.
(3) Au-dessus de la ligne, de la même main.
(4) D'une main postérieure sur grattage.

sufficere [41 v°] debeat religiosis, nulli redditus debet dari de communi, quousque ballia dignus aliqua uideatur. Si camerarius non habet unde ...siant[1], prior prouideat unde hoc possit facere. Quod ut possit fieri, tot teneat prior canonicos in claustro quibus possit[2] in uictu et uestitu satisfacere. Solus prior et sacrista ab hoc uestitu excluduntur.

## 35. — *De pace camerarii*

Nouiter intrans in religionem, post unum annum habebit de uestitu camisias et braccas et sotulares ; post duos annos, sicut et ceteri. Cum quis mittitur in obedientiam, uel de obedientia huc uenit, secundum tempus quo caruit uestitu, per mensem percipiet...[3] denarios. Prouideat camerarius quod nouicius habeat religiosum uestitum et sufficientem.

## 36. — *De priore*

Prior secundum regulam non se existimet potestate conminantem sed caritate seruiente felicem ; unde Dominus : « Qui maior est uestrum, erit minister uester » Secundum significatum baculi pastoralis, debet euagantes reuocare, pusillanimes et debiles beneficiis temporalibus sustentare, rebelles et inobedientes disciplina et correctione pungere, et appetat a suis plus amari quam timeri, secundum preceptum domini « Si peccauerit in te frater tuus et cetera » ; et secundum lateranensem concilium, non debet canonicum suum uinculo anathematis innodare nisi ammonitione premissa[4]. Canonicare non debet aliquem extra capitulum qui uenire possit ad capitulum, nisi in mortis articulo. Domos potest ordinare, capitulo inconsulto, cum terras peragrauerit. Si claustralis aliquis noluerit stare ad mandatum maiorum suorum, in domibus extraneis potest mitti. Si non ibi uoluerit bonum fructum facere, sepe ammonitus, sepe correctus, secundum regulam etiam si ipse non abcesserit, de societate (fraterna proiciatur. Si fratri fecerit ... quis, perpetualiter amittat coro... ...suram. Si pertuserit socium, per annum et diem domum debet amittere)[5]. Obedientiarii in capitulo generali possunt domum suam relinquere ; alio tempore, non, nisi prior cognouerit sic faciendum. Si male egerit obedientiarius, et presentauerit se stare ad mandatum capituli, non debet ei audientia denegari, nec debet eum prior interim dissasire, sed potest requirere fideiussionem, quod interim

(1) Mot abrégé et non lu.
(2) Ce mot est répété par erreur.
(3) Chiffre gratté.
(4) Canon 6 du Consile de Latran de 1179.
(5) D'une main postérieure sur grattage.

non diminuat domus possessionibus. Non hoc dicimus quoniam prior plenam potestatem habeat, sed ut rationabiliter irrationabiles conuincat. Regulam Sancti Augustini faciat firmiter obseruari, nisi irregularis cum familia irregulari uoluerit uideri et uocari.

### 37. — *De obedientiariis*

Obedientiarii non habeant in domibus suis mulierculas unde praua suspicio possit suboriri, et reditus suos integre persoluant, aut prior post XV dies ammonitum interdicto supponat.

### 38. — *De inordinato calciamento*

Nullus incedat calciatus ocreis, nisi cum equitauerit, et nullus celebret sine caligis.

### 39. — *De nemoribus et uiridariis*

Statutum est ut si quis de familia nostra nemora nostra uendiderit aut uendi permiserit aut donauerit, donatus perdat beneficium domus perhenne, canonicus excommunicetur quousque condignam satisfactionem fecerit. Idem statutum factum est de uiridiario nostro. Si quis alius nemora aut que sunt in uiridario furto subripuerit, VII$^{tem}$ solidis puniatur. Si quis de familia nostra luserit ad ludum quo ...um[1] perdat aut equiualens, beneficium domus debet perdere per annum et diem.

### 40. — *Carte sint in monasterio omnes*

Constitutum fuit [f° 42 r°] in capitulo generali ut omnes obedientiarii cartas reddituum suorum afferent in auriliaco, ut ibi inuenirentur quicquid eueniret. Volumus ut sic fiat. Qui nisi fecerint, ab ingressu ecclesie arceri debent.

### 41. — *Quod status omnium domorum sciatur*

Statutum est etiam ut omnes obedientiarii, et etiam prior statum domus sue sub iuramento tribus fratribus quos capitulum elegerit, omni anno reuelet.

### 42. — *De obedientiariis Francie*

Statutum est etiam ut omni anno ad capitulum generale accedant ad minus duo harum domorum : Sancti Leonardi, Magneii, Gargenuille, Mostarleti[2] ; et ceteri eis subueniant in expensis uiarum secundum quod uisum fuerit.

---

(1) Mot abrégé non lu.

(2) Saint-Léonard des Andelys, Magny-en-Vexin, Gargenville, Montalet, soit les quatre prieurés-cures du diocèse de Rouen.

### 43. — *De pannis reparandis*

Cum necesse fuerit, camerarius faciat resarcire pannos et pelliceas ; quibus pellipariis cibus detur de cellario.

### 44. — *De seruitoribus coquine*

Statutum est etiam ut sicut in breui recitantur ceteri hebdomadarii, sic recitetur seruitor coquine qui uideat apparatum ciborum fieri sicut opportet, et prouideat ne coquinam intrent qui de illo officio non sunt, et custodiat et iubeat custodiri que superfuerint.

# V

# La bibliothèque des chanoines réguliers d'Aureil en Limousin au XIII^e siècle

A la fin du XI^e siècle, un jeune Normand du nom de Gaucher se faisait ermite en Limousin et sa fondation, dédiée à saint Jean l'Évangéliste, était adoptée par le chapitre cathédral de Limoges comme lieu de retraite pour les chanoines désireux de mener la vie régulière[1]. L'exemple de Saint-Ruf influença certainement les débuts d'Aureil, mais cette influence ne dura pas. En 1140, Gaucher mourut octogénaire ; sa communauté fit rédiger sa *Vita* et le fit canoniser en 1194. A la fin du XII^e siècle, Aureil abritait sans doute une douzaine de chanoines dans son cloître, tandis qu'une trentaine d'autres desservaient les églises données au monastère.

* * *

Le catalogue de la bibliothèque d'Aureil nous est conservé par un manuscrit dont le premier examen ne fournit pas d'élément de datation postérieur au premier quart du XIII^e siècle[2] ; il faut reprendre ici les résultats essentiels de cet examen, fait à propos du coutumier, en les précisant et en les rectifiant au besoin.

---

(1) Sur Aureil aux XII^e et XIII^e siècles, voir les deux études de J. BECQUET, *La vie de saint Gaucher, ...* dans *Revue Mabillon*, t. 54 (1964), p. 25-55, et *Le coutumier des chanoines réguliers d'Aureil en Limousin* dans *BSAHL*, t. XCI (1964), p. 71-85.

(2) J. BECQUET, *Le coutumier ...* p. 72-74. Précisons qu'il s'agit de l'article D **1121** des A. D. Haute-Vienne qu'un inventaire de 1676-78 signale chez les Jésuites de Limoges, et que Leroux a décrit sans le reconnaître en *BSAHL* t. 33 (1886), p. 101-103.

Un calendrier, écrit d'une première main en écriture gothique, a été rédigé spécialement pour Aureil après 1194 et adapté à notre manuscrit ; celui-ci, un peu plus grand que le calendrier, est réglé à la mine de plomb ou seulement préparé au poinçon. Le manuscrit servit à deux scribes successifs qui y amorçèrent la copie de l'ordinaire de la maison dans une écriture gothique soignée de deux à trois millimètres de hauteur. Mais c'est un troisième scribe qui fit la plus grande partie de la copie dans une écriture bien plus expéditive et plus personnelle. Ce scribe principal transcrivit, à leur place normale dans l'ordinaire, les indications concernant la fête de saint Guillaume de Bourges, canonisé en 1221 ; or, cette fête a été ajoutée au calendrier initial[3].

A la suite de l'ordinaire, notre scribe copia le coutumier de la maison. Le catalogue de la bibliothèque suit le coutumier, avec un léger intervalle, dans une écriture encore moins soignée que ce qui précède, et sujette à mutations ; le texte occupe le dernier feuillet d'un cahier et le premier feuillet d'un autre auquel il a peut-être été rattaché artificiellement. C'est en tous cas la même main qui semble avoir rempli les trois derniers cahiers de pièces liturgiques diverses, lesquelles ne fournissent pas non plus d'éléments de datation postérieurs à 1221[4].

On retrouve encore la main de notre scribe dans divers espaces laissés libres en tête du manuscrit, et spécialement dans une note sur les dépenses faites pour la construction d'Aureil[5]. Des chiffres sont donnés pour Bernard de Quinsac, pour Pierre de Saint-Martin « avant qu'il ne fut prieur » en 1220, pour Bernard de Quinsac à nouveau sur une durée de deux ans et demi, pour G. de Quinsac. Une main de très peu postérieure a ajouté la contribution de Guillaume d'Eyjau et de Pierre de Jaunhac.

Guillaume d'Eyjau apparaît dans une charte de 1221. G. de Quinsac apparaît avec Pierre de Saint-Martin à la tête

---

(3) Ceci suffirait à montrer que ce calendrier n'a pas été fait pour les années 1239 ou 1250, comme le dit Leroux, sous prétexte qu'une main a ajouté « Resurrectio Domini » au 27 avril ; cette main est postérieure à la liste des fêtes, laquelle est elle-même antérieure aux indications de chronologie telles que lunaisons, embolismes, saisons, etc. Saint Guillaume avait été archevêque de Bourges et donc métropolitain de Limoges.

(4) Identifications par J. Becquet, *Le coutumier* ... p. 73, notes 14 et 15. L'écriture du catalogue est également fort semblable à la dernière partie du cartulaire d'Aureil, et spécialement à la charte n° CCCCV dressée en présence de Pierre de Saint-Martin (éd. Senneville dans *BSAHL*, t. XLVIII, 1900).

(5) Leroux l'a éditée (*op. cit. sup.* note 2) sans indiquer le changement d'écriture des dernières lignes, et en oubliant quelques chiffres à la fin.

de six plaignants du couvent d'Aureil dans une bulle d'Honorius III du 3 juillet 1218[6]. Bernard de Quinsac apparaît non seulement dans l'intitulé de notre catalogue comme donateur de livres, mais il signe comme sacriste bon nombre de chartes d'Aureil entre 1196 et 1220 ; il était du reste entré au monastère avant 1194, alors que son oncle Étienne y jouait un rôle important depuis plusieurs décades.

Il est tout à fait admissible que Bernard ait pu donner de l'argent et des livres à son monastère ; il n'eût pas été le seul, car le coutumier et un chapitre général d'Aureil (1215) indiquent que la désappropriation des chanoines était toute relative. D'ailleurs, au même moment, le bibliothécaire de Saint-Martial, Bernard Ithier, n'indique-t-il pas les livres que ses confrères ou lui-même ont donnés à la bibliothèque commune ? La règle de saint Benoît professée à Saint-Martial était pourtant aussi stricte, en fait de désappropriation individuelle, que la règle de saint Augustin professée à Aureil. Il faut donc distinguer profession et pratique.

Bernard de Quinsac est peut-être l'auteur du catalogue, car ses fonctions de sacriste le désignent pour ce rôle, en l'absence de tout *armarius* dans le coutumier d'Aureil ; il aura donc pu rappeler ses dons sans excès de modestie dans l'intitulé du catalogue, parlant de lui-même à la troisième personne comme le fait son collègue Bernard Ithier. Un examen plus attentif du catalogue dira si cette attribution au sacriste peut être retenue.

Mais avant de faire cet examen, il n'est pas inutile de rappeler ce que l'on sait de la bibliothèque de Saint-Martial de Limoges ; ses catalogues sont contemporains du nôtre et fournissent les meilleurs effets de contraste pour les comparaisons souhaitables, pourvu que ces comparaisons portent sur des ensembles de quelque importance. On sait que Saint-Martial de Limoges a au XIII^e^ siècle un passé de grand sanctuaire, riche et célèbre, placé sur la route des pèlerinages, soumis à l'ordre monastique depuis le IX^e^ siècle et à l'observance clunisienne depuis 1062. Son bibliothécaire et chroniqueur, Bernard Ithier (1163-1225), se voyait à la tête de quelque 450 volumes pour plus de 70 moines ; 400 environ de ces volumes sont inventoriés dans deux catalogues dont l'une est de Bernard Ithier et l'autre lui est de très peu postérieur[7]. En face de Saint-Martial, Aureil n'est qu'une fondation

(6) PRESSUTTI, *Regesta* n° 1487.

(7) L. DELISLE, *Le cabinet des manuscrits* ... t. II, p. 493-504 ; les deux catalogues y ont été édités sous les n° 3 et 4, auxquels on renverra par la référence : « Delisle III ou IV », suivie du n° de l'article. Ces catalogues 3 et 4 de Delisle représentent une édition bien meilleure que les n° V et VI de DUPLÈS-AGIER dans les *Chroniques de Saint-Martial* (S.H.F. Paris, 1874), p. 330-356, mais ce dernier éditeur fournit des indications utiles sur la gestion de Bernard Ithier.

canoniale d'implantation érémitique, mais qui possède déjà plus de 200 volumes après un siècle et demi d'existence seulement[8].

* *
*

Notre catalogue est inscrit sur deux feuillets du manuscrit, de 200×300 mm, et le texte commence au milieu de la colonne de gauche du premier recto pour n'atteindre que le troisième quart de la colonne de droite du dernier verso ; c'est dire la densité de l'écriture. Le deuxième feuillet a été déchiré du haut en bas après avoir été rempli ; il a été recousu, mais la disparition du fil facilite la lecture que des mouillures et des frottements ont rendue parfois ardue.

L'ensemble du texte présente plusieurs reprises, ou « campagnes » d'écriture, mais ces reprises ne sont pas assez différenciées pour qu'on y voie avec certitude autre chose que des changements de plume, des retours au travail ou des compléments dus au même scribe[9]. Seule la première lettre de l'intitulé général est en rouge, comme toutes les initiales de chapitres du coutumier qui précède. Les articles sont uniformément écrits à la suite l'un de l'autre, séparés par une sorte de potence orientée à droite, que notre édition a remplacée par un numéro d'ordre[10] ; il n'y a qu'une addition marginale et aucune addition supralinéaire[11]. Bien que certains articles renferment un contenu disparate, le rédacteur du catalogue a voulu consacrer un article à chaque volume relié, sauf indications contraires[12] ; c'est ce qu'on peut inférer

(8) M^me^ NORTIER a comparé minutieusement *Les bibliothèques médiévales des Abbayes bénédictines de Normandie* dans *Revue Mabillon*, t. 47-52 (1957-1962). On s'y est référé, ainsi qu'à l'article suggestif de J. DE GHELLINCK, *En marge des catalogues des bibliothèques médiévales* dans *Studi e Testi (Misc. Ehrle)*, t. 41 (V), p. 331-363 et à l'ouvrage du même auteur *L'essor de la littérature latine au XII^e^ siècle*, 2^e^ éd. Bruxelles-Paris [1954], spécialement pp. 292-312 qui comportent une bibliographie .Le catalogue de la bibliothèque de Grandmont en Limousin ne contient qu'une centaine de manuscrits, et il est du XV^e^ siècle. On n'a pu consulter le catalogue des chanoines (non réguliers) d'Evaux en Limousin, au XVIII^e^ siècle (ms. Guéret n° 21), ni même savoir s'il indiquait des manuscrits.

(9) La première reprise se voit au milieu de l'article n° 69, alors que le début de l'article montre des altérations par rapport à ce qui précède ; cette reprise dure jusqu'à notre n° 81, en fin de feuillet et de cahier. D'autres reprises analogues sont visibles avec les n° 122, 169, 171, les deux dernières adoptant un module plus gros.

(10) Le n° 131 est resté libre par suite d'une erreur en cours de travail.

(11) Le renvoi marginal du n° 119 est original, mais jamais un titre n'a été ajouté postérieurement en fin d'article, les articles se suivant sans intervalle. Des notes pratiquement illisibles des XIV^e^ et XV^e^ siècles figurent au bas du verso du second feuillet.

(12) N° 1, 21, 34 (?), 97, 132, 133, 143, 155, 156.

des ratures qui affectent d'un bout à l'autre huit articles[13] et sont d'autre part expliquées dans une indication terminale.

Si obscure que soit cette indication, elle suggère que ces huit articles, après avoir été dépecés *(truncati?)*, ou passés en revue *(tractati?)*, ont été fondus avec d'autres à la suite de travaux de reliure. La chose est admissible pour trois articles[14]. Mais sur la quinzaine d'œuvres des cinq autres articles, trois ne se retrouvent nulle part ailleurs ; d'autres ne se retrouvent que de manière conjecturale. Ne serait-il pas plus simple de penser que notre rédacteur a prétexté des travaux de reliure antérieurs pour expliquer les déficits constatés après son travail ?

Ce travail fut-il original ? Autrement dit : le rédacteur du catalogue a-t-il lui-même pris un à un les volumes en place pour les décrire dans sa liste ? Si l'écriture du catalogue fournit des lignes de clivages, son contenu en fournit de tout autres : après les 130 premiers articles, faits d'ouvrages divers, nos numéros 132 à 156 concernent exclusivement des livres d'usage liturgique, puis la liste revient à des ouvrages divers. Ces deux premiers blocs : livres divers d'usage individuel et livres d'usage liturgique, ne sont-ils pas les deux parties d'une liste primitive augmentée ultérieurement ?

L'existence d'une liste primitive pourrait être suggérée par quelques erreurs de notre scribe, qui s'expliquent mieux par des fautes de transcription[15]. Un autre argument pourrait être aperçu dans le fait que si notre scribe indique la provenance de quatre livres liturgiques, il n'indique pas quels sont ceux qui viennent de Bernard de Quinsac[16] : celui-ci aurait pu être à l'origine d'une première liste volontairement indistincte que notre scribe aurait recopiée, en la complétant notamment par la mention emphatique des chartes du monastère (n° 174)[17]. Signalons à ce propos que le cartulaire du XII$^{e}$ siècle paraît aussi absent de notre catalogue que l'ordinaire même où est copié ce catalogue.

---

(13) Dans notre édition, l'indication « *(barré)* » vaut pour tout ce qui précède jusqu'au début de l'article ; ce qui suit n'avait pas à être barré par le scribe au n° 1, et a été gratté au n° 171.

(14) Le n° 1 a pu être repris — pourquoi ? — au n° 157 ; les sermons du n° 120 ont pu être répartis un peu partout, spécialement au n° 88 ; le n° 176 a pu devenir le n° 178, moyennant quelques additions.

(15) Surtout au n° 99, mais aussi n° 71, 86, 89, 95, 98, 99, 141 et encore 168.

(16) N° 138 à 140, et n° 53.

(17) A part la lettre d'Honorius III signalée plus haut, on ne voit guère qu'une bulle de Pascal II confirmant au chapitre de Limoges ses possessions — y compris Aureil — dont la copie aurait pu justifier le pompeux énoncé de cet article en ce qui concerne les papes (A. D. Haute-Vienne D 658) ; on ne voit rien de semblable pour les « rois ».

Si l'on répugnait absolument à identifier Bernard de Quinsac, avec notre scribe, on pourrait encore ajouter que, jeune homme en 1194, Bernard disparaît des chartes à partir de 1220, tandis que son parent G. de Quinsac est en tête des plaignants de 1218, dont le second sera élu prieur en 1220. Si G. de Quinsac n'a pas été élu, sa place en tête de liste ne peut-elle s'expliquer par le simple fait qu'il a pu être formé aux fonctions de sacriste par son parent Bernard ? Après celui-ci, et donc dans le deuxième quart du XIII^e siècle, il aurait consigné les libéralités de sa famille en argent et en livres, au moyen de ses souvenirs personnels et d'un catalogue indistinct laissé par Bernard ...Tout cela n'est qu'hypothèses !

En bref, nous avons un *terminus a quo* pour une première composition du catalogue avec la mort d'Innocent III (1216), et un autre *terminus a quo* pour sa transcription éventuelle au manuscrit avec la canonisation de saint Guillaume de Bourges (1221). Un *terminus ad quem* est chose moins aisée à trouver : la fête de saint Étienne de Muret, imposée au diocèse de Limoges en 1290[18], est ajoutée au calendrier en écriture voisine de cette date, mais elle est absente de l'ordinaire ; les fêtes de saint Bernard et de saint Dominique sont également absentes de l'ordinaire et ajoutées au calendrier d'une écriture plus précoce que pour Étienne de Muret, mais on ne sait pas quand ces fêtes ont été adoptées à Limoges. Il n'y a toutefois aucune témérité à dire que notre catalogue reflète l'état de la bibliothèque d'Aureil dans le deuxième quart du XIII^e siècle.

* *
*

Reste à passer en revue le contenu du catalogue, sans oublier que nous n'avons pas une description complète de tous les articles qui le composent : plus d'une fois sur cinq, le ou les rédacteurs se sont dispensés d'un inventaire exhaustif des volumes par un « *alia bona* », rarement précisé par une indication de matière : théologie, dialectique ou physique. Mais on admettra qu'avec ses deux cents volumes, la bibliothèque d'Aureil se situe dans une bonne moyenne par rapport à ce que l'on sait des bibliothèques de l'époque. Quant à établir une relation entre le niveau intellectuel de la communauté et le contenu de sa bibliothèque, il y faut être prudent, car un bibliothécaire peut satisfaire ses goûts personnels de collectionneur sous couleur d'équiper sa communauté ; tout

---

(18) J. BECQUET, *La liturgie de l'Ordre de Grandmont* dans *Ephemerides Liturgicae*, t. 76 (1962), p. 146-161. Étant possession du chapitre cathédral, Aureil ne pouvait que suivre la liturgie du diocèse, quitte à y ajouter ses rares fêtes particulières (fondateur, dédicace, etc.).

ce que l'on peut dire, c'est qu'il y avait des novices et des enfants à former à Aureil, comme à Saint-Martial[19], et que cela suffisait à accroître le besoin de livres.

Les livres liturgiques sont représentés dans des proportions très voisines à Aureil et à Saint-Martial[20] ; la proportion est cependant plus proche du cinquième à Aureil et plus proche du sixième à Saint-Martial, mais, en chiffres absolus, il y a deux fois plus de missels et trois fois plus de lectionnaires à Aureil, peut-être du fait des églises desservies par la communauté canoniale. Le reste des livres peut se diviser en auteurs profanes et en auteurs sacrés, Bible et poètes chrétiens compris, les livres de droit et d'histoire étant examinés à la fin.

Les écrivains de l'Antiquité classique sont fortement représentés à Aureil par plus de 90 ouvrages, alors qu'on en trouve une bonne quarantaine seulement à Saint-Martial. Ovide vient en tête avec une douzaine de mentions[21], suivi par Virgile, Perse et Priscien qui sont représentés six ou sept fois chacun. Cicéron est cinq fois nommé, mais trois fois pour la même méthode stylistique tirée de son œuvre. La bibliothèque d'Aureil donne en effet l'impression d'être pour une bonne part scolaire, bien fournie en fait de *dictamen*, *epistularia*, *poetriae*, règles de prosodie, recueils de fables, etc. L'orientation littéraire de l'ensemble va même jusqu'à la présence d'ouvrages de stylistique faits par Marbode au XI^e^ ou de comédies latines du XII^e^ siècle[22].

Les auteurs sacrés sont toutefois plus représentés à Aureil que les auteurs profanes. Mais si l'on commence par la Bible, on doit constater que ses divers livres n'ont pas à Aureil la même représentation qu'à Saint-Martial. Chez les moines, en effet, il y avait trois ou quatre textes complets de l'Ancien Testament, et cinq ou six du Nouveau, outre les textes glosés et commentés. Si le catalogue de nos chanoines est exact, on n'aurait pas trouvé chez eux de texte de l'Ancien Testament pour un seul du Nouveau ; la proportion des gloses et commentaires scripturaires reste faible ici par rapport à Saint-Martial,

---

(19) Pour Saint-Martial, voir DUPLÈS-AGIER, *op. cit. sup.* note 4 : p. 247 et 257-258. Pour Aureil, voir J. BECQUET, *Le coutumier* ... c. 18 et 22.

(20) Des livres liturgiques sont mentionnés dans l'inventaire de 1542 qu'a publié Monsieur J. DECANTER dans *BSAHL* t. 87 (1958-60), p. 391-392, mais deux missels seulement sont indiqués comme étant en parchemin ; la « règle » mentionnée dans cet inventaire ne peut être qu'un texte de la règle de saint Augustin utilisé pour la lecture liturgique.

(21) Ovide n'est représenté à Saint-Martial que par deux apocryphes *(De pulice, de Somno)*.

(22) Cette composition générale du catalogue d'Aureil est un argument de critique interne qui le rapproche des catalogues du XII^e^ siècle plus que de ceux du XIII^e^ (J. DE GHELLINCK, *L'essor* ... p. 293).

sauf pour l'Évangile qui est aussi bien attesté à Aureil, en texte ou commenté, et qui compte même plus d'exemplaires séparés de Mathieu et de Jean.

De tous les Pères de l'Église, c'est saint Augustin qui, à Aureil comme partout ailleurs à l'époque[23], vient largement en tête de tous les auteurs, même abstraction faite de sa « règle » et des commentaires de celle-ci ; il est suivi, ici comme le plus souvent, par Grégoire le Grand, Bède et Isidore. Mais si Saint-Martial possède quelques rares Pères grecs, on ne connaît à Aureil, en ce domaine, que les sermons du Chrysostome.

Le rayon hagiographique semble plus fourni à Aureil qu'à Saint-Martial, même en chiffres absolus. Mais les catalogues de cette dernière abbaye signalent, sans plus, quatre passionnaires, contre une seule mention analogue à Aureil, et d'autre part, les vies des saints récents (XIe et XIIe s.) se réduisent à quatre ou cinq titres ici et là[24]. On notera cependant la place exceptionnelle faite à sainte Marie l'Égyptienne dans notre catalogue, peut-être à cause des poèmes d'Hildebert de Lavardin.

Mais en fait d'ouvrages religieux, ce sont les livres de théologiens récents et de pastorale qui sont les plus suggestifs pour apprécier une bibliothèque canoniale vivante. A vrai dire, il semble que les maîtres parisiens du XIIe siècle soient entrés à Saint-Martial aussi facilement qu'à Aureil, de Pierre Lombard à Alain de Lille ; Bernard Ithier a même à son usage personnel l'Histoire scholastique et le *Verbum Abbreviatum.* Mais Aureil paraît plus à la page, si l'on ose dire : non seulement Gilbert de la Porrée et Robert de Melun figurent sur sa liste, mais encore Étienne Langton tandis que Saint-Martial a l'avantage de quelques auteurs des âges précédents : Claude de Turin, saint Odon, Paschase Ratbert, Manegold... Il y a plus : on trouve à Aureil un répertoire de ces « contradictions de l'Écriture Sainte » (nº 186) qui témoigne des préoccupations méthodologiques les plus actuelles à l'époque[25].

Aureil possédait beaucoup plus d'ouvrages de catéchétique et de pastorale que Saint-Martial ; mais on est frappé de la quantité de sermons anonymes contenus dans la bibliothèque de nos chanoines. En fait, Bernard Ithier a soigneusement gardé les noms des orateurs chargés des sermons capitulaires

---

(23) J. DE GHELLINCK, *En marge* ... p. 334 et 351.

(24) Les vies des abbés de Cluny sont en situation à Saint-Martial ; la vie de Gaucher d'Aureil était indispensable à ses successeurs, et l'on a dit la raison probable pour laquelle on y conservait la vie d'Étienne de Muret (J. BECQUET, *La vie de saint Gaucher* ... p. 37-38). La vie de saint Gauthier de l'Esterps est conservée dans les deux monastères ; c'est vraisemblablement celle de Marbode.

(25) J. DE GHELLINCK, *L'essor* ... p. 101.

à Saint-Martial ; il n'y a pas moins d'une quarantaine de noms pour autant d'années, et l'on trouve parmi ces noms des personnages de passage et des membres de la communauté dont l'un fut mis à contribution pendant 33 ans[26] ! Il est vraisemblable que les sermons d'Aureil étaient des textes de sermons capitulaires conservés et « fourrés » dans les volumes à relier.

Le droit canonique est un peu plus représenté à Aureil qu'à Saint-Martial, ce qui ne veut pas dire mieux représenté ; dans les deux monastères, un Burchard, des canons, des décrétales, des pénitentiels, les règles et coutumiers respectifs, mais deux « Panormies » et les « Dérivations » d'Huguccio à Aureil, contre un Décret de Gratien à Saint-Martial. En revanche, le droit romain est totalement absent du catalogue des chanoines, tandis que chez les moines, on en possède une dizaine de volumes avec tout l'éventail des Codex, *Inforciatum*, Pandectes, Institutes, etc.

Enfin, pour l'histoire, il fallait s'attendre à trouver ici et là les mêmes auteurs habituels de l'Antiquité classique et chrétienne, les mêmes ouvrages de Bède, de Grégoire de Tours et de Paul Diacre. Mais Saint-Martial, bien pourvu et bien placé, pouvait se permettre d'avoir trois chroniqueurs originaux en deux siècles, dont son bibliothécaire Bernard Ithier. A Aureil, on a eu simplement le temps et les possibilités de s'intéresser à l'actualité littéraire, politique ou ecclésiastique, comme en témoignent les lettres d'évêques contemporains plus ou moins « engagés », et les écrits polémiques sur les ordres nouveaux.

* *
*

Le prieuré d'Aureil fut incendié en 1569 par les bandes du duc de Deux-Ponts, mais ses archives et son trésor avaient été mises à l'abri à temps. Peut-être est-ce son catalogue de livres qui valut à notre ordinaire manuscrit d'être compris dans ces archives, tout comme le cartulaire du XII^e^ siècle, et de passer avec celui-ci chez les Jésuites de Limoges quand le prieuré fut uni à leur collège en 1600 ? Quant aux livres eux-mêmes, ils ont disparu sans laisser de trace connue à cette heure[27].

En publiant le catalogue d'Aureil, on a surtout voulu le mettre à la disposition des chercheurs d'une manière qui respecte le plus possible sa présentation manuscrite. Toutes

(26) DUPLÈS-AGIER, *op. cit. sup.* note 4 : p. 255.

(27) La bibliothèque municipale de Limoges ne contient qu'une cinquantaine de manuscrits, dont six ou sept sont médiévaux, le fonds de Saint-Martial étant passé à la Bibliothèque du Roi ; les bibliothèques municipales des grandes villes voisines (Poitiers, Clermont, Bourges, Périgueux) n'indiquent pas d'ex-libris d'Aureil.

les abréviations usuelles ont été développées et les majuscules établies selon l'usage actuel ; mais les lectures douteuses ont été mises en italique et chaque mot, ou fraction de mot, non lu est remplacé par trois points. Quelques crochets carrés signalent les rares suppléances en cas d'oubli du scribe ou de lacune accidentelle du manuscrit. Toutes les observations ont été rejetées en note, de manière qu'elles ne gênent aucun des spécialistes des disciplines médiévales qui seront mieux à même que l'éditeur de trouver leur bien dans le texte lui-même. On a évité de charger les notes de références aux éditions d'œuvres connues.

On a dit qu'un numéro d'ordre avait été établi pour chaque article, et que la mention « *barré* » représentait une rature unilinéaire de tout ce qui précédait dans l'article ; chaque article a fait l'objet d'un alinéa dans l'édition. A l'intérieur de chaque article, le scribe n'a utilisé le point-virgule médiéval qu'une seule fois (nº 36), d'une manière qui équivaut à nos deux points ; partout ailleurs, il n'utilise que le point et ce point a été rendu dans l'édition par une virgule ou un point, selon un sens qu'on ne peut toujours garantir absolument. Au moins n'a-t-on jamais introduit ou omis purement et simplement un signe de ponctuation !

Deux index ont été réalisés, qui renvoient tous deux aux numéros des articles. Le premier contient les noms des auteurs cités dans le texte ou en note ; on y a inséré à leur place alphabétique les titres d'œuvres d'identification impossible ou douteuse. Le second index complète le premier en ce sens qu'il sert surtout d'*index rerum*, mais qu'il renvoie aussi à des livres négligés par le premier index parce que n'étant pas à proprement parler des œuvres, comme sont les lectionnaires, bréviaires, etc. Au reste, dans l'utilisation de catalogues de manuscrits médiévaux, un index ne saurait guère constituer qu'un appoint.

La chance d'une trouvaille ne donne pas au découvreur toutes les compétences voulues pour présenter cette trouvaille. La présente édition n'a pu être faite sans les avis de Monsieur Ouy, ni sans bien des lectures de Monsieur Decanter, Directeur des Archives de la Haute-Vienne ; surtout, quantité de suggestions, rectifications et identifications ont été fournies par la regrettée Madame Vernet, par Mademoiselle Pellegrin et par Monsieur Vernet. Que tous en soient remerciés.

Hii sunt libri communes et Bernardi de Quinsac qui per gratiam Dei communes fecit suos ; et ideo mixtim numerantur.

1. Hystoria ueteris ac noui testamenti in duobus uoluminibus *(barré)* ; de paragrapho ad paragraphum sunt in uno uolumine.

2. Hystorie magistri Petri Manducatoris.

3. Lunare. Beda de temporibus. Hystoria romana[a]. Hystoria Longobardorum. Hystoria Francorum[b], et alia bona.

4. Sententie magistri Petri Lombardi.

5. Epistule Pauli secundum Lombardum. Vita Nicholai et Machometis[a].

6. Psalterium *secundum* Lombardum, et sermones IX.

7. Unum ex quatuor[a]. Ysidorus ethymologiarum. Sermones XXXVII, et alia bona.

8. Verbum abbreuiatum[a]. Ars predicandi[b]. Penitenciale Alani/. Hystoria uersificata. Tobias[c] ..a..a. Quedam Ludouici[d], et multa alia bona.

9. Rabbanus de laude crucis. Sermones XXIII.

10. Abbreuiata Ysidori de enigmatibus ... is canonicis[a]. Tractatus Ieronimi in Danielem. Ambrosii in Lucam. Augustini in Iohannem. Liber generationis uel nominum patrum uel filiorum ueteris ac noui testamenti a sancto Ieronimo comprehensus. Differencie Ysidori iunioris Spalensis. Canones.

11. Mattheus.

---

N° 3. *a)* Sans doute celle d'Eutrope, revue et augmentée par Paul Diacre qui est aussi l'auteur de l'ouvrage suivant.

*b)* Par Grégoire de Tours.

N° 5. *a)* Il s'agit d'une version de l'*Historia de Mahumete*, attribuée à Hildebert de Lavardin et récemment restituée à Embricon de Mayence (éd. G. Cambier dans la collection *Latomus*, t. 52, 1961, in-8° de 94 p. Bruxelles-Berchem).

N° 7. *a)* Les quatre Évangiles en un seul, par Zacharie de Besançon (+ v. 1155).

N° 8. *a)* Par Pierre le Chantre, écrit vers 1169.

*b)* Probablement d'Alain de Lille, comme le pénitentiel qui suit.

*c)* Plutôt qu'au livre de l'A. T. on songe à l'œuvre en vers de Mathieu de Vendôme écrite vers 1185 ; *cf.* pour Saint-Martial, Delisle, IV, n° 228.

*d)* On n'ose guère penser à Louis le Vieux, de Saint-Laurent de Liège, qui écrivit au XIe siècle un *De aduentu reliquiarum S. Laurentii* (MANITIUS, *Gesch. der Lat. Litt. des Mittelalters*, III, p. 130). D'autre part, s'il s'agissait du début du capitulaire de Louis le Pieux appelé aussi « règle d'Aix » pour les chanoines, le titre d'empereur aurait vraisemblablement été relevé.

N° 10. Bien que l'on ne puisse guère lire ici autre chose, il faut signaler que l'on trouve souvent dans les mss. l'œuvre de Gennade de Marseille *De ecclesiasticis dogmatibus*, parfois attribuée à Isidore.

12. Quatuor euangeliste. Actus apostolorum. VII epistule canonice. Apocalypsis. XIIII epistule Pauli. Due epistule beati Marcialis[a].

13. Augustinus super Iohannem.

14. Quedam pars passionalis et Genesis. Exodus et principium Leuitici.

15. Hystoria ecclesiastica[a].

16. Vita sancti Egidii.

17. Vita clericorum[a]. Regula sancti Augustini.

18. Sermones sancti Augustini XLVII. Liber Ambrosii de bono mortis. Vite Antonii, Augustini, Martini, Marcialis. Sermo in assumcione sancte Marie.

19. Augustinus super psalmos a « Beatus uir » usque ad « Quid gloriaris ».

20. Eiusdem a « Dixit Dominus » usque in finem.

21. Moralia Iob in tribus uoluminibus[a].

22. Catalogus apostolicorum[a]. Decretales. Hystorie Trogi Pompeii[b].

23. Ystoria Britonum[a]. Ystoria Francorum[b]. Ystoria Yspanica. Replicatio ueterum ystoriarum.

24. Parabole Salomonis. Glose Tymei Platonis[a], et pars glosarum Lucani[b]. Glose de dialetica et alia bona.

25. Versus misse[a]. Panormia magistri Yuonis Carnotensis episcopi.

26. Panormia Yuonis uenerabilis Carnotensis episcopi.

27. Liber episcopis necessarius[a]. Canones, et alia bona.

---

N° 12. *a)* Sans doute s'agit-il des deux lettres apocryphes que le chroniqueur limousin Geoffroy de Vigeois dit avoir été trouvées à Saint-Pierre de Limoges sous Philippe Ier (1060-1108) et dont le texte n'est pas connu (Labbe, *Chronicon*, I, c. 18 dans *Bibl. Nov. Mss.* t. II, p. 228).

N° 15. *a)* Eusèbe de Césarée en est l'auteur le plus probable, à côté de Cassiodore, Ordéric Vital et Hugues de Fleury.

N° 17. *a)* Outre la règle d'Aix mentionnée ci-dessus (n° 10 note), on pense à l'œuvre de Rhaban Maur plutôt qu'à la poésie de Pierre de Blois ou au traité de Philippe de Harveng, car ces deux dernières œuvres sont de la fin du XIIe siècle et la composition du manuscrit suggère une origine plus « grégorienne ». On pourrait encore mettre en avant une partie de la *Panormia* d'Yves de Chartres (*Lib.* III, c. CLXVII-CLXXIII).

N° 21. *a)* Par saint Grégoire le Grand, vu les dimensions matérielles de l'ouvrage ; saint Odon de Cluny en fit un résumé beaucoup moins répandu.

N° 22. *a)* Liste de papes *b)* L'abrégé de Justin.

N° 23. *a)* Celle de Nennius, plutôt que l'œuvre de Gildas le Sage *(De excidio Britanniae)* ou de Bède *(Historia Anglorum)*.

*b)* Voir n° 3.

N° 24. *a)* Il s'agit vraisemblablement des gloses de Guillaume de Conches (+ peu après 1154), dont l'abbé Jauneau prépare l'édition ; Id. *Deux rédactions des gloses de G. de C. sur Priscien* dans *Rech. Théol. Anc. Méd.* t. 27 (1960), p. 212-247.

*b)* Peut-être celles d'Arnoul d'Orléans (Manitius, III, p. 238 ; éd. Marti, Rome, 1958).

N° 25. *a)* Ceux d'Hildebert de Lavardin eurent beaucoup de succès.

N° 27. *a)* Probablement le livre nécessaire aux fonctions liturgiques des évêques, que le catalogue de Saint-Martial appelle *Ordo episcopalis* (Delisle, III, n° 95).

28. Liber ecclesiastici et canonici ordinis in claustro sancti Rufi tempore Lethberti abbatis instituti[a].

29. Iohannes Helemosinarius[a]. Regule de ultimis sillabis[b]. Palladius de agricultura. Bernard*inus*. Solinus[c], et alia bona.

30. Persius dupplex. Iuuenal[is]. Secunda Donati editio[a]. Arator. Summa Prisciani de constructionibus. Glose Salustii. Epistulare Oracii, Catonis, Ouidii de remedio amoris. Enarrationes, et multa alia bona dialetice et gramatice.

31. Epistule canonice glosate.

32. Allegorie ueteris ac noui testamenti[a]. Ystoria Alexandri[b].

33. Regule beati Augustini et beati Benedicti. Liber Soliloquiorum[a]. Liber sententiarum. Excerptus de libris Moralium beati Gregorii.

42 v° 34. Tractatus / cantica canticorum per abbatem Clareuallis[a] in
auche XXXVI sermonibus. Tractatus de ecclesiasticis officiis, per doctores et multa alia theologie cum duobus separationibus.

35. Psalterium sancti Ieronimi. Tria optima miracula e uita sancti Alexii. Expositio babtismi et « Quicumque uult »[a], et misse. Vita sancte Agnetis dupplex per uersus[b]. Altercatio monachi albi et nigri[c]. Comedia Gete[d]. Prudencius. Claudianus. Brasarie[e]. Glose Ouidii in Ibin dupplex, sermonum Oratii et Theodoli. Compotus lune. Summa dictaminis, et multa alia bona theologie, gramatice et dialetice.

---

N° 28. *a)* C'est l'ordinaire-coutumier de Saint-Ruf (J. Becquet, *La vie de saint Gaucher...* p. 36).

N° 29. *a)* Plutôt qu'à une œuvre de cet évêque de Constantinople, on pense à sa *Vita* (*B.H.L.* n° 4388-4392) ; pour Saint-Martial, Delisle IV, n° 260.

*b)* Ou *De finalibus* de Servius Honoratus (Keil *Grammatici latini*, IV, 2, p. 449-455.

*c)* Probablement les *Mirabilia Mundi* de Julius Solinus.

N° 30. *a) Donati ars grammatica*, II (Keil, *Gram. Lat.* IV, 2, p. 372-392 ; cette partie est appelée aussi couramment *ars maior*, par opposition à l'*ars minor* qui est la « première édition ».

N° 32. *a)* Cette œuvre bipartite a été attribuée à Hugues de Saint-Victor (P. L. 175, col. 633-922) ; la première partie au moins est l'œuvre de Richard de Saint-Victor (J. Chatillon, *Le contenu, l'authenticité et la date du* Liber exceptionum *et des* Sermones Centum *de R. de S.-V.* dans *Rev. M. A. Latin*, t. IV, 1948, p. 23-32 et 343-366).

*b)* Probablement l'*Historia de Praeliis* de Julius Valerius.

N° 33. *a)* Saint Augustin est l'auteur d'un ouvrage de ce nom, mais le rapprochement avec l'ouvrage suivant évoque aussi deux œuvres d'Isidore de Séville : les *Synonyma* et les *Sententiae* (Dekkers, *Clavis Patrum* n° 1203 et 1199). Les *Synonyma* portent au moins trois titres dans les catalogues, par exemple celui de Saint-Pons-de-Thomières (L. Delisle, *Le Cabinet des Mss.* II, p. 540, n° 46).

N° 34. *a)* Saint Bernard.

N° 35. *a)* Le « Symbole de saint Athanase ».

*b)* Sans doute celle de Pierre Riga (*B.H.L.* n° 164).

*c)* Très vraisemblablement le *Dialogus inter monachum cisterciensem et cluniacensem*, écrit vers 1170 et édité par Martène et Durand dans *Thes. Nov. Anecdot.* V, 1569-1654.

*d)* Par Vital de Blois, vers 1140 (Manitius, III, p. 1015-18).

*e) De raptu Proserpinae* de Claudien.

*f)* Les *Ecloga Theoduli*, par Godescalc d'Orbais (IXe s.) très répandus (Manitius, I, p. 572).

36. De phisica : experimenta, interpretationes, cyrurgia. De dialetica : introductiones. Synonima Ciceronis. Prosper, et multa alia bona gramatice.

37. Barlaam[a]. Expositio regule sancti Augustini, et alia bona.

38. Auianus. Maximianus. Omerus[a]. Statius Achilleidos. Poetria[b]. Persius. Salustius, et alia bona.

39. Introductiones. Commentum Rollandi super tabulam Girlandi[a].

40. Tres libri Bede presbiteri de tabernaculo testimonii. Eiusdem expositio in canticum Abacuch « Domine audiui ».

41. Diadema monachorum[a]. Epistule Cesarii episcopi Arelatensis.

42. Liber beati Ieronimi contra Iouinianum, et eiusdem ad Palmachium pro libris contra Iouinianum, et eiusdem ad Eustochium de bono uirginitatis, et eiusdem VII epistule.

43. Dialogorum[a].

44. Vita beati Gregorii. Augustinus super epistulam Iohannis. Liber sancti Augustini de uera religione. Eiusdem quatuor libri de doctrina christiana. Eiusdem duo libri de ordine.

45. Vitas patrum[a].

46. Liber sancti Augustini de origine anime. Eiusdem enchiridion ad Laurentium. Eiusdem liber de agone christiano. Epistula Gregorii pape ad Secundinum inclausum.

47. Gregorius super Ezechielem.

48. XLV sermones sanctorum Augustini, Faustini, Ieronimi, Leonis, Iohannis Constantinopolitani. Vite sanctorum Galterii, Leonardi, Valerici, Marie Egyptiace, Bartholomei, Vincentii, Preiecti, Stephani Muretensis.

49. Liber collationum sanctorum X patrum[a]. Vita sancti Pachomii.

50. Compotus solis et lune et signorum. Principium regum. Lucas cum quibusdam Iohannis, et alia bona.

---

N° 37. *a)* *Vita Barlaam et Josaphat*, dont on connaît plusieurs versions (J. Sonet, *Le roman de B. et J.*, Namur, 1949).

N° 38. *a)* Dans ce recueil de textes scolaires, ce nom désigne l'*Ilias latina* (éd. Baehrens-Vollmer, *Poet. Min.* III, 3, p. 1-59).

*b)* Soit l'*Ars Poetica* d'Horace, soit l'œuvre de Geoffroy de Vinsauf.

N° 39. *a)* On attribue communément un comput à Gerland de Besançon (première moitié du xii<sup></sup>e siècle : Manitius, III, p. 695 sq.), mais les commentaires connus de sa *tabula* sont tous anonymes ; je remercie Monsieur A. Cordoliani de m'avoir apporté sur ce point le secours de sa compétence bien connue. Ni le R. P. Dondaine pour Roland de Crémone, ni M. Pacaut pour Roland Bandinelli (Alexandre III) n'ont identifié l'auteur du commentaire. S'agit-il d'un doublet fautif de *Girlandi?*

N° 41. *a)* Par Smaragde de Saint-Mihiel.

N° 43. *a)* Par saint Grégoire le Grand ; cf. pour Saint-Martial Delisle IV, n° 53.

N° 45. *a)* C'est sous cette forme que sont signalées les « Vies des Pères du désert » dans la plupart des bibliothèques médiévales.

N° 49. *a)* C'est la première partie du *Liber Collationum* de Jean Cassien, aquelle comprend les entretiens avec les dix « Pères de Scété ».

51. VII epistule canonice. Epistule beati Pauli XIIII. Duo libri sinonimorum beati Isidori. Eiusdem alius liber.

52. Ystoria Anglorum[a].

53. Vsuardus de Chauanaco[a] cum regula sancti Augustini et cum euangeliis et lectionibus legendis in capitulo.

54. Euangelium secundum Mattheum.

55. Collationes VII antiquorum patrum[a]. Vita sancti Thebaldi.

56. Liber sententiarum. Defloratio Remigii Altissiodorensis, super missam[a]. Omelia ad populum predicandum.

57. Liber sacrorum canonum.

58. Scintillarius[a]. XI sermones. Aurea gemma[b]. Vita Tahidis[c]. Liber Cassiodori senatoris de anima.

59. Presagium[a] philosophi Ipocratis. Excerptum de libris Plinii[b]. Exposiciones epistularum cum euangeliis. Vite sanctorum Medardi, Cristine, XL martyrum, Stephani pape. Reuelacio prothomartyris Stephani, Tiburcii. Mattheus. Iohannes, et alia bona.

60. Alcuinus diaconus[a] sermones XIII. Sentencie perobtime.

61. Alcuinus heremita[a]. Vite sanctorum Ylarionis, Basilii. Prosper. Alcuinus presbiter[a].

62. Liber de retractatione sancti Augustini.

v° 63. /Libri tres sancti Ambrosii episcopi de officiis.

oite 64. Macrobius. Glose periarmeneias[a].

---

N° 52. *a)* De Bède le Vénérable.

N° 53. *a)* L'un des « Chavagnac » du Limousin est le lieu de la première installation de Gaucher d'Aureil (J. Becquet, *La Vie* ... p. 42). Il y avait encore là une église paroissiale en 1310 (Nadaud, *Pouillé* ... éd. Lecler p. 745).

N° 55. *a)* Les deuxième et troisième parties de l'œuvre de Cassien (*sup.* n° 49) comprennent sept entretiens chacune.

N° 56. *a)* L'attribution de l'*Expositio de celebratione misse* à Rémi d'Auxerre est douteuse ; la ponctuation fournie par le ms. est pour le moins maladroite. Cf. n° 181.

N° 58. *a)* Probablement le *Liber Scintillarum* de Défensor de Ligugé, très répandu (éd. Rochais, *Corp. Christ. ser. lat.* CXVII, 1-306).

*b)* Il s'agit d'un *Ars Dictaminis*, soit celui de Henricus Francigena, (v. 1119-1124), soit une *Aurea Gemma* anonyme (v. 1130-1143) *Cf.* P. Lehmann, *Mittelalterliche Büchertitel*, II (1953) p. 48-49.

*c)* Dans le voisinage d'un manuel d'art épistolaire, cette *Vita* est peut-être celle de Marbode (P. L. 171, 1629-1634).

N° 59. *a)* Les *Prognostica*, probablement.

*b)* Après une œuvre d'Hippocrate, on rencontre, plus souvent que des extraits de l'Histoire naturelle de Pline l'Ancien, des extraits de l'ouvrage de son neveu : « *Plinii Secundi iunioris de medicina* » (éd. Rose, Leipzig, 1875).

N° 60. *a)* Alcuin, le ministre de Charlemagne.

N° 61 .*a)* Il s'agit en fait d'*Albuinus*, ermite et prêtre, dont le début de l'œuvre est éditée en P. L. 138, col. 185-186 ; on le trouve également rapproché du grand Alcuin dans le catalogue de Saint-André de Villeneuve (Delisle, *Le Cabinet des Mss* ... III, p. 7 n° 25.

N° 64. *a)* Commentaire de Boèce du *Perihermeneias* d'Aristote.

65. Flores sacramentorum. XLIIII sermones.

66. Flores sacramentorum.

67. Yldefonsi [de] perpetua uirginitate sancte Marie, et de eadem sermones XVI.

68. Exposicio misse, baptismi et fidei catholice[a]. De ministerio [bap]tisterii. Tractatus psalmorum « De profundis » et « Miserere mei Deus ». Augustinus de igne purgatorio. Isdem de querendo Deo.

69. Expositio Iob. Liber de contemptu mundi et miseria generis humani editus a Lotario ; postea fuit papa Innocentius[a]. Eiusdem liber de officio misse secundum consuetudinem sedis apostolice. Eiusdem decretales.

70. Allegorie ueteris testamenti[a] et sermones LXXXIX.

71. Sermones XIX. Glose super cantica canticorum. Priscianus philosophus[a]. Liber Fabiani Pla[n]ciadis Fulgencii de interpretacione fabularum. Donatus, et alia bona.

72. Psalterium magistri Anselmi[a]. Sermones XXI. Oracio ad iudicium faciendum.

73. Exposicio ymnorum. XX sermones. Cato. Stacius Achilleidos. Ouidius epistular[um][a]. Epistule Oracii. Toni et alia bona.

74. Sermones VI. Sententie diuinitatis[a]. Prudencius. Bucolica[b]. Lucanus.

75. Liber de agone christiano[a]. Vita sancte Marie Egyptiace[b]. Populi instructio. Gemma dictaminis[c], et alia bona theologie, phisice, logice.

76. Sermones XXIII. Decreta innouata in concilio Alexandri pape[a]. Questiones de diuinitate. Gesta saluatoris. Dupplices glose super cantica canticorum. Dialetice, Boecii. Epistulare Oracii, Persii, et alia multa bona.

77. Formula uite honeste[a]. Sermones LXIIII, et alia bona.

78. Rabanus super euangelia. Sermones XXX. Cantica canticorum exposita.

---

N° 68. *a)* On doit une « Expositio misse » au moins à Florus de Lyon et à Hildebert de Lavardin.

N° 69. *a)* Innocent III (P. L. 217, col. 701-746).

N° 70. *a)* Voir n° 32, note.

N° 71. *a)* Ce sont les *Solutiones Prisciani Lydi ad Chosroem* (éd. Bywater, *Supplementum Aristotelicum*, I, 2, Berlin, 1886) ; *cf.* A. WILMART, *Les réponses de Priscien le Philosophe sous le nom de saint Augustin* dans *Rev. Bénédictine* t. 49 (1937), p. 3-12.

N° 72. *a)* Le psautier rimé de la Vierge, attribué à saint Anselme, lui a été retiré par Dom WILMART (*Auteurs Spirituels* ... p. 154, note 2).

N° 73. *a)* Les Héroïdes.

N° 74. *a)* Attribuées à Gilbert de la Porrée ou à l'un de ses disciples (éd. B. Geyer, Münster, 1909).

*b)* De Virgile.

N° 75. *a)* De saint Augustin.

*b)* Voir *sup.* dans l'Introduction p. 114.

*c)* Voir n° 58.

N° 76. *a)* Le concile tenu au Latran en 1179.

N° 77. *a)* Par Martin de Braga.

79. Epistule Pauli secundum Anselmum[a]. Sermones XIII, et alia bona.

80. Distinctiones[a]. Sermones XI.

81. Sermones CLX. Alcuinus sacramenta ecclesiastica. Dialetica[a], [et] alia multa bona.

43 r° uche 82. Sermones LXXXXI, et alia bona.

83. Vita sancti Alexii[a]. Geta. Glose poetrie[b]. XII sermones. Regule de primis sillabis[c]. Cynonima Ciceronis, et alia bona.

84. Imago mundi[a]. Miracula beate Marie. Regule de penultimis sillabis. Versus misse[b]. Algorismus[c]. VI sermones. Lapidarium[d].

85. Daniel. Practica. Sermones XXX. Ysidorus de sacramento altaris, et alia bona multa.

86. Summa magistri Iohannis Betleti[a]. Speculum ecclesie[b]. Petrus Commessator super Actus apostolorum[c]. Idem super Euangelium[c]. Apocalypsis. Poetria[d]. Epistule Oracii. Glose poetrie[d] et Persii, cum VII sermonibus, Consuetus auium atque ferarum[e]. Glose Theodoli[f]. Ouidii epistular[um]. De constructione[g].

---

N° 79. *a)* Partie de la glose d'Anselme de Laon sur l'Écriture.

N° 80. *a)* Peut-être celles d'Alain de Lille ? Dom WILMART a fait une revue des principaux recueils de *Distinctiones* dans *Un répertoire d'exégèse composé en Angleterre vers le début du XIIIe siècle*, dans *Mémorial Lagrange* (Paris, 1940), p. 307-346.

N° 81. *a)* Probablement celle d'Alcuin, après ce qui précède.

N° 83. *a)* On en attribue une en vers à Marbode (*B.H.L.* n° 293).

*b)* Voir n° 38.

*c)* De Dicuil (IXe s.) ; voir A. VAN DE VYVER « *Dicuil et Micon de Saint-Riquier* » dans *Rev. belge Phil. et Histoire* t. 14 (1935), p. 25-47.

N° 84. *a)* Par Honorius Augustodunensis.

*b)* Voir n° 25.

*c)* Peut-être celui d'Alexandre de Villedieu, mais il y en a d'autres.

*d)* Peut-être celui de Marbode.

N° 86. *a)* Ceci désigne le *Rationale divinorum officiorum*, seule œuvre connue de Jean Beleth, lui-même fort peu connu († 1198), éditée en P. L. 202, col. 13-166.

*b)* Honorius Augustodunensis s'en est vu attribuer un, ainsi que Hugues de Saint-Victor. Des œuvres de Pierre de Chartres et de Hugues de Saint-Cher portent aussi ce nom, mais sont trop tardives pour entrer en ligne de compte ici.

*c)* Il s'agit là d'une partie de l'Histoire Scolastique (P. L. 198, col. 1538-1722).

*d)* Voir n° 38 ; on pense plutôt ici à Horace, vu le contexte.

*e)* Le poème appelé *Philomela* répondrait tout à fait, par son contenu, à ce « titre » qui rappelle Virgile *Géorg.* I, 422 (BLUME, *Anal. Hymn.* XXXIII, 343, n° 279).

*f)* Voir n° 35.

*g)* De Priscien ; ce titre au singulier est plus fréquent dans les catalogues de manuscrits que le pluriel.

87. Tullius de uera amicitia. Deriuationes[a]. Sermones XII. Prouerbia Senece. VIII epistule peroptime. Sententie Patricii[b]. De coloribus[c]. Epistula ad Romanos et due ad Corintios, et multa alia bona theologie.

88. Sententie magistri Rotberti[a]. Quare[b]. VII psalmi penitentiales expositi et « Dixi custodiam ». Vite Alexii, Thaidis, Marine. Symbolum et oratio dominica. Expositio misse[c]. Psalterium abbreuiatum, et alia bona. Sermones VI.

89. Glosule Lucani[a]. Cynonima Ciceronis. Regule de primis sillabis[b], et alia bona.

90. Inuectio barbatorum Grandimontensium[a]. Vita Machometis[b]. Anticlaudianus[c]. Beda de naturis rerum et temporum, et alia bona.

91. Liber de claustro anime[a]. Psalterium beate Marie[b]. Glosule Ouidii Magni[c]. Questiones de diuinitate. Documentum dictandi, et alia bona.

92. Rotulus sancti Gaucherii et uita eiusdem, et alia bona.

93. Sermones VIII. Dupplices regule uersificatorum. Ystoria Francorum[a]. Ouidius de remedio amoris. *Theodolus*[b], et alia theologie, et dialetice.

---

N° 87. *a)* Le canoniste Huguccio de Pise († 1210) a laissé une œuvre de ce nom.

*b)* Les *Dicta* de saint Patrick, apôtre de l'Irlande, dont les principales œuvres ont été éditées par L. Bieler (*Libri epistolarum sancti Patricii episcopi* Dublin, 1951-1952) ; il ne faut pas exclure son successeur Patricius (A. Gwynn, *The Writings of Bishop Patrick, 1074-1084,* dans *Script. Lat. Hibern.* I, Dublin, 1955).

*c)* Un chapitre des « Etymologies » d'Isidore de Séville porte ce titre et concerne les procédés de fabrication des couleurs (*Etym.* l. XIX, c. XVII en P. L. 82, col. 676-679) ; il est possible que ce chapitre ait été répandu séparément comme « petit manuel de l'enlumineur » et intercalé ici par le relieur du volume ; il est possible aussi qu'il s'agisse des « couleurs » comme figures de rhétorique.

N° 88. *a)* C'est probablement l'ouvrage de Robert de Melun († avant 1167 ; Manitius, III, p. 149-150, éd. R. M. Martin, au t. III de ses « *Œuvres* ... » Louvain, 1947 et 1952), ou peut-être celui de Robert Pulleyn († 1153).

*b)* Œuvre encore appelée « *De ritibus ecclesiasticis* » attribuée à tort à Hugues de Saint-Victor.

*c)* Voir n° 68.

N° 89. *a)* Voir n° 24.

*b)* Voir n° 83.

N° 90. *a)* Probablement l'une des quatre pièces rythmées composées à la fin du xiie siècle contre les convers de Grandmont (J. Becquet, *La première crise de l'Ordre de Grandmont* ... dans *Bull. Soc. archéol. et Hist. du Limousin,* t. 87, 1960, p. 299 note 58).

*b)* Voir n° 5.

*c)* Par Alain de Lille.

N° 91. *a)* Par Hugues du Fouilloy.

*b)* Voir n° 72.

*c)* Ceci désigne les Métamorphoses.

N° 93. *a)* Voir n° 3.

*b)* Bien que la lecture soit douteuse, il faut peut-être voir ici les *Ecloga Theoduli* (cf. n° 35 et 104) ; voir E. Pellegrin, *Les* « Remedia amoris » d'*Ovide, texte scolaire médiéval* dans *Bibl. Ec. Chartes,* t. CXV (1957), p. 172-179.

94. Lucanus.

43 r° 95. Pater noster[a]. Epistule Luxouiensis episcopi[b]. Rettorica.
droite Summa de dialetica.

96. Imago mundi[a]. Mappa mundi[b]. Vita sancti Brendani. Epistola presbiteri Iohannis[c]. Regule de penultimis sillabis. Questiones multe de dialetica. Porphirius helenchi[d]. Summa helenchorum. Sermones VIII, et alia bona.

97. Versiarii duo in duobus uoluminibus.

98. Patres de Genesi, Exodo, Leuitico, Numeris, Deuteronomio, Ihesu Naue, Iudicum, de quatuor libris Regnorum[a], Psalmorum, de Cantico canticorum, de quatuor Euangeliis, de Actibus apostolorum, de Epistulis canonicis, de Apocalipsi, de XIIII Epistulis Pauli. Augustinus de questionibus euangelicis, de Prouerbiis Salomonis. Liber Sententias ex libris sancti Augustini collectarum[b], et alia multa bona.

99. Auianus. Sex libelli Puplii Virgilii Maronis qui dicuntur : Copa, est non[a], de bono uiro, de rosis nacentibus, Moretum, de Culice. Regule de primis sillabis[b]. Cantica canticorum per uersus exposita[c]. Lectiones beati Nicholai et alia multa bona.

100. Donatus perobtimus, et alia multa bona.

101. Cato uersatus[a]. Pamphilus[b]. Phisiologus. Esopus[c]. Sedulius. Prudencius.

---

N° 95. *a)* Il est probable qu'il s'agit d'un des nombreux commentaires

*b)* Arnoul de Lisieux († 1182) ; cf. la même graphie dans L. Delisle, *Le Cabinet des Mss* ... t. II, p. 578, n° 78 ; cf. tables du tome III s. v. « Arnoul ».

N° 96. *a)* Voir n° 84.

*b)* On en attribue une à Hugues de Saint-Victor et une autre à Gervais de Cantorbéry, mais ce dernier rédigea la sienne après 1200 (J. de Ghellinck, *L'essor* ... p. 385).

*c)* La lettre du fameux Prêtre Jean est en situation après trois ouvrages de géographie et de voyages ; on en trouvait aussi un exemplaire à Saint-Martial (Delisle, III, n° 47).

*d)* L'*Isagogè* de Porphyre et les *Sophistici Elenchi* d'Aristote ont été tous deux traduits par Boèce.

N° 98. *a)* Cet archaïsme n'est pas rare ; voir par exemple E. Löfstedt, *Phil. Kommentar zur Peregrinatio Aetheriae* ... (Oxford-Uppsala-Leipzig, 1911) p. 112, ou *Le Manuel de Dhuoda (843)* par E. Bondurand (Paris, 1887) p. 104, ou encore le titre d'un ouvrage (commentaire ?) perdu d'Odon de Cluny (Manitius, II, p. 20).

*b)* Par Prosper d'Aquitaine ; *(sic ms.)*

N° 99. *a)* Appelé encore *De est et non* (*Anthologia latina* I, 2, n° 644-46).

*b)* Voir n° 83.

*c)* *Ms.* -tii.

N° 101. *a)* *Sic ms.* Les fameux *Disticha Catonis*, ou *Disticha* de Dionysius Cato.

*b)* Comédie latine dans le goût de Plaute (v. 1170 ; Manitius, III, p. 1032.

*c)* Sans doute les Fables d'Avianus (v^e^ s.) en raison de la composition du manuscrit.

102. Omerus[a]. Pamphilus[b], et alia bona.
103. Toni. Interpretatio predicamentorum[a]. Medicinalis Quinti Sereni, et alia bona phisice et theologie.
104. Glose Ouidii de Arte amatoria. Ouidii epistular]um]. Theodoli poete. Prisciani de constructionibus. Iuuenalis. Fabule omnium auctorum. Retmica.
105. Tullius de uera amicitia. Bucolica. Georgica. Terentius. Salustius dupplex.
106. Seruius super Virgilium. Tractatus de dialetica. Priscianus de constructionibus. Glose Macrobii. Predicamentorum, introductiones[a].
107. Duo elucidarii[a] cum VI[a] sermonibus. Enchiridion Syxti pape[b]. Isidorus de interpretationibus nominum. Defloraciones dictorum sanctorum doctorum[c]. Summa Burcardi[d]. Glosule Virgilii et Terentii. Fabule Esopi[e]. Ouidius de remedio amoris. Persius.
108. Sermones XIIII. Imago mundi[a]. Questiones de diuinitate. *Quadraginta IX* canones. Summa dictaminis. Summula gramatice. Versus de sillabis ouidianis. Parricidium[b]. Persius dupplex. Introductiones. Vita sancti Patricii.
109. Sermones LXII. Epistule Ildeberti episcopi[a] Cenomanensis. Epistule Iohannis[b] Pictauensis episcopi, et alia bona.
110. Ieremias, lamentationes. Lectiones sancti Nicholai IX cum conductis. Sermones CLXXXIX per anni circulum in dominicis et festis diebus.
111. Tullius de officiis. Paradoxa. Glose Terentii, Iuuenalis, Odarum, Poetrie[a], sermonum Oratii. Principium Macrobii. Liber helenchorum[b].
112. Ouidius de Fastis. Ode. Poetria[a]. Sermones.

---

N° 102. *a)* Voir n° 38.
*b)* Voir n° 101.

N° 103. *a)* Probablement la traduction et le commentaire par Boèce des *Categoriae* d'Aristote.

N° 106. *a)* Voir n° 103.

N° 107 *a)* Le «Lucidaire» d'Honorius Augustodunensis ; *cf.* Y. Lefèvre *L'Elucidarium et les Lucidaires* (Bibl. Éc. Fr. Athènes et Rome, n° 180, Paris, 1954)
*b)* Ce sont les *Sententiae* de Sextus Philosophus (traduction latine de Rufin d'Aquilée, ve s.), souvent attribuée au pape Sixte (257-258).
*c)* Probablement l'œuvre de Werner de Saint-Blaise († 1174)
*d)* En fait, on croit lire *Bracardi*.
*e)* Voir n° 101.

N° 108. *a)* Voir n° 96.
*b)* Probablement le *Mathematicus* de Bernard Silvestris, souvent appelé *Patricida;* cf. B. Hauréau, *Le* Mathematicus *de Bernard Silvestris et la* Passio S. Agnetis *de Pierre Riga* (Paris, 1895).

N° 109. *a)* Hildebert de Lavardin.
*b)* Jean Belles-Mains, évêque de Poitiers (1162-1181), puis archevêque de Lyon, ami de Thomas Becket, ses lettres sont éditées en P. L. 190, col. 1022.

N° 111. *a)* Il s'agit évidemment ici de trois œuvres d'Horace qui se suivent (*cf.* n° 37 et 112).
*b)* Voir n° 96.

N° 112. *a)* Voir n° 111.

f° 43 v° gauche 113. Liber pro presbiteris. Priscianus de constructionibus. Priscianus de XII uersibus, et multa alia bona.

114. Amalarius. Macrobius. Marbodius. Sta... ...

115. Aritmetica[a]. Secunda editio ...[b] super Ysagogas Porphirii, et alia multa de dialetica.

116. Bucolica. Georgica. Eneida. Exceptiones Paralipomenon.

117. Expositio regule sancti Augustini.

118. Passio XI milium uirginum et aliarum martirum inter eas passarum Colonie.

119. Tractatus Bede presbiteri super VII epistulas canonicas. Matheus. Principium Terentii, [etmul]ta bona[a].

120. XXIIII sermones in pellibus ueteribus *(barré)*.

121. Libellus qui sic incipit « Tolle puerum »[a], multis impregnatus sermonibus.

122. Capitularium, et « Qualiter recipiatur peccator ad penitentiam », et liber de beatitudine anime, et multa bona.

123. Omelie per anni circulum breues et utiles. Quare[a]. Liber sic incipiens « Primo tempore »[b] *(barré)*.

124. Iohannes sine glosa. Liber sacramentorum ab Yuone Carnotensi episcopo compositus. Speculum ecclesie[a]. Sermones et alia bona. *(barré)*

125. Liber pastoralis[a]. Vite sancte Marie Egiptiace et sancti Germani Altissiodorensis.

126. Item alius pastoralis[a].

127. Liber de nati[uitate] sancte de[ipare][a]. De expositione misse[b]. Regule uersificandi. Vita sancti Christofori[c], et alia bona. *(barré)*

---

N° 115. *ab)* La réunion de ces deux titres permet une commune attribution à Boèce.

N° 119. *a)* Ces trois mots en marge avec appel.

N° 121. *a)* Il s'agit sans doute d'un recueil de sermons dont le premier commente Mt. II, 13 (la fuite en Égypte) ; mais il n'est pas interdit de penser à l'*Allegoria « Tolle puerum »* inédite de Richard de Saint-Victor (B. HAURÉAU, *Not. Extr. Mss.* XXXIII, 1, p. 239-240.

N° 123. *a)* Voir n° 88.

*b)* Il pourrait s'agir d'un lectionnaire comme celui de Saint-Père de Chartres (Ms. Chartres n° 42), ou de Saint-Arnoul de Crépy (ms. Arsenal n° 162) qui commencent par cette leçon des matines de Noël (Is. IX, 1).

N° 124. *a)* Voir n° 88.

N° 125. *a)* Par saint Grégoire le Grand.

N° 126. *a)* Voir n° 125.

N° 127. *a)* On pense à l'un des apocryphes signalés par Stegmüller *Rep. Bibl. Med. Aevi* n° 160, 1 sq. ou 168.

*b)* Voir n° 68.

*c)* Sans doute la *Vita S. Christophori* de Walter de Spire (984), très répandue, et dont le premier livre est un manuel des sept arts libéraux (éd. STRECKER dans *M. G. H. Poet. V*, 16 sq.) ; ce premier livre vient d'être réédité avec commentaire : *De studio Poetae*, éd. P. VOSSEN, (Berlin, 1962).

V



128. Musica Guidonis[a]. Prosper. Abbreuiationes ordinis nostri[b]. Institutiones ordinis sancti Rufi, et alia bona.

129. Marbodius de ornatu uerborum. Abbreuiationes ordinis nostri. Persius. Macrobius, et quedam bona multa.

130. Liber de cordis compunctione. De reparatione lapsi, et alia bona.

131. *(Vacat).*

132. Duo textus euangeliorum.

133. et duo officia.

134. et lectionarium.

135. Lectionarium et capitularium plenârium.

136. Missale peroptimum cum euangeliis et officiis.

137. Item missale cum euangeliis quibusdam et officiis.

138. Missale.

139. Lectionarium.

140. et quedam pelles cum lectionibus quibusdam, et hii tres fuerunt de Venoan[a].

141. In ..su..dis faciendis[a] due responsorie

142. Responso... ... officiis

143. Tres libri officiorum.

144. Lectionarium.

145. Textus ...s

146. Missale

147. Ysuardus.

148. Breuiarium ... ..ium sanctorum.

149. Omelie

150. In capella *missale* cum officiis et euangeliis

151. Lectionàrium.

152. ... ... capitularium cum breuiario *prelatorum.*

153. Capitularium cum ymnis et breuiario compendioso.

154. Item liber qui potest dici uniuersalis de officio ecclesie.

155. Duo trophonarii in quibus sunt officia plenarie.

156. Trophonarius cum prosis ueteribus ac nouis. Item quinque alii trophonarii. Item trophonarius Beate Marie.

157. Ystoria ueteris [ac] noui testamenti in duobus uoluminibus.

---

N° 128. *a)* Gui d'Arezzo.

*b)* C'est l'ordinaire liturgique d'Aureil ; le même titre se trouve au début de cet ordinaire dans le manuscrit même qui contient notre catalogue (f° 11 r°).

N° 130. *ab)* Deux œuvres très répandues sous le nom du Chrysostome.

N° 140. *a)* Venouhant, église dépendante d'Aureil depuis une époque inconnue (NADAUD *Pouillé* ... éd. Lecler, p. 728, et A. LEROUX *Inv.-Som. des Arch. Dép. Haute-Vienne, Série D... Ancien collège de Limoges* ... p. XLII).

N° 141. *a)* L'*s* terminal est séparé et surmonté d'un tilde, ce qui est peut-être une erreur de copie.

158. Item liber sermonum *(un blanc)*

159. ...[a]

160. Liber de sermonibus euangelicis.

161. Sermones magistri Mauricii[a]

162. Liber sermonum qui sic incipiunt « Petite »[a]

163. Alius liber eodem modo incipiens.

164. Epistule Pauli secundum Gislabertum[a].

165. Ouidius Magnus[a].

o 43 vo 166. Tractatus de ... ... bucolicorum / Epistulare Ouidii. De
droite [phis]ica breu... et alius liber de phisica et eiusdem artis multa bona.

167. Glosa y... Ordo romanus. Aurea gemma[a]. Ars uersificandi. Marbodius de ornatu uerborum. Vita Marie egiptiace. Versus Vallis Runcide[b], et alia bona

168. Ouidius de arte amatoria, de Ponto, de Tristium et sine titulo[a]

169. Breuiarium infirmorum.

170. Sunt adhuc in cotidiano usu capitularium et psalterium.

171. Sunt adhuc uita ... sancti Dionisii *(barré)*[a]. Ouidius de arte amatoria ... ... ... ... ... ...

172. Preceptum.

173. Liber exorcismorum.

174. Sunt, preter hec, priuilegia apostolicorum, regum, archiepiscoporum, episcoporum et carte plurime.

175. Liber LXVIII sermonum qui sic incipit « P...a pre..d... »

176. Genesis a magistro Stephano[a] exposita, cum libro de sacramentis ecclesie *(barré)*.

177. Matheus, Iohannes non glossatus. Beda super epistulas canonicas. Yuo Carnotensis episcopus de consecratione ecclesie, et alia bona *(barré)*

178. Genesis. Vita sancte Marthe. Sacramenta ecclesiastica. Sermones V.

---

N° 159. *a)* On croit deviner un mot qui ressemble à « Morbers ».

N° 161. *a)* Maurice de Sully, mort évêque de Paris en 1196, était un prédicateur très réputé dès le milieu du XIIe siècle.

N° 162. *a)* Recueil commençant par un sermon sur Mt. VII, 7 (Jo XVI, 24 ou Lc XI, 9).

N° 164. *a)* Cette œuvre de Gilbert de la Porrée est datée d'avant 1140.

N° 165. *a)* Voir n° 91.

N° 167. *a)* Voir n° 58.

*b)* Il s'agit de cet éloge de l'hospitalité offerte aux pèlerins par les chanoines de Roncevaux, rédigé entre 1199 et 1215, édité par L. VASQUEZ DE PARGA, J. M. LACARRA et J. URIA RIU *Las peregrinaciones a Santiago de Compostela*, III (Madrid, 1949) p. 66-70 (bibliogr.)

N° 168. *a)* C'est-à-dire les *Amores*.

N° 171. *a)* Ce qui suit l'indication « *barré* » a été gratté et n'est plus guère lisible, sauf pour Ovide.

N° 176. *a)* Étienne Langton (v. 1180-1220) ; *cf.* J. DE GHELLINCK *L'essor...* p. 88.

V



179. LXXIX sermones. Vita sancti Dionisii.

180. Omelie XXIX

181. Liber qui corrector[a] dicitur et medicus. Remigius Altissiodorensis super missam.

182. Corrector seu medicus[a]. IIII sermones.

183. Omelie XXIII

184. Doctrina dictandi perobtima.

185. Informatio religiosorum[a]. Liber de nat[iuitate] beate Marie[b]. Beda de naturis rerum et temporibus.

186. Vita sancti Christophori. Ordo conceptionis beate Marie. Contrarietates[a], et alia bona.

187. Liber XI milium uirginum que passe sunt apud Coloniam.

188. Sermones XXX.LXVII.

Ne mireris quod tot uides secar*i ex libris;* postquam hi t...tati fuerunt, ligati et cum aliis *parati* fuerunt[1].

---

N° 181. *a)* C'est le pénitentiel qui forme le 19e livre du Décret de Burchard de Worms.

*b)* Voir n° 56.

N° 182. *a)* Voir n° 181.

N° 185. *a)* Peut-être s'agit-il d'une partie de la *Panormia* d'Yves de Chartres (*Lib.* III, c. CLXXIV-CCXV).

*b)* Voir n° 127.

N° 186. *a)* Œuvre encore inédite de Pierre le Chantre, appelée aussi *De tropis loquendi* ou *De contrerietatibus scripturae* ou *De contrarietatum solutione* (Stegmüller, *Rep. Bibl. Med. Aev.* IV, n° 6452 ; J. de Ghellinck, *L'Essor* ... p. 101.)

(1) On peut comprendre : « Ne vous étonnez pas de voir tant de livres retranchés de la liste ; après que celle-ci eût été dressée, certains ouvrages ont été, en effet, reliés et rangés avec d'autres ». Mais la lecture même n'est pas sûre.

INDEX DES AUTEURS ANCIENS

nommés dans le catalogue ou en note

(les œuvres d'auteurs inconnus ou douteux sont en italiques)

*N. B.* — Les chiffres renvoient aux numéros du catalogue.

## INDEX COMPLÉMENTAIRE
de divers sujets

V

# VI

# Les chanoines réguliers du Chalard
## (Haute-Vienne)

Notre première synthèse sur *Les chanoines réguliers en Limousin aux XIe et XIIe siècles*[1] a déjà permis un examen plus approfondi de certains de ces religieux : le fondateur, les coutumes et la bibliothèque d'Aureil d'une part[2], les origines et le développement de l'ordre de l'Artige d'autre part[3]. Plutôt que des chanoines réguliers, les Artigiens se révèlent comme des Ermites de Saint-Augustin avant la lettre, et des recherches plus poussées dans le cartulaire et le fonds d'Aureil devraient permettre de préciser de quelle manière les frères de Gaucher ont vécu leur condition de chanoines réguliers. Mais le Chalard, dont on sait les liens d'amitié avec Aureil et l'Artige, peut lui aussi fournir des éléments de comparaison utiles pour une synthèse plus nuancée de la vie canoniale régularisée en Limousin à l'époque grégorienne et post-grégorienne.

Notre documentation sur le Chalard est plus réduite que

---

(1) *Analecta Praemonstratensia*, t. 36, 1960, p. 193-235. Cette synthèse méconnaît, entre autres choses, la création d'une annexe régulière à Chantelle par Évaux, analogue à l'annexe régulière d'Aureil par le chapitre cathédral de Limoges, peut-être sous l'influence de Bénévent. Cf. M. Peynot « La Combraille » (Guéret, 1931) et Autorde « Inventaire sommaire... Creuse. Série H, tome I » (Guéret, 1919), p. 464 *a* (Humbert de la Feuille).

(2) J. Becquet « La vie de saint Gaucher... » dans *Revue Mabillon*, t. 54, 1964, p. 25-55 ; « Le coutumier des chanoines réguliers d'Aureil... » en *B.S.A.H.L.*, t. 91, 1964, p. 71-85 ; « La bibliothèque... d'Aureil... », *ibid.*, t. 92, 1965, p. 107-134.

(3) J. Becquet « Aux origines... de l'Artige... » en *B.S.A.H.L.*, t. 90, 1963, p. 85-100 ; « L'ordre de l'Artige », *ibid.*, t. 97, 1970, p. 83-142.

sur les établissements précités[4]. Le fonds d'archives a totalement disparu[5] et le document archéologique que constituent l'église et les bâtiments n'a pas suffisamment retenu l'attention des spécialistes ; on dispose essentiellement de la vie du fondateur écrite sous son successeur presque immédiat, et d'une bulle papale qui confirme les possessions du Chalard un quart de siècle après la mort de ce fondateur. Pour esquisser une image de la vie des chanoines du lieu, il faut donc compléter les données de la biographie par des localisations de possessions analogues à celles qui ont été faites pour l'Artige, et ajouter au tout les bribes de renseignements fournies par les sources diocésaines et les établissements voisins ; ce dernier appoint est quelque peu limité par la situation marginale du Chalard dans le diocèse de Limoges.

La biographie de Geoffroy du Chalard a fait l'objet d'une édition critique, déjà ancienne[6] mais très convenable, de la part de l'érudit limousin Auguste Bosvieux, d'après une copie faite par dom Col sur un manuscrit du château de Las Tours, proche du Chalard, manuscrit de 1502 qui est le plus ancien témoin complet de l'archétype perdu. Bernard Gui n'avait pas manqué d'emprunter au texte une notice qui suffit aux recueils postérieurs, et un légendier de Saint-

---

(4) La bibliographie a été fournie par A. de Laborderie à la suite de la description des lieux qu'il donne dans « L'excursion archéologique de 1930 » en *B.S.A.H.L.*, t. 74, 1 (1932), p. 153-169. Dans le même tome (p. 207-218), le chanoine G. Tenant de la Tour a disserté sur « Le Chalard » en utilisant la *Vita* du fondateur et les données archéologiques. L'église, classée Monument historique, a été l'objet de travaux en 1969 (*B.S.A.H.L.*, t. 97, 1970, p. 81).

(5) Le fonds du prieuré Notre-Dame du Chalard conservé aux A. D. Limoges (25 H) est celui d'une dépendance de l'abbaye féminine de la Règle, à Limoges, cne Saint-Georges-la-Pouge, cant. Pontarion, Creuse. M. Duchein « Guide des archives de la Haute-Vienne » (Limoges, 1954), p. 60, 25 H. Le fonds de notre Chalard ne semble avoir été utilisé ni par les érudits limousins des xviie et xviiie siècles, ni par les Bénédictins ; l'établissement, rattaché au collège des Jésuites de Roanne par bulle et décret de 1613, avait réussi à garder sa qualité de bénéfice indépendant presque jusqu'à la Révolution (Nadaud Pouillé, p. 640). Aux archives Vaticanes, le fichier de Garampi ne fournit qu'une référence douteuse à une « *capella olim disruta juxta fossatum loci de Caslario Lemov. dioc.* » (en 1386, Indice 522, p. 143 r°). Dom Estiennot n'a connu que la *Vita* abrégée du légendier de Saint-Léonard et la note tardive de Bernard Gui (Mss. Paris B. N. lat. 12764, n° XX, et 12747, f° 255 et 591). Le ms. B. N. Moreau, n° 252, f° 139, v°, ne fait que mentionner le Chalard parmi les libéralités des seigneurs de Las Tours. Le Chalard brille par son absence dans le recueil consacré par Legros aux chapitres limousins (ms. 40 du Séminaire ; le n° 4 de ce fonds, f° 380-384 donne le texte incomplet de la copie de Nadaud que Bosvieux n'a pas retrouvée : cf. *infra*, note 6).

(6) *Mém. Soc. Sc. nat. et archéol. Creuse*, t. III, 1862, p. 75-160. L'édition est suivie d'une étude qui utilise les rares documents subsistants et surtout la châsse en cuivre du bienheureux ; les indications fournies ici sans référence proviennent de cette étude.

Léonard-de-Noblat atteste le culte local du saint homme sans rien éclairer de la tradition textuelle de sa *Vita*. Celle-ci doit donc être prise telle que l'a éditée Bosvieux et, par bonheur, elle est soucieuse de chronologie et exacte dans presque tous les détails que l'on peut contrôler. L'auteur anonyme, chanoine du lieu, a en effet rédigé avant 1169 et après 1135-1140, en s'aidant d'une sorte de mémoire autobiographique dû à son héros mort en 1125, et aussi de notes prises par le disciple et successeur de celui-ci[7].

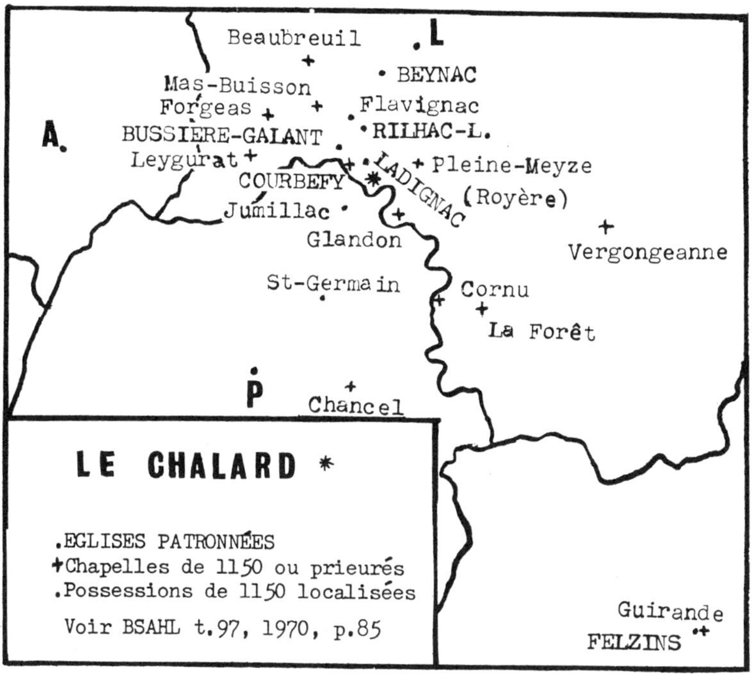


Outre une réédition, la biographie de Geoffroy du Chalard mériterait une étude littéraire qui, entre autres choses, soulignerait son synchronisme avec la *Vita* d'Étienne de Muret († 1124) et surtout ferait justice de certains procédés un peu inquiétants, tels que les nombreuses visions : dans

(7) L'hagiographe ne dit pas avoir connu son héros, mais entre 1163 et 1170, les Grandmontains faisaient rédiger la vie d'Hugues Lacerta par une recrue à la plume experte entrée chez eux après la mort du personnage (1157). L'époque de rédaction de la *Vita* de Geoffroy est indiquée par le récit de la guérison, par le saint homme, d'une enfant *(puer)* qui etait mort *senex* sous le deuxième successeur du fondateur Gérard; or ce même Gérard eut 25 ans en 1127 et son remplacement est attesté en 1169.

l'une, par exemple, le fondateur mourant peut admirer, assis sur son siège prioral, le disciple préféré qui, une fois prieur, fera écrire sa biographie ; une autre vision aurait même prévenu, à point nommé, le prieur intérimaire de laisser la place au disciple en question[8] !

La bulle de confirmation des possessions du Chalard a fait l'objet d'une édition récente d'après la seule copie moderne alors connue[9]. Une autre copie indépendante de même époque a été découverte depuis, laquelle fournit quelques variantes meilleures, quoiqu'elle ait été interpolée sans grande habileté[10]. Il s'agit d'une « grande bulle » dont de nombreux critères diplomatiques garantissent l'authenticité[11].

*
* *

Né à Boscavillot, dans la paroisse limousine de Noth, d'une famille modeste, Geoffroy fit des études assez poussées à Tours et ailleurs, avant de venir enseigner à Limoges. Là, il logeait chez un marchand riche et généreux, Pierre Brun, dont il indisposa l'intendant par une abstinence coûteuse avant de l'édifier par ses mortifications secrètes. Sur le conseil de son hôte, il se fit ordonner prêtre à Périgueux par l'évêque Raynaud de Thiviers pendant la vacance du siège de Limoges qui débuta en 1086[12]. En fait, le nouvel évêque de Geoffroy,

(8) Une autre vision montre les vicomtes de Limoges tourmentés dans l'au-delà en raison de leurs débauches terrestres ; l'un d'eux avait, selon Geoffroy de Vigeois, une réputation de bravoure et de générosité. Les deux choses ne sont pas aussi incompatibles, surtout à cette époque, ainsi que le suggère Bosvieux.

(9) J. BECQUET, *op. cit.*, *sup.*, note 1 : p. 231-234, d'après une copie isolée de la bibliothèque Sainte-Geneviève de Paris où beaucoup de documents canoniaux ont été rassemblés au XVIIIe siècle.

(10) A. D. Cahors, Papiers Lacoste, F 2 C. Cette copie a été découverte par L. d'ALAUZIER et utilisée dans l'article cité *infra*, p. 171.

(11) Cf. par exemple les bulles d'Eugène III éditées par W. WIEDERHOLD, dans *Papsturkunden in Frankreich*, t. III, nº 5 (27 avril 1150) ou t. IV, nº 24 (5 juin 1150), (Göttingen, 1907).

(12) *Vita*, p. 77. L'évêque de Limoges Gui de Laron étant mort le 17 avril 1086 (J. de FONT-RÉAULX en *B.S.A.H.L.*, t. 69, 1919, p. 200), son successeur Humbaud est attesté au plus tard le 3 mars 1088 (CHAMPEVAL, *Cartul. Tulle*, nº 105), mais on sait que son élection fut contestée. Sur Raynaud de Thiviers, voir J. Becquet « La mort d'un évêque de Périgueux à la première croisade. Raynaud de Thiviers († 1101 ou 1102) » en *Bull. Soc. Hist. Archéol. Perigord*, t. 82, 1960, p. 66-69, en ajoutant cette précision que l'évêque était encore dans la région le 27 décembre 1101 (P. de Monsabert « Chartes... de l'abbaye de Charroux... », *Arch. hist. Poitou*, t. 39, 1910, nº XXIV) ; c'est donc plutôt à la prise de Ramla, le 12 mai 1102, que Raynaud aura péri, bien que l'obituaire de Saint-Martial rappelle sa mort le 6 septembre, date du désastre des croisés d'Aquitaine à Erégli en 1101 ((Leroux, Molinier et Thomas « Documents... », t. I, p. 76). La tardive chronique de Maleu (éd. Arbellot, p. 41) est donc à rectifier lorsqu'elle date d'octobre 1102 la consécration de l'église de Saint-Junien par Raynaud.

Humbaud de Sainte-Sévère, était un personnage contesté par les milieux monastiques limousins[13] et, d'autre part, le jeune prêtre n'avait point d'attrait pour le fardeau des observances dont Hugues de Cluny assurait alors le succès à Saint-Martial[14] ; bien qu'il eût dit sa première messe dans ce monastère, Geoffroy devrait quelque jour arracher à ses moines le corps de Pierre Brun après une vêture monastique imposée à l'article de la mort[15].

Geoffroy avait remarqué, lors de son voyage d'ordination, la forêt de Courbefy, limitrophe du Limousin et du Périgord[16] ; c'est là qu'il s'installa avec deux compagnons, le 6 janvier 1089, dans le site ruiné du Chalard que l'on disait avoir été occupé par un monastère victime des invasions normandes[17]. Son premier travail fut d'aménager sommairement, en trois semaines, un lieu de culte qui est peut-être l'église consacrée à la Vierge le 18 octobre 1100 par Raynaud de Thiviers[18], au cours d'une nouvelle vacance du siège de Limoges[19].

---

(13) E. Chénon « Sainte-Sévère en Berry » (Paris, 1889), p. 27-28.

(14) Saint Hugues est signalé à Cahors en 1090 et il est vraisemblable qu'il est passé par Limoges (J. Becquet « Saint Hugues sur les chemins de Moissac. La réforme canoniale » dans *Annales du Midi*, t. 75, 1963, p. 365-372).

(15) Les litiges entre religieux au sujet de la sépulture de bienfaiteurs n'étaient pas rares (vg. Cartul. d'Aureil, ed. Senneville en *B.S.A.H.L.*, t. 48, 1900, p. 239, avant l'an 1189) ; Pierre Brun voulut être enseveli « *prope mensas nummulariorum* », lieu dont la rue des Taules garde le souvenir, depuis au moins 1100 (Cartul. cité, n° CCLXIV).

(16) Nadaud « Pouillé... », p. 654-655 (« Itinéraire de Limoges à Courbefy ») et R. Couraud « Voies romaines de la Haute-Vienne. IV » en *B.S.A.H.L.*, t. 91, 1964, p. 3-34 ; voir aussi la notice sur Saint-Nicolas (*infr.*, p. 170).

(17) Cette tradition, rapportée par la *Vita*, a été reprise par Bernard Gui, mais il ne faut pas y attacher plus d'importance que ne fait Bosvieux. Le thème de la destruction par les Normands a été fréquemment utilisé pour récupérer des sites ou des possessions (A. d'Haenens « Les invasions normandes dans l'empire franc au IXe siècle. Pour une rénovation de la problématique » dans *Settimane... Centro italiano... sull'alto medioevo. XVI* », Spoleto, 1969, p. 233-298 et 581-588).

(18) L'hagiographe peut être suspecté d'avoir utilisé les divers termes de *capella*, *ecclesia*, *basilica* et surtout *oratorium* comme variantes stylistiques, et aucun des auteurs cités dans la bibliographie (note 4) n'a remarqué que le mémoire autobiographique inséré dans la *Vita* appelle « *prior ecclesia* » l'édifice dédié en 1100. Si l'on traduit « église principale », il s'agit de l'édifice roman bien connu et encore en service ; si l'on traduit « église ancienne », il faut penser à la salle adjacente indiquée sur le plan d'A. de Laborderie.

(19) L'évêque de Limoges Guillaume d'Huriel apparaît pour la dernière fois en 1100 (Champeval, Cartul. d'Uzerche nos 16 et 251) et il meurt un 13 novembre (Font-Réaulx, *op. cit.*, *sup.*, note 12). Son successeur Pierre apparaît en compagnie de Raynaud la même année 1100 (sans doute vieux style : Champeval, *op. cit.*, n° 24) et son élection est rapportée par la chronique de Saint-Maixent (éd. Labbe dans *Nov. Bibl. Mss.*, t. II, p. 216) à la suite d'un concile qui se tint à Poitiers à partir du 20 oct. 1100 et auquel assista Raynaud de Thiviers.

C'est encore de Raynaud de Thiviers que Geoffroy avait reçu, peu après son installation, la bénédiction qui le faisait entrer dans la catégorie nouvelle des chanoines réguliers, connue en Aquitaine depuis le passage des légats grégoriens de 1078-1080 et protégée par l'évêque de Limoges Gui (1073-1086) à Lesterps, à Aureil et peut-être à Bénévent. Raynaud lui-même avait fondé, près de son château de Thiviers en Périgord, un chapitre de chanoines réguliers à Saint-Jean-de-Cole, et l'on voit ce chapitre posséder huit églises dans le diocèse limousin où son fondateur est si largement intervenu[20]. Mais à la différence de Lesterps, foyer d'une réforme, le Chalard était une création et cette création n'était pas, que l'on sache, assujettie comme Aureil et Bénévent, au contrôle du chapitre cathédral de Limoges. Geoffroy partagea donc sa vie entre l'office divin et le souci pastoral des populations voisines que ses vertus et son éloquence attiraient ; au reste, dès le début, un prêtre fortuné et des nobles voisins l'avaient accueilli et aidé dans ses constructions, et son église allait devenir un lieu de sépulture pour les familles de ces bienfaiteurs.

L'un de ceux-ci, Gérard Béchada, qui devait se faire un nom dans l'histoire littéraire et militaire de la première croisade[21], avait même amené le curé de Ladignac, centre de la paroisse où était le Chalard, à conduire ses paroissiens à la première messe dite par le nouveau-venu, à la Septuagésime de 1089 : naïveté ou provocation ? Le curé eut vite redouté un préjudice ; déjà, lui et ses confrères voisins avaient fait déguerpir un laïc flamand installé peu auparavant comme

---

(20) La chronique de Maleu, démarquant Geoffroy de Vigeois, explique par la mauvaise santé de l'évêque Pierre de Limoges les nombreuses suppléances de Raynaud sans le diocèse limousin, y compris un remplacement final de Pierre s'enfuyant pour mourir ; mais il est hautement vraisemblable que Raynaud est intervenu en Limousin dès la déposition d'Humbaud en 1096, sur le conseil d'Urbain II, et comme il a quitté l'Aquitaine au plus tard au printemps de 1102 (*sup.*, note 12), il n'a pu assister jusqu'au bout l'évêque Pierre qui est encore attesté en 1104 (Champeval Cartul., Tulle, n° 582). — La date de fondation de Saint-Jean-de-Cole n'est pas connue exactement : entre 1083 et 1094 pour le P. Dupuy que cite Laugardière, éditeur d'une bulle de Célestin III qui confirme au chapitre un certain nombre d'églises et de chapelles (*Bull. Soc. hist. archéol. Périgord*, t. 5, 1878, p. 421-422 ; autre édition par W. Wiederhold, *op. cit.*, *sup.*, note 11 : t. VI n° 66, d'après le même ms.). Il faut restituer à Leroux, Molinier et Thomas la référence aux « Documents historiques... », t. I, 1883, p. 161, que fait Cottineau « Répertoire... », col. 2740. — Le prieur de Cole, Sigebert, est archiprêtre dans le diocèse de Limoges et rend service à Gaucher d'Aureil dans les premières décennies du XIIe siècle (Cartul., cité, note 15, p. 145).

(21) Articles de G. Paris cités par R. Bossuat « Manuel bibliographique de la Littérature française au Moyen Age » (Melun, 1951), n° 885 ; la tradition littéraire l'appelle Grégoire Béchada.

ermite au même endroit[22]. Contre Geoffroy, il lui fallut faire intervenir, après Pâques, l'archidiacre Pierre Bruschard à qui l'évêque Humbaud laissait la haute main sur le diocèse de Limoges[23]. Mais Geoffroy se tourna une fois encore vers Raynaud de Thiviers qui jugea l'affaire à Saint-Yrieix, dans la salle vicomtale, et donna raison à son protégé. Au reste, le vicomte Aymar II, sur les instances de sa mère, avait fait à Geoffroy, le 25 août 1089, la donation officielle du lieu qu'il occupait ; un jour viendrait où Pierre Bruschard, repenti et généreux, viendrait mourir au Chalard après la déposition de l'évêque Humbaud[24], et Gaucher d'Aureil avait même envoyé à Geoffroy une recrue inattendue en la personne de l'ancien intendant de Pierre Brun, lequel s'adonna à l'exploitation rémunératrice des ressources agricoles de la fondation !

Après 1096, la cause des ordres nouveaux est gagnée en Limousin. Geoffroy, qui était à Limoges pour le passage d'Urbain II, fut avec Raynaud au concile de Poitiers de 1100[25], mais résista à l'attrait de la croisade où son protecteur devait trouver la mort[26] ; il fut probablement au concile de Poitiers de 1106[27], et on le retrouve en 1111 dans le

---

(22) J. BECQUET « Robert, ermite ou pélerin flamand en Limousin à la fin du XI^e^ siècle » dans *Bull. trim. Soc. Acad. Antiquaires de la Morinie,* t. 20, 1963, p. 46-47.

(23) Humbaud s'était d'abord montré défiant envers les chanoines réguliers (J. BECQUET, *op. cit., sup.*, note 1), mais on constate qu'il a obtenu l'appui de certains d'entre eux et accordé des faveurs à d'autres, tandis que l'ordre monastique lui fut invariablement hostile. Pierre Bruschard est bien connu (LECLER en *B.S.A.H.L.*, t. 47, 1890, p. 144 et FONT-RÉAULX, *op. cit., sup.*, note 12 : p. 202) et l'on pourrait le mieux situer encore.

(24) La *Vita* déclare que l'archidiacre débouté tracassa Geoffroy presque huit ans encore, ce qui correspond au temps qu'Humbaud devait passer sur le siège épiscopal avant sa déposition du début de 1097.

(25) Th. SCHIEFFER « Die päpstlichen Legaten in Frankreich vom Vertrage von Meersen (870) bis zum Schisma von 1130 » (*Hist. Studien,* n° 263, Berlin, 1935), p. 165-168 ; cet ouvrage a l'avantage de mettre en relation constante les conciles et légations. En 1100 à Poitiers, il n'y avait pas moins de 80 évêques et abbés, outre les légats que signale la *Vita* et Yves de Chartres, le célèbre législateur canonial, conseiller de Lesterps.

(26) C'est encore une vision qui aurait retenu Geoffroy, mais l'engouement pour le voyage de Jérusalem était également modéré par Étienne de Muret (*Liber de doctrina*, ed. J. BECQUET dans *Corpus Christianorum. Cont. Med.*, VIII, 1968, p. 28 et 49).

(27) *Vita*, p. 92 : c'est l'avant-dernier évènement rapporté par la notice autobiographique, dans des termes que l'on peut ainsi traduire : « Et après un lustre depuis le susdit concile [de nov. 1100], fut célébré celui-ci *(istud)* qui est le second concile, en l'octave de la fête de saint Martin [18 nov.]. « Mais le concile de Poitiers de 1106 se tint le 26 mai et l'on y vit, en particulier, le prince Bohémond d'Antioche revenant de porter à Saint-Léonard des chaînes votives après sa libération (SCHIEFFER, *op. cit., sup.*, note 25 : p. 176, pour

chapitre de Saint-Thomas d'Excideuil en Périgord comme témoin d'une donation au profit du chapitre cathédral de Limoges[28]. Si l'on apprend encore qu'il était lié d'amitié avec le fameux Gérard, d'abord chanoine de Périgueux, puis évêque d'Angoulême et légat apostolique[29], on admettra que le fondateur du Chalard était un personnage important de l'ordre canonial rénové ; lorsqu'il mourut, le 6 octobre 1125, après une réclusion de sept ans due sans doute aux infirmités de l'âge, le « fameux Gaucher d'Aureil » vint célébrer ses funérailles et fut si ému qu'il en oublia de commencer son sermon par l'habituelle citation latine de l'Écriture !

Que laissait après lui le jeune prêtre instruit, austère et indépendant à qui des appuis et des libéralités avaient permis d'installer, malgré certaines résistances de l'administration ecclésiastique, une des réalisations typiques de l'idéal grégorien : un chapitre de chanoines réguliers ? Si le biographe de Geoffroy ne fournit pas de détails sur l'observance du Chalard, c'est que cette observance n'avait rien d'exceptionnel parmi celles des chanoines réguliers aquitains du XIIe siècle ; la seule recommandation du saint homme à ses disciples concerne la célébration de l'office divin, devoir essentiel de l'état canonial ; la dévotion du fondateur à la Vierge n'a rien de remarquable à l'époque et rien n'indique que les austérités personnelles de ce fondateur aient été continuées au Chalard plus que celles de Gaucher à Aureil[30]. D'autre part, la *Vita* ne fait pas gloire à son héros d'avoir attiré beaucoup de recrues ; les deux premiers compagnons, tout juste nommés, étaient sans doute des laïcs, comme l'intendant converti mais à la différence de Pierre Bruschard ; en outre, on n'aperçoit dans le récit qu'un « frère » économe de la maison, un serviteur *(famulus)* chargé de la boulangerie et des tâcherons *(nos-*

---

la date et Richard « Hist. des Comtes de Poitou », t. I, p. 449, pour Bohémond). La date de mai donne un peu plus d'un lustre, en effet ; mieux vaut donc considérer l'octave de la Saint-Martin comme une date finale de l'autobiographie de Geoffroy, et le dernier évènement (la donation vicomtale) comme un additif à cette autobiographie.

(28) Font-Réaulx, *op. cit.*, *sup.*, note 12 : n° LXVII.

(29) Il est vraisemblable que Raynaud de Thiviers ne fut pas pour rien dans la promotion de Gérard à Angoulême où celui-ci devait protéger la fondation canoniale, très régulière, faite à la Couronne par son futur successeur Lambert de la Palud, disciple, ou tout au moins comparse de Gaucher d'Aureil (Schieffer, *op. cit.*, *sup.*, note 25 : p. 219 ; « *Historia Pontificum et Comitum Engolismensium* » éd. Boussard, Paris, 1957, p. 30 ; « Chronique latine de l'abbaye de la Couronne... », éd. Castaing, Paris, 1864, p. 19-27 ; Baluze « *Historia Tutelensis* », col. 878, pour le canonicat périgourdin de Gérard qui fut, lui aussi « magister » en Périgord et en Angoumois »).

(30) Ceci pour rectifier ce qu'un bon connaisseur, C. Dereine, avance dans l'article « Chalard » du *Dict. Hist. Géo. Eccl.*, t. 12, 1950-53, col. 269-270.

*trates)* occupés à couper le bois. En bref, le Chalard existait en 1125 parce que, quarante ans plus tôt, une personnalité trop forte pour les formules traditionnelles avait rencontré et utilisé le type en vogue d'une vie religieuse réformée.

Il y a lieu, toutefois, de supposer encore que le Chalard a eu des filiales dès le temps de Geoffroy, puisqu'il vivait au temps des « restitutions » d'églises aux monastères anciens et nouveaux et aussi des fondations d'ermitages et de « chapelles » ; au reste, son successeur presque immédiat et son fidèle continuateur, le prieur Gérard, se fit confirmer un certain nombre de ces chapelles. Un passage de la *Vita*, qu'il vaut la peine de traduire, éclaire cette supposition ; il s'agit de la succession du fondateur, moment critique dans l'histoire de l'institution étudiée ici.

« Les chanoines qui arrivaient s'inquiétèrent de savoir à qui pourrait être dignement confié le priorat de cette église. Il y avait à ce moment-là à la tête de l'église voisine de Saint-Nicolas[31] un brave homme et un bon religieux du nom de Bernard, lequel avait fondé cette église où il se trouvait à la tête de quelques clercs ; il s'était précédemment remis à la direction du Bx Geoffroy et en avait reçu des donations et l'habit religieux. Les chanoines, le déclarant digne de la charge, se réunirent autour du saint homme et lui dirent : « Père, il faut pourvoir cette église d'un pasteur convenable pour qu'elle ne soit pas ébranlée quand votre patronage lui manquera. » L'homme de Dieu répondit : « Dieu n'oubliera pas sa miséricorde ; c'est lui qui pourvoira à coup sûr aux besoins des siens »[32]. Et eux de se récrier : « Nous avons un excellent homme, dom Bernard, qui a bâti et qui dirige l'église de Saint-Nicolas. » Alors l'homme de Dieu répondit : « Et comment, dites-moi, pourra-t-il en diriger beaucoup celui qui ne sait pas en diriger quelques-uns ? Et comment abandonnera-t-il les siens ? » Certains, qui passaient pour plus sages que les autres, répondirent : « S'il se trouve là-bas des sots pour pleurnicher, qu'on les déplace ici où la règle est plus stricte, et qu'on envoie à leur place des gens d'ici qui montreront plus de maturité. » Alors le serviteur de Dieu : « Laissez-moi, je vous prie, et ne m'ennuyez plus. » Il se souvenait, en effet, de la vision rapportée plus haut, et il voyait bien que celui que l'on voulait n'était pas celui qu'il avait vu sur son siège ; aussi se dérobait-il. Mais appelant ce dernier, il lui demanda en secret : « Quelles sont tes impressions sur cette affaire ? » « Bonnes, dit-il ; il ne faut pas que notre paix soit troublée. » Alors cet homme plein

(31) Saint-Nicolas de Courbefy, *infra*, p. 170.

(32) Citation scripturaire de Ps. 76, 10 et citation liturgique de la collecte du 7e dimanche après la Pentecôte.

de sagesse, voyant que l'autre n'avait pas encore l'âge requis[33] et n'était pas en mesure de recevoir cette dignité, quelle que fût la maturité de son jugement, se rangea aux instances du grand nombre et laissa faire ce qu'il prévoyait devoir se défaire en peu de temps. »

« En effet, lorsque ledit Bernard fut arrivé et eut appris la désignation du Bx Geoffroy, il prit les titre et charge de prieur à son corps défendant, déclarant tout net qu'il n'y avait aucun avantage pour lui à quitter sa maison ; et il y retourna au bout de deux ans, laissant la charge du gouvernement de cette église sur l'avertissement d'une vision. »

Gérard, que Geoffroy avait choisi comme « dauphin », devint donc prieur en 1127 et il avait alors atteint l'âge requis, selon toutes vraisemblances, qui était de 25 ans. Mais c'est en 1150 seulement qu'il se fit confirmer les possessions du Chalard par le pape Eugène III. A part une mesure de protection prise par Pascal II pour Lesterps[34], c'est là la première confirmation apostolique obtenue par des chanoines réguliers limousins, et l'on serait un peu surpris que la fondation d'un ami du légat Gérard d'Angoulême ait dû attendre si longtemps si l'on ne constatait que, dans le diocèse, l'ordre monastique rénové par les Cisterciens ne fournit pas de mesure analogue avant Innocent II pour Dalon[36] ; mais l'on sait que Gérard d'Angoulême prit parti pour l'antipape opposé à Innocent II et que le Cistercien Bernard de Clervaux vint combattre le schisme jusqu'en Aquitaine ! Le schisme résorbé, Eugène III confirmera encore les possessions canoniales de Saint-Junien et de Brive[36] et, après lui, à partir d'Adrien IV, le mouvement de confirmations apostoliques s'amplifiera jusqu'à toucher en 1188 les farouches Grandmontains eux-mêmes.

La grande bulle de 1150 confirme avec les formules habituelles[37], aux frères du Chalard, profès de la vie canoniale selon la règle de saint Augustin, deux droits dont l'un avait été exercé au moins une fois : le libre choix du prieur ; l'autre droit, celui de sépulture, avait très probablement été, lui aussi, exercé par les riches amis de Geoffroy, mais la formule garantissait comme d'habitude les droits de l'église paroissiale

(33) Bosvieux n'a pas compris l'expression juridique « *infra annos* » (en deçà de l'âge) et a mis des points de suspension entre les deux mots.

(34) J. Becquet, *op. cit.*, *sup.*, note 1.

(35) *Gallia*, II, 624.

(36) Pour Saint-Junien, voir la Chronique de Maleu, éd. Arbellot, p. 49-51 ; pour Brive, on ne possède qu'une « réédition » du privilège par Grégoire IX qui se réfère à Eugène III et fait mention de la règle de saint Augustin (ms. Paris B. N. Dupuy, n° 219, f° 211-212).

(37) Ces formules sont répertoriées par M. Tangl « Die päpstliche Kanzleiordnungen von 1200-1500 » (Innsbruck, 1894).

*(matrix ecclesia)* en la matière, c'est-à-dire l'église de Ladignac[38]. Il était également conforme aux usages de la chancellerie apostolique que la protection de saint Pierre accordée au Chalard respectât les droits de l'évêque diocésain. Si la *Vita* n'avait mentionné les austérités de Geoffroy et ses accointances avec un évêque réformateur, la bulle de 1150 ne suffirait pas à distinguer le Chalard des sanctuaires canoniaux anciens de Brive et d'Évaux qui, eux aussi, faisaient à la même époque accompagner la confirmation de leurs biens d'une mention de la règle augustinienne ; cette mention, il est vrai, n'existe pas pour Saint-Junien[39].

La confirmation des biens du Chalard intéresse les deux diocèses de Limoges et de Périgueux ; elle distingue neuf chapelles *(capellae)* dont six pourvues d'un hameau *(villula)*, des droits concernant une église paroissiale *(ecclesia)*, des possessions dans quatre paroisses *(parrochiae)* limousines et trois périgourdines, trois domaines *(mansiones)* dont un seul en Limousin, mais comportant des fermes *(bordariae)*, les deux autres étant en Périgord. Bien que la localisation de ces possessions soit parfois douteuse en Limousin et souvent impossible en Périgord, on ne voit aucune des chapelles confirmées en 1150 figurer ensuite comme centre paroissial. Ces chapelles sont-elles des fondations de disciples de Geoffroy ou des annexions d'ermitages ? On ne sait, mais c'est de ces petits établissements que venaient évidemment les chanoines que la *Vita* montre rassemblés autour du fondateur mourant[40].

La fondation de Bernard à Saint-Nicolas-de-Courbefy ne figure pas dans la bulle de 1150, malgré l'allégeance rapportée par la *Vita*, pour la raison probable que cette fondation avait rompu ses liens assez lâches avec le Chalard lorsque le jeune prieur Gérard rétablit la ligne primitive en 1127. Mais à partir du XIVe siècle, les pouillés limousins montrent Saint-Nicolas-de-Courbefy et une autre église — plus ancienne — du même lieu sous le patronage du prieur du Chalard,

(38) Un quart des profits était laissé à l'église principale en cas de liberté de sépulture, comme on le voit par un acte des alentours de 1080 que cite Nadaud (Pouillé, p. 564). On trouverait un exemple de cession complète des droits paroissiaux par un curé plus accommodant que celui de Geoffroy, dans le cartulaire d'Aureil cité *sup.*, note 15 : n° XXXVIII, 8°.

(39) La formule d'approbation de Saint-Jean-de-Cole fait état de la profession de vie régulière, ce qui revient au même que de mentionner la règle augustinienne.

(40) On pourrait imaginer qu'il s'agît de chanoines réguliers d'autres maisons voisines comme Aureil, la Couronne ou Saint-Jean-de-Cole, venus protéger la continuité d'une maison de leur observance, mais la réponse du candidat évincé momentanément (« *ne pax nostra turbetur* ») montre qu'il s'agit d'une affaire intérieure à ce que l'on aurait appelé, en d'autres temps, la congrégation du Chalard.

ainsi qu'un certain nombre d'autres églises paroissiales en Limousin. Dans ce diocèse, on constate que les chanoines du Chalard ont acquis le patronage de deux sur cinq des paroisses où ils avaient des biens en 1150, en particulier leur propre paroisse de Ladignac, et ils ont encore le patronage de deux autres églises paroissiales, ce qui suppose une certaine politique d'acquisition. On constate néanmoins qu'ils ont, d'après les mêmes pouillés, cinq établissements comparables aux chapelles de 1150, car situés sur des territoires paroissiaux connus ; le diocèse de Cahors fournit l'exemple classique d'une église patronnée par le Chalard qui possède un prieuré sur le même territoire paroissial[41].

Deux autres constatations sont possibles, en vue d'éclairer la propagation des chanoines réguliers en Limousin. La première est que, si l'on excepte les églises paroissiales dont le patronage a été acquis on ne sait comment, les trois quarts des « chapelles » et possessions sont sur des paroisses de patronage épiscopal ; encore, dans le dernier quart, peut-on inscrire le patronage du chapitre de Saint-Jean-de-Cole[42] et noter que le siège de Cahors a laissé trace de ses droits sur la paroisse où le Chalard avait un prieuré. La seconde constatation concerne les vocables : des cinq chapelles de 1150, la première est dédiée à saint Laurent, protecteur de l'Artige-Vieille, et trois autres, sinon les quatre, à la Nativité de la Vierge, tandis que des six églises paroissiales dont le patronage fut acquis après 1150, une seule est placée sous ce dernier vocable. Notons qu'en dédiant à saint Nicolas l'église construite par lui à Courbefy, le successeur immédiat de Geoffroy ne faisait que se conformer à une mode[43].

Cette dernière église, assez bien conservée et décrite, donne une idée de ce qu'ont pu être les « chapelles » des premiers chanoines du Chalard ; on y trouve le chœur un peu élargi, et l'imposte en quart de rond à la naissance de la voûte, comme dans les églises grandmontaines. Un autre établissement postérieur à 1150, le prieuré de Beaubreuil[44],

---

(41) Classique, à tout le moins, dans le diocèse de Limoges où le Pouillé de Nadaud montre que l'abbaye qui possède un prieuré dans une paroisse a presque toujours le patronage de cette paroisse ; on n'a pas de raison de penser qu'il en fût autrement en Quercy.

(42) Patronage venu sans doute de Raynaud agissant comme « évêque administrateur » de Limoges.

(43) Bari était un pélerinage en vogue depuis la translation du 9 mai 1087 (J. Becquet «Saint Étienne de Muret... » en *B.S.A.H.L.*, t. 86, 3, 1957, p. 404). Bernard a bâti en contrebas du site primitif où existait l'église ancienne dédiée anciennement à saint Eutrope, puis également à la Vierge, sans doute par le Chalard.

(44) Je remercie notre sociétaire le Dr Grézillier, de m'avoir fourni des précisions sur son article cité *infra*, p. 169 à propos de Beaubreuil.

offre des traits comparables et les vestiges d'un cloître rudimentaire, qui rappelle encore les « celles » de Grandmont ou les « églises » de l'Artige[45]. Geoffroy et les siens ont-ils pratiqué, eux aussi, un genre de vie érémitique à base d'observances canoniales ? Cette hypothèse serait encouragée par le fait que l'obituaire de l'Artige réserve un traitement de faveur au Chalard en nommant tous ses prieurs[46].

En fait, la *Vita*, qui reflète tout autant l'idéal prêté au fondateur que la pratique maintenue en plein XIIe siècle par son successeur désigné, appelle « chanoines » les religieux du Chalard. De plus, c'est un « chanoine » du Chalard qui est en possession d'une des dépendances avant 1333, d'après une bulle de Jean XXII [47]. Entre temps, le 28 août 1285, l'archevêque de Bourges passa par le « prieuré conventuel de saint Augustin » qui était au Chalard ; il y dit la messe, confirma et conféra la tonsure comme il l'avait fait tout au long de sa tournée, et en particulier à Aureil[48]. Or, les termes employés par l'archevêque sont exactement les mêmes dans les deux cas, tandis qu'il note à l'Artige un « prieuré conventuel » d'une observance originale *(ordo per se)*, à Brive un « prieuré de l'ordre de saint Augustin », et des chanoines séculiers à Saint-Yrieix. Le document administratif laissé par le passage de l'archevêque reflète bien la situation juridique, connue par ailleurs, des divers établissements cités.

Les effectifs des chanoines réguliers résidant au Chalard sont tardivement et mal connus : en 1471, le nombre n'en était que de six, au lieu des treize prévus en droit ; mais ce nombre même de treize représente probablement une réduction à un effectif égal à celui que se firent confirmer Aureil en 1344 et Saint-Léonard en 1381[49].

(45) La bulle du Chalard respecte la distinction habituelle à l'époque entre *capella* et *ecclesia* ; le second terme servait pour désigner en général tout édifice cultuel (la bulle de l'Artige s'en contente), tandis que le premier désignait plus spécialement les édifices bâtis sur un territoire paroissial préexistant.

(46) Il y en a six pour une période qui se termine vers 1125 ; or, l'intérimaire Bernard (1125-1127) n'est même pas nommé et un successeur de Gérard, Barthélemy, est attesté de 1169 à 1181 (Leroux, Molinier et Thomas « Documents... », t. I, p. 137, et Geoffroy de Vigeois « Chronicon », éd. Labbe, p. 326). Un prieur du Chalard est désigné de manière anonyme dans une bulle d'Honorius III (*Regesta...*, éd. Pressutti, nº 1487 ; Potthast, nº 25697).

(47) G. Mollat « Lettres communes de Jean XXII », nº 62 242 *(Bibl. Ec. Fr. Athènes et Rome)*.

(48) « *Acta visitationis...* », éd. Baluze-Mansi, t. I (Lucques, 1761), p. 285-286 ; Nadaud situe cette visite au moyen d'un croquis au ms. Séminaire de Limoges, nº 6, p. 10 vº, *sub voc.* « Chalard » et y ajoute des développements assez obscurs sur un des miracles de Césaire d'Eberbach. Un rouleau des morts de 1240 apprend fortuitement qu'il y avait une société de prières entre le Chalard et Solignac (*B.S.A.H.L.*, t. 26, 1878, p. 348).

(49) Nadaud, Pouillé, p. 642. Archives Vaticanes, *Indice* 522 *(Miscellanea*

*
* *

C'est donc une fondation canoniale qu'il faut voir au Chalard, régulière en raison du contexte historique qui la vit apparaître et de la volonté de son fondateur ; de même les institutions grandmontaines et artigiennes réalisaient ce que l'on sait de l'idéal primitif de Grandmont et de l'Artige. Mais pour mettre en relief la pauvre documentation qui nous reste sur le premier siècle du Chalard, il sera toujours nécessaire de recourir au témoignage fourni par l'établissement limousin le plus proche par son type et le mieux connu pour la même période : Aureil.

## *Appendice*

### Liste des possessions

Les possessions du Chalard sont énumérées ici selon les mêmes méthodes que la « Liste des maisons » de l'ordre de l'Artige en *B.S.A.H.L.*, t. 97, 1970, p. 114 sq. et les mêmes sigles sont employés pour les ouvrages de références. On rappelle seulement que l'abbé Nadaud s'est servi, non seulement du « Pouillé » édité par J. de Font-Réaulx, mais aussi d'indications puisées aux insinuations ecclésiastiques à partir du milieu du xvie siècle, aux bulles, aux cartulaires, aux chroniques, etc., dans la mesure où il pouvait y avoir accès.

On a simplifié quelque peu la présentation. D'abord, l'ordre de la bulle de 1150 a été suivi plutôt que l'ordre alphabétique ; cet ordre peut être éclairant, car l'on n'a aucune raison de penser que les établissements religieux faisaient confirmer leurs possessions en les énumérant pêle-mêle, mais il y avait lieu de fournir entre parenthèses les lectures différentes que le ms. de Cahors fournit par rapport à l'édition (*sup.* note 10). Ensuite, on a groupé par ordre alphabétique les possessions supplémentaires, trouvées dans le « Pouillé » de Nadaud, puis dans celui de Cahors ; il est possible que des investigations dans les pouillés périgourdins amènent des trouvailles. Enfin, on n'a pas cru devoir renvoyer aux compilations de dom Besse et dom Cottineau quand elles n'apprenaient rien, ou n'offraient rien à rectifier ; de même, on n'a cité le « Dictionnaire... de la Haute-Vienne » (1920-25) de l'abbé Lecler que s'il apportait du nouveau par rapport à Nadaud.

On n'a pas pris en considération le fait que le prieur du Chalard ait nommé une fois au prieuré de Beauvais (N 482, comme voisin par Beaubreuil) ou à une vicairie du château de la Bastide (cne Coussac-Bonneval, cant. Saint-Yrieix : N 509).

---

*prima)*, p. 133 v° : ép. 1667 de Clément VI pour Aureil ; p. 142 v° : t. 3, p. 135, de Clément VII d'Avignon pour Saint-Léonard.

*in episcopatu Lemovicensi*

1° « *capellam de plana maesa (plena neysa)* » — N 622 : Pleine Meyze, prieuré-cure à la nomination du Chalard sur la paroisse épiscopale de Royère, cne La Roche-l'Abeille, cant. Nexon (H.-V.) ; dédié à saint Laurent — F 499 D : *capellanus de Plena Meysa* — I : Pleine-Meyze.

2° « *capellam quae vocatur Malboisso (malbaisseu)* » — N 493 : Masbuisson, Maubuisson, Malboycho, *de malo dumo*, prieuré ou cure à la nomination du Chalard, attesté depuis 1301, par. de Gorre, devenue cne du cant. de Saint-Laurent-de-Gorre ; dédiée à une fête inconnue de la Vierge et à saint Jean — F 501 C : capellanus de Malboysson — I : le Mas-Buisson, cne de Gorre, cant. Saint-Laurent-sur-Gorre.

3° « *totum quod habetis in ecclesia de Buxeria (busseria) intus et extra* » — N 493 : Bussière-Galand, cne du cant. de Châlus, prieuré-cure à la nomination du Chalard ; dédié à l'ordination de saint Martin de Tours — F 499 D : *capellanus de Buxeria Galandi* — I : Bussière-Galant.
N.B. — L'Artige avait la maison d'Aurens sur le territoire de la paroisse de Bussière-Galant ; il en résulte que C 539 a rapporté au prieuré-cure du Chalard des indications de BB V 225 valant pour Aurens, y compris l'article D 1140 des A. D. Haute-Vienne qui donne par hasard le nom du prieur du Chalard en 1598. — *Add.* DE LABORDERIE « Églises rurales de la Haute-Vienne » en *B.S.A.H.L.*, t. 78, 2, 1939, p. 279-281.

4° « *totum... in parochia de Lazinac (Ladigniac)* » — N 643 : Ladignhac, Ladinhac, *Laziniatum*, cure attestée comme annexe du Chalard depuis 1475, appelée Ladignac-le-Long ; dédiée à saint Aignan d'Orléans — F 499 C : *capellanus de Ladinhac* — I : Ladignac-le-Long. — *Add.* A. DE LABORDERIE « Excursion archéologique de 1923 » en *B.S.A.H.L.*, t. 71, 1, 1924, *p.v.* p. 121-125.

5° « *totum... in parochia de Flaviniac (flauvihac)* » — N 625-627 et F 499 C n'indiquent que l'évêque comme patron-collateur de Flavignac, devenu cne du cant. de Châlus, sans faire aucune mention du Chalard ; le territoire de la paroisse comprenait au moins une prévôté de Saint-Martial, une autre de Solignac et une celle grandmontaine.
N.B. — A. DE LABORDERIE « L'excursion archéologique de l'année 1930 » en *B.S.A.H.L.*, t. 74, 1, 1932, p. 113-121.

6° « *totum... in parochia de Cassac (Cessac)* » — I : sur la commune précitée de Flavignac, un Cessat se présente, accompagné d'un Cessaguet qui suggère antériorité chronologique et gutturale terminale pour le prototype, dans une situation géographique convenable pour avoir été jadis une paroisse ; la graphie Sessat est reprise par R. COURAUD en *B.S.A.H.L.*, t. 90, 1963, p. 39 d'après les cartes de l'I.G.N. On trouve encore en I deux autres Cessac pour la Creuse (cnes Bussière-Dunoise et Celle-Dunoise) et un pour la Corrèze (cne Estivaux) ; la localisation à Flavignac est seulement plus probable et notre carte ne la retient pas.

7° « *mansionem de Faia (faiet) cum bordariis suis* » — Le toponyme est trop répandu pour que l'on puisse proposer une localisation. Il ne s'agit pas de la Faye, sur la paroisse précitée de Flavignac, siège d'une prévôté de Solignac depuis le XI^e siècle au plus tard et ensuite, selon G. TENANT DE LA TOUR « L'homme et la terre » s.l.n.d. [1942] p. 699-704 et N. 627 — I : une Faye sur chacune des cnes de Châlus, Nexon, la Roche-l'Abeille, Glandon, Saint-Yrieix-la-Perche ; les Fayes sur la Roche-l'Abeille ; Foyollas sur Bussière-Galant ; Fayolle sur Saint-Yrieix-la-Perche. On ne compte pas les Lafage !

8° « *capellam de Foresta cum villula sua* » — N 520 : la Forêt, prieuré [ou prévôté, dit Legros] en 1310, cne de Saint-Bonnet-la-Rivière (paroisse acquise par Solignac vers 1105), cant. Juillac (Corrèze) ; dédié à la Nativité de la Vierge — I : La Forêt — Ignoré de C et de BB, malgré POULBRIÈRE « Dict. hist. archéol. Paroisses ...Tulle », t. III, p. 48.

9° « *totum... in parochia de Roeria (Rougiera)* » — N 622 : Royère, ancienne paroisse épiscopale passée dans la cne de la Roche-l'Abeille.

10° « *capellam de Cornut (Cornus)* » — N 506 : Cornud, *Corugnacum*, prieuré attesté en 1710 dans la paroisse, puis cne de Genis, cant. Excideuil (Dordogne) ; dédié à la Nativité de la Vierge — F 496 A : indique bien Génis comme cure à la nomination de l'évêque de Limoges, et N date des collations épiscopales à partir de 1566, mais dit aussi que Génis appartenait à Saint-Yrieix en 1153 — DE GOURGUES « Dict. topo. Dordogne » p. 86 : Cornu. — Voir *infra* Felzins.

N.B. — Le « Cornin » aberrant de N 654, sous patronage du Chalard, doit sans doute être le même. BB V 309 renvoie de Cornud à un Saint-Genis qui est en fait Genis.

11° « *capellam de Legurac (lugurat)* » — DE GOURGUES, *op. cit.*, n° 10 : p. 176 indique un Leygurat, ancien fief de la châtellenie de Piégut, devenu village de la cne de Pluviers, cant. Bussière-Badil (Dordogne) — 479-80 indique, sur la paroisse de Pluviers (cne Piégut-Pluviers, cant. précité) la chapelle, ou vicairie, ou prieuré de Piégut dédiée à la Nativité de la Vierge et patronnée par un seigneur du Bourgdeix.

*in episcopatu Petragoricensi*

12° « *capellam de Bosco quae fons Regalis (-li) vocatur, cum villula sua et juxta eam (eadem) mansionem de Veirinas* » — DE GOURGUES, *op. cit.*, n° 10 : p. 129 indique deux « Font-Réal » dans les cnes de Brassac (cant. Montagrier) et de la Roque-Gajac (cant. non indiqué) ; le même indique huit « Veyrines » (p. 339) dont un hameau de Jumilhac, et un « Bos Réal » (p. 34) cne du Coux (cant. non indiqué).

13° « *totum... in parochia Sancti Germani et sancti Petri de (om.) Sumente (Tumente) Saxo et mansionem de Monteil* » — DE GOURGUES, *op. cit.*, n° 10 : p. 291, indique la paroisse et la cne de Saint-Germain-des-Prés, cant. Excideuil, comme placée sous le vocable de Saint-Pierre-ès-Liens, à la nomination de l'abbaye Saint-Augustin de Limoges ; il cite une bonne dizaine de « La Grosse-Peyre » (p. 233) et plusieurs « Monteil » (p. 206) dont l'un sur la cne de Saint-Sulpice-d'Excideuil, limitrophe de Saint-Germain-des-Près.

14° « *totum... in parochia sancti petri (om.) de Jumilac (Junilac)* — Bien que DE GOURGUES, *op. cit.*, p. 165, n'indique qu'un vocable de saint Maurice pour Jumillac-le-Grand, cne et cant. en Dordogne, il semble qu'il faille préférer cette église, où le Chalard avait des dîmes en 1692 (N. BECQUART en *Bull. Soc. Hist. Archéol. Périgord*, t. 97, 1970, p. 215) à Jumillac-de-Cole, le Petit-Jumillac, section avec église ancienne de la cne de la Chapelle-Faucher, cant. Champagnac proche de Saint-Jean-de-Cole (DE GOURGUES, *ibid.* sans vocable).

15° *totum... in parochia Sancti Martialis de Dusluc* » — DE GOURGUES, *op. cit.*, p. 297 indique une dizaine de « Saint-Martial » dont une cne du cant. d'Excideuil et une autre, Saint-Martial-de-Valette (cant. Nontron) à la nomination de l'évêque de Limoges (N 484 est moins certain du patronage), mais il ignore « Dusluc » qui est peut-être Dussac, paroisse épiscopale périgourdine sous le vieux vocable de Saint-Pierre-ès-Liens, proche du Limousin (cne du cant. de La Nouaille).

16° « *et capellam Sancti Gabrielis cum villula sua* » — DE GOURGUES, *op. cit.*, p. 290, n'indique qu'un seul « Saint-Gabriel », cne du cant. de La Nouaille, prieuré mentionné dès le XIIIe siècle et à la collation de l'abbé de Tourtoirac.

17° « *capellam sancti Jacobi cum villula sua* » — DE GOURGUES, *op. cit.*, p. 292 indique une quinzaine de « Saint-Jacques » dont deux, ayant chapelle et ermite au XIIIe siècle, sont passés ensuite à la Charente, l'un étant l'ancienne paroisse de Saint-Jacques d'Aubeterre (archipr. de Peyrat), l'autre donné sans précision dans l'archiprêtré de Pillac ; le pouillé d'Angoulême, publié par l'abbé NANGLARD, ignore tout de ces établissements.

18° « *capellam sancti Petri de Chancolla* » — DE GOURGUES, *op. cit.*, p. 65 a un « Chancel », hameau de la cne d'Ajat-d'Hautefort, cant. Thenon.

## Dépendances postérieures

19° BEAUBREUIL — N 234 : *de Bello Brolio* [*pulchrum brolium*, dit Legros], prieuré à la nomination du Chalard attesté depuis 1562, sur la paroisse, donnée par l'évêque à Saint-Junien en 1150, de Saint-Cyr-sur-Gorre, devenue cne du cant. de Saint-Laurent-sur-Gorre ; dédié à l'Assomption — F 517 C : *prior de Pulchro Brolio* — I : Baubreuil (cne Saint-Cyr) — *Add.* : A. GREZILLIER « A propos de deux prieurés inédits : Beauvais et Beaubreuil. L'église-grange » en *B.S.A.H.L.*, t. 92, 1965, p. 83-95.
N. B. — La référence à la série H des A. D. Limoges faite par C 290 d'après BB V, 246, concerne le fonds des commanderies de l'ordre de Malte, X, 39 H, comme l'indique M. Duchein, *op. cit. sup.*, note 5 : p. 60, mais ni F ni N ne connaissent ce membre de commanderie, et il y a un autre Beaubreuil à Saint-Priest-sous-Aixe, cant. Aixe-sur-Vienne d'après I.

20° BEYNAC — N 641-43, Beinac-près-Aixe, Bainac, Benhac, Bienac, Beynat, cure régulière ou prieuré-cure à la nomination du Chalard attestée depuis 1417, unie par bulle du 14 mai 1606 au couvent des Prêcheurs de Limoges ; dédié à la Nativité de la Vierge — F 499 B : *capellanus de Beynac* — I : Beynac, cant. Aixe-sur-Vienne.
N. B. — La notice de LECLER en *B.S.A.H.L.*, t. 34, 1887, p. 108-110 n'ajoute rien à N. Des recherches dans le fonds des Jacobins de Limoges seraient utiles (16 H).

21° CHARBONNIÉRAS — N 640 ajoute ce toponyme à la notice du Chalard comme correspondant à un prieuré dépendant en 1230. C 703 qui a trouvé les deux prieurés ensemble en BB V, 235, s'en tire en répétant deux fois les mêmes références ! LECLER n'a pas retenu ce nom dans son « Dict. Hist. Géo. Haute-Vienne ». Il s'agit peut-être du suivant.

22° Forgeas — N 482 : [Les Forges, dit Legros] Forgetas, prieuré à la nomination du Chalard attestée depuis 1352, sur la paroisse de Saint-Basile, patronnée par Saint-Jean-de-Cole, cant. Oradour-sur-Vayres ; dédiée à Sainte-Quitterie — I : Forgeas (cne Saint-Bazile). N. B. — C 1196, d'après BB V, 246, renvoie avec des erreurs à Vandermarcq « Monographie du canton d'Oradour-sur-Vayres » en *B.S.A.H.L.*, t. 37, 1890, p. 268, lequel n'ajoute à N que l'affirmation gratuite d'un fondation au début du xive s. Le même C ajoute malencontreusement une des références confuses de BB à un travail de l'abbé Mandon sur les sépultures gallo-romaines de Saint-Bazile — Il y avait une confrérie de Sainte-Quitterie à Thiviers au xve siècle (*Bull. Soc. Hist. Arch. Périgord*, t. 49, 1923, p. 302).

23° Glandon — N 521 signale, sur cette paroisse à la collation de Saint-Yrieix et devenue cne du même cant., un prieuré ruiné en 1615, dédié à sainte Radegonde et en possession du prieur du Chalard — I signale une Haute-Faye à Glandon.

24° Rilhac — N 640, église paroissiale à la nomination du Chalard, de fondation antérieure à celle de Las Tours qui est attestée dès 1100 et fut siège d'une prévôté de Saint-Martial en 1158 ; dédiée à Saint-Pierre-ès-Liens — F 499 A : *capellanus de Rilhac las Tours* — I : Rilhac-Lastours, cant. Nexon. — *Add.: B.S.A.H.L.*, t. 74, 1, 1932, p. 184-185 et t. 81, 2, 1946, p. 245 ; *ibid.*, t. 19, *p.v.*, p. 47.
N. B. — C 2465, induit en erreur par BB V, 244, renvoie à Lecler, 640, alors qu'il s'agit de N.

25° Saint-Nicolas-de-Courbefy — N 644 : ou la Garde, dès 1355, cure à la nomination du Chalard attestée depuis 1578 ; dédiée à saint Nicolas de Myre. Le même distingue la cure de Courbefi (Corbafin, *Curbifinium*) à la nomination du Chalard dès 1515, dédiée à la Vierge et saint Eutrope — F 499 C connaît en effet deux *capellani : de Curvifinio*, et *Sancti Nycholai*, tous deux nommés par le Chalard — I : Saint-Nicolas-Courbefy, cne du cant. de Châlus, a un village de Courbefy. — *Add.* : A. de Laborderie, *op. cit. sup.*, n° 3 : p. 289-292 (pour Saint-Nicolas) et *B.S.A.H.L.*, t. 71, 1, 1924, *p.v.*, p. 119-121 (pour Courbefy) ; *sup.* note 43 ; Lecler « Dict. hist. géogr. Haute-Vienne », p. 705 indique qu'en 1486 Saint-Nicolas était dit succursale de Courbefy, ce qui confirme l'antériorité de cette dernière église. N. B. — N et Lecler ont été induits en erreur par l'édition de la Chronique de Geoffroy de Vigeois (Labbe, *Bibl. Nova Mss.* II, 219) qui place les deux « maisons-Dieu » du Chalard et de Courbefy à la fin d'une énumération de fondations nouvelles dont les premières sont dues à Giraud de Sales ; mais aucune de ces deux maisons (il y en aurait trois, car Geoffroy de Vigeois confond les deux églises de Courbefy sous le double vocable de la Vierge et de saint Nicolas) ne figure dans les fondations de la *Vita* de Giraud de Sales (ed. Martene et Durand, *Ampl. Collectio*, t. VI, 994 D) — Les cartes de l'I.G.N. invitent à réserver à Courbefy le surnom de « la Garde ».

26° Vergouzanes — N 558 : Vergonzanes, Vergoniane, Vergongeras, -gieras, prieuré à la nomination du Chalard attestée dès 1566, sur la paroisse épiscopale devenue cne d'Affieux, cant. Treignac (Corr.) ; dédiée à saint Georges — F 524 B : *prior de Vargougienas* — I : Vergongeanne — Poulbriere « Dict. Paroisses... Tulle », t. I, 1894, p. 2 indique des titulaires (1596 à 1783) de ce bénéfice simple dont la chapelle subsistait encore — CHAMPEVAL « Le Bas-Limousin... » (1896-97) p. 104 ne fournit qu'un titulaire de rentes nobles au XVIII^e siècle.

27° FELZINS et GUIRANDE — Le premier pouillé connu du diocèse de Cahors (début XIV^e s.), édité par J. DE FONT-RÉAULX (*op. cit.:* F), indique deux *ecclesiae* ayant chacune un curé (*capellanus:* 417 et 453) ; elles correspondent à deux localités dont l'une, Guirande, est devenu un village rattaché à l'autre, Felzins, cne du cant. de Figeac-Est (Lot). La première est dite appartenir à un prieur de *Castutz*, la seconde être à la présentation du prieur de *Chalutz*. L'éditeur a identifié *Castutz* avec Catus, siège d'un prieuré bénédictin de la Chaise-Dieu depuis le XII^e siècle, maintenant cne du cant. de Cahors ; ni le médiocre travail de L. de VALON paru dans le *Bull. Soc. Sc. Corrèze*, t. 26, 1904, ni « Le Vieux Quercy » du chanoine SOL (2^e éd. Aurillac, 1930) p. XIII-XIV ne comptent Guirande parmi les dépendances de Catus. Quant à *Chalutz*, le même éditeur ne l'a pas inscrit à l'index et ne l'a donc pas identifié.

Le 4 décembre 1333, le pape Jean XXII donnait une grâce expectative à un Adémar *de Rampone* sur les bénéfices à la nomination du prieuré du Chalard *(de Carlario)* O.S.A. dioc. Limoges, dont ledit Adémar était chanoine, à la condition d'abandonner le prieuré *de Giranda* O.S.A. dioc. Cahors (*Registres... École Fr. Athènes et Rome*, n° 62242). On en conclut que cet Adémar, chanoine du Chalard, possédait le prieuré de Guirande avant 1333 comme l'une des dépendances de son monastère.

M. Louis d'ALAUZIER, dans une étude sur « L'église de Guirande (commune de Felzins) et ses peintures » (*Mém. Soc. archéol. Midi de la France*, t. 34, 1968-69, p. 33-38, ill.) cite les « Ébats sur le pays de Quercy » de Guyon de MALLEVILLE qui, vers 1600, affirme l'appartenance de Guirande et Felzins au Chalard. La même étude rapporte la contestation qui opposa, au XVIII^e s. le prieur du Chalard et ses ayants droit à l'évêque de Cahors au sujet de Felzins et de son annexe du Guirande.

L'explication la plus simple de tout ce qui précède est d'abord une ou des fautes de copie du pouillé de Cahors, le plus ancien ms. étant du XVI^e siècle. Ensuite, comme la possession d'un prieuré entraîne presque toujours, pour l'établissement possesseur, le droit de présentation à l'église paroissiale du territoire (*sup.* note 41), il est très admissible que l'église de Felzins, sous le vocable antique de saint Vincent martyr, ait été assignée à la présentation du Chalard lorsqu'il reçut le prieuré de Guirande, sous le vocable plus moderne de sainte Madeleine. Comme ce dernier vocable n'est pas autrement attesté dans les possessions du Chalard, on peut conjecturer qu'il s'agit là d'un de ces ermitages, chapelles ou maisons-Dieu comme il s'en fonda beaucoup au XII^e siècle (cf. *sup.* pour Saint-Nicolas, n° 25). Une donation aussi excentrique peut s'expliquer enfin par les relations limousines de l'évêque de Cahors Gérard Hector (1150-1201) qui était petit-neveu et neveu des évêques de Limoges Eustorge et Gérard Hector, parent probable de l'abbé de Tulle Géraud d'Escorailles (1152-1188) et frère de l'évêque de Périgueux Jean (1160-1169) ; il mourut à Grandmont dont, voyageur intrépide, il était allé recommander la règle au pape en 1154 et il avait donné une église à Uzerche, et une autre à Obazine qui fonda une abbaye dans son diocèse (« Histoire des évêques de Cahors par Guillaume Lacroix... » trad. L. Ayma, Cahors, 1878, p. 268-282 ; LECLER « Histoire de... Grandmont » en *B.S.A.H.L.*, t. 58, 1908, p. 84-87 et ms Séminaire de Limoges n° 7, p. 30).

La copie interpolée des papiers Lacoste (*sup.* note 10) aura servi à appuyer les prétentions du Chalard au XVIIIe siècle.

M. Louis d'Alauzier, de la Société d'Études du Lot, me signale *in extremis* une permutation de dépendances du Chalard intéressant d'une part Cornu, de l'autre Felzins et son annexe les 14 et 15 mai 1456 (A. D. Lot, III E 567/1, f° 138).

# VII

# Les chanoines réguliers de Lesterps, Bénévent et Aureil en Limousin aux XI^e et XII^e siècles

Des recherches engagées depuis une dizaine d'années sur *Les chanoines réguliers en Limousin aux XI^e et XII^e siècles*[1] ont permis récemment de replacer l'ordre de l'Artige[2] dans une situation intermédiaire entre celle des ermites de Grandmont et celle des ermites de Saint-Augustin, tandis que le Chalard révélait un cas précis, quoique mal éclairé, de fondation canoniale régulière de type grégorien[3]. Pour mieux connaître la nature des chanoines réguliers de ce type en Limousin, il est nécessaire d'étudier de près les trois autres fondations importantes et originales qui les virent naître successivement : Lesterps, petite collégiale du Confolentais illustrée par saint Gautier († 1070), Bénévent où maître Humbert et l'évêque Gui de Laron essayèrent d'implanter la régularité dès 1073, enfin Aureil où le Normand Gaucher réédita avec succès, vers 1081-85, l'expérience de Bénévent.

Mais l'abondance de la documentation sur ces trois établissements est en raison inverse de leur ancienneté : on examinera donc Aureil, puis Bénévent, enfin Lesterps, de manière à passer du connu au moins connu jusqu'à une vue d'ensemble sur les chanoines qui furent, avec ceux du Chalard, les plus réguliers du Limousin parce que nés au temps de la réforme grégorienne.

---

(1) Dans *Analecta Praemonstratensia*, t. 36, 1960, p. 195-235 (A.D. Limoges).

(2) « L'ordre de l'Artige » en *B.S.A.H.L.*, t. 97, 1970, p. 83-142.

(3) « Les chanoines réguliers du Chalard (Haute-Vienne) », *ibid.*, t. 98, 1971, p. 153-172.

## 1. AUREIL

### *Implantation et expansion. Recrutement et organisation*

Le monastère d'Aureil[4] a laissé un cartulaire des débuts du XIII^e^ siècle dont les notices, jointes à des chartes publiées par Leroux, attestent quelque 500 actes antérieurs à l'an 1200 ; si l'on éclaire ces actes par une biographie du fondateur rédigée à la fin du XII^e^ siècle, et par un coutumier disciplinaire de même époque que le cartulaire, on peut jeter successivement quelque lumière sur deux aspects majeurs de la vie canoniale d'Aureil : l'expansion territoriale du petit ordre de Gaucher, l'admission et l'organisation des recrues. A vrai dire, le recrutement est présenté par la *Vita* comme cause de l'expansion, le fondateur acceptant les donations comme sources de revenus nécessaires à ses recrues, mais dans la mesure où Gaucher devait fournir ses fondations en sujets recrutés par son monastère, le recrutement apparaît comme logiquement antérieur à l'expansion territoriale ; or, la perte de l'obituaire d'Aureil nous prive, à propos des personnes, de la source de renseignement que nous fournit le cartulaire pour les lieux, et comme l'expansion a pu créer aussi des besoins en personnel, elle sera examinée en premier lieu.

Pour alléger les références du présent article, un « Dossier Aureil » dactylographié a été constitué et déposé aux Archives Départementales de la Haute-Vienne. Ce dossier, auquel il ne sera renvoyé qu'exceptionnellement, contient premièrement une révision de l'édition du cartulaire, deuxièmement un tableau paroissial limousin, berrichon et périgourdin selon les données du même cartulaire, troisièmement un tableau du recrutement d'Aureil selon ces données.

### *Les étapes de l'implantation*

L'expansion des chanoines réguliers d'Aureil commence à la fin du XI^e^ siècle, c'est-à-dire au moment où la réforme grégorienne diffuse ses idéaux et ses principes en Aquitaine, et elle se termine au début du XIII^e^ siècle, quand la centralisation romaine a assuré la liberté des églises avec le concours local des évêques et des religieux, nouveaux ou anciens ; cette restauration a plus profité, il est vrai, aux religieux qu'aux évêques, pour des raisons où l'influence personnelle des fondateurs et le prestige des formules de vie ont joué un rôle, si bien que les premiers doivent, à la fin du XII^e^ siècle, faire le compte des droits et ressources de leur administration. Il est donc nécessaire de considérer les étapes de l'implantation

---

(4) Bibliographie d'Aureil *op. cit., sup.*, note 3.

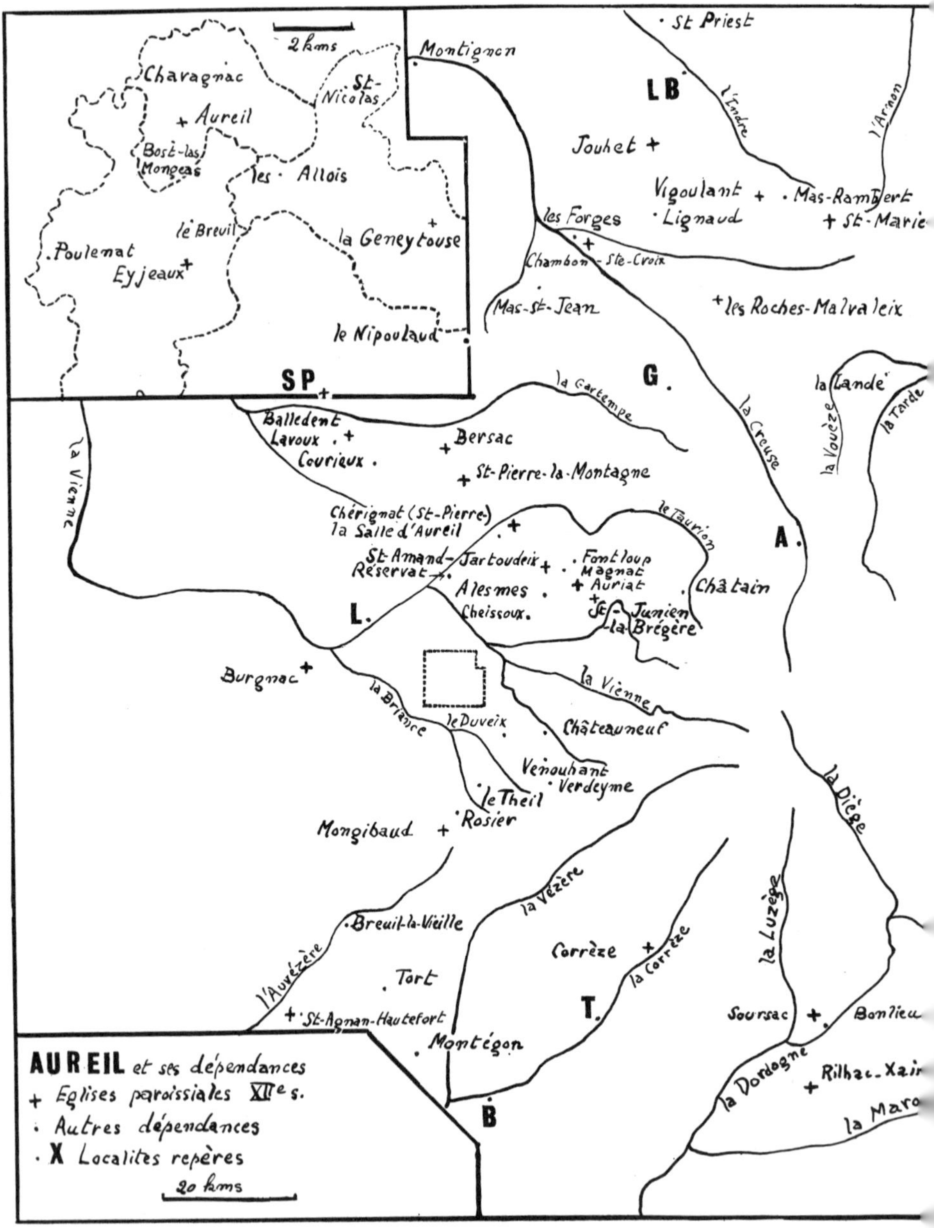
2 kms
Chavagnac
St-Nicolas
Aureil
Bost-las Mongeas
les Allois
le Breuil
la Geneytouse
Poulenat
Eyjeaux
le Nipoulaud
SP
Montignon
St Priest
LB
l'Indre
l'Arnon
Jouhet
Vigoulant
Mas-Rambert
Lignaud
St-Marie
les Forges
Chambon-Ste-Croix
Mas-St-Jean
les Roches-Malvaleix
G.
la Gartempe
la Creuse
la Lande
la Vouèze
la Tarde
la Vienne
Balledent
Lavoux
Courieux
Bersac
St-Pierre-la-Montagne
Chérignat (St-Pierre)
la Salle d'Aureil
le Taurion
A.
St-Amand-Réservat
Jartoudeix
Fontloup
Magnat
Auriat
Châtain
Alesmes
Cheissoux
St-Junien-la-Brégère
L.
Burgnac
la Briance
la Vienne
le Duveix
Châteauneuf
Venouhant
Verdeyme
le Theil
Rosier
Mongibaud
la Diège
la Vézère
Breuil-la-Vieille
la Luzège
Corrèze
la Corrèze
l'Auvézère
Tort
St-Agnan-Hautefort
T.
Soursac
Bonlieu
Montégon
la Dordogne
Rilhac-Xair
B
la Maro
AUREIL et ses dépendances
+ Eglises paroissiales XIIe s.
· Autres dépendances
· X Localites repères
20 kms

du petit ordre d'Aureil avant d'examiner globalement comment il s'est inséré dans la vie religieuse locale et quelle fut la nature de son expansion.

La situation paroissiale d'Aureil avait été réglée par l'évêque Gui de Laron (1073-1086) lors de la fondation : les habitants venus se fixer autour du nouveau monastère seraient libres à l'égard de l'église Saint-Priest d'Eyjeaux dont le prêtre, ou desservant, avait ratifié l'abandon des droits paroissiaux qu'un clerc du lieu avait sur le territoire libéré. Un vieux chanoine de Limoges avait encore accru ces dons et quand le successeur de Gui, l'évêque Humbaud, vint avec son collègue de Maguelonne, grand ami des chanoines réguliers, pour bénir le nouveau cimetière d'Aureil, des nobles locaux abandonnèrent, eux aussi, leurs droits de dîme sur le cimetière et sur les vignes des frères. Mais c'est plus tard seulement que Gaucher put, avec l'appui de l'évêque Eustorge, acquérir l'église paroissiale d'Eyjeaux de ses propriétaires laïcs au prix de la cession de deux chevaux et de l'admission de trois chanoines ! Encore fallut-il désintéresser les chanoines de Limoges et des héritiers versatiles : l'un de ces derniers avait mis la main sur une chapelle nouvellement construite sur le territoire d'Eyjeaux. Est-ce la chapelle Saint-Léonard d'Aureil, signalée en 1169 et non localisée ? Est-ce plutôt le Breuil où l'évêque autorisait la messe entre 1140 et 1147 ? Il ne s'agit certainement pas de Chavagnac où Gaucher s'était d'abord installé et sur lequel Saint-Augustin de Limoges n'abandonna ses droits qu'en 1180[5]. Peut-être s'agit-il de Pouleinat possédé par les moniales d'Aureil.

On ne voit apparaître de moniales à Sainte-Marie d'Aureil, appelé plus tard le Bost-las-Mongeas, que sous l'évêque Eustorge (1106-1137), mais on y recevait, dès la dernière décennie du XI^e siècle, des femmes de tous âges et de toutes conditions. On ne sait rien de la règle suivie par ces moniales, ou dames, et les formules d'obéissance à Gaucher inscrites dans certaines chartes d'admission laissent penser que le prieur d'Aureil était aussi entièrement responsable de ses recrues féminines qu'Étienne d'Obazine l'était de celles de Coyroux[6]. Toutes n'avaient peut-être pas le même statut, car on trouve en 1101 une comtoresse Iverne de Laron finissant sa vie à Aureil sous l'habit religieux, moyennant le don d'un mas qui devait obligatoirement prendre son nom ; dans le même temps sans doute, une dame Ermengarde

---

(5) Acte copié au ms. Paris B.N. lat. 12746, p. 116-117 ; les Bénédictins ne retiennent qu'un droit de gîte au passage, outre un versement annuel de 20 sous barbarins.

(6) « Vie d'Étienne d'Obazine. Texte établi et traduit par Michel AUBRUN » (*Fac. Lettres de Clermont-Ferrand. Publ. Institut d'Ét. du Massif Central, fasc. VI*, 1970).

allait servir Dieu au Chambon-Sainte-Croix avec le revenu de sa terre.

Ces libéralités ont sans doute été à l'origine du rattachement de certains « prieurés » au Bost-las-Mongeas. Le cartulaire semble dater le Réservat de 1086-91 : une Pétronille s'était fait attribuer par le comte de la Marche un emplacement que les gens du comte l'aidèrent à enclore et qui devait obligatoirement revenir à Aureil. Dans ledit cartulaire, Pouleinat n'est encore qu'une terre de moniales, et Lavoux est ignoré, mais le chartrier signale des chapelles dans ces deux endroits aux XV^e^ et XVI^e^ siècles. Enfin, on peut se demander si les Allois[7], n'ont pas été fondés par Gaucher, car une sentence épiscopale de 1155-60 oblige la prieure du lieu à promettre obéissance et à payer un cens annuel pour son emplacement au prieur d'Aureil chargé de veiller à l'observance des moniales ; celles-ci n'obtenaient que la liberté d'élection de leur prieure, mais elles surent probablement en profiter car les Allois sont abbaye de Bénédictines avant 1180.

Pas plus que pour Bénévent, comme on le verra, la faveur épiscopale ne cessa pour Aureil avec l'accession d'Humbaud de Sainte-Sévère au siège de Limoges (1086). L'évêque confirma volontiers la donation de la lointaine église paroissiale de Soursac, que Gaucher accepta de ses propriétaires laïcs en 1091 tout en consignant soigneusement les circonstances de cette acquisition. Mais c'est à titre personnel qu'Humbaud, sa mère et ses frères donnèrent à Gaucher l'église de Vigoulant en Bas-Berri, et c'est encore une note explicite du cartulaire qui nous raconte comment l'évêque profita d'une rencontre avec son métropolitain Audebert, au cours des festivités de la Saint-Nicolas (15 avril 1093), pour faire ratifier cette donation.

Sous le même archevêque de Bourges, Audebert, et dans les mêmes parages, un important seigneur berrichon, Alard Guillebaud, bienfaiteur des Fontevristes d'Orsan — où mourrait Robert d'Arbrissel en 1117 —, avait vu l'un de ses vassaux céder aux « chanoines réguliers » d'Aureil l'église abandonnée de Saint-Priest ; lui-même ne manqua pas de compléter cette donation en 1099-1100 par l'appoint d'une terre avec ses habitants, libres, serfs et colons, outre les droits seigneuriaux. Or, cette libéralité fut reçue par le prieur des chanoines d'Aureil installés au Chambon-Sainte-Croix, en diocèse limousin, dans des conditions que l'on ignore ; si l'on en juge par la donation au Chambon, sous l'évêque

---

(7) Le rapprochement entre les Allois et *Alaudia* du cartulaire n'a rien de convaincant (cf. « Dossier Aureil »). La sentence épiscopale, rendue sur arbitrage de l'abbé de Lesterps, est à rapprocher des velléités d'indépendance attestées au Coyroux peu avant 1159 (AUBRUN, *op. cit.*, *sup.*, note 6, p. 199).

Eustorge, de la grosse terre de Lignaud dont les habitants devenaient les hommes des chanoines et auraient une chapelle attestée au XIII$^{e}$ siècle, Gaucher avait l'assurance explicite de la protection des nobles locaux, et l'on a signalé plus haut cette dame venue servir Dieu au même Chambon. C'est encore au temps de Gaucher que fut acquise la terre de Forges et ses landes, toutes proches du Chambon, d'un donateur qui plaçait ses deux fils à Aureil ; la terre avait église, habitation, jardin et terrain cultivable à proximité de la maison, tandis que les landes devaient être mises en culture à mi-fruit par des tenanciers. A la fin du XII$^{e}$ siècle, les Forges possédaient une chapelle, la maison du chanoine appelé prieur et huit maisonnettes avec jardin.

Alard Guillebaud voulut consolider en 1102 ce qui fut sans doute le premier établissement de Gaucher dans la région en lui remettant solennellement, par l'entremise de l'archevêque Léger, pour lors son hôte, son droit de dîme sur l'église paroissiale de Jouhet dont le fief presbytéral avait été cédé au prieur d'Aureil par les parents d'un de ses jeunes chanoines. Sans doute fallut-il plaider contre un archidiacre, mais l'un des signataires de l'acte de 1102, Raoul de Déols, voulut, lui aussi, faire un geste en permettant à ses propres « chasés » de la châtellenie de Boussac de donner ce qu'ils voulaient à Aureil : terres, églises, vignes, prés, bois, etc. Il donna ensuite lui-même le Mas-Rambert dans les parages de Vigoulant ; enfin, lui et ses fils donnèrent vers 1110-25 l'église paroissiale de Saint-Marien en accordant au prieur du lieu une sauvegarde pour ses habitants.

Il faut encore rattacher à la même période et à la même région le don de divers droits sur l'église de la Roche-Malvaleise, à l'occasion d'un placement d'enfant à Aureil, mais une chapelle sur le territoire paroissial fait penser à un établissement parallèle de nos chanoines. Ajoutons le don du Mas-Chabot, ou Mas-Saint-Jean, dans le Dunois voisin, où il y eut aussitôt une maison des chanoines. Rappelons encore cette fondation que le frère Gérard Gaschet avait faite à la Lande, près de la Vouèze, et que son bienfaiteur laïc donna à Gaucher avec bois, bâtiments et chapelle ; en 1218, il y aurait là un chanoine dans la maison de l'ermite. En revanche, c'est un échec que l'on enregistre à Pezay-le-Joli où Gaucher avait reçu deux domaines contigus, Chancelade et Montignon, dont l'un devait avoir sa chapelle pour les futurs habitants ; l'installation des Fontevristes à Longefont en 1116 leur fut sans doute funeste, car on n'en trouve pas trace hors du cartulaire[8].

(8) Pezay et Longefont sont maintenant dans la commune d'Oulches, cant. Saint-Gaultier (Indre) et le cas a échappé à Émile Chênon dans ses travaux cités, *infra*, p 129.

L'implantation des chanoines réguliers d'Aureil présente donc, dès la fin du XIe siècle et dans les seuls confins du Limousin et du Bas-Berri, un certain nombre de caractéristiques que l'on retrouve dans une autre zone située autour d'Aureil et de Limoges, entre Briance et Gartempe.

En 1092, déjà, le seigneur lépreux de la Brégère donnait à Aureil trois mas sur son alleu pour y bâtir un oratoire à la Vierge ; lui et les siens étaient reçus dans la société spirituelle du monastère et quand l'évêque Humbaud vint bénir le cimetière, il accepta que l'église paroissiale du lieu, Saint-Junien, fût également donnée aux frères d'Aureil. D'autre part, l'importante famille de Laron avait donné à Gaucher un protecteur épiscopal et une recrue féminine de haut rang ; son chef Roger lui donna encore vers 1096 la forêt d'Alesmes où l'on trouve une maison et un chanoine au milieu du XIIe siècle, dotés de quatre manants supplémentaires à la fin de ce même siècle. C'est la famille de Jaunac, cette fois, qui donna à Gaucher en 1101 l'église paroissiale de Burgnac en présence de l'évêque de Périgueux Raynaud de Thiviers ; l'église eut bientôt son chanoine.

Venu à Aureil au début de son court épiscopat à Limoges, l'évêque Pierre y confirma en 1102 la possession de l'église de Corrèze à la demande du donateur, Adémar de Tulle, désormais chanoine de Gaucher, et il en profita pour confirmer aussi la possession des églises de Burgnac et de Soursac, en présence de ses archidiacres. Cela n'empêcha pas quelques difficultés avec le prêtre de Burgnac et l'église de Bar, donnée par Adémar de Tulle dans les mêmes conditions que sa voisine de Corrèze, resta sous patronage épiscopal. Cette confirmation volontairement incomplète a l'avantage de dater un dénombrement des églises paroissiales possédées par Aureil et de marquer la réserve des droits épiscopaux. D'autres acquisitions sont sans doute postérieures de peu et il n'est pas vraisemblable que l'évêque Pierre les ait gênées, mais il a pu les ignorer[9]

C'est ainsi que vers 1100 des dîmes sont données à Aureil dans la paroisse de Saint-Amand-Jartoudeix et qu'un don lui est fait devant l'église ; en fait, la possession ancienne de ladite église ne sera reconnue à nos chanoines qu'en 1194 et sur témoignages oraux et écrits. Moins assurée encore est la possession de Saint-Pierre-la-Montagne où un frère d'Aureil est en place dès 1102, mais dont le prieur doit « donner » la moitié à l'évêque vers 1160-70. En revanche, l'église paroissiale de Mongibaud fut bien donnée à Gaucher vers 1100 par un chanoine de Saint-Yrieix qui prenait l'habit d'Aureil et par

---

(9) « *Les chanoines réguliers...* » (cité *sup.*, note 1), p. 217-218 et *B.S.A.H.L.*, t. 98, 1971, p. 158.

la famille d'une moniale du Bost-las-Mongeas ; dans la paroisse voisine de Meuzac, où Gaucher reçut quantité de dons, on envisagea de bâtir un oratoire sur l'alleu d'un noble, à Rosier, mais l'église paroissiale resta sous patronage épiscopal.

A Châteauneuf, il y avait une chapelle castrale avec cloître, donnée à Gaucher vers 1100, et un chanoine occupait les lieux en 1240 ; mais, là encore, l'église paroissiale de Sainte-Marie-la-Claire resta sous patronage épiscopal, alors qu'Aureil possédait aussi sur son territoire la petite maison de Venouhant, peut-être un ermitage recueilli par Gaucher[10]. La fondation du Duveix montre fort bien de quelle manière un petit établissement nouveau pouvait trouver place sur un territoire paroissial : une pieuse dame vint mourir à Aureil vers 1100 et fit au monastère des dons sur la paroisse de Linards, dons que ses parents et amis accrurent de leur libéralités ; le prêtre de Linards accorda que l'on bâtît une église dédiée à la Vierge, avec des dépendances et un cimetière où pourraient se faire enterrer les gens des autres paroisses, le desservant n'abandonnant aux frères que les dîmes de leur travail.

C'est à la même époque que le cartulaire suggère de placer certaines implantations plus obscures qu'il faut bien passer en revue. C'est la donation d'un mas ou d'une borderie qui est à l'origine du Theil sur Saint-Germain et de Châtain sur Saint-Moreil ; dans le premier cas, on ne trouve qu'une chapelle au XIVe siècle et, dans le second cas, où la protection des Laron et du prieur de Saint-Jean-de-Cole — fondation canoniale régulière de Raynaud de Thiviers — est probable, on trouve un chanoine en place vers 1160 et une chapelle de la Vierge attestée au XIVe siècle. Le mas de Verdeyme, donné par une noble dame de la maison de Tulle, devenue moniale, eut vite son chanoine, mais ne se signale par aucun titre particulier, tandis que l'important domaine de Pressac sur Feytiat, donné à Gaucher par des amis, eut des habitations et des tenanciers au XIIe siècle sans que l'on y voie de personnel ou de local religieux. C'est à ces mêmes amis, les frères Silvain de Noblat, que dut son origine le « prieuré » Saint-Nicolas : les fondateurs avaient donné un oratoire où serait fait le service de Dieu pour eux et les leurs, à une lieue d'Aureil où ils étaient enterrés.

Plus curieux est le cas de Cheissoux, sur Champnètery, comparable toutefois au cas de la Lande : vers 1100 un frère Pierre se donnait à Gaucher, lui et son monastère de Sainte-Marie, avec toutes ses possessions, sous réserve qu'il en

(10) Elle était dédiée à saint Jean-Baptiste comme la Lande et le chef d'ordre avait récupéré dans sa bibliothèque, au début du XIIIe siècle, un missel et un ou deux lectionnaires qui en provenaient.

garderait la direction sa vie durant et qu'elle aurait encore son autonomie sous son successeur ; on ne voit que des raisons de proximité pour expliquer la cession de Cheissoux par Gaucher au prieur de Saint-Léonard Aton (vers 1130-40). Quant aux deux maisons jumelles de Magnac et de Fonloup, leur proximité explique également leur dépendance mutuelle tôt attestée : la seconde, où l'on trouve chapelle et chanoine, avec quelques droits paroissiaux au milieu du XIIe siècle, resta annexe de la première où ne sont attestés d'abord qu'un chanoine et un clerc.

Il va de soi qu'avec l'épiscopat d'Eustorge, prélat fidèle à Innocent II et ami des ordres nouveaux, Gaucher fut assuré d'un solide appui. En 1110, une lettre spéciale de l'évêque donna l'église paroissiale de Bersac à Aureil qui avait là des intérêts ; des difficultés avec le prêtre du lieu ne furent aplanies qu'en 1156 par un prieur d'Aureil issu de la principale famille bienfaitrice, mais entre temps on avait doté d'une église supplémentaire les tenanciers des chanoines. Le Breuil-Sainte-Catherine eut pour origine une église nouvellement construite sur la paroisse de Saint-Mesmin, aux confins du Périgord, d'accord avec les chanoines de Saint-Yrieix ; Gaucher accepta de faire desservir l'église par les siens si lesdits chanoines ne le faisaient pas, en stipulant exactement le partage des revenus. Non loin de là, mais dans le diocèse de Périgueux, cette fois, le cas d'Hautefort est comparable à celui de Châteauneuf : on donna à Aureil, en 1109, non seulement la chapelle Sainte-Marie du château, mais l'église paroissiale de Saint-Aignan ; outre les précautions prises par Gaucher pour désintéresser les prêtres du lieu, il ne fallut rien de moins qu'une sentence du concile provincial de Bordeaux de 1138 pour que le vieux fondateur pût dédommager aussi les moines de Tourtoirac.

On ne voit pas les mêmes difficultés pour l'église paroissiale d'Auriat, qui comptait la maison d'Alesmes sur son territoire, et dont les dîmes furent récupérées depuis 1115 jusqu'au début du XIIIe siècle, sans que l'on sache rien d'exact sur l'appropriation par Aureil de l'église elle-même. Vers 1115 encore, le don d'un village *(villa)* par le comte de la Marche fut à l'origine de la possession de l'église paroissiale Saint-Pierre-de-Chérignat dont le territoire comptait, lui aussi, les importantes possessions de la Ville Saint-Martin, ou la Salle d'Aureil ; là encore, l'acquisition des droits complets de divers laïcs se fait à la fin du XIIe siècle, époque à laquelle il y a sur place un chanoine desservant dans sa maison.

Gaucher mourut accidentellement, presque octogénaire, au cours d'un voyage, en 1140. Il est très vraisemblable qu'il avait repris contact avec sa patrie normande et que les quatre dépendances d'Aureil dans le diocèse de Rouen datent de son priorat, mais le peu que l'on sait sur eux n'apporte rien à notre propos. Malgré quelques troubles occasionnés par la succession du fondateur, les acquisitions de la seconde moitié du XII^e siècle ne font que consolider les implantations premières.

Et tout d'abord l'église paroissiale, toute voisine, de la Geneytouse fut enfin acquise de ses propriétaires laïcs entre 1160 et 1176 grâce à l'intervention du patriarche limousin d'Antioche[11]. Une autre église paroissiale, celle de Balledent, fut reçue en 1169 de l'évêque Gérard ; les moniales d'Aureil avaient en effet des possessions sur son territoire et d'autres dons permirent d'y faire une autre fondation, Courieux, qui avait son chanoine en 1175 et son prieur en 1221. Le même évêque Gérard présida à quelques accomodements personnels à propos de Bersac et de Corrèze, et son successeur l'évêque Sébrand donna à Aureil en 1190 la lointaine église de Rilhac-Xaintrie dont le territoire communiquait avec celui de Soursac par un pont sur la Dordogne. L'acquisition de Beauvoir en 1196 ne faisait encore que sauvegarder les droits d'Aureil sur le territoire de Saint-Amand-Jartoudeix : l'évêque avait permis en 1195 la construction d'une église dans le village de Beauvoir pour les besoins spirituels des colons d'un seigneur, mais il dut ensuite reconnaître les droits des chanoines sur la chapelle nouvelle comme sur l'église principale.

Ces quelques actes de Gérard et de Sébrand sont pour le siège de Limoges l'occasion de rappeler les droits de l'évêque et de ses ministres (archidiacres et archiprêtres) avec une précision croissante, mais aussi de définir la situation des chanoines d'Aureil dans leurs dépendances. A propos de la Geneytouse et de Corrèze, il est entendu qu'un chanoine sera présenté comme desservant *(capellanus)* par le prieur à l'évêque et ne sera pas déplacé sans l'avis de celui-ci ; le chanoine qui est prêtre de Bersac verse une procuration à son prieur chaque année ; à Corrèze, où des combinaisons font se succéder oncles et neveux, l'accord du chapitre d'Aureil est demandé par le prieur — cet accord semble même normal d'après l'acte concernant Beauvoir —, mais le prieur peut toujours retenir un chanoine au cloître. Pas plus à la fin du XII^e siècle qu'aux origines d'Aureil, il n'est question du nombre minimum de trois ou quatre chanoines requis par le concile de 1179 pour les établissements paroissiaux desservis par des réguliers.

(11) M. Gady, « Les origines d'Aymeric de Malefayde et de son neveu », « Aymeric et Berthold de Malefayde » (*Bull. Soc. Sc. Archéol. Corrèze*, t. 75, 1953, p. 89-112 et t. 76, 1954, p. 23-54).

En passant rapidement en revue les étapes de l'implantation d'Aureil dans le diocèse de Limoges et le Sud du diocèse de Bourges, on s'aperçoit que Gaucher a profité, dans une proportion impossible à fixer, de l'appui des évêques et des nobles, des besoins en lieux de culte pour les cultures nouvelles, des occasions de reprendre en main telle ou telle fondation périclitante, des obligations matérielles ou morales qu'avaient les laïcs de se dessaisir d'églises paroissiales... . Encore faut-il se demander de quelle manière la congrégation d'Aureil s'est insérée dans les cadres de l'organisation diocésaine et paroissiale existante. Comme on ne possède d'état complet des desservants *(capellani)* du diocèse de Limoges que pour les alentours de 1315[12], il faut se contenter de recourir aux données fournies par le cartulaire et les chartes publiées d'Aureil.

L'organisation paroissiale du diocèse de Limoges apparaît alors de manière très partielle, si l'on tient compte de correspondances entre diverses mentions significatives entre toutes. Sur les quelque 736 églises limousines desservies par des *capellani* vers 1315, 82 sont représentées à un titre ou à un autre dans les chartes et notices d'Aureil. Trente-six d'entre elles sont mentionnées par leur territoire paroissial *(parochia)*[13], 25 et 15 le sont respectivement par la mention de leur desservant *(capellanus)* ou de leur prêtre propre *(sacerdos, presbyter)*[14], 23 par la mention des dîmes actives. Si l'on compare ce relevé de mentions significatives avec l'état de 1315, on constate que le titre paroissial a glissé de Bouzogles à Bourganeuf, de Pompadour à Arnac, de Sainte-Marie-la-Claire à Saint-Michel de Châteauneuf, peut-être

---

(12) Ce terme de *capellanus* désigne évidemment le desservant principal d'une église paroissiale, comme le montrent les Pouillés de Bourges et de Limoges édités par M. de Font-Réaulx (cit. *infr.*, p. 116) ou l'acte de l'évêque Gérard édité par Leroux et Bosvieux « Chartes, chroniques... », p. 35 (excommunication vers 1147) ; le terme a échappé à Lemarignier, Gaudemet et Mollat « Histoire des Institutions françaises au Moyen Age. Tome III : Institutions ecclésiastiques », p. 204, et E. Chénon (*op. cit.*, *infr.*, p. 129) le traduit par « chapelain » avec des guillemets prudents, prudence qui disparaît avec le « Recueil... » de J. de Font-Réaulx, cité *infr.*, note 46, n° XXXVIII (1216). Il faut le traduire par « desservant » puisque le mot « curé » est postérieur et bien que *capellanus* désigne parfois dans nos chartes un « chapelain » épiscopal ou seigneurial.

(13) La seule « paroisse » d'*el Guiosa*, non identifiée, ne se retrouve évidemment pas plus en 1315, parmi les desservants, que celle de Bouzogles.

(14) L'équivalence entre desservant et prêtre propre est nette dans les textes pour Chabrignac, la Galamache, Saint-Just-le-Martel, Isle. Voir aussi note 52, *infra*.

aussi de Saint-Aignan à Hautefort. C'est le prévôt ou le prieur qui tiennent désormais lieu de desservant à Saint-Just-le-Martel ou à Saint-Marien, mais Roussac a gardé prévôt et desservant distincts. On aperçoit des prêtres au service des nobles locaux à Beauvoir, au Burg, à Echizadour, à *Francherium*, à Brosse en Bas-Berri ; les châteaux de Bré, Peyrat, Noblat, Laron apparaissent dans nos chartes comme dotés de *capellani* qui, dans les trois derniers cas, ne se distingueront pas des autres dans l'état de 1315. Enfin, l'on voit que dès la seconde moitié du XII^e^ siècle, il y avait des églises aux mains de deux détenteurs superposés, comme à Mérignat avec un moine et un prêtre, et probablement à Hautefort et à Eyjeaux.

Quant aux dépendances d'Aureil, les chartes et notices permettent d'y distinguer des églises paroissiales, des maisons avec église non paroissiale *(capella)*, et des maisons domaniales sans église connue.

Le patronage d'Aureil s'étendait à 18 églises paroissiales dont toutes, sauf Auriat, ont laissé trace de leur cession par des laïcs ou par l'évêque, voire de la confirmation par celui-ci. Si la personne présentée à l'évêque comme desservant est normalement un chanoine d'Aureil d'après la cession de la Geneytouse vers 1150, ce peut être tout sujet idoine en 1196, à propos de Beauvoir, et obligé à desservir en personne. En fait, l'identité entre chanoine et desservant est indiquée pour Bersac dans la première moitié du XII^e^ siècle, pour Saint-Pierre de Chérignac vers 1200, et surtout pour Aureil.

Les chanoines d'Aureil possédaient une maison avec église dans sept ou huit paroisses patronnées par eux, mais ils en avaient aussi dans onze paroisses patronnées par d'autres. Il est suggestif de passer en revue les situations diverses de ces maisons, depuis Aureil même, établi comme paroisse aux dépends d'Eyjeaux, jusqu'au Montignon dont l'église n'a sans doute existé qu'à l'état de projet.

Eyjeaux est, par sa situation géographique, la paroisse sur laquelle la documentation aurélienne nous renseigne le plus : neuf fois il est question de son territoire *(parochia)*, deux fois du fief presbytéral; quatre fois de sa dîme et de ses collecteurs *(bajuli)*, une fois de son cimetière, et il n'est pas jusqu'à sa dédicace et son caractère baptismal qui ne soient mentionnés ! Le cartulaire s'ouvre sur ce qui semble être un partage géographique des revenus de la dotation entre Eyjeaux et Aureil, mais l'évêque Gui de Laron a réservé les droits du desservant d'Eyjeaux sur ceux de ses paroissiens qui s'installeraient à Aureil. Cette simple réserve, que l'on retrouve pour le Duveix, ne pouvait empêcher une paroisse de jouir bientôt de son plein exercice et Aureil a, déjà, vers le milieu du XII^e^ siècle, un desservant *(capellanus)* qui remplit les fonctions habituelles, spécialement auprès des moribonds ; à vrai dire, on ne trouvera pas ce desservant auprès de celui d'Eyjeaux vers 1315, et il n'y a pas trace des dîmes du territoire d'Aureil dans le cartulaire, mais la situation du monastère explique sans doute cette anomalie.

Sur le même territoire d'Eyjeaux, les chanoines d'Aureil avaient obtenu de l'évêque, vers 1149, que l'on construisît une chapelle *(capella)* où serait dite la messe, sans que cela portât la moindre atteinte aux droits paroissiaux et épiscopaux. Comme la paroisse d'Eyjeaux avait déjà été acquise par les chanoines, on peut voir dans ces réserves une volonté de protéger le statut paroissial contre des émiettements[15]. En effet, sur le territoire propre à Aureil, les moniales de Bost-las-Mongeas avaient déjà leur chapelle *(capella)* et dès 1169, il existait une chapelle Saint-Léonard non localisée, laquelle, au début du XIIIe siècle devait servir de prétexte à une fondation d'anniversaire par un prieur de dépendance normande. Dès le temps de Gaucher, et dans le même esprit, de riches bienfaiteurs avaient érigé, sur le territoire voisin de la Geneytouse, un oratoire à Saint-Nicolas qui semble avoir eu un desservant *(capellanus)* au milieu du XIIe siècle, et dont le statut allait soulever des problèmes paroissiaux au XIIIe.

Le cas de Beauvoir fournit un nouvel exemple de limitation des autonomies naissantes par les chanoines patrons de la paroisse de Saint-Amand-Jartoudeix. Le vocabulaire employé est, en effet, révélateur : l'autorisation épiscopale donnée au noble fondateur parle assez vaguement d'église *(ecclesia)* dans laquelle le peuple pourra écouter la bonne parole *(spiritualia)* et recevoir les sacrements *(divina)*, mais le desservant *(capellanus)* sera établi par l'évêque *(ex donatione nostra ... institutus)*, et la dotation consiste en dîmes usuelles levées sur les habitants lotis dans le village et en entretien matériel assuré par le seigneur *(de mensa sua ... victualia)*. Mais les chanoines firent valoir victorieusement les droits de leur église Saint-Amand sur sa « fille » de Beauvoir et celle-ci, que les actes épiscopaux ou archidiaconaux n'appellent plus que chapelle *(capella)*, disparaît de la documentation ; la suite de l'affaire montre que l'évêque se désintéresse désormais du titulaire de cette chapelle.

Les maisons fondées par Aureil sur des paroisses à patronage étrangers avaient-elles plus de chance d'acquérir l'autonomie ? Des disposition limitatives apparaissent lors de la fondation du Duveix, du Breuil-Sainte-Catherine, de Montignon, le droit de sépulture apparaissant comme le signe essentiel de

---

(15) Pour un territoire qui nous intéresse, E. Chénon a écrit un article fort suggestif, notamment par ses illustrations : « *Vicus, burgus, castrum.* Étude sur les origines féodales de diverses villes du Bas-Berry » (*Mém. Soc. Antiquaires du Centre*, t. 40, 1921, p. 20-41).

rattachement des habitants à leur nouvelle église[16]. La dizaine d'établissements ainsi fondés se répartit par moitié entre paroisses à patronage épiscopal et paroisses à patronage monastique ou canonial. L'hypothèse d'une limitation à leur autonomie mise par le patron ecclésiastique doit être retenue, surtout pour la seconde moitié du lot.

Dans ce lot, la Lande et Cheissoux sont des fondations recueillies par Gaucher, et si Cheissoux est vite abandonné au puissant chapitre de Saint-Léonard, patron de Champnètery, la Lande ne semble pas avoir intéressé les Bénédictins de Chambon-sur-Vouèze. Saint-Priest, Montignon et les Forges ne se sont pas développés : le premier était sur une paroisse de Déols, le second sur une paroisse tôt donnée aux Fontevristes, le troisième étroitement « marqué » par les Cisterciens d'Aubepierre. Pour le Duveix, on notera la main-mise de Solignac sur la paroisse de Linards peu après la donation.

Dans les paroisses épiscopales, trois maisons d'Aureil apparaissent comme prieurés à partir des XIII^e^ et XIV^e^ siècles sans que leur lieu de culte soit explicitement attesté dans nos chartes et notices : le Mas-Chabot, le Theil et Verdeyme, auxquels on peut ajouter le Mas-Rambert sur une paroisse de Déols, mais le titre de prieur n'intéresse que le responsable de l'établissement, lequel pourrait tout aussi bien être en même temps le desservant de l'église si elle était paroissiale, comme on le voit pour Corrèze en 1315. En réalité, les évêques et leurs ministres n'avaient pas plus intérêt que les patrons à un émiettement paroissial ; la récupération d'une « moitié » de Saint-Pierre-la-Montagne par l'évêque Gérard en 1160-70 laisse penser qu'un partage des revenus d'une unité paroissiale leur convenait mieux qu'une division territoriale de cette unité. L'affaire des quatre chapelles le suggère.

Quatre maisons d'Aureil semblent avoir réuni des conditions favorables pour s'arroger un statut quasi-paroissial et attirer sur eux l'attention épiscopale quand, au XIII^e^ siècle, l'influence des Mendiants vint remettre en cause la compétence exclusive des desservants : Alesmes, la Brégère, Saint-Nicolas et Venouhant étaient à la fois sur un territoire paroissial patronné par Aureil et assez éloignés de l'église principale de ce territoire ; on ne compte pas Saint-Michel-de-Châteauneuf qui avait éclipsé Sainte-Marie-la-Claire. En 1282, l'évêque Gilbert fit faire une enquête sur ces quatre chapelles *(capellae)* qui étaient réputées posséder fonts baptismaux, fidèles *(plebes)* et cimetières ; les enquêteurs devaient s'informer sur place des territoires exacts de ces chapelles par rapport aux frontières des paroisses voisines *(parochiae)* dont les

(16) Il y a même une amorce de découpage géographique pour la provenance de certaines donations au Breuil-Sainte-Catherine.

responsables *(rectores)* devaient être interrogés. L'évêque étendait l'enquête aux autres chapelles d'Aureil sans fidèles, mais se réservait le cas de Bonlieu, peut-être à cause de sa situation limitrophe par rapport au diocèse de Clermont. En fait aucune de ces quatre chapelles ne paraît dotée d'un desservant *(capellanus)* dans l'état de 1315, où l'on ne voit que Cheissoux à en bénéficier ... après avoir quitté Aureil !

En face de ces maisons d'Aureil devenues centres de quasi-paroisses, il faut finalement évoquer d'importants centres d'exploitation qui ne devinrent jamais des « prieurés » et où un lieu de culte n'est pas attesté, ou bien l'est assez tard. Dans ce dernier cas, on peut citer Lignaud et Rosier de Meuzac : la chapelle de l'un n'apparaît qu'en 1274 et celle de l'autre, si elle est prévue dans l'acte de fondation au temps de Gaucher, n'est attestée comme réalité qu'en 1318. Des domaines comme Montégon, Pressac et Tort avaient, d'après le cartulaire, toutes chances d'aboutir à semblable promotion ; mais le premier causa de sérieux ennuis juridiques à Gaucher et le second était vers 1100 — et resta — une maison *(domus)* encore appelée « obédience », termes employés pour quelques établissements d'Aureil distincts et éloignés des églises patronnées[17].

## *Le recrutement et l'organisation des effectifs*

Faute d'un obituaire perdu, on en est réduit aux notices du cartulaire d'Aureil pour se faire une idée des effectifs du petit ordre[18]. La vie du fondateur, le coutumier et même un statut de chapitre général de 1215 aident à voir comment ces effectifs étaient répartis et organisés.

Les vies de Geoffroy du Chalard et de Gaucher d'Aureil disent successivement comment ce dernier accueillait les recrues de tous sexes et de toutes conditions, mais les notices du cartulaire ne gardent le souvenir que de celles dont l'admission a donné lieu à un don en biens fonds ou en revenus fixes : cela représente quelque 120 cas pour le demi-siècle du priorat de Gaucher et un peu moins de 100 pour les 80 ans qui suivent[19]. Pour chacune des deux périodes, ces chiffres comprennent une bonne part de recrues désireuses de se

(17) Il y a mention de « maison » pour Alesmes, les Forges, la Lande, Magnac et Fontloup et même pour Jouhet où l'habitation canoniale était assez éloignée de l'église ; les maisonnettes *(domunculae)* sont des logements de tenanciers à Bersac, Pressac et les Forges.

(18) Un cartulaire a toutefois l'avantage de préciser des conditions personnelles qu'un obituaire tait par principe (cf. *B.S.A.H.L.*, 97, 1970, p. 110 à propos de l'obituaire de l'Artige qui peut être recoupé par le cartulaire).

(19) Voir « Dossier Aureil ».

faire enterrer chez les chanoines (27 et 23), ou de recevoir l'habit *in extremis* (23 et 25), ou encore d'enfants offerts par leurs parents (31 et 19).

Il est curieux que les admissions de clercs soient trop rares pour avoir valeur statistique dans l'une et l'autre période. Si l'on considère la condition sociale et le sexe, on voit que, du temps de Gaucher, il existe une proportion de 7 hommes pour 5 femmes avec un léger recul de ces dernières à la fin du priorat ; quant aux enfants admis, il y a plus de filles que de garçons, sauf encore à la fin. Les femmes nobles sont d'abord majoritaires et finissent à égalité avec les hommes nobles, mais ces derniers fournissent le double de profession *in extremis* et la majorité des sépultures.

La période qui suit le priorat de Gaucher peut nous apparaître comme le temps des administrateurs après le temps des pionniers ; or, les hommes sont alors à 2,05 pour une femme, et une seule fille est admise pour 18 garçons, tandis que la proportion féminine augmente relativement pour les admissions funéraires et surtout grabataires. La comparaison statistique entre les deux périodes confirme ce que disent les hagiographes du Chalard et d'Aureil au sujet de l'accueil fait par Gaucher aux recrues féminines, mais suggèrent aussi que ses quelques monastères féminins ont dû peser, dès avant sa mort en 1140, sur les ressources de son petit ordre, puisqu'après lui on arrête l'admission des filles tout en facilitant les admissions rentables de mourantes et de défuntes. Peut-être y eut-il alors un essai de regroupement des religieuses au Bost-las-Mongeas, regroupement auquel les Allois auraient voulu échapper ? En revanche, l'accroissement de l'admission des garçons s'explique assez par les besoins en personnel des diverses dépendances.

Les effectifs de ces dépendances sont mal attestées par le cartulaire, car les donateurs ne connaissent guère qu'Aureil, son prieur ou son saint patron, et les chanoines qui apparaissent individuellement dans les chartes ne peuvent être rattachés certainement à une dépendance que pour une dizaine d'établissement. Seul Jouhet a un prieur et deux ou trois chanoines avec un cloître, mais c'est une dépendance ancienne, importante et lointaine ; il y a cloître et prieur au Chambon-Sainte-Croix, cloître à Châteauneuf, prieur aux Forges, à Saint-Marien et à Vigoulant, mais il faut se garder d'y voir les mêmes effectifs qu'à Jouhet, même compte tenu des dispositions ultérieures du concile de Latran de 1179[20], car il s'agit là d'établissements éloignés d'Aureil, sauf Châteauneuf qui a pu réaliser un projet de chapitre castral. En adoptant 1,5 comme indice moyen d'occupation canoniale

(20) Il fallait trois ou quatre sujets dans les dépendances de moines ou de chanoines réguliers.

des dépendances, non compris Cheissoux, les domaines sans églises et les moniales, on obtient un chiffre approximatif de 70 chanoines d'Aureil hors du chef d'ordre, et ce chiffre est déjà considérable pour les possibilités de relève qu'offrait la communauté centrale.

Cette communauté est mieux connue. Le cartulaire est un peu décevant, car si l'on retrouve dans les actes anciens un petit peloton des premiers compagnons de Gaucher, il faut attendre 1218 pour avoir une liste de témoins qui semble bien nommer les membres de la communauté d'Aureil, bizarrement séparés en deux groupes de 5 et 6 chanoines[21]. Ce sont des chanoines claustraux, que le coutumier d'Aureil, comme d'autres textes canoniaux, distingue des chanoines obédienciers. Ces claustraux ne sont que huit au chapitre général de 1215, et, une fois le sous-prieur indiqué, leurs charges ne sont pas plus spécifiées que ne l'est la résidence des obédienciers. Le coutumier signale cependant un sacriste et un sous-sacriste, un chantre et un sous-chantre, un écolâtre, un aumônier, un cellérier chargé des vivres et un chambrier chargé des vêtements ; toutes ces charges valaient à leur titulaire le titre de bayle et de menues facilités. Les chartes signalent souvent le sous-prieur, un moment appelé prieur claustral, ou même prévôt comme à Bénévent ; elles signalent plus souvent le sacriste qui devait être chargé des archives, des livres et des intérêts de l'église, si bien que le coutumier lui reconnaît les mêmes avantages matériels qu'au prieur. Les bayles étaient éventuellement aidés par des auxiliaires non religieux, telle la femme de service à l'aumônerie, mais les simples claustraux n'avaient d'autre occupation que la préparation ou la célébration de l'office, outre l'usage d'une bonne bibliothèque. Enfin, il y avait très probablement au chef d'ordre quelques-uns de ces « donnés », personnel domestique attesté dans les obédiences pour l'entretien des bois et ayant acquis le droit de séjour viager *(beneficium domus)*; mais les tenanciers *(afevati)*, que l'on régalait aux grandes fêtes, habitaient certainement au dehors.

Le petit nombre connu des chanoines claustraux s'expliquerait par le fait que la communauté n'est peut-être pas énumérée au complet dans l'acte de 1218, ni représentée en entier au chapitre de 1215 où, selon le coutumier, les novices n'avaient pas voix. Mais ce même coutumier autorise

---

(21) Cartulaire p. 377 ; on trouve des listes non exhaustives de 6 et 5 chanoines en 1156 et 1196 (L 18 et 28 : cf. *infr.*, p. 127) mais les 6 chanoines d'Aureil groupés en 1200-1206 autour du prieur de Chambon (Cartulaire n° 389) ont toutes chances d'être des obédienciers voisins. Clément VI (1342-52) limita à 13 le nombre des chanoines d'Aureil, quoique une enquête des environs de 1348 montre une vingtaine de personnes au chef d'ordre (A.D. Limoges : « Le Limousin dans le fichier Garampi des Archives Vaticanes », et D 658).

le prieur à ne garder au cloître que le nombre de chanoines qu'il peut y faire vivre, et si l'accord du chapitre est nécessaire pour une profession ordinaire qui augmente ce nombre, il ne l'est pas pour les professions *in extremis*, si profitables que deux prêtres au pair étaient chargés de soulager la communauté de ses obligations à l'égard des défunts. Au reste, au petit nombre des claustraux semble correspondre le petit nombre des obédienciers.

Les obédienciers sont 18 au chapitre de 1215. Même en ajoutant à ce chiffre deux sur quatre des maisons que leur situation en Normandie excusait par moitié, plus un quart d'excusés possibles, on n'arrive pas à la trentaine qui correspondait aux paroisses patronnées par Aureil. Si l'on se rappelle la liberté laissée par l'évêque en 1196 d'y nommer toute personne idoine, et si l'on évoque le cas de Fontloup cédé en dédommagement au prêtre évincé de Beauvoir, en 1200, on peut supposer qu'une fraction notable des dépendances d'Aureil étaient laissée à des séculiers. La cause en était probablement que le manque de ressources obligeait le prieur à calculer au plus juste le nombre des recrues à former au chef d'ordre.

Le statut de 1215 et le coutumier ne connaissent, à côté du prieur d'Aureil qui les nomme, que des obédienciers[22], à l'exclusion des titres de prieurs, desservants ou « possesseurs » que l'on trouve aussi dans les chartes du temps même de Gaucher. Mais ces obédienciers conservaient quelque chose de la situation que l'évêque de Limoges reconnaissait aux desservants désignés par Aureil : ils ne pouvaient être démis entre les sessions du chapitre général[23], et c'est devant cette instance qu'ils pouvaient démissionner et surtout qu'ils devaient rendre leurs comptes. Le monastère d'Aureil étant, en effet, seul propriétaire des dépendances et de leurs biens dont il centralisait les titres écrits, le prieur et les obédienciers rendaient leurs comptes annuels à trois chanoines désignés

(22) Le terme d'obédience n'est pas strictement canonial puisqu'il désigne de petites dépendances de Saint-Martial vers 1180, d'après la chronique de Geoffroy de Vigeois (éd. Labbe, *Bibl. Nov. Mss.*, II, p. 309 et 313). Des textes législatifs adoptent, à Aureil comme à l'Artige, une terminologie moins avantageuse pour les titulaires subalternes que la terminologie des chartes, laquelle aura le dernier mot car, à basse époque médiévale, il n'y a plus que des « prieurs » dans toutes les dépendances, ce qui, par l'intermédiaire des Pouillés, a fourni au répertoire de dom Cottineau ample moisson de prieurés !

(23) J. Hourlier « Le chapitre général jusqu'au moment du Grand Schisme » (Paris, 1936). Cette institution concerne tout établissement ayant des filiales et, sans aller bien loin, on voit des « chapitres généraux » au XIIe siècle aussi bien à la cathédrale Saint-Pierre d'Angoulême qu'à l'abbaye cistercienne du Palais en Limousin septentrional (bulle de Lucius II éd. Castaigne dans *Doc. hist. sur l'Angoumois*, I, 1864, p. 123 ; Autorde, *op. cit.*, *infr.*, p. 122, p. 436*a*).

par le chapitre général ; on voit ainsi apparaître assez tôt, et de manière spontanée, une institution qui sous des noms divers (définitoire, discrets) a été jugée nécessaire par tous les chapitres généraux des ordres médiévaux.

Une allusion du coutumier suggère que le prieur rendait occasionnellement visite aux dépendances. Mais ce coutumier semble rédigé dans un esprit de limitation des pouvoirs dudit prieur et, en 1218, peu de temps après le chapitre de 1215, une partie des chanoines se plaignait au pape de la mauvaise administration de leur prieur avec assez de raisons pour qu'un des leurs se trouve à sa place en 1220. Au reste, il semble bien que Gaucher soit mort trop âgé pour avoir préparé une succession que deux autres vieillards se disputèrent ; c'est encore un vieillard que ce septième prieur qui, probablement en raison d'une crise à Aureil, quitta la direction de Bénévent et fit canoniser Gaucher en 1194. Mais comme le chapitre général avait pour objet important le paiement des contributions au chef d'ordre[24] et que le prieur pouvait, d'après le coutumier, jeter l'interdit sur les maisons récalcitrantes, il est probable que l'influence des obédienciers a dû peser de moins en moins face à celle du chapitre local d'Aureil qui constituait une sorte d'état-major du prieur.

Le statut personnel des chanoines réguliers d'Aureil fit l'objet du statut de 1215 qui précisa certaines modalités de la désappropriation individuelle rappelée avec force dans son principe par le coutumier. Le statut ne permet les testaments que sous condition de garanties qui sauvegardent les intérêts matériels de l'ordre. C'était le prieur qui admettait à la profession avec l'avis du chapitre (local ?), mais il est étrange que le coutumier doive avertir les nouveau-venus qui remettaient indéfiniment cette profession, en les menaçant d'expulsion, d'inhabileté aux obédiences et de privation de prières en cas de décès ; les novices étaient soumis à une simple surveillance liturgique mais n'avaient voix au chapitre qu'au bout d'un an. Ces conditions d'admission s'expliquent par le fait que, sauf les enfants formés à l'école claustrale, les recrues devaient consister surtout en clercs adultes qui échangeaient, contre le don de leur personne et de leurs biens éventuels, le droit de vivre et de mourir sous un habit religieux immédiatement reçu.

---

(24) Ces redevances en natures et en argent étaient fixées pour chacune des dépendances et souvent payables à la Saint-Luc ; on en trouve trace un peu partout dans le chartrier d'Aureil, notamment en D 718.

## *Conclusion*

Le cartulaire d'Aureil confirme la *Vita* de Gaucher quant à la large admission par celui-ci des recrues féminines ; il la confirmerait aussi quant à ses scrupules d'accepter églises et domaines si l'hagiographe ne se référait au cartulaire de manière assez explicite pour que l'on se trouve renvoyé au récit de la donation de Soursac en 1091. Pour l'hagiographe, c'est la nécessité de subvenir aux besoins des siens qui aurait triomphé du désintéressement de Gaucher mais, en précisant que celui-ci pensait aux charges de ses successeurs, l'écrivain traduit les soucis et les idéaux de sa génération plus qu'il ne rend compte des mobiles de Gaucher lui-même. Vers 1091, ce dernier n'avait probablement pas grandes charges, mais il devait partager les répugnances de ses voisins Étienne de Muret et Lambert de la Palud pour les églises paroissiales, sources de revenus suspects aux réformistes et de conflits permanents ; en fait, Gaucher n'est pas très assuré du droit des donateurs de Soursac[25].

De telles répugnances ne pouvaient résister longtemps à la force des institutions. Gaucher n'était pas aussi libre que les frères de Grandmont et de l'Artige ; il était chanoine de Limoges et installé sur les terres du chapitre. Quel moyen avait-il de refuser l'église de Vigoulant qui appartenait à la famille de son propre évêque ? Prédicateur fameux, Gaucher ne pouvait être indifférent aux nécessités pastorales des manants installés sur des terres nouvelles par les nobles du Bas-Berri ou du Limousin ; pasteur d'âmes, il ne pouvait renoncer à entretenir dans la vie du cloître des femmes que l'unique abbaye bénédictine de la Règle ne pouvait évidemment accueillir. Aussi le voit-on bientôt accepter les donations de toutes sortes, jusque dans sa lointaine patrie normande, et défendre ses droits aussi fermement que son aîné Geoffroy du Chalard ou son cadet Étienne d'Obazine.

Si Obazine passa à l'ordre monastique réformé en 1142, les chanoines réguliers du Chalard et d'Aureil avaient les meilleures raisons d'étendre encore leur patronage aux églises principales des paroisses sur lesquelles ils avaient des possessions pourvues ou non de chapelles.

---

(25) Les Bénédictins de Saint-Pierre-le-Vif de Sens réclamèrent Soursac en 1124-1130 comme dépendance de leur prieuré de Mauriac (*J.L.*, n° 7293). Lambert, qui s'installa à la Palud vers 1097, et visita au moins Gaucher, fonda en 1118 La Couronne dont les usages défendaient à un chanoine d'être desservant *(capellanus)* et écartaient toute autre possession d'églises paroissiales que celles où cette abbaye avait des fondations *(loca)* (bulle citée *sup.*, note 23).

## 2. BÉNÉVENT

L'expansion de Bénévent n'est connue que par son cartulaire et par l'état de 1315 qui est le plus ancien des pouillés du diocèse de Limoges. Encore ne conserve-t-on de ce cartulaire que des notices résumées au XVIII^e siècle, mais presque toutes ses pièces datées sont des XI^e et XII^e siècles et un inventaire analytique en a été fait de manière assez détaillée pour notre propos[26].

Le chapitre Saint-Étienne avait à Salagnac d'importantes possessions anciennes, comportant notamment le patronage de deux églises, celle du château et celle du Grand-Bourg, une seigneurie, et une obédience où résidaient quelques chanoines, dont un ou deux prévôts. En novembre 1073, au début de l'épiscopat de Gui de Laron, évêque et chapitre s'entendirent pour concéder à deux « religieux », Boson et Raymond, la permission de bâtir une église dans le village *(villa)* de Ségonzelles, au Sud de ce vaste territoire, et d'y vivre régulièrement en servant Dieu « canoniquement » avec d'éventuelles recrues[27]. La nouvelle église avait évidemment droit de sépulture pour les habitants de son nouveau « bourg », mais non pour les autres.

On pourrait ne voir dans ces débuts que la création d'un lieu de culte pour des colons avec utilisation des bonnes volontés de clercs de rencontre, si la fondation n'avait été presque aussitôt, et dans des conditions que l'on ignore, prise en mains par maître Humbert, chanoine de Saint-Étienne, et si elle n'avait pris le nom et le titre de Saint-Barthélemy de Bénévent. Comme ces nom et titre évoquaient une dévotion apostolique et le nom d'une ville chère à la papauté grégorienne, et que la comtesse Asceline de Salagnac donnait un droit de marché à Bénévent, on peut se demander si l'évêque et son chapitre n'avaient pas voulu constituer dans leurs possessions de Salagnac un point d'appui pour la reconquête ecclésiastique de leur diocèse.

---

(26) Bibliographie, *op. cit., sup.*, note 1, p. 208-209 et *infr.*, p. 116.

(27) J. DE FONT-RÉAULX, *S. Stephani Lem. Cartul.* (*B.S.A.H.L.*, t. 69, 1919), n° LXI, p. 76-78. L'éditeur rétablit la date de 1080 d'après des conjectures fondées avec la plus grande vraisemblance sur les éléments concordants de datation contenus dans la charte ; mais cette date ne concorde pas avec le don de l'église d'Aigueperse en 1076, et la date de 1073, véhiculée par Bréquigny que cite Font-Réaulx et par A.D. Limoges 3 G 813 qu'il ne cite pas, correspond à la première année de l'épiscopat de Gui. Il est possible que le premier acte de fondation de Segonzelles en 1073, aussi informe que celui d'Aureil, ait été réitéré, puis mis en forme et daté en 1080 (le nom du scribe est Humbert, et aussi celui du chantre de Saint-Étienne).

On trouve en effet Gui de Laron en bons termes avec les légats grégoriens, surtout Hugues de Die qui tint dès 1078 un concile à Poitiers, capitale politique de l'Aquitaine, et c'est précisément avec Gui que commencent les acquisitions d'églises par Bénévent. La plus anciennement datée est celle d'Aigueperse qu'un chanoine de Saint-Étienne et Saint-Léonard dote, en 1076, sur la paroisse voisine et épiscopale d'Arrènes où elle doit rester sous la dépendance du desservant. Parmi les autres églises acquises sous l'épiscopat de Gui, Marsac, Chamborand et Colondannes étaient certainement paroissiales, d'après des mentions fortuites de dîmes, de territoire *(parochia)* ou de fief presbytéral. Deux autres sont vraisemblablement dans le même cas car les dimensions de leur actuel territoire communal y font trouver des annexes bénéventaines : Saint-Agnant-de-Versillat a Montrogier, et Saint-Dizier-Leyrenne a Cornat, Champroy et Murat. L'église Saint-Pierre de Montaigut-le-Blanc était principale par rapport à Busserolles qu'elle a gardé sur son territoire communal, mais pas nécessairement par rapport à Saint-Silvain, vu les atermoiements qui ont présidé à la remise de cette église Saint-Silvain à maître Humbert[28].

En toutes ces cessions d'églises, il y a accord des laïcs possesseurs de divers droits et de l'évêque, selon les pratiques grégoriennes les plus connues. Le mouvement continue sous l'évêque Humbaud (1086-96) par la conclusion de l'accord sur Saint-Silvain, et aussi par d'autres donations aux conditions plus précises, comme si l'effet de surprise grégorienne passé, les contractants voulaient s'assurer des garanties. C'est surtout le cas de Saint-Priest-la-Plaine et de son annexe de Saint-Hilaire de Fayolles, cette dernière anciennement créée au Nord du territoire de Salagnac et déjà très accaparée par les laïcs. Pour Saint-Hilaire-la-Treille, Fleurat et Saint-Georges, il est question du fief presbytéral. Laurière et Saint-Étienne de Fursac touchaient de près aux possessions bénéventaines, et Laurière au moins était dans l'alleu épiscopal.

Certaines acquisitions introduisirent les chanoines de Bénévent en Berri méridional où ils entrèrent avant ceux d'Aureil. C'est sous le très grégorien archevêque Richard

---

(28) Saint-Silvain est donné par l'évêque Gui, mais le comte de la Marche doit forcer maître Humbert qui ne veut l'accepter que si elle passe par la main du successeur de Gui, l'évêque Humbaud. Il faudrait penser qu'il s'agissait, dans la pensée de ce dernier, d'une église épiscopale primitive usurpée par le comte... à moins que, compte tenu des frontières communales actuelles, on ne voie dans Saint-Silvain une chapelle possédée par le comte, que maître Humbert jugeait convenable de faire passer par l'évêque. On remarquera la liberté de mouvements de l'évêque Gui et la continuité d'attitude de son successeur Humbaud.

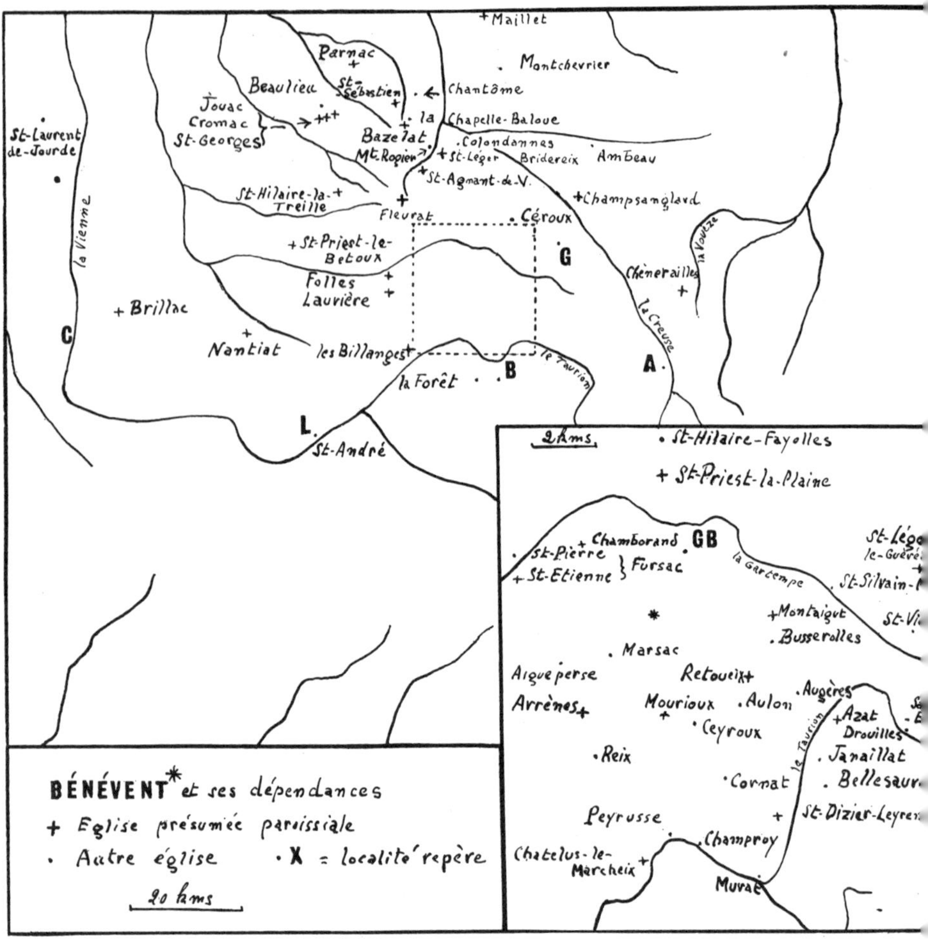


(1073-1093) que maître Humbert reçut les églises de Maillet, près Neuvy-Saint-Sépulchre, et de Bazelat ; la première vit son village *(villa)* doté d'une justice spéciale tandis que, pour la seconde, est attesté un cloître avec maison et jardin. Aussi proche du territoire limousin était Chantôme qui, du temps même de l'archevêque Richard, semble avoir été distrait de la paroisse d'Eguzon, patronnée par Déols, pour que Bénévent y établisse une église Sainte-Croix avec maisons, vignes et jardins ; un siècle plus tard on trouvait à Chantôme un prieur pour les chanoines du lieu et des libertés pour leurs hommes.

L'archevêque Audebert, successeur de Richard de 1094 à 1097 au plus tôt, ajouta à Bazelat l'église toute proche de Saint-Sébastien. A son tour l'archevêque Léger (1099-1120) maintint Bénévent en possession de Maillet contre les moines de Saint-Gildas de Châteauroux[29] et leur donna même Monchevrier, près du château de Cluis ; si son chapitre devait récupérer cette église, peut-être abandonnée à la légère par un prélat distrait[30], il semble que Léger ait encore autorisé nos chanoines à reconstruire, à la Chapelle-Baloue, un édifice assez récent. Enfin le Bas-Berri valut encore à Humbert le don de l'église de Parnac et de son fief presbytéral ; à l'ombre du château de Brosse, tout à l'extrémité sud de la grande paroisse de Chaillac que possédait Déols, on vit naître l'église de Beaulieu dont le prieur, patronnait au XIVe siècle, pour le compte de Bénévent, les trois paroisses accolées de Jouac, Cromac et Saint-Georges-des-Landes[31].

A maître Humbert, premier prieur de Bénévent, succéda un autre Humbert, dit la Feuille, déjà témoin de la donation de Maillet et envoyé un moment comme prévôt au chapitre d'Évaux qui adoptait la régularité. On retrouve Humbert la Feuille prieur de Bénévent en 1128, mais un certain Gérard l'avait précédé dans cette charge et un autre Gérard — ou le même — lui succéda en 1129 avant d'être remplacé par le prieur Pierre au temps de l'évêque de Limoges Eustorge. Si l'on ignore la date de la mort de maître Humbert, on peut toutefois croire que son œuvre jouit d'une certaine continuité jusqu'à un épiscopat qui consolidait les acquisitions de la première génération grégorienne. A vrai dire, c'est encore maître Humbert qui reçut l'église de la paroisse de Mourioux, limitrophe de Bénévent, des mains de laïcs qui voulaient y voir bâtir un monastère ; l'archidiacre qui abandonnait ses droits sur le lieu était le même qui renonçait aux mêmes droits sur l'église paroissiale d'Azat et sur la chapelle castrale de Peyrusse, en la paroisse de Châtelus-le-Marcheix, église et chapelle également cédées par des laïcs.

L'évêque Humbaud écarté, en 1096, le siège de Limoges fut brièvement occupé par le Bénédictin berrichon Guillaume

(29) Les suscriptions de l'acte, édité par E. HUBERT « Recueil historique des chartes... » (*Revue archéol. Berry*, 1901, p. 146) mentionne successivement les ministres de l'archevêque, les abbé, prieur et moines de Saint-Gildas, le doyen du chapitre de Limoges, le préchantre d'Angoulême, le prieur de Bénévent, le prévôt d'Évaux, le prieur d'Aureil (appelé Gautier pour Gaucher ; en outre, la ponctuation est défectueuse).

(30) CHÊNON, *op. cit.*, *infr.*, p. 129 ; il était peut-être aussi soucieux des églises aux patrons négligents.

(31) Il est significatif que Beaulieu soit resté dans le département de l'Indre avec Chaillac, tandis que les trois paroisses devenaient communes de la Haute-Vienne.

d'Huriel (1097-1100) et par l'ancien chanoine bordelais Pierre Viroald (1100-1105) tandis que l'évêque de Périgueux Raynaud de Thiviers intervenait dans le diocèse pour la protection des chanoines réguliers. De passage à Bénévent, Guillaume donna l'église de Saint-Léger-le-Guérétois ; c'est lui qui permit de construire l'église de Ceyroux, probablement sur la paroisse bénéventaine de Mourioux. Cette construction semble due à une initiative des châtelains de Peyrusse, alors qu'un Geoffroy de Drouilles facilitait la donation de Saint-Léger ; or, c'est dans la châtellenie de Drouilles que l'on voit donner à Bénévent en 1128 l'église paroissiale de Saint-Éloi et, à une date inconnue, Saint-Victor.

En obtenant de l'évêque Pierre l'église principale de la paroisse d'Arrènes, où ils avaient déjà Aigueperse, les chanoines de Bénévent arrondissaient au Sud le noyau primitif de leurs dépendances, mais Arrènes était limité au Sud-Ouest par Saint-Goussaud, rendu par Lesterps à l'évêque en 1158 seulement, tandis qu'au Sud-Est, il n'était séparé du vaste territoire bénéventain de Saint-Dizier-Leyrenne que par la non moins vaste paroisse de Châtelus-le-Marcheix. Humbert la Feuille demanda à l'évêque Eustorge — et obtint — que Châtelus et ses trois églises fussent réunies au domaine bénéventain, en invoquant à la fois l'accroissement souhaitable de celui-ci et le service de Dieu. Cet accroissement était également souhaité par les seigneurs de Peyruse et de Drouilles — au moins les branches cadettes des lignages — puisqu'on les voit faire appel à nos chanoines pour la construction de deux églises de bourgs qui n'ont laissé que leur nom, n'ayant sans doute été que des projets. En fait, Châtelus est la dernière acquisition importante que l'on puisse dater du temps des deux Humbert ; le reste est rarement daté et comprend soit des acquisitions lointaines et fortuites, soit des accroissements du noyau primitif bénéventain.

Dans la première catégorie on peut ranger la fondation d'une paroisse poitevine à Saint-Laurent-de-Jourde en 1120, grâce à l'entremise de Lesterps et à l'accord d'un abbé du Dorat. Chènerailles était le siège d'une châtellenie où Bénévent plaça un prieur et un chanoine. Champsanglard était un réliquat de la succession d'Anzème, paroisse dont les clercs avaient voulu, au XIe siècle, échapper à la tutelle de Déols en se soumettant à Saint-Étienne de Limoges[32]. Brillac, près de Confolens fut dû à la libéralité inconsidérée d'un comte de la Marche ; en fait, cette église appartenait au Dorat comme le confirma le pape Alexandre III et comme

(32) Cf. *sup.*, note 1 : p. 202.

le déclara à nouveau en 1218, l'abbé de Lesterps, beaucoup mieux placé que le pape. Mais on ne sait rien des conditions dans lesquelles Bénévent acquit le patronage d'Ambeau, sur la paroisse de Genouillac, dépendante aussi de Déols, et l'on se demande pourquoi le minuscule territoire communal de Saint-Priest-le-Betoux semble avoir été enlevé à celui de Dompierre-les-Églises qui dépendait du Dorat.

Le noyau bénéventain n'était pas directement intéressé par l'échange réalisé avec les moines de Saint-Benoît-du-Sault : Parnac contre Saint-Léger-Bridereix, mais Saint-Agnant-de-Versillat acquérait ainsi un voisin bénéventain. L'église des Billanges était assez proche : après qu'un Géraud de Peyrusse eût été assassiné, puis enterré à Bénévent sur ordre épiscopal, on donna à nos chanoines un tiers de cette église qui devait finalement rester à l'évêque.

Dans les alentours plus ou moins proches du noyau, on trouve encore les églises de Céroux et de la Forêt, respectivement placées sur Saint-Vaulry, paroisse de Saint-Martial, et sur Bouzogles, paroisse en cours de dépeçage. Janaillat pourrait avoir été d'abord, comme Bellesauve, une chapelle édifiée sur un territoire paroissial préexistant, soit celui de Saint-Dizier-Leyrenne, soit plutôt celui de Retoueix[33]. Enfin, on ne sait pas quand les chanoines de Bénévent ajoutèrent Saint-Pierre à l'église principale Saint-Étienne de Fursac, mais ils abandonnèrent la première aux moines de la Souterraine en 1184[34] contre des biens fonciers ; quant à Folles, qui jouxtait à la fois Laurière et Fursac, on ne sait rien de son agrégation au territoire bénéventain.

En 1160, un accord[35] entre le chapitre Saint-Étienne et Bénévent témoigne d'une dernière acquisition fortuite et lointaine : Saint-André de Limoges, et sans doute aussi l'église de Nantiat qui en relevait. En effet, les chanoines de Saint-Étienne prétendaient non seulement récupérer sur ceux de Bénévent des bien-fonds et des dîmes, mais aussi, selon l'acte de 1073, contrôler leurs admissions et leur organisation interne ; ceux de Bénévent ne pouvaient moins faire que réclamer d'être tous traités comme chanoines à part entière quand ils venaient à Limoges. Un cardinal légat de passage facilita un accord en présence de l'évêque :

---

(33) Les limites communales entre Augère et Aulon suggèrent un découpage d'une même unité territoriale ; or, Retoueix est sur la commune d'Aulon, et Aulon est annexe de Retoueix au XVIe siècle, tandis qu'Augère n'est construit qu'au XIIe.

(34) Le « prieur de Fursac » qui apparaît dans le cartulaire au n° 85 (*infr.*, p. 126) est de la Souterraine.

(35) FONT-RÉAULX, *op. cit.*, *sup.*, note 27, n° CCII, p. 196-197.

le chapitre cathédral se libérait des visiteurs bénéventains en leur abandonnant l'ancienne abbaye de Saint-André, à charge pour Bénévent d'y entretenir neuf chanoines au moins et d'en nommer le prieur. Le prieur de Bénévent était élu par ses chanoines et seul reçu ensuite, comme un pair, par ceux de Limoges, ce qui était déjà le statut du prieur d'Aureil ; bien entendu, toutes les possessions bénéventaines étaient considérées comme acquises, moyennant un cens annuel payable en deux synodes.

Cet accord souligne moins l'équivoque initiale du statut de Bénévent que le succès de l'établissement, capable, en moins d'un siècle, de faire réviser ce statut par le chapitre cathédral fondateur devant un légat apostolique : Bénévent devait sans doute déjà être siège d'un archiprêtré. Cet acte témoigne aussi de ce que les questions d'effectifs étaient surtout des questions de subsistance, puisque neuf chanoines devraient être trouvés par une communauté dont dix membres seulement étaient énumérés. On trouve dans cette énumération, qui a quelque chance d'être exhaustive quant aux profès, un prieur, un sous-prieur, deux prévôts, un sacriste et même un abbé qui suit le prieur[36]. On sait encore moins de choses des chanoines envoyés dans les dépendances : il y en a un à Aigueperse en 1076, un prieur et plusieurs chanoines à Chantôme en 1210, un prieur à Chamborand en 1211, un prieur et un chanoine à Chênerailles dans le cartulaire, un monastère en projet à Mourioux avant 1128 ; Saint-Victor aura son prieur au XIVe siècle. Tout cela, qui est peu, ne diffère pas des réalités mieux connues à Aureil.

En conclusion, les documents permettent de considérer Bénévent comme le premier essai des évêques et du chapitre de Limoges pour centraliser, autour d'une observance canoniale fondée sur la désappropriation, le regroupement d'églises libérées de la tutelle laïque ; à ces églises s'ajoutèrent évidemment les dépendances avec lieu de culte que des châtelains créateurs de bourgs donnaient aux nouveaux chanoines La régularité grégorienne de ceux-ci est peu attestée, mais la terminologie de 1073 est sans équivoque dans un contexte où intervient immédiatement le protecteur de Gaucher d'Aureil, maître Humbert[37].

---

(36) Cet abbé Gui se retrouve avec le même prieur de Bénévent Étienne au n° 2 d'Autorde (*infr.*, p. 122) avec le titre de Saint-André qu'Autorde explicite on ne sait pourquoi, en Saint-André-en-Raits qui n'est pas connu comme abbaye ; il faut penser que quelque dignitaire canonial s'était arrogé le vieux titre abbatial de Saint-André de Limoges et qu'il a suivi le sort de cette église, sans que l'on sache rien des responsabilités effectives qu'il eut ensuite. Il y avait aussi un chambrier à Bénévent.

(37) Le mot *régulariter* est décisif, contre ce qui a été dit d'abord (*op. cit.*, *sup.*, note 1) par suite de quelques contresens ; les chanoines de Bénévent

## 3. LESTERPS

Les deux premiers siècles de Lesterps ne sont guère mieux connus que ceux du Chalard. La vie du quasi-fondateur, Gautier († 1070), rédigée par un hagiographe étranger à sa fondation, n'est conservée que par un résumé, et les Bénédictins du *Gallia Christiana* n'ont pu éditer que quelques chartes, trouvées *in extenso* ou en notices dans des conditions obscures, pour illustrer leur série des abbés du lieu[38]. Les pouillés divers nous renseignent sur les dépendances, mais celui de Nadaud pour Limoges a perdu sa notice principale, celui de Beauchet-Filleau pour Poitiers ne répond pas à toutes les exigences critiques actuelles, et celui de Nanglard pour Angoulême, encore moins satisfaisant, serait d'une utilisation malaisée sans les minutieux dépouillements de dom Cottineau ; du moins doit-on dire que Nanglard semble avoir utilisé le texte introuvable d'une bulle qu'il serait tentant d'attribuer à Pascal II[39].

La *Vita* de Gautier ne nous renseigne guère sur le mode de vie des clercs vivant canoniquement dans la petite collégiale de Lesterps fondée à la fin du xe siècle par la famille seigneuriale de Chabanais qui avait fourni un abbé à Charroux ; les premières chartes, entachées de fausseté, ne permettent même pas d'affirmer que le premier vocable ait été Saint-Pierre, comme à Cluny et à Déols. Au moins peut-on penser que le supérieur *(rector)* Gautier, pieux et instruit, venu de Saint-Pierre du Dorat, dut trouver lourde une tutelle laïque qui faisait parfois de son église un fortin où clercs et fidèles trouvèrent un jour la mort par le feu au cours d'une guerre féodale. Or, dans le même temps, en 1054-55, Hildebrand, légat des papes Léon IX et Victor II, faisait connaître dans les conciles provinciaux de Lyon et de Tours le programme des libertés ecclésiastiques auquel

---

n'avaient, pas plus que ceux d'Aureil, perdu en 1609 une « règle » que le chapitre Saint-Étienne n'a donnée ni ici ni là, comme le début du coutumier d'Aureil le montre, mais ils étaient si bien réguliers qu'il faudra demander leur sécularisation sous Innocent XI (Arch. Vat. Indice Garampi n° 495, f° 116v°, ann. 3e, ep. 224v°).

(38) Bibliographie, *op. cit.*, *sup.*, note 1, p. 201-202 et 211-216, spécialement Babinet de Rangogne, outre *infr.*, p. 116. Le *Gallia* donne en *Instrumenta* une suite de notices qui semble être un fragment de cartulaire dont Babinet de Rangogne a peut-être retrouvé une autre partie.

(39) Pouillé III, 72. La bulle indiquée par *Gallia*, II, 621, du 8 avril 1112, ne mentionne que l'église Saint-Maxime de Confolens alors que l'église Saint-Michel de la même ville aurait aussi été confirmée à Lesterps par l'évêque Guillaume (1097-1100).

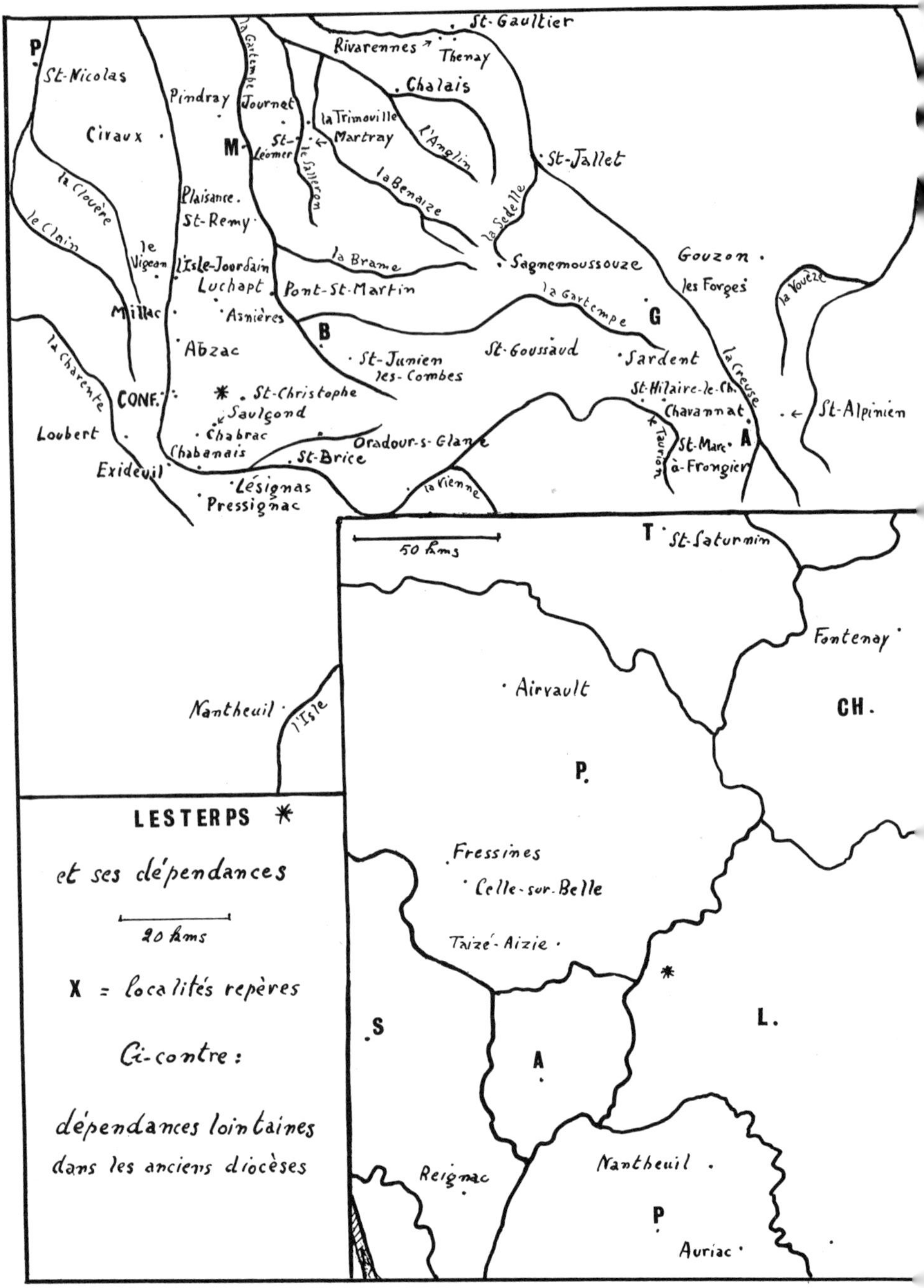
P
St-Nicolas
Ciraux
Pindray
la Gartempe
Journet
M
St-Léomer
la Trimouille
Martray
le Salleron
Rivarennes
St-Gaultier
Thenay
Chalais
l'Anglin
la Benaize
St-Jallet
la Sedelle
la Clouère
le Clain
Plaisance
St-Remy
le Vigeant
l'Isle-Jourdain
la Brame
Sagnemoussouze
Gouzon
les Forges
la Voueze
Luchapt
Pont-St-Martin
la Gartempe
G
Millac
Asnières
B
Abzac
St-Junien les-Combes
St-Goussaud
Sardent
la Creuse
la Charente
CONF.
St-Christophe
Saulgond
St-Hilaire-le-Ch.
Chavannat
St-Alpinien
Loubert
Chabrac
Chabanais
Oradour-s-Glane
Taurion
St-Marc à-Frongier
A
Exideuil
St-Brice
Lésignas
Pressignac
la Vienne
T
St-Saturnin
50 kms
Fontenay
Airvault
CH.
Nantheuil
l'Isle
P.
LESTERPS
et ses dépendances
20 kms
X = localités repères
Ci-contre :
dépendances lointaines
dans les anciens diocèses
Fressines
Celle-sur-Belle
Taizé-Aizie
L.
S
A
Reignac
Nantheuil
P
Auriac

il attacherait son futur nom de Grégoire VII. Il n'y a donc rien de surprenant à ce que Victor II soit le pape qui, d'après la *Vita*, ait permis à Gautier de réparer les désastres de son église « *ad majorem loci gloriam* » et d'absoudre leurs auteurs ; ces faveurs apostoliques, qui suppléaient à certaines carences épiscopales relevées par l'hagiographe, étaient le prélude à une impulsion réformatrice dans l'Aquitaine religieuse[40].

Le successeur de Gautier, Adémar, était frère du comte Taillefer d'Angoulême et il eut bientôt comme évêque Gui de Laron en 1073. C'est Adémar qui demanda à Marbode, encore archidiacre d'Angers, d'illustrer la sainteté canoniale par une biographie de Gautier comme il avait illustré la sainteté monastique par une biographie de Robert de la Chaise-Dieu. L'évêque Gui donna-t-il à Gautier les honneurs des autels dès la première année de son épiscopat comme le dit un hagiographe tardif[41] ? Il n'y a rien d'étonnant à ce que le nouveau bienheureux se trouve au calendrier d'Aureil[42]. Mais, il est des plus vraisemblables qu'à l'occasion du concile de Bordeaux tenu à Saint-Maixent en 1074, le légat Amat d'Oloron soit passé par Lesterps[43] et y ait remarqué cet Adémar, lequel, en 1076, allait devenir pour 25 ans évêque de sa cité familiale, dans cette province de Bordeaux où Raynaud de Thiviers serait évêque de Périgueux en 1081.

Le successeur d'Adémar, Foucher, ne fut sans doute pas le premier supérieur de Lesterps à porter le titre abbatial

(40) Voir *Le Bullaire limousin* par dom J. BECQUET (répertoire dactylographié aux A.D. de Limoges, Tulle et Guéret) n$^{os}$ 8, 9 et 10 et Th. SCHIEFFER, « *Die Päpstlichen Legaten in Frankreich...* » (Berlin, 1935), p. 50 sq.

(41) I. COLLIN, « Histoire sacrée de la vie des saints principaux... du diocèse de Limoges » (Limoges, 1672), p. 156 ; le même auteur rapporte la curieuse histoire, que la *Vita* ignore, des fraises obtenues en hiver de la toute-puissance divine par Gautier, et cela d'après Geoffroy de Vigeois (Chronique ed. Labbe, *Bibl. Nova Mss.*, II, p. 284).

(42) A.D. Limoges, D 1221, f$^{o}$ 3r$^{o}$, le 11 mai, d'une première main qui a inscrit la fête de saint Gaucher (9 avril) canonisé en 1194 ; les extraits de bréviaire faits par Bandel et signalés à l'article cité *sup.*, note 1 (p. 214, note 61) sont au ms. Paris B.N. lat. 17 116, f$^{o}$ 367-368. La vie de saint Gautier que signale Bernard Ithier dans la bibliothèque de Saint-Martial (« Chroniques », éd. Duplès-Agier, p. 346) serait celle du fondateur de Lesterps d'après l'éditeur. Dans un ms. d'Aureil, il y a un recueil de vies de saints dont la réunion est suggestive quant au milieu des chanoines réguliers limousins : Gautier, Léonard, Vaulry, Marie l'Égyptienne, Barthélemy, Vincent, Priest, Étienne de Muret (n$^{o}$ 48, *op. cit., sup.*, note 4).

(43) Les notices des *Instrumenta* du *Gallia* (194) placent un passage du légat Hugues de Die à Lesterps pendant le supériorat d'Adémar, mais il est plus vraisemblable qu'il y a eu confusion avec les accointances ultérieures d'Hugues et de Gui de Laron, et qu'il s'agisse en fait d'Amat d'Oloron (SCHIEFFER, *op. cit., sup.*, note 40, p. 90).

que, dans le même comté de la Marche, le Dorat possédait depuis l'an mil[44]. Mais c'est sous Foucher qu'apparaissent, à propos de sa communauté, les termes de chanoines réguliers et de règle de saint Augustin. Toutefois, il est dit du même Adémar qu'une fois évêque d'Angoulême[45], il eût voulu que toutes ses églises fussent occupées par des « prieurés de moines », expression qui peut s'entendre aussi des chanoines réguliers soumis à la même désappropriation individuelle et à des obligations chorales analogues. L'évêque réformiste essaya de faire adopter la régularité nouvelle par son chapitre cathédral et il installa à la Palud celui qui devait fonder la Couronne et même lui succéder un jour : Lambert, que Gaucher d'Aureil recevait et conseillait.

Entre temps, il semble bien que l'on ait voulu faire de Lesterps un centre de régularité cléricale dont les paroisses voisines profiteraient. Hugues de Die tint concile à Poitiers en 1078 et on le trouve trois fois en relations avec Gui de Laron, dont une fois au synode romain de 1081. Ces deux personnages sont invoqués par le seigneur de Chabanais — ou l'abbé de Lesterps qui lui tenait la main — quand il réitère les libéralités de son ancêtre ; non seulement le seigneur considère la régularité canoniale du lieu comme la part la plus sacrée de son héritage, mais il donne aux frères le droit d'édifier églises ou monastères dans ses terres sous le contrôle d'une commission de quatre chanoines et de quatre vassaux. Les églises encore disponibles sur ce territoire ne pouvaient être données qu'à Lesterps, et non à d'autres établissements ecclésiastiques.

Les rares chartes ou notices conservées contiennent aussi bien des donations de domaines que des abandons de droits sur les églises. C'est ainsi que l'abbé Foucher admet un célibataire endurci avec tous ses biens sans autre condition expresse que de voir ceux-ci revenir à Lesterps après la mort du donateur, avec la plus-value réalisée de son vivant ; il va sans dire que Lesterps a d'importantes obligations envers

---

(44) La *Vita* et la charte de fondation (suspecte) de Lesterps mettent à la tête de la maison un *abbas* ou *rector* et une charte de 1098 fait du Bx Gautier un abbé ; l'*Historia Pontificum et Comitum Engolismensium* (éd. Boussard, Paris, 1957) donne à Adémar le titre de premier abbé que les notices des *Instrumenta* donnent à Foucher. Peut-être les notices veulent-elles dire que ce dernier fut le premier abbé régulier, béni comme tel par l'évêque diocésain ; le fait que ni Bénévent ni Aureil n'aient eu d'abbé, malgré leur régularité, s'explique assez par leur dépendance à l'égard du chapitre cathédral. On ne voit pas de raison pour que les sires de Chabanais n'aient pas eu un abbé dans leur collégiale de Lesterps comme la Marche en avait déjà un dans celle du Dorat d'où venait Gautier.

(45) *Historia*, éd. Boussard (*cit. sup.*, note 44) et, outre *Gallia*, II, *Instr.*, 447-449, les n^os^ XVII-XIX et CLXXXIX du « Cartulaire de l'Église d'Angoulême » par NANGLARD (*Mém. Soc. Archéol. Charente*, 1899).

les défunts de la famille de Chabanais. Quant aux églises, toutes connues, sauf une, par les listes des pouillés, il est difficile de savoir quelle était leur situation au moment de la donation, quoique la majorité de leurs vocables plaide en faveur de leur ancienneté. Le cas de Lesterps même est obscurci par des doutes qui s'attachent à la charte de fondation, et il est étrange que, dès les alentours de l'an mil, l'abbé de Charroux et ses frères de Chabanais aient donné à Lesterps deux églises aussi lointaines que celle de Chavannat et une autre inconnue en Berri.

C'est à tout le moins de Charroux à Lesterps qu'est passé le complexe cultuel de Confolens, en situation castrale vers le même an mil, au détriment de la paroisse rurale de Saint-Maurice-des-Lions. A l'opposé, tant pour la chronologie que pour la typologie, l'abbé de Lesterps obtint laborieusement, en plein XII$^{e}$ siècle, que ses frères de Sagnemoussouze pussent ériger un cimetière pour leurs besoins exclusifs, sur le territoire paroissial de Saint-Priest-les-Feuilles patronné par les moines de Saint-Martial.

Entre ces deux cas extrêmes, on ne sait trop comment répartir la bonne cinquantaine d'églises attribuées par les pouillés à Lesterps, même en utilisant les catégories relevées dans l'histoire d'Aureil et de Bénévent. Sous l'abbé Foucher, on voit Loubert donné avec des dîmes imprécises, mais aussi avec des terres qui permettent de créer cimetière et logement du clergé. D'autre part, les établissement de Martray en Poitou, Saint-Éloi d'Excideuil, Tanier et Lésignas sont restés au statut inférieur de chapelles *(capellae)*, et le Pont-Saint-Martin, malgré un desservant *(capellanus)* attesté vers 1315, n'est peut-être qu'une création commode pour un féodal avisé. Mais l'on relève fortuitement un prieur à Sardent et à Gouzon, églises certainement anciennes.

L'expansion de Lesterps donne au diocèse de Limoges la première place avec une trentaine d'églises ; or Poitiers en a la moitié, ce que la proximité n'explique pas tout à fait, car il n'y a rien dans le diocèse d'Angoulême, tout proche ; mais ce dernier était petit et la Couronne y a peut-être accaparé les donations, tandis que Lesterps s'implantait facilement dans la Marche occidentale. Deux églises dans le Périgord, une en Saintonge, une à Tours même : cette dissémination ne suggère qu'un certain renom à une époque de « restitutions » d'églises par les laïcs et de faveur canoniale de la part des évêques réformistes. Les six fondations berrichonnes sont plus significatives, car cinq sont groupées dans une région où Aureil et Bénévent recueillirent les dons des archevêques, des nobles locaux et même de l'évêque de Limoges Humbaud de Sainte-Sévère ; Saint-Gaultier, avec son vocable, son cloître où le prieur du lieu contresigne une donation à Gaucher d'Aureil, ses deux églises voisines relevant de Lesterps, représente un cas comparable, à tous égards, même géographique, à ceux de Saint-Nicolas de Beaulieu pour Bénévent et de Jouhet pour Aureil.

L'expansion de Lesterps en Poitou ne s'explique pas uniquement par la contamination en Marche des générosités de la maison de Chabanais, fussent-elles encouragées par l'intérêt flatteur des légats pontificaux. Peu avant 1086, le comte-duc de Poitiers avait voulu mettre un clerc de Lesterps à la tête de l'église Saint-Nicolas, dans sa capitale[46]. Entre 1093 et 1096, l'évêque de Poitiers Pierre instituait, comme premier abbé de l'église Saint-Pierre fondée à Airvault par les vicomtes de Thouars, un clerc issu d'une filiale de Lesterps, et il lui accordait une douzaine d'églises et une chapelle. Dans le Sud du même diocèse, Celle-sur-Belle avait été donnée en 1095 à Lesterps par le même évêque qui lui attribua, en 1100, trois églises et une chapelle tandis que son successeur lui donnait quatre autres églises en 1121 ; mais, en 1133-34, Celle avait son abbé et s'émancipait du contrôle de Lesterps moyennant le paiement d'un cens. Pas plus que pour Airvault, on ne connaît de suite aux relations de Lesterps avec Saint-Émilion où, en 1100, un chanoine arrivait de la fondation de Gautier, en qualité d'abbé, avec mission d'y appliquer la discipline régulière.

Quelques indices laissent penser que le renom de Lesterps ne prolongea pas son expansion au-delà du milieu du XII$^{e}$ siècle, et l'hypothétique bulle-pancarte de Pascal II devrait marquer un apogée en fait d'acquisitions d'églises. Après Ramnulphe, dont les 30 années d'abbatiat connurent de sérieuses difficultés locales, l'abbé Itier est surtout connu par des accommodements auxquels le prédisposaient son titre de plus ancien des supérieurs canoniaux réguliers du Limousin[47], et peut-être aussi sa sagesse. C'est grâce à son arbitrage que les Allois se libérèrent partiellement en 1155-60 de la tutelle d'Aureil ; c'est sous son gouvernement que, dès 1148, Celle-sur-Belle se libéra complètement de ses obligations financières à l'égard de Lesterps et se donna même comme abbé un chanoine de Saint-Ruf. Si Itier n'obtint que peu de facilités pour Sagnemoussouze, il abandonna Saint-Goussaud

---

(46) Cf. *op. cit.*, *sup.*, note 1, p. 213-214 ; si, comme les dates l'indiquent, il faut attribuer à l'évêque Humbaud le retour à Lesterps du chanoine préposé à Saint-Nicolas, ce ne peut être la malveillance pour Lesterps qui a fait agir l'évêque, mais plutôt le souci d'affirmer son indépendance à l'égard du comte-duc. La consultation d'Yves de Chartres ne doit pas être rapprochée de cette affaire, comme on l'a fait, mais plutôt mise sous l'épiscopat de Guillaume d'Huriel, en relation avec le concile de Nîmes de 1096 qui interdit — sans succès — le soin des paroisses aux chanoines réguliers.

(47) Déjà en 1216 l'abbé de Lesterps arbitrait un conflit entre l'évêque de Limoges et le Dorat (FONT-RÉAULX, « Recueil... du Dorat » en *B.S.A.H.L.*, t. 72, 1927, p. 280), mais il s'agit d'un prédécesseur non nommé d'Itier.

et Saint-Brice. Après lui, en 1179, une bulle d'Alexandre III confirme à Lesterps la possession de neuf églises nommément désignées : c'est trop peu pour une confirmation globale des possessions, mais c'est beaucoup si, comme il semble bien, il s'agit d'une garantie sur des droits contestés ; en fait, cinq de ces églises sont en Limousin où Sébrand Chabot, récemment élu évêque, avait peut-être des raisons d'augmenter les revenus de son siège.

Au terme de cette revue de nos maigres connaissances sur les deux premiers siècles de Lesterps, on devine qu'il est impossible de dire quoi que ce soit de ses effectifs ; tout au plus peut-on retenir que les dignitaires inférieurs à l'abbé étaient le prieur et le prévôt.

## CONLUSION

Entre la mort de Gautier de Lesterps (1070) et celle de Gaucher d'Aureil (1140), quatre monastères de chanoines réguliers établis dans la moitié nord-ouest du diocèse de Limoges, dont trois créations nouvelles, acquièrent ou fondent quelque deux cents établissements dont une moitié d'églises paroissiales anciennes. Ces établissements se trouvent situés en Limousin, mais aussi dans le Bas-Berri, la Marche poitevine et le Périgord, sur un territoire total qui dépassait le millier de desservants paroissiaux au début du XIV^e^ siècle[48].

Cette expansion a été rendue possible, bien entendu, par le bon vouloir ou la volonté expresse des évêques locaux que guidaient les consignes romaines, mais aussi par la faveur ou le besoin des nobles de tout rang, spécialement des familles de moyenne importance, tels les Laron en Limousin, qui fournissaient l'Aquitaine d'évêques réformistes[49]. Cette expansion est due encore à la personnalité des initiateurs de deux au moins des trois fondations : Geoffroy du Chalard et Gaucher d'Aureil exerçaient une action pastorale sur une société rurale en croissance démographique dont les cadres

(48) L'assiette paroissiale des diocèses n'a pour ainsi dire plus changé à partir du XII^e^ siècle, comme le montre une étude dactylographiée due à M. Dewailly, professeur à la Faculté de Rennes et à ses étudiants (1968). « Les restitutions de paroisses au temps de la réforme grégorienne. Bretagne et Berry : étude comparée » ; la thèse de M. Dewailly sur le Berry est sous presse. Pour autant que l'on sache, la proportion des églises acquises comme paroissiales décroit de Lesterps à Bénévent et de Bénévent à Aureil.

(49) Cf. J. BECQUET « Saint-Hugues sur les chemins de Moissac. La réforme canoniale » (*Annales du Midi*, t. 7, 1963, p. 365-372). A Gérard de Gourdon (Cahors), Raynaud de Thiviers et Gui de Laron, on peut ajouter au moins Humbaud de Sainte-Sévère, Adémar Taillefer ayant à Angoulême une position familiale privilégiée.

élevaient leur culture[50] ; Gautier de Lesterps, dont la jeunesse canoniale avait été marquée par saint Israël du Dorat et Hervé de Saint-Martin de Tours[51], n'était plus là, mais ses disciples relayèrent des inspirations chartraines qui amenèrent le chapitre cathédral de Limoges de fonder deux annexes régulières[52].

Les chanoines des quatre monastères réguliers prennent, moyennant la nomination épiscopale d'usage, la place des desservants dans des églises paroissiales et ils assurent, dans diverses chapelles, un culte moins bien défini sous la responsabilité de leur chef d'ordre respectif[53]. Ainsi nos chanoines apparaissent-ils comme la troupe d'élite de la 'réforme grégorienne à l'échelon diocésain par la proportion de leurs implantations et leur qualité de religieux. Mais il y aurait lieu de vérifier cette première impression par le décompte des possessions limousines de chanoines réguliers étrangers au diocèse de Limoges, comme Saint-Jean-de-Cole, et aussi par l'inventaire des acquisitions grégoriennes des autres chanoines limousins : soit les chapitres régularisés bon gré mal gré comme Évaux, Saint-Léonard et Brive, soit les chapitres restés dans les normes carolingiennes comme le Dorat, Saint-Yrieix, Eymoutiers, Saint-Junien, etc. Il faudra enfin examiner les acquisitions d'églises ou de chapelles par les établissements monastiques anciens.

Les dates extrêmes retenues laissent de côté le développement des ordres érémitiques limousins. En 1140, Grandmont et l'Artige ne désignent encore que quelques groupes d'ermites clercs et laïcs dont les inspirateurs ont disparu depuis plusieurs lustres. Un autre de ces clercs ermites, Étienne

---

(50) Cf. les amis de Geoffroy du Chalard et les nobles recrues de Gaucher d'Aureil.

(51) Depuis l'article cité *sup.*, note 1 a paru l'étude de dom Guy Oury, « L'idéal monastique dans la vie canoniale. Le bienheureux Hervé de Tours (1020) » (*Revue Mabillon*, t. 52, 1962, p. 1-31).

(52) Yves de Chartres, législateur canonial, consulté par Lesterps sur l'affaire de Saint-Nicolas de Poitiers, établit en 1099 à Saint-Jean-en-Vallée, dans la banlieue de sa ville épiscopale, un monastère de chanoines réguliers dont le supérieur était de droit chanoine de la cathédrale (*Gallia Christ.*, VIII, *Instr.*, col. 305-308) ; C. Dereine, « Les coutumiers de Saint-Quentin de Beauvais... » (*Rev. Hist. Ecclésiastique*, t. 43, 1948, p. 411-442).

(53) Encore faut-il dire que la *cura animarum* au moyen âge n'a guère été étudiée que d'après les textes législatifs, comme le remarque M. Peuchmaurd dans « Le prêtre ministre de la parole. (Canoniste, moines et chanoines) » (*Rech. Théologie ancienne et médiévale*, t. 29, 1962, p. 52-76, avec une bibliographie copieuse). Le Limousin, avec ses biographies, ses chroniques du XII^e^ et du début du XIII^e^ siècles, surtout les contre-indications pastorales des textes grandmontains et artigiens, pourrait documenter une étude sur la situation *de facto*, soit par le biais des devoirs des desservants, soit par celui du comportement religieux des laïcs.

d'Obazine, hésite encore à adopter, comme ont fait en 1120 les groupes issus de Giraud de Sales et de Dalon, la règle monastique rénovée par Cîteaux. On ne peut donc, comme on l'a fait, parler de concurrence cistercienne subie par nos chanoines, mais d'une option offerte aux clercs ermites quand Cîteaux fut connu en Aquitaine, option que refusèrent alors Grandmontains et Artigiens. Bien avant cela, l'écolâtre Geoffroy et le pélerin Gaucher étaient passés par le désert — le plus spacieux des carrefours — et s'étaient orientés vers la vie canoniale pour des mobiles où l'on décèle un dédain de la vie monastique traditionnelle et certaines insistances épiscopales. Ni les ermites organisés, ni les moines cisterciens de fraîche date ne devaient disputer les églises paroissiales aux chanoines réguliers que le recrutement des laïcs convers semble avoir laissés indifférents[54] ; tout au plus peut-on dire qu'aux frontières du Berri, Cisterciens et Fontevristes ont parfois été assez vite des voisins trop proches

Les relations de nos chanoines avec la catégorie des moines noirs traditionnels n'ont d'intérêt, tout comme on l'a dit pour les chanoines traditionnels appelés plus tard « séculiers », que dans la mesure où les abbayes et prieurés de « Bénédictins » ont bénéficié de donations d'églises à l'époque grégorienne. Si ces donations étaient le fait des nobles, à l'exclusion d'initiatives épiscopales, il y aurait un indice de méfiance des hautes instances diocésaines à l'égard d'établissements monastiques auxquels les faveurs des grands permettaient des profits paroissiaux sans que leurs membres exerçassent un ministère paroissial à titre personnel[55]. Lesterps met peut-être sur la voie, mais l'on ne sait trop dans quelle mesure l'exclusive territoriale qùi l'avantage au détriment de tout autre établissement religieux est due au seigneur de Chabanais, à l'abbé du lieu ou à l'évêque Gui ; du moins voit-on ce même abbé soutenir l'évêque Humbaud dans son malheureux conflit avec Saint-Martial.

En fait, les moines noirs ne pouvaient guère considérer les nouveau-venus que comme des sujets d'inquiétude. Saint-Augustin et la Règle gênent les débuts de Gaucher à Aureil ; Saint-Martial accapare *in extremis* un bienfaiteur insigne du Chalard[56] ; les moines de Saint-Augustin, qui ont

(54) Un seul convers est témoin d'une charte d'Aureil en compagnie du chanoine local et les quelques « laïcs » sont douteux (« Dossier Aureil », index matières).

(55) La condition juridique des moines ne leur permettait pas de desservir des églises paroissiales. Ambazac fournit un cas de pratique convaincant par sa banalité même : les moines de Saint-Augustin de Limoges y ont un prieuré en 1124 quand on apprend la mort d'Étienne, à Muret, où le prêtre desservant *(sacerdos capellanus)* arrive « *cum monachis et populo* ».

(56) Un siècle plus tard, les Grandmontains joueront le même tour à Aureil (Cartulaire n° 327).

fait déguerpir d'Ambazac les disciples d'Étienne de Muret en 1124, attendent un siècle pour vendre à Aureil le premier ermitage de Gaucher. Or, Gaucher avait vite rendu Cheissoux à Saint-Léonard ; après lui, Solignac ne semble pas avoir porté plus chance au Duveix que Saint-Martial n'accordait de facilités à Sagnemoussouze : tout cela ne dénote pas un empressement visible à faire place à des religieux nouveaux[57]. Il y a plus : les revendications de Saint-Gildas sur Maillet, de Saint-Pierre-le-Vif sur Soursac, de Tourtoirac sur Hautefort sont à rapprocher d'un certain nombre d'implantations de nos chanoines sur de vastes territoires paroissiaux patronnés par Déols. Les évêques grégoriens n'auraient-ils pas trouvé plus de difficultés à fournir de desservants réguliers les paroisses délaissées à patronage monastique que celles qui étaient « au pouvoir des laïcs » ?

L'expansion de nos chanoines n'est plus importante dans la seconde moitié du XIIe siècle ; les libéralités des évêques sont en raison inverse de leurs précautions financières en cas d'accomodement, soit par développement juridique des formulaires de chancellerie, soit par perfectionnement de la fiscalité diocésaine, et ceci fait pendant à la liquidation, par accommodements personnels, du contentieux né au plan des desservants. Outre ces réticences épiscopales et à n'en juger que par Aureil, les chefs d'ordre ont dû mesurer leur recrutement à leurs ressources ; leurs propres sujets sont donc vraisemblablement allés plutôt aux chapelles qui desservaient des domaines de rapport qu'aux églises paroissiales dont les contributions étaient fixées par la coutume ou le droit, et ces dernières ont sans doute retrouvé une proportion croissante de desservants séculiers. Enfin, l'assouplissement de la désappropriation individuelle des chanoines obédienciers, constaté à Aureil encore, a atténué les différences.

## LISTE DES DÉPENDANCES DE LESTERPS, BÉNÉVENT ET AUREIL

Les mêmes sigles et procédés sont employés dans cette liste et dans celles qui concernent les dépendances de l'Artige et du Chalard (*B.S.A.H.L.*, t. 97, 1970, p. 114-116 et t. 98, 1971, p. 153-172) ; les mêmes observations valent dans tous les cas. On ajoute les sigles suivants pour les régions en cause ici :

---

(57) L'allusion dédaigneuse de Geoffroy de Vigeois (*op. cit.*, *sup.*, note 22, p. 225) à une association de nouveaux chanoines comptés parmi les nouveautés curieuses du moment, est à rapprocher de l'acte de libération des Allois où une brochette d'abbés monastiques (deux Cisterciens et deux Bénédictins) contresignent un arbitrage de l'unique abbé canonial de Lesterps, qui ressemble un peu à une capitulation.

BF = « Pouillé du diocèse de Poitiers par H. BEAUCHET-FILLEAU » (Niort-Poitiers, 1868). In-4°.

Fa = R. FACON, « Recueil des lieux-dits de la Charente » (*Mém. Soc. arch. hist. Charente*, 1964).

HUBERT (E.), « Dictionnaire historique, géographique et statistique de l'Indre » (Châteauroux-Paris, 1889). In-8°.

Na = « Pouillé historique du diocèse d'Angoulême par l'abbé J. NANGLARD » (Angoulême, 1894-1903), 4 vol. in-8°.

RÉDET = « Dictionnaire topographique du département de la Vienne par M. L. RÉDET... » (Paris, 1881).

Le grand nombre des dépendances comprises dans les trois listes qui suivent n'a pas permis des recherches supplémentaires dans les divers bulletins historiques du Limousin, du Poitou, de l'Angoumois ou du Périgord.

### *Dépendances de Lesterps*

ABZAC — N 244 : Saint-Sulpice (27 août) — Na III 4 et 72 ; IV 482 — F : 502 G — C 11 = Na — *Gallia Chr.* II, *Instr.* 195 *(parochia)* — Fa : Abzac, cant. Confolens-Sud.

AIRVAULT. — Abbaye de chanoines réguliers du diocèse de Poitiers où l'évêque préposa, entre 1093 et 1096, un clerc formé à Lesterps, sans qu'on sache rien de plus sur les relations entre l'une et l'autre abbaye. Cf. J. BECQUET, *op. cit.*, *sup.*, note 1, p. 215.

ASNIÈRES — N 245 : Saint-Sulpice (17 janvier), avec patronage de Charroux jusqu'en 1211 au moins, comme l'atteste P. DE MONSABERT, « Chartes de Charroux » (*Arch. Hist. Poitou*, t. 39, 1910, p. 80) — Na III 72 — BF 199 — F : 503 B — C 172-173 = BB V, 220, soit N, plus BF et Na — RÉDET, p. 11 (cant. l'Isle-Jourdain).

AURIAC — Na III 72 (= C 209), pour le Périgord — DE GOURGUES, Dict. Topo. Dordogne a un Auriac, cne du cant. de Montignac avec patronage de Saint-Front, et un autre, cne du cant. de Vertaillac, avec patronage d'Aubeterre ; ces deux patronages sont canoniaux et la première église peut être préférée en raison de la proximité.

CHABANAIS — N 243 : Saint-Pierre — Na III, 12-13 ; IV 505 — F : 502 D — C 663 a une notice pour Saint-Pierre et une pour Saint-Michel qui lui a été annexé (= Na) et il cite BB V 225 qui ne connaît que Saint-Sébastien d'après N 252 ; or, cette paroisse de Saint-Sébastien est dite détachée de Grenort qui dépendait du prieur des Salles-Lavauguyon, et qui a été rattachée à la cne de Chabanais. Pour ajouter à la confusion, la confirmation d'Alexandre III en 1179 (*Gallia Chr.* 622 D) nomme *deux* églises Saint-Pierre à Chabanais, l'une étant probablement Saint-Sébastien — Fa p. 71 : Faubourg Saint-Pierre. Ch.-l. de Cant.

CHABRAC — N 244 : Assomption — F : 502 F — Na III, 15-16 ; IV 506 — C 664 = Na — Fa : cne du cant. Chabanais.

CHAVANNAT — N 458 : Nat. Saint-Jean-Baptiste — Na III 72 — F : 485 C — LECLER, Creuse, p. 166-167 : cne du cant. Saint-Sulpice-des-Champs — C 751 = Na — *Gallia Chr.* II, *Instr.* 195.

CELLE-SUR-BELLE — Filiale de Lesterps de 1095 à 1148 ; voir C 649-650, et J. BECQUET, *op. et loc. cit., sup.*, pour AIRVAULT — ch.-l. de cant. Deux-Sèvres.

Chalais — Na III 73 — F : 5 A et 110 B avec patronage archiépiscopal — Hubert, Indre, p. 34-35 : Saint-Léobon, cne du cant. de Bélâbre — C 670 = Na+BB V 50, qui cite Hubert pour un prieuré de « Chantouan » qui est peut-être une possession de l'abbaye canoniale de Chantoin (cne et cant. Clermont-Ferrand, P.-de-D.), soit plutôt le « Chantouaut » de Hubert, Indre 36, repris par F XXXV et 641 comme préceptorerie, et orthographié « Chante Ouant » par la carte de l'I.G.N. au 100.000e (cne de Lignac, cant. Saint-Benoît-du-Sault).

Civaux — BF 254 : SS. Gervais et Protais — C 792 = BB III 259 qui cite Rédet 123 (cne du cant. Lussac-les-Châteaux) et « Notice sur l'église de Sivaux... » par l'abbé Auber dans *Bull. Soc. Antiq. Ouest*, t. 10, 1862-64, p. 111-118.

Confolens — 1o Saint-Maxime (ou Maximin) : N 244 — Na III 22-26 et 72 (= C 858), d'après le texte de *Gallia II Instr.* 195 C, indique la création à la fin du xe s. au détriment de Saint-Maurice-Lions — F : 503 D *(capellanus de Confluento)* ;

2o Saint-Michel : N 203 et Na III 23, 26-27 — C'est la seconde des *ecclesiae de Castro-Confluento* que les évêques de Limoges, Guillaume (1096-1105) et Gérard (1137-1177) confirment à Lesterps (*Gallia* II 621 C et 622 C) ; leurs vocables de Saint-Maxime et de Saint-Michel sont précisés dans la confirmation d'Alexandre III en 1179 (*ibid.*, 622 D) et il s'agit de la rive droite de la Vienne ; d'après Na III 26-27, Saint-Michel aurait été détaché de Saint-Maurice-des-Lions en 1160, ce qui est soit un écho, soit une interprétation de la confirmation de l'évêque Gérard.

3o Saint-Barthélemy, sur la rive gauche, en Poitou — Na III 72 et 183-85 ; IV 494-95 — C 858 = Na — BF p. 35-36 (cure et prieuré).

Confolens est un chef-lieu d'arr. de la Charente ; Fa 108-109 indique les églises de Saint-Barthélemy et de Saint-Maxime.

Exideuil — N 244 : Saint-André — F : 502 D — Na III, 29-31 ; IV 510-512 — C 1092 = Na — Fa 132 : cne du cant. de Chabanais.

Fontenay — Na III, 73 — Hubert, Indre, p. 76 : cne du cant. de Vatan dont l'église, sans vocable indiqué, était au patronage de l'abbaye de Saint-Sulpice-de-Bourges — F : 126 C supplée en note le patronage du chapitre de Vatan, sans doute par assimilation à l'église de Fontenay, cne de Tendron, cant. de Nérondes (Cher ; 133 E) — C 1182 = Na, avec localisation (inexpliquée) comme cne du cant. de Vatan.

Les Forges — N 293 : Saint-Nicolas — Lecler, Creuse, 279 (cne du cant. de Jarnages) — F. : 483 A — C 1196 = N.

Fressines — Na III 72 — BF 275 : Saint-Martin, cne du cant. de Celle-sur-Belle — C 1221 = Na.

Gouzon — N 292 : Saint-Martin — Na III 72 — F : 482 G *(prior)* — Lecler, Creuse, p. 307 (cne du cant. Jarnages) — Autorde, Inv. anal. A.D. Creuse, série H : p. 307 (*prior*, 1229) — BB V 231 = N+Lecler — C 1313 = BB.

L'Isle-Jourdain — Na III 72 — BF 284 : ch.-l. cant. Vienne — BB III 265 = Rédet 213 — C 1448 = BB+Auber « Histoire ecclésiastique du Poitou », t. I (1885), p. 236-27, note 25.

Journet — Na III 72 — BF 287 : Saint-Martin, cne du cant. La Trimouille, Vienne — BB III 263 = BF+Rédet 219 — C 1491 = BB.

Lésignas — N 244 d'après Na III 47 et IV 191 : Saint-Cybard, Lésignac-sur-Goir — F : 502 F — Lecler, Dict. Haute-Vienne, p. 149 — I : Lésignas, cne de Chaillac-sur-Vienne, cant. Saint-Junien — C 1591 = Na (491 au lieu de 191).

Loubert — N 244 d'après Na III 47-48 et IV 533 : Saint-Jean-Baptiste, avec précisions sur la fondation, sans références — F : 502 E (cne du cant. Saint-Claud, Charente) — C 1659 = Na.

Luchapt — BF 298 : patronage du prieur de Saint-Paixent, présentation de l'abbé de Lesterps ; Saint-Hilaire — Rédet, p. 238 : cne du cant. l'Isle-Jourdain, Vienne.

Martrais — BF 384 : Saint-Barthélemy, chapelle dans la paroisse de Saint-Léomer — Na III 72 — Rédet, p. 254 : dans la cne de Saint-Léomer *(infra)* — C 1780 = Na.

Millac — Na III 72 — BF 313 : SS. Gervais et Protais — BB III 267 = Rédet 263 (cne du cant. l'Isle-Jourdain, Vienne) — C 1855 = BB+Na.

Nantheuil — Na III 72 — De Gourgues, Dict. Topo. Dordogne, p. 214-215 indique une église Saint-Benoît-Saint-Étienne, pour une commune du cant. de Thiviers, au patronage épiscopal, et une église Saint-Jacques pour une cne du cant. de Verteillac, outre deux lieux-dits sans églises (cne de Busseroles et Molières) — *Gallia* II 622 D indique la confirmation d'une église Saint-Pierre de Nanteuil en 1179 — C 2031 = Na I 374 (nomination de prieur-curé en 1785, ce qui fait préférer une des deux paroisses, devenues communes, et la plus proche de Thiviers à cause de l'évêque Raynaud, cf. *B.S.A.H.L.*, t. 98, 1971, p. 156).

Oradour-sur-Glane — N 247 : Saint-Martin — Na III 72 — F : 504 C *(Oratorium prope Bullum)* — BB V 247 = N — Lecler, Dict. Haute-Vienne, p. 522 : cne du cant. Saint-Junien.

N.B. — Na III 56-57 et IV 493 attribue à Lesterps l'église Saint-Martin d'Oradour-Fanais, cne du cant. Confolens-Sud, suivi par C. 2132-33 ; en réalité, F 503 A indique le patronage épiscopal vers 1315, et N 205 le patronage de Charroux au moins jusqu'à 1211, ce qui est confirmé par Montsabert, *op. et loc. cit., sup.*, pour Asnières.

Pindray — Na III 72 — BF 346 — C 2284 = BB III 271 = Rédet 315 : Saint-Pardoux, cne du cant. de Montmorillon.

Plaisance — Na III 72 — BF 346 : Notre-Dame, cne du cant. Montmorillon (Vienne) — BB III 271 = BF+Rédet, p. 317-18+ *Mém. Soc. Ant. Ouest,* t. 13, 1846, p. 359-60 (sans intérêt)+ms. Paris B.N. lat. 12757, f° 163-165 (copies Estiennot, 1116-1118)+ ms. B.M. Poitiers, Dom Fonteneau n° XXIX, p. 219 (extraits de Robert du Dorat) — C 2293 = BB.

Le Pont-Saint-Martin — N 245 : Saint-Martin, paroisse partagée entre les cnes de Saint-Bonnet-de-Bellac et Saint-Sornin-la-Marche — Na III 72 — F : 503 B — C 2327 = BB V 136 = N — I : Pont-Saint-Martin, cne de Saint-Bonnet-de-Bellac, arr. Bellac — Lecler, Dict. Haute-Vienne, p. 615.

Pressignac — N 243 d'après Na III 58-59, cf. II 23 : Saint-Martin — F : 502 A (cne du cant. Chabanais) — C 2362 = Na II.

Reignac — Na III 72, 312-313, 525 ; IV 372 — Fa : 244-245 (égl. Saint-Pierre, cne du cant. Baignes, arr. Cognac) — C 2433 = BB III 304 = Na III 525.

Rivarennes — *Gallia* II 622 D signale confirmation en 1179 des églises Saint-Denys et Saint-Hilaire en ce lieu — F : 110 C (*prior* en 1327, 48 G) — Hubert, Indre, p. 161 : Saint-Denys, cne du cant. Saint-Gaultier, avec un prieuré de l'abbaye de « l'Estorp, dioc. de Clermont » — C 2474 = BB V 64 = Hubert.

La Sagnemoussouze — N 383 : Saint-Jacques — F : 520 D (*prior*, xvi^e s.) — Leroux et Bosvieux, « Chartes, chroniques et mémoriaux... », n° LVII (acte de 1163 signalé en *Gallia* II 622 D) — Lecler, Creuse, p. 692 — C 2573 = BB V 252 = N+Lecler — I : Sagnemoussouze, cne Saint-Priest-la-Feuille, cant. La Souterraine.

Saint-Alpinien — N 457 — F : 484 D — Lecler, Creuse, p. 585 : cne du cant. d'Aubusson — BB V 426 = N+Lecler — C 2580 = BB+quelques références aux *Regesta* de Léon X ed. Hergenroether (Fribourg-en-Br., 1884 sq.).

Saint-Brice — N 246-247 — Na III 72 — F : 504 C — C 2624 = BB V 246 = N — « Chronique de Maleu... » éd. Arbellot (Saint-Junien, 1847), p. 48-49 (donation d'une moitié par l'évêque Gérard à Saint-Junien en 1150) — Lecler, Dict. Haute-Vienne, p. 618-620 : cne du cant. Saint-Junien.

Saint-Christophe — N 246 : des droits auraient été donnés sur l'église en 1123 — Na III 21, 72 ; IV 486 — F : 504 A — Fa : 267 (cne du cant. Confolens-Nord) — *Gallia* II 622 D (confirmation en 1179) — C 2632 = BB V 246 = N ; ajoute quelques références à Léon X (cf. *sup.*, pour Saint-Alpinien.)

Saint-Éloi d'Exideuil — N 244 — Na III 31 (chapelle avec jardin) — Fa p. 132-133 : métairie Saint-Éloi dans la cne d'Exideuil, cant. de Chabanais (cf. *sup.*).

Saint-Félix — *Gallia II, Instr.* indique sous l'abbé Foucher (1076-v. 1096) la donation de cette église située au-delà de Confolens, sur la route de Charroux et donc très probablement en Poitou. Le Saint-Félix de Fa 276 et de Na IV 379 est dans le cant. de Brossac en Charente.

Saint-Gaultier — Hubert, Indre, p. 173 : ch.-l. cant. — BB V 66 = A.D. Cher, série G, série H 801, p. 249 — F : 110 D, 111 G — Cartulaire d'Aureil, *ed. cit. sup.*, note 4 : n° CCLXXXVII — C 2692 = BB+Joanne.

Saint-Goussaud — N 315 — F : 508 A (patronage du chapitre de Limoges). Analyse de la cession de 1158 dans J. de Font-Réaulx « *S. Stephani Lemovicensis cartularium* » en *B.S.A.H.L.*, t. 69, 1919, p. 195, n° 200, ce qui permet d'y rattacher les donations de Friolouse attestées par Babinet (*op. cit., sup.*, p. 107, note 38 : n° III) et par *Gallia II Instr.* 195 B — Lecler, Creuse, p. 633-635 — I : cne du cant. de Bénévent avec lieu-dit « Friolouse ».

Saint-Hilaire-Le-Chateau — N 339 : sous patronage de l'abbaye de Mauzac, conformément à F : 509 D — Lecler, Creuse, p. 637-38 (cne du cant. de Pontarion) — C 2727 = Na III 72.

Saint-Jallet — Na III 73 : Saint-Gal, dioc. de Bourges — Hubert, Indre, p. 175 indique une église Saint-Jallet dans la cne de Saint-Plantaire, cant. d'Aigurande, cne elle-même issue d'une paroisse sous le patronage de Déols ; l'identification de Saint-Gal avec Saint-Jallet n'est que l'hypothèse la plus plausible — C 2684 = Na.

Saint-Junien-les-Combes — N 246 — F : 503 D — Na III 72 — BB V 249 = N — C 2753 = BB+Na — Lecler, Dic. Haute-Vienne, p. 638 : cne du cant. de Bellac.

Saint-Léomer — BF 384 — BB III 274 = BF+Rédet 379 — C 2763 = BB.

Saint-Ligaire — Rédet 380 est le seul à donner cette chapelle détruite sur la cne du Vigean, cant. l'Isle-Jourdain *(infra)*, comme trace d'un prieuré relevant de Lesterps — BF 430 indique au Vigean un « *prior S. Leodegarii* » qui paie la procuration épiscopale de moitié avec un « *prior de Buxeria* » non autrement identifié ; il est peu vraisemblable que Saint-Ligaire ait relevé de Lesterps.

Saint-Marc-a-Frongier — N 457 — Na III 72 — F : 485 B — *Gallia II Instr.* col. 196 (donation de 1101) — Lecler, Creuse, 650-51 (cne du cant. d'Aubusson) — BB V 250 = N+Lecler — C 2779 = BB.

Saint-Paixent — Cité pour mémoire à cause de l'accord sur les droits paroissiaux et les dîmes évoqué par *Gallia* II 622 (1140) ; du territoire de la paroisse de Millac, patronnée par Lesterps, Saint-Paixent est passé au territoire de la cne de l'Isle-Jourdain de même patronage, mais il était le siège d'un prieuré d'Ahun.

Saint-Quentin-le-Brulé — Na III 60 et 72 — F : 504 A, sous patronage épiscopal — Fa 169 : village de la cne de Lesterps.

N.B. — On peut se demander si ce n'est pas l'église primitive où le Bx Gautier vint du Dorat et qui fut incendiée vers 1040, car Na indique un acte de Jourdain de Laron, évêque de Limoges, la concernant vers 1030 à l'avantage de son chapitre, mais l'édition de Font-Réaulx (*sup.*, pour Saint-Goussaud) ne mentionne pas cet acte ; J. de Font-Réaulx a une hypothèse parallèle pour le Dorat (*B.S.A.H.L.*, t. 73, 1930, p. 37 sq.). En raison des noms des témoins, il faut voir cette église, plutôt que le Saint-Quentin du cant. de Chabanais, dans l'acte nº I (1110-1140) publié par Babinet, *op. cit.*, *sup.*, p. 107, note 38.

Saint-Rémy — Na III 72 : Saint-Rémy-de-Plasson, dioc. Poitiers — Plasson, non identifié, a donné naissance à C 2297 — Saint-Rémy est en BF 396 — Rédet 384 (cne Saint-Rémy, cant. de Montmorillon) suivi par BB III 274 que reproduit C 2865.

Saint-Saturnin — Na III 73 : dioc. de Tours — Longnon « Pouillés de la Province de Tours », 10 H et 33 C, n'indique que cette église Saint-Saturnin, qui est au xvie s. au patronage de Saint-Julien de Tours. — C 2877 = Na.

Sardent — N 335 : Saint-Martin — Na III 72 — Autorde Inv. anal. A.D. Creuse, H, p. 434 (prieur de S. et chanoine de l'E., xiie ou début xiiie) — C 2951 = Na — Lecler, Creuse, p. 727 — Les références à Bonaventure de Saint-Amable concernent la vie de saint Pardoux.

Saulgond — N 243 d'après Na III 65-66 et IV 515 (église de Saint-Genez) — F : 502 F — Fa 314 : église de Saint-Genis, cant. Chabanais — C 2957 = Na IV.

Taizé-Aizie — Na III 72, 244-245 (patronage de Nanteuil-en-Vallée en 1293) — C 3114 = Na+des précisions géographiques méritoires que BF 36 ne fournit pas — Fa 325 : église Saint-Pierre, cne du cant. Ruffec.

Tanier — N 243 : chapelle dans l'archiprêtré de Saint-Junien ? — I : Le Tanier, cne de Magnac-Laval, ancienne grande paroisse dépendant de Charroux, mais dans l'archiprêtré de Rancon — Lecler, Dict. Haute-Vienne, p. 471.

Thenay — Na III 73 indique une église SS. Gilles et Pierre dans le diocèse de Bourges, qui pourrait bien être celle de Thenay, cne du cant. de Saint-Gaultier, d'après Hubert, Indre, p. 186-87 (sans vocable ni patron) mais Mlle Patureau, actuelle directeur des Services d'Archives de l'Indre, nous indique les vocables de SS. Simon et Jude pour Thenay, au patronage de Lesterps. — F : 110 D, note 1 d'après un pouillé de 1772.

La Trimouille — Na III 72 — BF 422 — C 3217 = BB III 264 = Rédet 419 (ch.-l. cant. église Saint-Pierre).

Le Vigean — Na III 72 — BF 430 — BF+Rédet 437 (égl. Saint-Georges, cne du cant. l'Isle-Jourdain) — *Gallia* II 622 D (confirmation en 1179) — BB III 277 donne, outre BF, deux références à Rédet dont la première concerne Saint-Ligaire *(sup.)* et la seconde est fausse ; C 3373 reproduit BF et la seule référence fausse.

*Dépendances de Bénévent*

On a renvoyé à Autorde « Inv. sommaire des A.D. Creuse... série H, t. 1 » (Guéret, 1919), p. 456-466, art. 534) cartulaire copié sur le ms. Paris B.N. lat. 17116) en donnant aux analyses les nos suivants : nos 1-12 = p. 456 ; nos 12-28 = 457 ; nos 29-50 = p. 458 ; nos 51-63 = p. 459 ; nos 64-87 = p. 460 ; nos 88-109 = p. 461 ; nos 110-134 = p. 462 ; nos 135-145 = p. 463 ; nos 146-164 = p. 464 ; nos 165-180 = p. 465 ; nos 181-185 = p. 466.

Aigueperse — N 309 : B.M.V. cne d'Arènes — F 498 B et 522 F (patron Saint-Léonard-de-Noblat) — C 34 n'a qu'un prieuré Saint-Gilles OSA, au diocèse de Limoges, d'après le no 3245 des lettres de Léon X, éd. Theiner — Autorde, nos 72, 73 (B.M.V., Saint-Léonard, Saint-Jean-Baptiste) — Lecler, Creuse, 21 = N+ Cartulaire.

Ambeau — N 537 : Ambaut, Chambaud, Saint-Barthélemy — Lecler, Creuse, p. 17 et 296 : Ambostz, Chambort, cne Genouillat, cant. Châtelus-Malvaleix — I : cne Genouillac.

Arrènes — N 309 : Arènes, SS. Eutrope et Hilaire — Lecler, Creuse, p. 21 = N+Cartulaire — C 141 renvoie à BB V 219 qui cite Lecler et N, outre la série H des A.D. Haute-Vienne (sans précision) et Le Duc « État du Clergé... » (en *B.S.A.H.L.*, t. 46, 1898, p. 363, en fait 359 pour la Ronze, prieuré des Allois sur la cne d'Arrènes) — I : Arrènes, cant. Bénévent-l'Abbaye — Autorde, nos 71, 72 (Saint-Hilaire) — F 508 A, 522 F.

Augères — N 312 : Saint-Martial — Lecler, Creuse 30 = N — F : p. cxlii (+Eugeras en 522 D, omis à la table) — Autorde no 78 — I : cne du cant. Bénévent-l'Abbaye.

Aulon — N 310 : Saint-Jean-Baptiste, Décollation, la Forêt d'Aulon, ou Damloup, paroisse de Rétois — F : 522 E, Enloup, annexe de Retoueix — Lecler, Creuse 31 = N+Cartulaire — Autorde no 110 — I : cne du cant. de Bénévent-l'Abbaye.

Azat — N 300 : Azac-Châtenet, Saint-Julien-de-Brioude, avec une annexe du Châtenet, sous le vocable de la Nativité de la Vierge, dont le patronage n'est indiqué nulle part — Lecler, Creuse, p. 35 — F : 509 A sans annexe — Autorde nos 57, 76, 101 — I : Azat-Châtenet, cne du cant. de Bénévent-l'Abbaye.

Bazelat — Lecler, Creuse, p. 44 : cne du cant. La Souterraine, ancienne paroisse du diocèse de Bourges — F : 111 A (patronage de Bénévent ou de Saint-Benoît-du-Sault), 49 F, 56 D, 66 D — Autorde no 144, 149, 150.

Beaulieu — N 402 : prieuré-curé Saint-Nicolas — Hubert, Indre, p. 11 : cne du cant. Saint-Benoît-du-Sault — F : 505 E, 506 E — C 296 = BB V 222 = N+Hubert.

Bellesauve — N 311 : *Bella Silva*, Sainte-Catherine, cne de Janailhac — Lecler, Creuse, p. 49 et 343 — F : CXLII — Autorde no 24 (mention de la forêt seule) — I : cne Janaillat, cant. Pontarion.

Les Billanges — N : cne du cant. d'Ambazac, patronage épiscopal — F : 508 A (*id.* début xive s.) — Autorde no 56.

Brillac — N 235, cne cant. Confolens-Sud, Saint-Pierre-ès-Liens, Saint-Jean, Saint-Eutrope, Saint-Sulpice, patronage de Saint-Augustin de Limoges — F : 503 A, patronage du Dorat début xive s. — Na IV, 485-86, sans indication de patron — Autorde no 120 — Font-Réaulx en *B.S.A.H.L.*, t. 69, 1919, no XXXVIII et t. 72, 1927, no XXVI.

Busserolles — N 308 : sur Montégut-le-Blanc, Inv. Sainte-Croix — F : CXLII — Lecler, Creuse, p. 441 = N+destruction au xviiie s. — I : cne Montaigut-le-Blanc, cant. Saint-Vaury.

Celseis — Domaine non identifié ou projet d'église par les seigneurs de Peyrusse : Autorde no 62.

Céroux — N 325 : ou Seyroux, Nat. Saint-Jean-Baptiste ou Assomption, sur Saint-Vaulri — Lecler, Creuse, p. 717 (chapelle en 1791) — I : cne de Saint-Vaury, ch.-l. cant. — C 657 reproduit toutes les références de BB V 253 avec une erreur de transcription pour les pages de N.

Ceyroux — N 313 : Saint-Blaise (*al.* Seyro) avec une annexe de l'Orme ou l'Ousme *(Ulmus)*, dédiée à la Nativité de Saint-Jean et dont Lecler, Creuse 107-108 tait l'existence — F : 522 D — I : cne du cant. Bénévent-l'Abbaye.

Chamborand — N 310 : Saint-Martial — F : 508 B — Lecler, Creuse, p. 122 (prieur en 1211) — Autorde nos 35, 115, 132, 133 — I : cne du cant. du Grand-Bourg.

Champroy — N 311 : Saint-Jacques-le-Majeur, cne supprimée en 1837 — F : CXLII et 522 D — Lecler, Creuse, p. 128 et 600 — Autorde no 62 — C 688 = BB V 246 qui renvoie à N et Lecler 599 (par erreur).

Champsanglard — N 542 : Saint-Martin, donné peut-être à Saint-Martial en 833 — Lecler, Creuse, p. 130 — F : 511 C — C 688 = BB V 226, qui renvoie à N et Lecler 122, cette dernière référence valant pour Chamborand que BB omet ! — I : cne du cant. Bonnat.

Chantôme — Hubert, Indre, p. 37 : cne cant. Éguzon, église dédiée à Saint-Antoine, mais prieuré de Saint-Barthélemy de Bénévent — F : 111 A — Autorde nos 157, 158, 159, 162, 163, 164, 171 (prieur en 1210).

La Chapelle-Baloue — Lecler, Creuse 133 : cne venue du dioc. de Bourges, sans indication de vocable — F : 111 A, sous patronage de Déols — Autorde nos 151, 152, 153 — I : cne du cant. Dun-le-Palestel.

Chatelus-le-Marcheix — N : 307, Assomption, Saint-Martin, Saint-Hilaire — Lecler, Creuse, p. 154 — F : 508 A — Autorde no 27 (mêmes vocables que N), 184, 185 — I : cne du cant. Bénévent-l'Abbaye.

Chênerailles — N 288 : Saint-Barthélemi — F : 482 B — Lecler, Creuse, p. 169, 173 (église sur l'emplacement du château) — Autorde no 31 — I : ch.-l. cant. arr. Aubusson — C 758 = BB V 227 (qui renvoie à N et Lecler)+Joanne.

Colondannes — N 307 : Saint-Rémi — F : 508 C — Lecler, Creuse, p. 194 — Autorde nos 102, 103 — I : cne cant. Dun-le-Palestel.

Cornat — N 310 : Cornac, Cosnac, sans vocable — F : CXLII — Lecler, Creuse 600 — I : cne de Saint-Dizier-Leyrenne, cant. Bourganeuf.

Drouilles — N 309 : SS. Pierre-et-Paul, sur Saint-Éloi — F : CXLII — Lecler, Creuse 235 — Autorde nos 27, 28, 29 — I : cne de Saint-Éloy, cant. Pontarion.

Fessus — Terre non localisée ou projet d'église par les seigneurs de Peyrusse : Autorde no 62.

Fleurat — N 354, Saint-Michel, aux Templiers depuis 1282, et sur la paroisse de Saint-Priest-la-Plaine, ce qui n'est pas vraisemblable d'après la carte — F : CXLIII avec dépendance de Bénévent — Lecler, Creuse, p. 272, avec répétition illogique p. 693 pour la situation de Fleurat sur Saint-Priest (la cession de 1282 est précisée au 23 juin sans référence).

Folles — N 403 : Saint-Blaise et Saint-Bonaventure — F : 507 B — Lecler, Haute-Vienne 338-341 — C 1167 = BB qui cite N mais ne garde que Saint-Blaise — I : cne du cant. Bessines.

La Forêt — N 313 : Saint-Blaise — F : 510 A et 522 E, cette dernière mention signalant une « annexe de Fontloup » qui est la dépendance d'Aureil signalée plus bas — I : cne Montboucher, cant. Bourganeuf.

Les Gouttes — Autorde no 148 : terre *de Guttis* avec église donnée par Saint-Benoît-du-Sault, et qui ne peut être identifiée avec les références aux « Gouttes » que fournit Hubert, Indre, p. 87.

Janaillat — N 311 : Saint-Saturnin — F : 509 A — Autorde no 174 — Lecler, Creuse, p. 342 — I : cne du cant. Pontarion.

Laurière — N 388 : Saint-Michel, avec patronage de la cathédrale et une chapelle rurale à la Vierge sans patron, outre un prieuré de Saint-Martial cédé au chapitre cathédral en 1272 — F : 507 B : Saint-Étienne de Limoges patron — Autorde nos 123, 124 — I : ch.-l. cant. — C 1569 renvoie à BB V 235 qui ajoute à N des références pour le prieuré.

Limoges Saint-André — N 179, 182 — F : 512 C, 516 B — C 1616 renvoie à N+BB V 183 qui fournit des références à la cession des Petits-Carmes en 1625, mais renvoie aussi à *Gallia* II, 551, Grenier,

Cité de Limoges, p. 99-107 — AUTORDE n° 88 (prieur entre 1180 et 1230) — Le ms. 40 du Séminaire p. 511-512 (A.D. Haute-Vienne) ne donne que des extraits de N et de Bonaventure de Saint-Amable « Hist. Saint-Martial » II p. 244.

MAILLET — HUBERT, Indre, p. 11 : chapitre Saint-Martin, prieuré-cure dépendant de Bénévent, cne du cant. Neuvy-Saint-Sépulchre — GANDILHON « Catalogue des actes des archevêques de Bourges... » nos 57, 93 — AUTORDE nos 137 à 140, 147 — F : dans l'archiprêtré d'Argenton, la paroisse est indiquée en 146 I (XIIIe s.) et en 111 G (XVIIe s.) sans indication de patron ; un prieur en 65 C (1351, sans patron), les prieurés *de Maleto* et de Maillac ensemble (XVIIe s. sans patron) ; d'autre part, la paroisse de Maillet (cne du canton et archiprêtré ancien d'Hérisson, Allier, est indiquée en 127 F (XVIIe s.) comme dépendant de l'abbé de Bénévent, erreur que suit d'abord MORET « Paroisses Bourbonnaises » t. I, p. 419, dans une liste hâtive, pour rendre ensuite cet autre Maillet à la Chapelle-Aude au t. IV, p. 346-351.

MARSAC — N 307 : Saint-Pierre — LECLER, Creuse 405 : cne du cant. de Bénévent-l'Abbaye — F : 508 B — AUTORDE nos 53, 67, 68, 111, 113, 116 — C 1770 = BB V 239 = LECLER.

MONTAIGUT-LE-BLANC — N 308 : Saint-Pierre, cne du cant. de Saint-Vaury, présentée comme annexe de Saint-Sylvain *(infr.)* et consacrée en 1217 d'après Bonaventure de Saint-Amable, malgré AUTORDE nos 79-80 — F : 508 E+CXLII — LECLER, Creuse 437.

N.B. — La carte plaide en faveur d'une ancienne unité de Montaigut avec Saint-Sylvain et Gartempe.

MONTCHEVRIER — HUBERT, Indre, p. 124 : cne du cant. d'Aigurande, avec un lieu-dit très compact « la Glésolle » — F : 48 G, 56 A, 66 E, 111 A (paroisse avec patronage du chapitre de Bourges) — AUTORDE n° 142.

MONT-ROGIER — N 402 : Sainte-Radegonde de la Chapelle-Mont-Rogier, sur Saint-Agnant-de-Versillat *(infra)*, avec une date de 1278 sans référence — F : 520 D (note) suit un dictionnaire ms. de Thomas (A.D. Creuse) qui doit probablement ses informations au « Dictionnaire topographique de la Creuse » d'A. BOSVIEUX, ms. « US 79 » p. 84 des A.D. Haute-Vienne ; ces dictionnaires renvoient aux « Petites-Chapelles », cne Saint-Germain-Beaupré, cant. La Souterraine — LECLER, Creuse, 582 et 633.

MOURIOUX — N 307 : Saint-Rémi — F : 508 B — LECLER, Creuse 462 — AUTORDE nos 50 à 53, 55, 57 — C 2000 = BB V 241+N+ LECLER — I : cne du cant. Bénévent-l'Abbaye.

MURAT — N 310 : Sainte-Catherine, puis Saint-André, sur Mérignat — F : 509 A — LECLER, Creuse 601, sur Saint-Dizier-Leyrenne, cant. Bourganeuf — I : *id.* mais la carte indique une proximité immédiate avec Mérignat.

NANTIAT — N 259 : Saint-Vincent, par Saint-André de Limoges — F : 503 E, avec patronage de Bénévent, vers 1315 — LECLER « Monographie du canton de Nantiat » en *B.S.A.H.L.*, t. 18, 1868, p. 5 sq. — C 2032 = BB V 241+LECLER+N I : ch.-l. cant. arr. Bellac, Haute-Vienne.

PARNAC — HUBERT, Indre, p. 140 : Saint-Martin sous patronage de Saint-Benoît-du-Sault et cne du canton — F : 110 F, même patronage — AUTORDE n° 108 (cession).

Peyrusse — N 311 : Saint-Martial, sur l'ancienne cne de Champroy *(sup.)* —F : 522 D, sans patronage exprès, mais parmi des patronagesde Bénévent — Lecler, Creuse, 128 — Autorde nos 26, 54, 57, 60, 62, 65 — I : cne de Châtelus-le-Marcheix, cant. Bénévent.

Reix — N 313 : ou Anreix, Saint-Paul (conv.), cne réunie à Arrênes *(sup.)* avec patronage de Bénévent depuis 1704 — F : CXLV indique un patronage épiscopal vers 1600, avec une annexe non nommée. — Lecler, Creuse, p. 555.

Retoueix — N 310 : Saint-Jacques-le-Majeur — F : 522 E, sans patronage et principal par rapport à Aulon — Autorde no 61 (domaine) — I : Retoueix, cne d'Aulon, cant. Bénévent-l'Abbaye.

Saint-Agnant-de-Versillat — N : 402 — F : 506 E — Lecler, Creuse, p. 580 — Autorde no 168 — I : cne du cant. La Souterraine.

Saint-Dizier-Leyrenne — N 310 : ou Didier-près-Peyrusse — F : 509 B — Lecler, Creuse, 598 — Autorde nos 59, 60 — C 2659 = BB V 246 qui ajoute N à Lecler.

Saint-Éloy — N 309 : Saint-Éloi-de-Drouilles — F : 509 A, 515 G — Lecler, Creuse, p. 508 — Autorde nos 27, 28 — I : cne Saint-Éloy, cant. Pontarion.

Saint-Étienne-de-Fursac — N 403 — F : 507 A — Lecler, Creuse, p. 609 — Autorde nos 83-85 — C 2665 = BB V 247 qui ajoute à N et à Lecler, une référence à la série H des A.D. Haute-Vienne concernant la commanderie de Paulhac. — I : cne du cant. du Grand-Bourg.

Saint-Georges-Les-Landes — N 404 : sous patronage de Beaulieu, identifié avec Saint-Georges *de Fontaneto* d'Autorde nos 70, 150, 155 — Lecler, Dict. Haute-Vienne s.v. — I : cne du cant. Saint-Sulpice-les-Feuilles.

Saint-Hilaire-de-Fayolles — N 310 : sur Saint-Priest-la-Plaine avec mention comme *vicus* au *De Revelatione* de la *Vita* de saint Étienne de Muret, c. X (éd. Becquet, *C.C.C.M.*, t. VIII, p. 291 ; au c. XXV il s'agit d'un autre Saint-Hilaire) — Lecler, Creuse, p. 635 — Autorde nos 42, 70, 111 — I : Saint-Hilaire, cne de Saint-Priest-la-Plaine, cant. du Grand-Bourg.

Saint-Hilaire-La-Treille — N 404 : fête aux SS. Cyr et Julitte, le 16 juin — F : 506 D — Autorde nos 160, 161 — C 2728 = BB V 248 (avec une référence d'archives qui concerne le Mas-Rimoulet, prieuré de l'Artige)+N — Lecler, Dict. Haute-Vienne, p. 639-641 (cant. Magnac-Laval).

Saint-Laurent-de-Jourdes — Autorde nos 177 à 182 — H. Beauchet-Filleau « Pouillé du diocèse de Poitiers », p. 287 — Rédet, Dict. Topo. Vienne *s.v.* : cant. Lussac-les-Châteaux.

Saint-Léger-Bridereix — N 402 : ou Saint-Léger-de-la-Fa — F : 506 E — Autorde nos 108-109 — I : cne du cant. La Souterraine.

Saint-Léger-Le-Guérétois — N 307 : en Drouilles, ou près Malpuey — F : 508 E — Lecler, Creuse, 645 — Autorde nos 90, 91 — I : cne du cant. Saint-Vaury — C 2762 = BB V 249 = Lecler+N.

Saint-Pierre-de-Fursac — N 361, sous patronage de La Souterraine d'après Geoffroy de Vigeois « Chronique » éd. Labbe,

p. 285, puis épiscopal — F : 507 A, patronage épiscopal — AUTORDE nº 113 (cession) — I : cne du cant. du Grand-Bourg.

SAINT-PRIEST-LA-PLAINE — N 310 — F : 508 C — LECLER, Creuse, p. 693 — AUTORDE nºs 37, 39, 40, 41, 45 — I : cne du cant. du Grand-Bourg — C 8257 renvoie à « Les notes historiques des registres paroissiaux. XIV : Saint-Priest-la-Plaine...« dans *Mém. Soc. Sc. Creuse*, t. 22, 1922-24, suppl. p. 3-44.

SAINT-PRIEST-LE-BETOUX — N : 402 — F : 506 C — I : cne du cant. de Châteauponsac, Haute-Vienne — LECLER, Dict. Hte-Vienne, p. 722-723 — C 8257 = BB V 252 = N.

SAINT-SÉBASTIEN — LECLER, Creuse, p. 697 (anc. dioc. de Bourges)— F : 110 A *(id.)* — AUTORDE nº 144, 145 — I : cne du cant. de Dun-le-Palestel.

SAINT-SILVAIN-MONTAIGUT — N 308 : F : 508 E — LECLER, Creuse, p. 437 et 702 — AUTORDE nºs 81, 82, 183 — I : cne du cant. Saint-Vaury.

SAINT-VICTOR — N 328 : patronage de Déols depuis 1567 — F : 522 C, un prieur que la pancarte des bénéfices limousins du XVIe siècle a mis, comme Champroy, sous patronage de l'abbé de Bénévent — LECLER, Creuse, 719, qui suit comme toujours N, n'indique que Déols comme patron.

## *Dépendances d'Aureil*

N.B. — On n'a pu localiser la « *villa et capella in terra ous Marchez* » qui est mentionnée à l'article D 651 fº 19rº (registre XVIIe s.). Pour les abréviations A et B, le procédé est le même que pour l'Artige (*B.S.A.H.L.*, t. 97, 1970, p. 115.) Des références plus complètes sont fournies par le « Dossier Aureil » (*sup.*, p. 81).

ALESMES — B 1 : Sainte-Madeleine, à Auriac en Poitou — N 430 : cne Auriac, cant. Bourganeuf (Creuse) — LECLER, Creuse, p. 31-33 — C 54 = LECLER — I : Alesmes, cne Auriat, cant. Bourganeuf.

LES ANDELYS — B 2 : dioc. Rouen — BB VII, 84 — C 96 = BB : Saint-Léonard ch.-l. cant. Eure, dioc. Rouen — LEROUX, MOLINIER et THOMAS « Documents... » t. 1, p. 162, nº XLV.

AURIAT — B 3 : Saint-Pierre-ès-Liens — N 339 : cne Auriac (cf. *sup.*, Alesmes) — C 209 — LECLER, Creuse, 31-33 — F : 509 E.
N.B. — Confusions avec Auriac, cne du cant. Saint-Privat (Corrèze) où l'abbaye d'Aurillac *(Auriliacensis)* avait un prieuré dédié aux SS. Côme et Damien.

BALLEDENT — B 4 : Saint-Étienne, dioc. Limoges — N 384 : cne du cant. Châteauponsac (Haute-Vienne) — C 249 — LECLER, Dict. Haute-Vienne, p. 41-44 — F : 505 B.

BEAUVOIR — N 340 : cne Saint-Amand-Jartoudeix, cant. Bourganeuf (Creuse) — LECLER, Creuse, p. 589 (Beauvais ou Beauvoir) — I : Beauvais.

BERSAC — B 5 : Notre-Dame, dioc. Limoges — N 383-385 : cne du cant. de Laurière, Haute-Vienne — C 360 = B 5+BB V 222 — LECLER, Dict. Haute-Vienne, p. 75-77 — F : 507 B — I : un lieu-dit « la Chapelle » cne de Bersac-sur-Rivalier, cant. Laurière.

Bonlieu, Sainte-Madeleine — D 651 f° 20v° (1342), D 967-968 du fonds d'archives (annexe de Soursac) — Champeval Bas-Limousin, p. 234*b* et 237*b* — Poulbrière, *op. cit.*, *infr.* « Corrèze » II, p. 644 — N 617 — Jean de Veix [abbé Vinatier] « Sainte-Madeleine et son pèlerinage corrézien. Histoire de la chapelle de Nauzenac et de la chapelle neuve de Mirande » (Brive, 1949) — I : aucune indication, cne de Soursac (cf. *sup.*) ; le dernier toponyme connu était « Les Plaines » ou « les Plainettes », dont l'emplacement a été recouvert par les eaux du barrage de l'Aigle, et qui se trouvait sur le territoire communal de Soursac, donc sur la rive droite de la Dordogne.

Bonnefont — BB V 237 rattache à Aureil ce prieuré de l'Artige que Leroux plaçait près de Lubersac (cf. *B.S.A.H.L.*, t. 97, 1970, p. 117) — C 425 le suit en citant toute sa bibliographie sur le prieuré clunisien de Lubersac.

Bost-Las-Mongeas — A 1 : *al.* Bost-Morbovaud, dioc. Limoges, par. Aureil — N 745 : Bostmorbeaud (huit religieuses en 1370 et treize en 1375 d'après D 753) — C 444 (le Bosc-Marbaud) = N+A 1+BB V 220 — F : 519 B — I : Bos-las-Mangeas, cne Aureil, cant. Limoges.

Le Breuil d'Eyjeaux — A 2 : Saint-Gilles, par. Eyjeaux — N 746 — C 494 = BB V 229+N — I : le Breuilh, cne Eyjeaux, cant. Pierre-Buffière (Haute-Vienne) — Lecler, Dict. Haute-Vienne, p. 315.

Le Breuil-La-Vieille — B 6 : le Breuil à la Vieille-Vallée, *al.* Breuil-la-Vieille, *al.* Sainte-Catherine-de-la-Roye, par. Saint-Maximin, dioc. Limoges — N 507 : le Breuil-à-la-Reilhe, *al.* de la Rouge, ou Rouille, ou de Vieille-Vallée, la Chapelle-au-Breuil, Saint-Catherine *(de Brolio victori)* cne Saint-Mesmin, cant. Excideuil (Dordogne) — C 495 (le Breuil-à-la-Vieille, *de Broglio veteri*) = B 6+BB V 251+N — Senneville, Cartulaire, p. 222 n. 2 situe effectivement ce prieuré, cne de Saint-Mesmin, cant. Excideuil (Dordogne), sous le patronage de Saint-Jean, et l'on peut rapprocher des lieux qu'il cite, la mention de « la Quintinie » par De Gourgues, Dict. Dordogne, p. 261, sur Saint-Mesmin. A une mauvaise localisation qu'il cite, on peut ajouter la confusion avec les Forges *(infr.)* appelées Vieille vallée (N 531).

La Brégère — B 7 : la Brugère, *al.* Saint-Junien-Château, par. Saint-Martin-Château, dioc. Limoges — N 339 distingue *a)* la paroisse de Saint-Junien-le-Château, ou la-Brugière, devenue cne de Saint-Junien-la-Brugère, cant. Royère (Creuse), dédiée à Saint-Genest, puis Saint-Cloud, et patronné par Aureil ; *b)* la Bregière [ou Montlaron, ou Montaron], prieuré dédié à l'Assomption de la Vierge — C 2753 = B 7+BB V 249+N+Lecler, Creuse, 641 — F : 509 E, concerne la paroisse, contrairement à N qui le rapporte au prieuré (1318) — I : Saint-Junien-la-Brégère, cne du cant. de Royère (Creuse), avec une Brégère et un Aureil sur la commune, ce dernier correspondant au Vigon-Haut du cartulaire.

Burgnac — B 8 : SS-Côme-et-Damien, dioc. Limoges, puis Périgueux — N 653 : cne du cant. Aixe-sur-Vienne, dédiée à Saint-Médard — C 532 (SS. Côme et Damien, malgré N qu'il cite avec erreur de page) = B 8+BB V 224+N — La charte n° LXXIV du Cartulaire confirme le patronage de saint Médard, et donc la localisation de N suivi par F 499 A — L'article D 956 du fonds, à propos des dîmes sur Meilhac, semble concerner Burgnac — LECLER, Dict. Haute-Vienne, p. 128-131.

CHAMBON-SAINTE-CROIX — B 9 : dioc. Limoges — N 538 : cne du cant. Bonnat (Creuse) — C 679 = BB V 225+N+LECLER, Creuse, p. 113+DUBREUIL « Sainte Rufine... les prieurs-curés de Chambon-Sainte-Croix » (Guéret, 1906) in-16 — F : 510 B — La charte n° VIII éditée avec la date « vers 1100 » par LEROUX, MOLINIER et THOMAS « Documents... » I, p. 128-129 doit être retardée au moins jusqu'à la mort de Gaucher en 1140, puisqu'elle mentionne un prieur Gui (SENNEVILLE, *Cartul.*, p. 384-385) — E. CHÊNON « Notes archéol. et hist. sur le Bas-Berry, 12e série » (*Mém. Soc. Antiq. Centre*, t. 37, 1914-1916, p. 38-48).

LE CHATAIN — B 11 : Notre-Dame du Chastaing-Saint-Maureil — N 468 : cne Saint-Maureil, cant. Royère (Creuse) — C 722 = B 11 (renvoie à série H !)+LECLER, Dict. Creuse, p. 661-662+BB V 250 (Saint-Maureil) — I : Le Chatain, cne Saint-Moreil, cant. Royère.

CHATEAUNEUF — A 3 : Saint-Michel-de-Châteauneuf — N 728 : cne de Châteauneuf-la-Forêt, ch.-l. cant., arr. Limoges, Haute-Vienne — C 731 = A 3+N+BB V 226+LECLER « Monographie du canton... » en *B.S.A.H.L.*, t. 22, 1873, p. 223 et 231.

CHAVAGNAC — I : cne Aureil — N 745 : Sainte-Madeleine — C 750 = BB V 220 dont il reproduit les cotes de la série D qui concernent le Bost-las-Mongeas (cf. *sup.*, le Chatain !)+N.

CHEISSOUX — N ignore cette cure malgré F : 497 F (patron : Saint-Léonard-de-Noblat) — SENNEVILLE, p. 106 n. 4, le classe commune de Bujaleuf, suivant en cela LEROUX, MOLINIER et THOMAS « Documents... » I, p. 127 (Cheyssou) — I : cne du cant. Eymoutiers, contiguë à Bujaleuf — LECLER, Dict. Haute-Vienne, p. 204-205, mentionne la création en 1905 de la cne de Cheissoux sur une section de Bujaleuf, mais les répertoires de possessions d'Aureil (vg. D 649 f° 356) mettent le lieu sur l'ancienne paroisse de Champnètery (cne du cant. de Saint-Léonard).

CHÉRIGNAT : B 10 : Saint-Pierre-de-Chargnac, *al.* Chérignac, dioc. Limoges — N 340 : Chargnhac, cne du cant. Bourganeuf (Creuse) — LECLER, Creuse, p. 680-682 — F : 510 A — C 2847 = BB V 252 (St-P.-Ch.)+B 10+LECLER.

CORRÈZE — B 12 : Bas-Limousin, dioc. Tulle — N 591 et 774 : Saint-Michel, ch.-l. cant. (Corrèze) — F 494 D et 533 B — C = B 12+ BB V 298+CHAMPEVAL, Le Bas-Limousin... », p. 23+POULBRIÈRE « Dict. Paroisses Corrèze » I, 384-397+CLÉMENT-SIMON « Additions au Pouillé de N. » dans *Archives Historiques*, I, p. 615-621 (Saint-Martial ou Saint-Martial-Saint-Michel).

COURIEUX — A 4 : Saint-Jean-Baptiste, par. Saint-Symphorien — N 386 et 767 : Coulrieu, *Corrilium* — F : p. CXLV *(prior)* — C 901 = A 4+BB V, 253+N — LECLER « Monographie du canton de Nantiat », *B.S.A.H.L.*, t. 18, 1868, p. 26 = Dict. Haute-Vienne, p. 745 — I : Courieux, cne Saint-Symphorien-sur-Couze.

LE DUVEIX — A 5 : Sainte-Marie-Madeleine, par. Linars — N 744 : le Deveix — C = A 5+BB V 236+N — LECLER « Monographie du canton de Châteauneuf-la-Forêt », *B.S.A.H.L.*, t. 22, 1873-74, p. 242 ; Dict. Haute-Vienne, p. 458 — I : Le Duveix, cne Linards.

N.B. — L'acte de fondation vers 1100 indique une église dédiée à la Vierge.

Eyjeaux — N 746 : Saint-Priest, puis Saint-Martin, cne du cant. Pierre-Buffière, Haute-Vienne — F : 498 B — Lecler, Dict. Haute-Vienne, p. 313-315.

N.B. — Senneville (*Cartul*, p. 1, n. 3) n'a pas remarqué le patronage à saint Priest dans le ms. de N.

Fontloup — B 18 : annexe de Magnac — N 340 : F. ou Danloup, Sainte-Marguerite, dans la par. et cne de « Maignac-près-Bourganeuf (Creuse) » — C 1169 = B 18+BB V 238 (références de Magnac)+N — I : Font-Loup, cne Montboucher, cant. Bourganeuf. — Autorde, A.D. Creuse, H, Cart. du Palais, p. 432 et 439.

N.B. — D'après Leroux, Molinier et Thomas, « Documents... » I, p. 150, Fontloup pourrait avoir été sur le territoire de la paroisse de Mérignat (cne du cant. Bourganeuf, Creuse), mais Lecler, Creuse, p. 443 le met sur Montboucher, comme Magnat qui n'a jamais été commune ; Fontloup est à 250 m de la frontière communale de Mérignat.

Les Forges — N 531 : Saint-Gilles, les F. ou Viellevallée, *de Valle veteri*, cédée à Aubepierre en 1184 ; cne de Freysselines, cant. Dun (Creuse) — Lecler, Creuse, p. 286-287 (= N) — I : les Forges, cne Fresselines, cant. Dun-le-Palestel.

N.B. — Les Forges ont été partagées avec Aubepierre en 1184, et la partie conservée a été accensée à perpétuité à cette abbaye en 1210 (M. Aubrun « L'abbaye cistercienne d'Aubepierre... » dans *Mém. Soc. Sc. Nat. Archéol. Creuse*, t. 32, 1954-56, p. 506-531 et 33-65).

Gargenville — B 15 : Saint-Martin, dioc. Rouen — C 1255 : dioc. Rouen, auj. Versailles ; cne du cant. de Limay, arr. Mantes (S.-et-O.) ; donne diverses références locales.

La Geneytouse — N 745-746 : Notre-Dame, cne du cant. Saint-Léonard — F : 497 E — Lecler, Dict. Haute-Vienne, p. 356-359.

Hautefort — B 17 : Saint-Agnan et Saint-Éloi, dioc. Périgueux — C 1384 : ch.-l. cant. Dordogne, d'après Lecler, Dict. Hist. Géo. Eccl., V, 712, sans plus — De Gourgues, Dict. Topo. Dordogne, p. 157 y indique deux chapelles, Saint-Jean et Saint-Éloi, annexes de la paroisse de Saint-Agnan au xvi^e^ s. ; p. 282, l'église de Saint-Agnan était au prieuré d'Aureil au xii^e^ s. avant de passer à la collation de l'abbaye de Châtres, O.S.A. cne du cant. de Terrasson, arr. Sarlat (Dord.). Saint-Aignan-d'Hautefort est maintenant un village de la cne et ch.-l. de canton d'Hautefort. Le cartulaire d'Aureil (n^o^ CXXXIV) dédie la chapelle du château à la Vierge avant 1140.

Jouhet — B 13 : Ejouet, *al.* Jouhet, dioc. Bourges — Hubert (E.), Indre, p. 172 : Saint-Denis-de-Jouet, cne du cant. Aigurande ; « prieuré dép. du prieuré d'Aurillac », reproduit par BB V 136 et par C 2649 — C 1039 a un « Ejouet » sur la seule indication de Lecler, Dict. Hist. Géo. Eccl., V 712 — F : 65 B, 111 D (Saint-Denis-de-Jouhet, cant. Aigurande) — Chênon, *op. cit.*, *sup.*, pour Chambon-Sainte-Croix : p. 20-34.

La Lande — B 26 : Saint-Jean-l'Hermite, par. Lussac, dioc. Limoges — N 287 : cne Lussac-les-Nones, cant Chambon (Creuse) — Lecler, Creuse, p. 379-380 — I : l'Hermite, cne Lussat, cant. Chambon-sur-Vouèze (un lieu-dit « Landes » sur la même commune).

Lavoux — A 1 : chapelle et fief de Lasvoux — N 385 : Sainte-Catherine, *de Vallibus* dépendant de Bost-las-Mongeas, cne Balledent cant. Châteauponsac — C 1565 = reproduit les indications de BB V 221 pour Balledent. — Cf. *sup.*, « Balledent » pour Lecler.

Lignaud — N 540 : Sainte-Madeleine-de-Ligniaux, cne Lourdoueix-Saint-Pierre, cant. Bonnat (Creuse), dépendance de Chambon-Sainte-Croix — BB V 237 le rattache à la prévôté [O.S.B.] de Chambon-[sur-Vouèze] malgré Lecler, Creuse, p. 373, qu'il cite et qui suit N — C 1612, qui suit BB, s'en tire avec un « prieuré augustin de Chambon » — I : Lignaud, cne Lourdoueix-Saint-Pierre.

Magnat — B 18 : Saint-Jacques de Magnac — N 340 : Saint-Jacques-le-Majeur, cne prétendue de Maignac-près-Bourganeuf, cant. Bourganeuf (Creuse) — Lecler, Creuse, p. 443-444 donne Magnat (Magnac, Manhac) cne de Montboucher, cant. Bourganeuf — C 1705 = B 18+BB V, 238+N — I : Magnat.

Magny — B 19 : dioc. Rouen — C 1707 : Magny-en-Vexin, dioc. Rouen, ch.-l. cant. arr. Mantes (S.-et-O.) ; fournit des références dont BB VII 85, Leroux, Molinier et Thomas « Documents... » I, p. 160-161. — Deux pièces originales sur parchemin de D 946 (1210) concernent Magny et non Magnat (cessions de dîmes au profit « des » chanoines).

Mas-Saint-Jean — B 20 : Mas-Chabot, *al.* Mas-Saint-Jean, par. Saint-Sulpice-Dunoise, dioc. Limoges — N 297 : dédié à la Nativité de Saint-Jean-[Baptiste] — C 1783 = BB V 253+N+Lecler, Creuse, p. 707 — I : Le Mas-Saint-Jean, cne Saint-Sulpice-le-Dunois, cant. Dun-le-Palestel.

Mas-Rambert — A 6 : Sainte-Marie-Madeleine, par. Vic, *al.* Vigeon, Vigeois, dioc. Bourges — Hubert, Indre, p. 199 : prieuré de Mas-Robert et bénéfice de Sainte-Madeleine, cne Vijon, cant. Sainte-Sévère, arr. La Châtre — C 1783 = BB V 71+Hubert.

Montalet — B 21 : dioc. Rouen ; uni au collège de Clermont à Paris au xvii^e s. — C 1930 rapporte la référence de Lecler, Dict. Hist. Géo. Eccl., V, 712, parmi d'autres qui concernent le prieuré dépendant de Coulombs à Montalet, cant. de Limay, arr. Mantes (S.-et-O.).

Mongibaud — B 22 : Montgibaud-Meuzac — N 669 : Montgibaud, Saint-Martial, cne du cant. Lubersac (Corrèze) — F : 496 D — Poulbrière, *op. cit.*, *sup.*, « Corrèze », t. II, 295-298, d'après B 22 — BB V 240 cite Poulbrière, B 22 et N — C 1949 = BB.

Montégon — Senneville *Cartul.*, n° CCLV et CCLXII place cette dépendance cne Saint-Aulaire, cant. Ayen (Corrèze) — Poulbrière suit implicitement (*op. cit.*, *sup.*, « Corrèze » : t. III, p. 27), plutôt que Guibert (cité par S.) — Rien en I.

Montignon — Senneville *Cartulaire*, n° CCLXXXVIII, sans localisation autre que le Bas-Berri — Sur l'ancienne paroisse de Pezay-le-Joli, maintenant cne Oulches, cant. Saint-Gaultier (Indre) : E. Hubert, Dict. Indre (Montaignon) p. 123, 138, 145. Cette dernière référence donne à Pezay-le-Joly le patronage de saint Eutrope mais le cartulaire est d'accord avec le fonds de Longefont sur la paroisse (A.D. Indre, Inv. Anal. série H par Th. Hubert : art. 859-888) pour le patronage de saint Florent; le lieu-dit n'apparaît pas dans l'Inventaire et Montignon est la graphie du tableau d'assemblage du cadastre d'Oulches, à 700 m de Pezay.

Le Nipoulaud — A 1 : chapelle et tènement de Nipouleau, par. Saint-Paul, dioc. Limoges, dépendances de Bost-las-Mongeas —

N 728 : Neypouleu, cne Saint-Paul, cant. Pierre-Buffière — C 2070 = BB V 252, qui ne fournit que les références au prieuré de Fondadouze, sur la paroisse de Saint-Paul ; mais le Bosc-Morbaud de BB est devenu Bosc-Marbaud en C — Lecler, Dict. Haute-Vienne, p. 715 — I : Le Nipoulaud, cne Saint-Paul, cant. Pierre-Buffière ; le Bottin se tient à la graphie « Saint-Paul-d'Eyjeaux » — Chapelle transformée en grange.

Poulenat — N 746 : Poulenac, prieuré Sainte-Madeleine, membre du Bost-las-Monjas — BB V : les religieuses du Bosc-Marbaud (p. 220) devenues moniales du Bost (p. 229) comme maison-mère de Poulenac, sont appelées Bénédictines en C 2348 — Senneville *Cartul.*, p. 46 n. 4, pour le nº LXXII — Les art. D 443-445 du fonds d'Aureil n'y montrent qu'un tènement ou une métairie importante. — I : cne Eyjeaux (cf. *sup.*).

Pressac — Mas devenu centre d'exploitation avec colons au début du xiiᵉ s. Voir Senneville *Cartul. index loc.* Cne d'Eyjeaux, cant. Pierre-Buffière, d'après l'éditeur. Rien en I.

Le Réservat — A 1 : tènement, par. Saint-Martin-Terressus — N 315 : prieuré Sainte-Madeleine, cne Saint-Priest-les-Holières, avec chapelle en 1275 — Senneville *Cartul.*, à propos du nº CCCLI (v. 1190) localise à Saint-Priest-Thaurion, cne du cant. d'Ambazac, un don qu'il faut sans doute rapporter à cette maison qu'on retrouve sous son nom « Le Réservat » en I : cne Saint-Martin-Terressus, cant. Saint-Léonard, contiguë à Saint-Priest-Thaurion (ou Saint-Priest-les-Ollières) — Lecler, Dict. Haute-Vienne, p. 696.

Rilhac-Xaintrie — B 23 : Rilhac, dioc. Tulle — N 766 et 779 : Saint-Martin, cne du cant. Saint-Privat, Corrèze ; l'appartenance à l'abbaye de Tulle que rapporte N d'après Baluze vaut pour Reilhac, cne du Lot, selon Champeval « Cartulaire... de Tulle » nº 602, ce qui est confirmé par F (491 A) pour Rilhac-X. car en 453 B (début xivᵉ s.) la collation de Reilhac est à l'évêque de Cahors. — BB V 299 cite B 23 ; Champeval « Le Bas-Limousin... », p. 193 ; Clément-Simon, *op. cit.*, *sup.*, « Corrèze » : I, 634 ; Poulbrière, *op. cit.*, *ibid.* : II, 494-500 ; Saint-Bonnet « Monographies communales de la Xaintrie... » (Tulle, 1886), mais comme BB n'indique que « Rilhac », C 2465, qui a déjà énuméré Rilhac-Lastours et Rilhac-Rançon *(sic)* en Limousin, choisit Rilhac-Treignac... qui est une autre commune de Corrèze, cant. de Treignac ! — Senneville *Cartul.*, p. 394 semble indiquer qu'en 1282 le « recteur » de l'église n'était pas un chanoine d'Aureil.

La Roche-Malvaleise — B 24 : la Roche-Malvalèze, dioc. Limoges — N 539 : Saint-Pierre, cne Roche-Malvalaize, cant. Châtelus-Malvaleix (Creuse), Notre-Dame de Malvalaize — F : 511 A (concerne l'église paroissiale, contrairement à N qui rapporte la chose à la chapelle de Malvalaize pour 1318 (comme pour la Brégère, *sup.*) ; Lecler, Creuse, p. 566 indique la Chapelle-Malvalaise — C 2485 = B 24+BB V 234 (BB cite N, mais C l'omet) — I : La Chapelle, cne Roches, cne Châtelus-Malvaleix.

Rosier — B 22 — N 658 : Rouyer, chapelle Sainte-Anne — I : Royer, cne Meuzac, cant. Saint-Germain-les-Belles — Lecler, *op. cit.*, *sup.*, pour « Mongibaud ».

N.B. — L'acte de 1212 en D 956 concerne Meuzac *(Melsac)* et non Meilhac.

Saint-Amand-Jartoudeix — B 25 : dioc. Limoges — N 340 : -deis, *al.* près Sauviac, cant. Bourganeuf (Creuse) ; dédié à saint Amand du 25 juin — F : 509 E — C 2581 = B 25+BB V 246+N+ Lecler, Creuse, p. 588.

Saint-Marien — B 27 : en Combraille, dioc. Limoges — N 292 : cne du cant. de Boussac (Creuse) ; dédié à saint Marien (19 sept.) et à saint Symphorien, mais distincte de la chapelle Saint-Marien d'où les chanoines d'Evaux avaient emporté le corps de l'ermite, et qui était au village d'Entraigues, sur la paroisse de Budelière (dioc. Bourges) maintenant cne du cant. de Chambon-sur-Vouèze (Creuse) — Lecler, Creuse, p. 94-95 et 652 — Peynot « La Combraille » (Guéret, 1931), p. 309-310 — F : 483 E — C 2787 = B 27+BB V 250+N (avec erreur de page) — Chênon, *op. cit.*, *sup.*, « Chambon » : p. 35-37.

Saint-Nicolas-des-Froides-Orties — B 14 : Saint-Nicolas-des-Froides-Orties, dioc. Limoges — N 745 : Saint-Nicolas-Frégatoire, *de frigidis urticis*, par. et cne d'Aureil — F : 518 D *(prior)* — I : Saint-Nicolas, cne la Geneytouse, cant. Limoges.

N.B. — Les « Froides-Orties » sont une corruption pour les « Froides Artiges » attestées en D 730 f° 3 (xvi^e s.).

Saint-Nicolas-les-Chapelles — Prieuré que des listes du xvii^e siècle (D 718) signalent en le déclarant inconnu ou en le situant dans la même paroisse de Lussac-les-Nonnes où se trouve déjà la Lande *(sup.)*.

Saint-Pierre-la-Montagne — N 386 : Saint-Pierre-ès-Liens, cne Saint-Léger-la-Montagne, cant. Laurière (Haute-Vienne)-Lecler, Dict. Haute-Vienne, p. 672.

Saint-Priest — Hubert, Indre, p. 179 : cne Nohant-Vic, cant. La Châtre — Chênon, *op. cit.*, *sup.*, « Chambon-Sainte-Croix » : p. 16-20 — F : 47 H et 64 A *(prior* et *prioratus)* — Senneville *Cartul.*, p. 160 n. 6 fait erreur de localisation.

La Salle d'Aureil — N : 341 : *al.* la Ville-Saint-Martin, dédiée à saint Martin — Lecler, Creuse, p. 682 : *al.* le Mas-Salomon — F 510, avec localisation erronée de l'index à Saint-Martin-Sainte-Catherine, à cause de N 325 — L'article D 898 du fonds reproduit des rapprochements fallacieux sur la donatrice. — I : La Salle, cne Saint-Pierre-Chérignat (cf. *sup.*).

Soursac — B 28 : dioc. Limoges — N 616-617 : Saint-Julien et Saint-Babylas d'Antioche, cne du cant. Lapleau (Corrèze) — F : 488 C — C 3071 = B 28+BB V 255+Champeval « Le Bas-Limousin » p. 234-238 — Poulbrière, *op. cit.*, *sup.*, « Corrèze » : II, 636-645.

Le Theil — B 29 : le Theil ou la Margeride, par. Saint-Germain, dioc. Limoges — N 598 : le Theil, *al.* de Margeride, près Magnac, par. et cne de Margeride, cant. de Bort (Corr.) ; en fait, les actes du cartulaire indiquent un emplacement en relations à la fois avec Mongibaud et Saint-Méard, ce qui est le cas de Saint-Germain-les-Belles qui a un lieu-dit le Theil et dont le chapitre avait un procès avec Aureil sur les dîmes du lieu en 1488 (D 970 du fonds d'archives) — I : le Theil, cne et ch.-l. cant. Saint-Germain-les-Belles.

Tort — Senneville, n° CCL, 1°, 3° situe cette obédience dans la cne de Juillac, ch.-l. de (Corrèze). — Rien en I.

Venouhant — A 3 : annexe de Saint-Michel-de-Châteauneuf *(sup.)* — N 728 : Saint-Jean-de-Vernon, ou Venon, ou Vernouhant, dédié à la Nativité de Saint-Jean, par. Sainte-Marie-la-Claire — C 3328 : références de Châteauneuf — I : Venouhant, cne et ch.-l. cant. Châteauneuf-la-Forêt.

Verdeyme — N 660 : Verseynie ou Verseyne, *Verzesma*, par. et cne La Croisille-près-Chamberet, cant. Châteauneuf (Haute-Vienne) — C 3347 = BB V 233 qui cite N et Lecler « Monographie du cant. de Châteauneuf » en *B.S.A.H.L.*, t. 22, 1873-74, p. 236.

Vigoulant — B 30 : Saint-Blaise, dioc. Bourges — Hubert, Indre, p. 199 : cant. Sainte-Sévère — F : 46 D, 64 E, 115 C — La charte n° LXXXI de Senneville *Cartul.* est éditée par E. Hubert au n° LVI de son « Recueil général des chartes... Indre » (Châteauroux-Paris, 1899) d'après l'article D 972 du fonds d'archives. — Chênon, *op. cit.*, *sup.*, « Chambon-Sainte-Croix » : p. 14-15.

## PIÈCE JUSTIFICATIVE
## 1215

*Statut capitulaire du prieur Roger d'Aureil interdisant aux frères de faire des testaments sans l'avis et l'autorisation de leur prieur, et à tous responsables de contracter des dettes au-delà de 20 sols.*

A : orig. A.D. Haute-Vienne D 658, parchemin détérioré.

B : extr. XVII$^e$ s., *ibid.*, D 651 f° 36r° (daté de 1205).

*Ed.* : Leroux et Bosvieux « Chartes, chroniques, etc. » (Tulle, 1886) n° LXXI, p. 66-67 = *a*.

*Ind.* : Senneville (G. de) « Cartulaire... d'Aureil... » (*B.S.A.H.L.*, t. 48, 1900) p. 390 note 8 (daté de 1215).

N.B. — La transcription ci-dessous, faite sur A, ne relève pas les variantes fournies par *a)*. Trois points remplacent un mot non lu ou supposé. (. . .). La date de 1215, peu lisible, concorde avec l'initiale du prieur.

Scriptura reducit ad memoriam posteris quod obliuio conatur tollere de die in diem. / Ego R. prior Aurel. et eiusdem ecclesie capitulum notum facimus presentes litteras inspecturis . . . / multa et innumera mala que nobis proueniant ex testamentis que ad finem fecerant . . . / sicuti laici in dampnum ecclesie nostre et in periculum anime sue et . . . . . . debita . . . / commissis siue balliis ceteris sumpserant preceducium ; unde fere possessiones [nostre . . . an]- / nichilantur. Statuimus ut cum aliquis e fratribus nostris ad obitum uenerit, ordinationem rerum suarum / penitus faciat nullam nisi cum consilio et uoluntate prioris sui siue alicuius ex probatis / fratribus nostris si presens prior adesse non poterit. Decernimus etiam ut cum aliquis balliam . . . . . . / . . . domum aliquam (?) nostram nullum penitus accipiat debitum ultra XX sol. nisi cum consilio et uolunta-/te prioris sui ; et ne aliquis ultra constitutionem istam audeat progredi, ad . . . . . . . . ./mum, omnes contra hoc agentes generaliter excommunicauimus, addentes ut quisquis ad obitum [debitor] / inuentus fuerit, christianam careat sepulturam. Factum est hoc anno Incarnati Verbi M CC [XV] / in generali capitulo nostro, ista probantibus et fieri postulantibus : P. Helia subpriore, B. . . . / P. de Sto Martino, Gaufredo Marteu[1], G. de Sta M. . a, ? de Bordaso,

(1) Cf. Senneville, n$^{os}$ 353 et 382.

? de . . . / -ne, W. Aiasso claustralibus ; Aime. de S. Paul, Gaucelmo Perissac, Stephano de Quinsac[2] . . . / Geraldo de Correzia, P. de Sto Iuniano, Ge de Sto Nicolao, Stephano Gacha[3] (?), Aimerico / Bosonis[4], Ai. de Fonlop, R. la Ribeira, St. de Vilanoua[6], Wo Ma. . ., P. Picmaur[5] / G. Picota[5], St. Poilo, B. de Palissas, Wo de Poial, B. Coder obedientiariis.

---

(2) *Ibid.*, index, p. 459 ; il y a plusieurs St. de Quinsac.

(3) *Ibid.*, *index*, p. 458.

(4) *Ibid.*, p. 426.

(5) *Ibid.*, p. 378.

(6) *Ibid.*, nos 357 et 362.

# VIII

# Chanoines réguliers en Limousin au XII$^{e}$ siècle : sanctuaires régularisés et dépendances étrangères

De précédentes études parues dans ce bulletin ont d'une part ramené les frères de l'Artige dans la parenté érémitique de Grandmont, d'autre part situé au premier rang de la réforme canoniale quelques établissements de chanoines réguliers. Si Lesterps a le mérite d'avoir presque devancé cette réforme, Bénévent et Aureil ont été fondés pour l'appliquer et le Chalard lui doit son existence[1].

Pour terminer la revue des chanoines réguliers de type grégorien, c'est-à-dire adoptant la désappropriation individuelle recommandée par la règle de saint Augustin, il convient d'examiner les sanctuaires canoniaux anciens du Limousin qui se sont placés pour ainsi dire au second rang de la réforme canoniale en adoptant le même type de régularité que les établissements précités : il s'agit d'Évaux, de Saint-Léonard

---

(1) Voir nos divers articles en *B.S.A.H.L.*, t. 97, 1970, p. 83-142, t. 98, 1971, p. 153-171, t. 99, 1972, p. 80-135, et, du même auteur, « Le bullaire du Limousin » en *B.S.A.H.L.*, t. 100, 1973, p. 111-149, auquel il sera renvoyé par le numéro d'ordre. Le même auteur a rédigé le chapitre « Chanoines réguliers » dans *l'Histoire du droit et des institutions de l'Église en Occident...*, dir. G. Le Bras. Tome X : *L'âge classique* (1140-1378). *Les religieux*, par dom Jacques Hourlier, Paris. 1974.

et de Brive. Par la même occasion, il est commode de clore cette revue par un aperçu concernant les implantations en Limousin des chanoines périgourdins de Saint-Jean-de-Cole et des chanoines angoûmois de la Couronne.

## ÉVAUX

Le transfert à Évaux du corps de l'ermite berrichon Marien, rapporté par Grégoire de Tours, suggère d'emblée la naissance d'un sanctuaire desservi par un groupe de moines ou de clercs. Comme un membre de la famille des sires d'Aubusson se déclare en 945 abbé laïc de Moutier-Rozeille et d'Évaux[2], et que Moutier-Rozeille a dépendu de Saint-Yrieix et de Saint-Martin de Tours, on pourrait croire à un titre monastique ancien du sanctuaire. Mais il peut aussi s'agir du cas d'un seigneur s'arrogeant un titre pompeux, comme au Dorat vers l'an mil ; à ce moment, Évaux est appelé place forte *(oppidum)* par un chroniqueur contemporain[3] et le vocable du monastère Saint-Pierre est judicieusement rapproché par le dernier historien de la Combraille, l'abbé Peynot, de celui des créations pieuses de l'époque : Cluny et Souvigny au début du xe siècle, Blesle au milieu et enfin le Dorat.

En fait, les reliques de saint Marien n'ont guère pu être mises ailleurs que dans l'église du *vicus* [Notre-Dame], au vie siècle, mais on les retrouve en 1300 dans un sarcophage de l'église des chanoines de Saint-Pierre qui jouxte Notre-Dame. De là à parler sans référence, comme fait Peynot, d'une translation au xiie siècle, il y a un pas d'autant plus délicat que l'on ne sait trop ce que fut la chapelle Saint-Marien d'Entraygues[4].

Évaux était régi par un prévôt en 936 et se trouvait en 958 dans la même dépendance de l'évêque et du chapitre de Limoges que les chanoines d'Eymoutiers, régis eux aussi par un prévôt ; c'est également un prévôt qui remplaça, à la fin du xe siècle, l'abbé du monastère de Saint-Junien, lui aussi dépendant de l'évêque. Mais c'est la fondation de Chantelle en 936 qui nous renseigne le mieux sur les débuts

---

(2) Étienne Baluze, *Historia Tutelensis*, Paris, 1717, p. 367-368.

(3) Gabriel Fournier, *Le peuplement rural* (p. 416) ; Michel Peynot, *La Combraille*, p. 307 et 331-332. L'extrait de registres paroissiaux que cite l'abbé Moret dans ses *Paroisses bourbonnaises*, I, p. 208, indique la confusion qui régnait dans les souvenirs à une époque récente (xviiie s. ?) : la messe est dite pour les pèlerins « dans les bois d'Entraygues, dans la chapelle de la basilique Saint-Pierre, dite chapelle de saint Marien ».

(4) Adémar de Chabannes, *Chronicon* (éd. Chavanon), p. 158.

d'Évaux ; disons tout de suite que cette fondation est dans la même ligne que celle de la Tour-Sainte-Austrille par laquelle, en 958, un féodal marchois créait avec l'appui des chanoines de Limoges un monastère soigneusement mis à l'abri de la main-mise des laïcs[5].

Quoique Chantelle fût dans le diocèse de Bourges, les nobles fondateurs Ainaud et Richilde s'adressèrent au prévôt Widrad et aux chanoines d'Évaux pour établir le saint ordre canonial dans la construction projetée. Cette construction devait s'adjoindre à l'église Saint-Vincent déjà existante et les chanoines d'Évaux, seuls maîtres des lieux à l'exclusion expresse de toute ingérence laïque, auraient toute liberté d'y envoyer ceux des leurs qu'ils voudraient pour gouverner cette filiale selon les normes canoniales. Outre la garantie des corrections romaines en cas d'usurpation laïque, la qualité des signataires de l'acte était à elle seule une caution solide : il y avait l'archevêque de Bourges, l'évêque de Clermont, celui de Limoges Turpion, et son ami l'abbé de Cluny Odon ! Pour mériter de tels garants, les chanoines d'Évaux devaient avoir une sérieuse réputation d'observance régulière.

On n'est donc pas trop étonné de voir Évaux réapparaître en pleine réforme grégorienne malgré son éloignement de Limoges, éloignement qu'atténuaient les origines berrichonnes des évêques de Limoges Humbauld de Sainte-Sévère (1086-1096) et Guillaume d'Huriel (1097-1100). Dans le Bas-Berry voisin d'Évaux et berceau familial des deux évêques, les chanoines réguliers de maître Humbert de Bénévent avaient des possessions dès avant 1093 ; or, c'est un chanoine de Bénévent, Humbert Lafeuille, qui apparaît comme prévôt d'Évaux avant 1095[6].

L'acte qui atteste cette promotion la présente comme relativement récente. Il nous apprend que les chanoines d'Évaux, ayant reçu du sire de Bourbon, Archambaud, l'église de Blanzac, avaient subi ensuite tracasseries et représailles sur leurs possessions, notamment à Montluçon et à Chantelle. Le nouveau prévôt, Humbert Lafeuille, sut

(5) Jacques de FONT-RÉAULX, *Sancti Stephani Lemovicensis cartularium* en *B.S.A.H.L.*, t. 69, 1922, n° VIII.

(6) Il n'y a pas de raison fondée à distinguer deux Humbert Lafeuille, oncle et neveu, comme fait PEYNOT, *La Combraille*, p. 377 ; notre Humbert, qu'il était facile de confondre avec maître Humbert de Bénévent, apparaît encore comme prévôt d'Évaux en 1108 (Alfred LEROUX et Auguste BOSVIEUX, *Chartes, chroniques et mémoriaux...*, Tulle, 1886, p. 25, n° XIX, en position fort honorable).

apaiser le différend par des concessions réciproques qui nous renseignent fort à propos. Les chanoines recevaient d'Archambaud d'autres églises voisines : Néris, Mazerat et même Neuville-Sainte-Thérence que les moines de Saint-Genoux revendiquaient à tort ou à raison. En retour, le clerc d'Archambaud était nommé à vie desservant de Chantelle, mais si le prévôt voulait ramener les chanoines de ce lieu à la norme régulière, le dit desservant devrait adopter la régularité ou perdre sa place. Cet acte suggère donc qu'Humbert Lafeuille avait déjà introduit à Évaux les usages de Bénévent[7] ; en outre, il témoigne qu'il n'y avait pas incompatibilité entre la régularité personnelle d'un chanoine et les fonctions pastorales exercées à proximité d'un groupement régulier. Aussi bien voit-on le même Humbert faire un échange avec les moines de la Chapelle-Aude pour acquérir une autre église toute proche d'Évaux, au Châtelet.

En 1101, l'archevêque de Bourges Léger donnait l'appui de son autorité au programme de régularisation qu'Humbert Lafeuille avait envisagé à propos de Chantelle. Il est assez piquant de voir l'archevêque récuser l'autorité laïque qui avait soumis à Évaux un monastère honoré du troisième rang dans son diocèse[8] ; il est surtout visible que l'appui archiépiscopal fut laborieusement négocié. Tout d'abord, les chanoines d'Évaux renonçaient à tirer profit d'une filiale où ils voulaient établir des réguliers dans l'entière dépendance matérielle des ressources locales ; cette régularisation devenait donc pour Chantelle l'occasion d'acquérir un début de personnalité conventuelle moyennant un luxe de précautions que seule la traduction du texte permet d'apprécier : « ... quiconque y deviendrait chanoine sur avis des chanoines de Chantelle n'en serait retiré que pour juste motif et avec l'avis de l'ensemble des [mêmes] chanoines, qu'il s'agît d'enseignement doctrinal à suivre[9] ou d'un scandale à réprimer, hormis la défense et le soutien des droits du monastère. Si toutefois il y avait quelque raison d'enlever quelqu'un, un autre venu d'Évaux ferait le remplacement jusqu'à ce que les chanoines de Chantelle retrouvent leur confrère. Au sujet des titulaires de charges... il y aurait

---

(7) L'acte édité par PEYNOT, *La Combraille*, p. 548, n° 11, porte, entre autres signatures, celles de « chanoines réguliers de Saint-Pierre » et de « chanoines de Chantelle » ; cf. Max FAZY, *Origines*, n° 178.

(8) L'évêque de Mâcon faisait de même en récusant l'autorité du duc d'Aquitaine qui avait soumis directement Cluny au Siège Apostolique.

(9) Cette allusion est d'un grand prix pour l'époque ; on trouverait un clerc aux études, en 1220 seulement, dans le cartulaire de Bonlieu (F. AUTORDE, *Inventaire... Creuse, série H*, t. I, Guéret, 1919, p. 176).

deux procureurs, un régulier et l'autre non-régulier, mais les réguliers occuperaient les autres charges pour le bien de l'église. Ces officiers réguliers seraient uniquement d'Évaux jusqu'à ce que les chanoines de Chantelle soient en mesure de l'être ; toutefois, il n'y aurait pas plus de gens d'Évaux à Chantelle que de gens de Chantelle à Évaux. Enfin si quelqu'un voulait être chanoine [de Chantelle] alors que le prévôt [d'Évaux] s'y refusait sous quelque prétexte, lesdits chanoines pourraient le recevoir s'ils le trouvaient utile. Entre autres choses, il fut établi qu'après le départ des chanoines séculiers, tout autre chanoine ne leur succéderait qu'en vue de l'utilité commune de l'église ».

C'est donc une régularisation par substitution progressive des chanoines réguliers aux « séculiers » — première apparition du terme en Limousin — qui a été opérée à Chantelle par Évaux avec l'autorisation de l'archevêque de Bourges ; si celui-ci n'a pas pu, ou pas voulu, favoriser une émancipation complète de Chantelle, il a cependant favorisé la désappropriation individuelle nouvellement introduite en donnant aux chanoines du lieu trois églises, dont deux au moins étaient voisines, Target et Ussel. On doit inférer de tout cela qu'Humbert Lafeuille avait réalisé les projets qu'il formait peu avant 1095 et que la désappropriation avait déjà été adoptée à Évaux avant d'être introduite à Chantelle ; aussi bien le prévôt avait-il conclu entre 1100 et 1104 une association spirituelle avec les chanoines réguliers berrichons de Plaimpied[10], mais on ne sait s'il faut dater de ce temps l'adoption par les chanoines d'Évaux et de Chantelle d'un habit fort grossier dont ils se feraient délivrer par Clément VI en 1342. Quoi qu'il en soit, l'archevêque Léger approuvait encore la réforme d'Évaux à la veille de sa mort en donnant au successeur d'Humbert l'église de Saulzais, chef-lieu d'un archiprêtre dans son diocèse.

La régularisation de Chantelle, malgré les précautions de 1101, ne se fit pas sans des difficultés qu'atteste un acte non daté de l'évêque de Limoges Gérard II (1138-1177), acte qu'il faut rapprocher avec vraisemblance d'une vacance du siège de Bourges vers 1139-1142. L'évêque interdit assez sèchement que l'on remplace les chanoines de Chantelle par des séculiers ; comme Chantelle est dans un diocèse où les foudres limousines n'avaient pas cours, et que Gérard déclare agir pour l'honneur et l'avantage d'Évaux, mais aussi

(10) Peynot, *La Combraille*, p. 330 ; cette fondation de l'archevêque Richard II de Bourges (1073-1093) a laissé un coutumier inédit (ms. Paris B.N. n. acq. lat. 368) mais tardif.

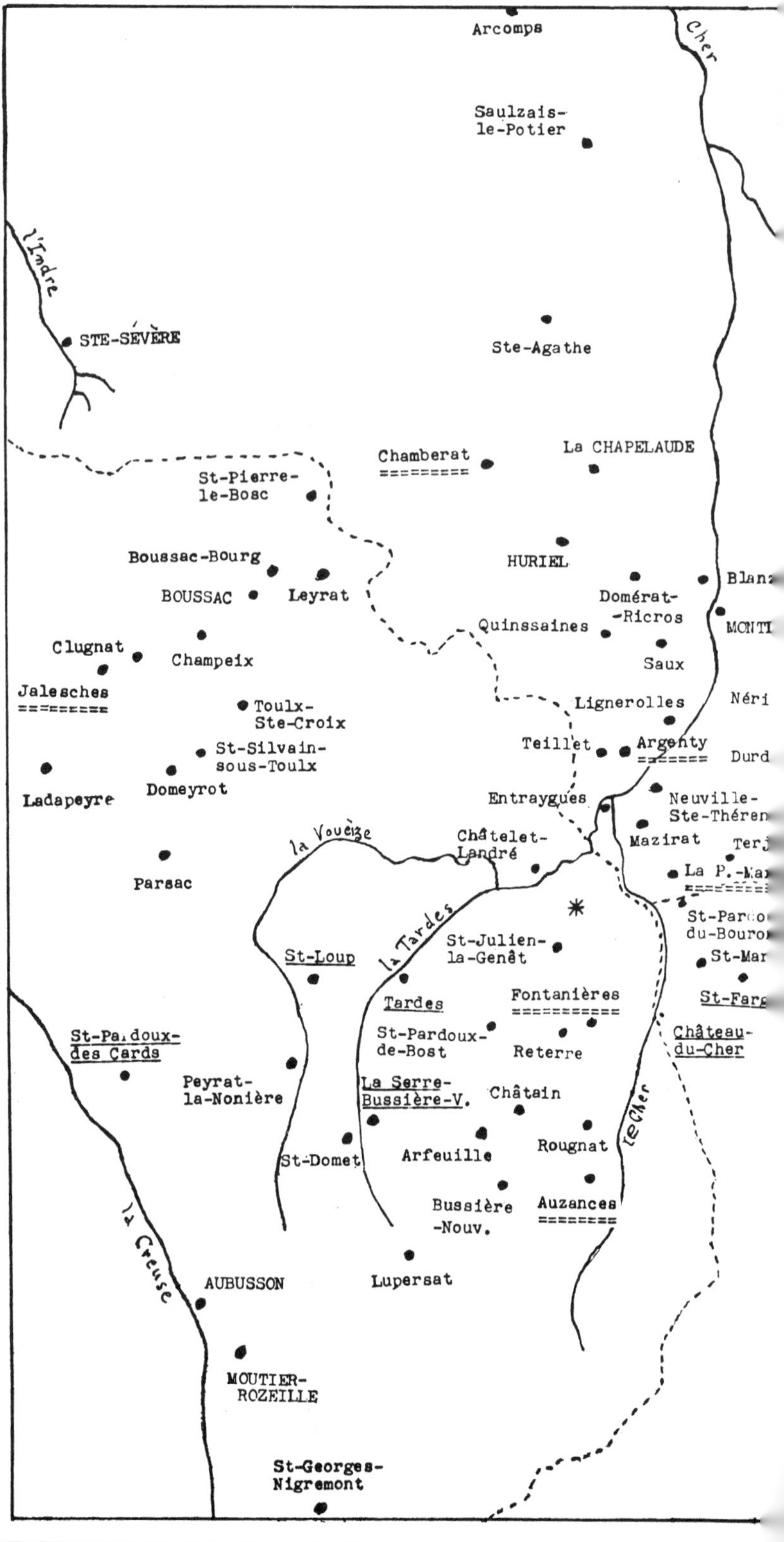
Arcomps
Cher
Saulzais-
le-Potier
l'Indre
STE-SÉVÈRE
Ste-Agathe
Chamberat
La CHAPELAUDE
St-Pierre-
le-Bosc
Boussac-Bourg
HURIEL
BOUSSAC
Leyrat
Domérat-
-Ricros
Quinssaines
Clugnat
Champeix
Saux
Jalesches
Toulx-
Ste-Croix
Lignerolles
Néri
St-Silvain-
sous-Toulx
Teillet
Argenty
Ladapeyre
Domeyrot
Entraygues
Neuville-
la Voueize
Châtelet-
Landré
Mazirat
Parsac
St-Julien-
la-Genêt
la Tardes
St-Loup
Tardes
Fontanières
St-Pardoux-
des Cards
St-Pardoux-
de-Bost
Reterre
Peyrat-
la-Nonière
La Serre-
Bussière-V.
Châtain
du-Cher
le Cher
St-Domet
Arfeuille
Rougnat
Bussière
-Nouv.
Auzances
la Creuse
AUBUSSON
Lupersat
MOUTIER-
ROZEILLE
St-Georges-
Nigremont

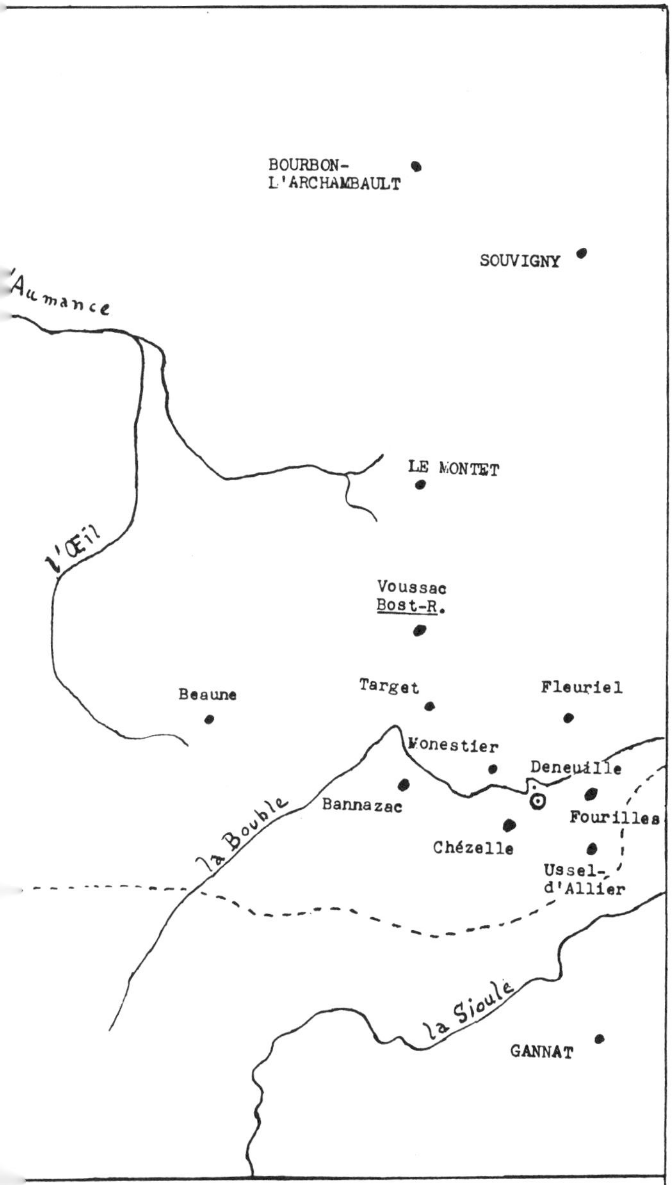


**EVAUX**

**St-Pierre**

.cquisitions avant 1119

.cquisitions entre 1119 et 1158

.cquisitions après 1158

OCALITES repères

5 = 25 kms

------------ limites des anciens diocèses

✱ = Evaux ⊙ = Chantelle

Manquent les acquisitions non localisées et celles de Bourges et Limoges .

de l'avis du prévôt et de son chapitre, il faut penser que ces formules révèlent un zèle impérieux pour la réforme canoniale, zèle que l'on retrouve dans l'épiscopat de Gérard. Plutôt que de supposer un relâchement de ce zèle à Évaux, il faut supposer des difficultés matérielles qui auraient poussé les chanoines à s'assurer le concours de chanoines séculiers, moins coûteux que les réguliers.

Entre temps, les chanoines d'Évaux avaient profité du passage à Brioude du pape exilé Callixte II au printemps de 1119 pour se faire délivrer une grande bulle dont le protocole les félicitait d'être entrés par la porte étroite de la vie commune selon la règle de saint Augustin[11]. Le pape garantissait leur désappropriation individuelle et leur stabilité claustrale dans les termes habituellement employés, en particulier par l'évêque de Limoges Pierre (1100-1105) pour la régularisation de Saint-Léonard. Venait ensuite une liste d'églises dépendantes que l'on retrouve légèrement augmentée dans un bulle analogue d'Adrien IV en 1158, liste qu'il convient d'examiner à l'aide de la carte et des annexes de la présente étude[12].

Cet examen montre une répartition sensiblement égale des dépendances entre les diocèses de Limoges et de Bourges, ce qui s'explique par la situation géographique d'Évaux; cette situation explique aussi les quelques acquisitions faites dans le diocèse de Clermont. Si les églises groupées autour de Chantelle assurent au diocèse de Bourges un très léger avantage numérique sur celui de Limoges, on doit souligner que chacune des deux villes épiscopales fournit à Évaux une église suburbaine vers le milieu du XIIe siècle.

Une autre constatation est la grande majorité d'églises à vocable ancien acquises avant 1119. Sept ou huit acquisitions de ce type s'ajoutent dans le diocèse de Limoges avant 1158, mais ce sont deux créations récentes et proches de Chantelle que l'on remarque pour la période 1119-1158 dans le diocèse de Bourges. Dans la seconde moitié du XIIe siècle, on ne verra encore que deux créations explicites en Berry (Argenty et la Petite-Marche), tandis que trois dépendances apparaissent en Limousin avant 1315 : Auzances

(11) La formule du protocole sera reprise en partie dans l'acte épiscopal qui concerne Saint-Léonard (*infra*, p. 83). On en trouvait déjà les termes dans des bulles d'Urbain II en *P.L.* 151, 423 (Cahors), 427-28 (Saint-Ruf), 456 (Rodez), ou dans celles de Pascal II en *P.L.* 163, 308 (Airvault), 1115 (Cahors), 1215 (Saint-Sépulcre de Jérusalem), ou en *Papsturkunden in Artois* de Ramackers (Göttingen, 1940), p. 43 (Mont-Saint-Éloi).

(12) Jean Becquet, *Le bullaire du Limousin*, nos 39 et 73 ; la date de la seconde pièce doit être rectifiée en 23 avril et l'on peut ajouter aux références la copie du fonds Bosvieux (A.D. Haute-Vienne K 33).

aurait été donné par Gérard II en 1163 et divers indices, dont le vocable de saint Jacques le Majeur, font penser à une création castrale récente, mais l'on peut croire à l'ancienneté de Jalesches, dédié aux saints Léger et Julien, voire de Fontanières dédié à la Vierge, puis à saint Blaise.

Dans une phraséologie plus impersonnelle, la bulle de 1158 n'ajoutait rien à la reconnaissance du statut régulier accordé aux chanoines d'Évaux en 1119 ; les deux textes confirment la traditionnelle liberté d'élection du prévôt et ne donnent à Chantelle aucune situation privilégiée parmi des dépendances énumérées. Mais en 1158, Évaux recevait en plus deux droits que l'on ne trouve pas dans les bulles d'Eugène III pour les chanoines réguliers du Chalard (1150) ou séculiers de Saint-Junien (1151) : le premier consistait à recruter librement des clercs comme chanoines et des laïcs comme convers, le second à faire desservir les églises paroissiales par des chanoines prêtres présentés à l'évêque intéressé. Ces droits n'ont rien d'exceptionnel à l'époque, mais il faut dire qu'on ne possède aucun texte semblable intéressant Lesterps, Bénévent ou Aureil ; il faut dire aussi que la seconde formule est assortie d'une défense d'empêcher le prévôt de placer ou déplacer les chanoines comme il l'entend.

Peut-être cette défense — qui n'est pas rare non plus — est-elle le résultat d'une intervention en curie de Gérard II, car elle appuie l'acte d'autorité non daté analysé plus haut. Cet acte est contresigné par le prévôt d'Évaux, son prieur, le prieur de Chantelle et dix noms dont sept sont ceux de chanoines, les trois autres étant sans doute ceux de novices, dont un prêtre. L'importance de l'acte laisse penser que toute la communauté d'Évaux l'a contresigné. Mais il y avait certainement des chanoines d'Évaux et de Chantelle au dehors à ce moment, puisque l'on rencontre fortuitement un prieur à Saint-Georges-Nigremont dès 1117, un à Néris en 1174, un à Parsac et à Toulx-Sainte-Croix en 1193. Un chanoine d'Évaux qui vit à Mazirat reçoit vers 1174 une rente viagère du sire de Montluçon qui se loue de ses services sans les préciser ; en 1206, il y a Domérat un prieur et un desservant *(capellanus)*. Tous ces indices sont faibles mais, rapprochés des données fournies par les cartulaires de de Bénévent et d'Aureil, ils témoignent du ministère paroissial des chanoines d'Évaux-Chantelle.

En 1285, l'archevêque de Bourges Simon II passait par les « abbayes » de Chambon-sur-Voueize et d'Évaux[13], où

(13) *Acta visitationis...* dans les *Miscellanea* de Baluze, éd. Mansi, t. I, Lucques, 1761, p. 283. J. de Bascher, « La chronologie des visites pastorales de Simon de Beaulieu », *Rev. d'Hist. de l'Église de France*, LVII, 1972, p. 73-89 ; Tibor Patacki, « Visites des archevêques de Bourges en Bas-Limousin (XIII$^{e}$ s.) », *Bull. Soc. Sc. Hist. et Archéol. Corrèze*, t. 92, 1970, p. 87-108.

il fut reçu conformément à ses droits de métropolitain en visite canonique. A Évaux, l'accueillirent, outre divers dignitaires du siège de Limoges, le prévôt du lieu avec son chapitre et quelques prieurs de dépendances dont on nomme certaines : Chantelle, Domérat, Saint-Pierre de Montluçon, Toulx-Sainte-Croix, Néris ; le prieur de Rougnat devait recevoir l'archevêque le lendemain. Les pouillés du XIVe siècle mentionneront dans les dépendances une bonne vingtaine de prieurs, quelques-uns flanqués d'un desservant, contre une quarantaine de desservants seuls. Pas plus que les autres monastères de chanoines réguliers limousins, Évaux n'a profité des nombreuses églises acquises pour créer des chapitres annexes comparables à Chantelle, fût-ce dans un chef-lieu d'archiprêtré assez éloigné comme Saulzais-le-Potier. Au contraire, on voit qu'en 1125-1132, les quatre ermites, qui avaient bâti une église dédiée à Notre-Dame sur le territoire paroissial de Parsac acquis à Évaux avant 1119, se donnent aux moines de Saint-Denis qui tiennent la Chapelaude.

Un prieur profita de la visite de Simon de Bourges pour se plaindre d'avoir été déposé par le prévôt d'Évaux sans les formes capitulaires ; le prévôt alléguait un usage différent, mais il revint sur sa décision par amour de la paix. Le cas illustre une situation fréquente à l'époque dans les petits ordres canoniaux, tels qu'Aureil ou l'Artige : la dévolution progressive au seul supérieur général du droit de nomination dans les dépendances.

## SAINT-LÉONARD

Bien plus encore qu'Évaux, Saint-Léonard-de-Noblat est un sanctuaire réputé qui a fourni matière à l'archéologie monumentale, à l'histoire urbaine et à une critique hagiographique des plus récentes et des mieux conduites. On ne voit point d'autre établissement religieux limousin qui, pour le XIIe siècle, soutienne mieux que ce sanctuaire la comparaison avec Saint-Martial de Limoges.

En 1021, Saint-Léonard avait un prévôt laïc de la famille de Laron, Jourdain, que ses qualités firent choisir pour évêque de Limoges par le duc d'Aquitaine Guillaume le Grand, à l'exclusion d'autres compétiteurs locaux[14]. Jourdain eut assez d'autorité pour faire promettre à un fils et successeur du duc de ne pas lui désigner de successeur sans un choix par son chapitre cathédral et par les gardiens des places épiscopales de Nieul et de Noblat[15].

---

(14) Adémar de CHABANNES, cité note 4, p. 182 ; la barbe qu'il fallut raser indique sa qualité de laïc.

(15) Jacques de FONT-RÉAULX, *op. cit. sup.*, note 5 : n° CLXXXI.

En 1052, ce successeur fut en effet désigné, à la demande des clercs de Limoges, par une assemblée épiscopale qu'avait réunie le duc dont la mère, la comtesse Agnès, inspirait la politique religieuse. Cette dévote intelligente avait fondé,

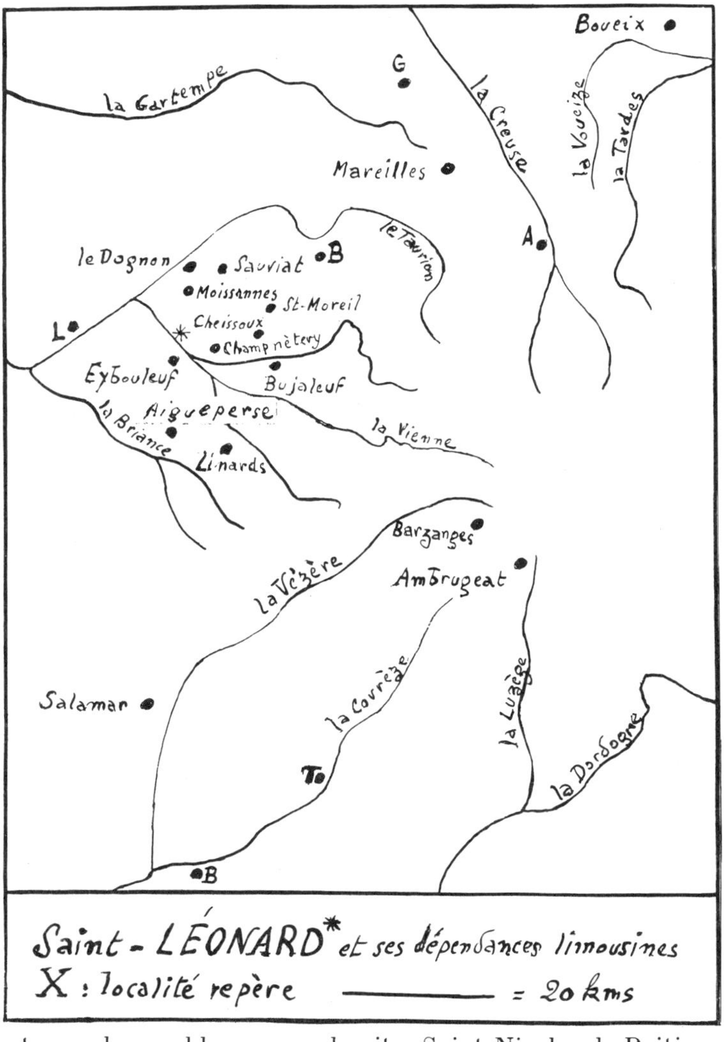


outre quelques abbayes, un chapitre Saint-Nicolas de Poitiers, vers 1050, pour 13 clercs vivant canoniquement et régulièrement[16]. Le nouvel évêque, Itier , laïc veuf peut-être

(16) Sur tout cela, voir Alfred RICHARD, « Histoire des comtes de Poitou », t. I (778-1126), Paris, 1903 et Louis RÉDET, « Cartulaire du prieuré Saint-Nicolas de Poitiers », *Arch. Hist. du Poitou*, I, 1872.

apparenté à l'entourage ducal, se trouvait donc en situation commode pour poursuivre la réforme ecclésiastique qui était dans l'air, notamment en matière canoniale. Sur ce point, Gauthier de l'Esterps († 1070) connaissait la réussite ; le légat de Léon IX et de Victor II, Hildebrand, avait tenu des conciles réformateurs à Lyon et Tours en 1054-55[17] ; en accompagnant le duc d'Aquitaine au sacre du roi Philippe I<sup>er</sup> à Reims à la Pentecôte de 1059, Itier n'avait pas manqué d'être informé des directives du Siège Apostolique en matière de réforme canoniale, vigoureusement soutenues par Hildebrand au synode romain du carême précédent. Aussi bien voit-on l'évêque remettre de l'ordre, cette même année, chez les chanoines d'Anzème qui dépendaient du chapitre cathédral, et reprendre en mains Saint-Junien.

En 1062, le vicomte de Limoges avait au moins, pour sa part, le désir d'introduire à Saint-Martial les Clunisiens[18] déjà maîtres des fondations ducales de Maillezais et de Saint-Jean d'Angely depuis 1060. A ce moment, la comtesse Agnès, entrée dans une demi-retraite, obtenait du pape Alexandre II une protection spéciale pour ses chers chanoines de Saint-Nicolas, et la bulle papale soulignait la vie commune et la régularité imposées à cette communauté de clercs, bien distingués des clercs séculiers, des moniales ou des moines ; selon un procédé d'affiliation assez bien attesté alors, les chanoines de la comtesse étaient soumis à un chapitre important qui n'était autre que Saint-Pierre de Rome[19] !

On n'est donc pas étonné de voir les noms de l'évêque Itier et de la comtesse Agnès au bas d'un acte épiscopal de novembre 1062 qui entend rétablir la vie canoniale à Saint-Léonard[20]. L'évêque rappelle avec humilité les conditions de son élévation, fait état des douze prébendes établies par ses prédécesseurs à Noblat[21] et souhaite y voir refleurir une vie de prière et de pénitence ; malgré quelque altération du texte, il ne semble pas être ici question de l'hospitalité

(17) Bullaire cité, *sup.* note 11 : n° 13.

(18) Quel que soit le style employé dans la donation du vicomte dont l'original est daté de 1062 (Charles de Lasteyrie, *L'abbaye Saint-Martial de Limoges*, Paris, 1901, p. 426, pièce VI).

(19) Richard, *op. cit.*, note 15, p. 295, propose le 8 mai 1063, pour la bulle qui n'a conservé aucune date dans le cartulaire cité, *ibid.*, n° IV.

(20) Édité par Jean Becquet, Les chanoines réguliers en Limousin, *Analecta Praemonstratensia*, t. 36, 1960, p. 229-231.

(21) Faute d'autre indication, on ne peut avancer avec certitude le nom de Jourdain de Laron comme font Bonaventure de Saint-Amable et dom Estiennot ; mais on doit rappeler que c'est Jourdain qui demande à l'écolâtre de Poitiers la première *vita* connue de saint Léonard.

bien spécifiée à la création de Saint-Nicolas de Poitiers[22]. On confirme à Saint-Léonard les biens venus des bienfaiteurs du lieu ou des recrues, les offrandes pécuniaires faites à la « chaîne » du saint ; certains revenus mal déterminés sont partagés avec l'évêque, mais l'emplacement où les chanoines ont leur cloître et leurs bâtiments et où, semble-t-il, ils sont en passe de construire une église, reçoit la même liberté que le manse du prévôt et du viguier [de l'évêque]. La fin de l'acte, après les formules comminatoires, revient sur cette liberté des chanoines et de leurs gens, en y ajoutant la liberté d'élection du supérieur *(prelatus)*.

Le vague de ce dernier terme semble avoir été voulu pour écarter discrètement, à l'occasion des libertés reconnues aux chanoines, les immixtions d'un prévôt laïc dont il ne sera plus question. Les ultimes signatures de l'acte ne mentionnent que le doyen Roland, un chantre, un gardien du sépulcre et quatre ou cinq noms ; les uns et les autres semblent avoir été appelés clercs dans le langage courant, comme en témoigne un acte de 1073[23], et l'on pourrait faire la même remarque pour Saint-Nicolas de Poitiers. L'étiquette canoniale ne servait encore qu'à rappeler à certains groupes de clercs une dignité et des obligations plus précises que celles de leurs congénères.

Mais cette terminologie flatteuse pouvait avoir des inconvénients, comme on le constate pour Saint-Nicolas de Poitiers. La comtesse Agnès étant morte le 9 novembre 1068, le duc son fils avait fait construire à Poitiers le monastère clunisien de Montierneuf qu'il lui fallut bien doter. L'église Saint-Nicolas fut donc adjugée aux moines au début de 1086, et enlevée ainsi aux chanoines sous divers prétextes : désordres auxquels n'aurait pu remédier un prieur venu tout exprès de Lesterps, surtout abandon de la règle augustinienne et de la désappropriation personnelles voulues l'une et l'autre, disait-on, par la noble fondatrice et par le pape. En fait, les légats apostoliques qui parcouraient l'Aquitaine depuis 1074 étaient ceux d'Hildebrand devenu Grégoire VII et,

---

(22) Il faut plutôt rapprocher Saint-Nicolas de Poitiers de Saint-Nicolas de Nugarol dont l'acte de fondation est édité par JUSTEL, *Histoire généalogique de la maison de Turenne*, Paris, 1645, preuves p. 27 ; ou de Saint-Nicolas de Hohenbourg (*P.L.* 201, 1351), ou encore de Saint-Thomas du Louvre à Paris (*ibid.*, 204, 1445).

(23) Fondation de la Chapelle-Salamar. De même il n'est question que de clercs de Saint-Léonard dans les miracles du saint édités par les Bollandistes. Le *Domnus Gaufredus Nobiliacensis clericus* qui se fait chanoine d'Aureil entre 1086 et 1095 est peut-être un de ces clercs (*B.S.A.H.L.*, t. 40, 1900, n° CI, p. 66).

par malheur, le prieur venu de Lesterps n'avait pas demandé à son évêque une permission dont sa régularité augustinienne ne l'exemptait pas.

En Limousin, il n'y avait pas de risque qu'un chapitre de chanoines occupant une position importante pour l'évêque de la Cité passât aux Clunisiens qui occupaient depuis 1064 Saint-Martial du Château ! Aussi voit-on la régularité augustinienne s'établir à Saint-Léonard sous le bref épiscopat de Pierre de Bordeaux (1100-1105) que l'évêque de Périgueux, Raynaud de Thiviers, grand réformateur canonial, suppléait dans ses infirmités. Le texte[24] qui témoigne ouvertement de cette régularité mérite d'être traduit, car il est passablement obscur, pratiquement inconnu et fourni de détails sur les usages locaux. En outre, ce texte est exactement contemporain du plus grand renom de Saint-Léonard[25] ; si Gaucher d'Aureil et les fondateurs de l'Artige se sont installés depuis peu non loin du sanctuaire où leur pèlerinage les avaient amenés, l'année 1106 verra arriver le prince Bohémond d'Antioche libéré des Sarrazins et le savant Bruno de Segni, suivis de près par l'évêque Waléran de Naumbourg, qui devait payer par des rédactions de miracles l'asile reçu à Noblat.

« En premier lieu,

« puisque les chanoines de ladite église, c'est-à-dire Saint-« Léonard, inspirés par la grâce du Dieu tout puissant, « on fait le propos de rétablir le genre de vie de l'Église « naissante, disparu depuis longtemps déjà dans l'église « du bienheureux Léonard, afin de servir Dieu selon les « directives des saints pères, d'un seul cœur et d'une seule « âme sous le joug de la règle canoniale, ledit évêque, encou-« rageant vivement leur piété de toute sa paternelle affection, « confirmant leur vœu et leur propos par l'autorité de sa « charge, et les exhortant à y demeurer fermes, arrête et « établit sous peine d'anathème que personne ne pourra « changer le statut de leur observance. Il établit que personne « ayant fait profession parmi eux ne pourra rien avoir en « propre ni quitter le cloître sans la permission du prieur « ou de l'ensemble de la communauté ; que s'il le quitte « et néglige d'y revenir après avertissement, le prieur et ses « successeurs auront le pouvoir de l'interdire de ses fonctions « en tout lieu. Qu'aucun évêque ou abbé n'accueille l'interdit « aussi longtemps qu'avec l'aide de Dieu, l'observance « canoniale sera en vigueur en cet endroit.

---

(24) Le bullaire cité note 11, n° 68, donne les références.

(25) *AA.SS.Boll., cit. infra*, p. 102 : p. 145.

« Ensuite, il a décidé que toutes les dignités qui, à la période « précédente, avaient appartenu aux chanoines de ladite « église, avant le temps de la vie selon la règle dans cette « même église, soient la propriété des chanoines, et principa- « lement la dignité de doyen et tout l'honneur clérical qui « s'y attache ; plus précisément, que les baylies qui étaient « possédées avant la règle par les doyens de l'église Saint- « Léonard quant aux terres des chanoines et leurs revenus, « soient désormais entièrement et sans discussion la propriété « des chanoines.

« Il a décidé en outre que toutes les offrandes des fidèles « qui seraient offertes à l'autel du bienheureux Léonard, « soit à la chaîne, soit à la fenêtre du sépulcre du très honorable « confesseur, étaient la propriété de l'évêque, sauf la moitié « des offrandes faites dans la main du prêtre quand il célèbre « la messe, et cette moitié sera la propriété des chanoines, « sauf si l'on donne simplement à la messe des chanoines « deux ou trois pièces qui leur appartiendront[26]. Pour la cire, « en quelque lieu de l'église Saint-Léonard et à quelque « moment qu'elle soit offerte, elle sera la propriété de l'évêque, « de telle manière toutefois que le sacriste de l'évêque fournisse « aux chanoines le luminaire nécessaire au service de l'église « et une chandelle chaque nuit pour leur dortoir. De même, « l'autel du crucifix sera partagé entre l'évêque et les « chanoines, et tout ce qui sera offert auprès ou dessus sera « divisé également entre évêque et chanoines. Quant au « sépulcre qui est hors l'église, il sera pour toujours la « propriété des chanoines, mais au sujet des tables des « changeurs[27], il a été fixé qu'après retenue du droit épiscopal, « leur revenu avec son augmentation éventuelle serait divisé « également entre l'évêque et les chanoines ; de plus, même « la moitié des bestiaux ou de ce qui est apporté à Saint- « Léonard[28] pour les bestiaux est laissée aux chanoines

---

(26) Il faut distinguer, ici comme ailleurs à l'époque (cf. *P.L.* 200, 1254), d'une part la messe dite pour le peuple de la paroisse et honorée d'offrandes à l'autel et pour le célébrant *(ad manus)* assez abondantes pour que ces dernières soient partagées, et d'autre part la messe des chanoines peu fréquentée et donc honorée de quelques pièces seulement. Les offrandes à l'autel du crucifix sont spécialement visées par le concile du Latran de 1123 c. 15; cf. RAMACKERS, *op. cit.*, note suivante, Touraine, n° 237.

(27) On connaît les tables des changeurs de Saint-Martial ; celles du Mon-Sion de Jérusalem sont connues pour 1179 par J. RAMACKERS, *Papsturkunden in Frankreich.* Orléanais, 1958, n° 149 ; celles de Vézelay pour 1155 (*P.L.* 188, 1438-39) ; celles de Saint-Martin de Tours pour 1185 (RAMACKERS, *op. cit.*, Touraine, n° 213-214).

(28) Le texte porte « Saint-Bernard » par suite d'une erreur.

« de Saint-Léonard. Il a décidé par conséquent que ceux qui, « au nom des chanoines, détenaient au dedans ou au dehors « des biens de cette église, les abandonneraient entièrement « à l'usage commun. Quant aux prébendes, il a établi, et « lui-même aussi bien que les chanoines de Saint-Léonard « ont été unanimement d'accord pour que tous ceux qui se « joindraient aux chanoines pour leur conversion verraient « les biens meubles affectés aux chanoines par les convertis « ou à cause d'eux, divisés également entre l'évêque et les « chanoines, mais les seuls biens immeubles reviendraient « aux chanoines.

« Par ailleurs, il a été établi d'un commun accord que le « prieur en place, aussi bien que ses successeurs éventuels, « ferait sa profession et promettrait fidélité à l'évêque de « Limoges, et que les autres chanoines tant présents que « futurs feraient la profession ordinaire à l'évêque et au « prieur, en sorte que, quand il le jugerait bon, le prieur « reçoive ses clercs à la profession en nommant expressément « l'évêque, qu'il soit présent à l'église de Limoges ou absent. « Quant aux chanoines dont il faut pourvoir l'église de Saint-« Léonard, c'est au prieur d'en décider librement selon les « moyens de l'église, à telle enseigne néanmoins que tout « ce qui pourrait être acquis en biens immeubles du fait des « chanoines ou des convertis, soit la propriété des chanoines, « mais que la moitié de tous les biens meubles soit aux « chanoines, et l'autre moitié intégralement à l'évêque. « Lorsque le siège de Limoges sera vacant de son évêque, « la moitié épiscopale des rentrées, c'est-à-dire des prébendes, « de l'église de Saint-Léonard sera laissée par l'évêque à la « mense des chanoines du siège de Limoges. Il y aura des « clés différentes pour le tronc[29] de la fabrique — et aussi « pour la fabrique — entre les mains du prieur et les mains « du sacriste de l'évêque.

« Si quelque assemblée est réunie dans l'église de Saint-« Léonard, la moitié de toutes les offrandes faites tant à l'autel « qu'au tronc sera aux chanoines et l'autre à l'évêque, de « manière que les chanoines fassent la moitié des frais. S'il « arrive que les reliques du très honorable confesseur soient « portées quelque part[30], tout ce qui est offert auprès d'elles

---

(29) Ce mot traduit au moins mal le terme *archa* que l'on retrouve dans un emploi analogue à Saint-Martial (Geoffroy de Vigeois, *Chronicon*, ed. Labbe, p. 294, pour l'année 1096). Mais on peut penser à la châsse elle-même.

(30) On connaît au moins un cas en 1017 où les reliques furent à Saint-Jean d'Angély (*AA.SS.Boll. cit. infra*, p. 102 : p. 158 note 1) ; on ne sait s'il faut attribuer à cette époque la fraternité mentionnée entre les deux communautés au nécrologe de Saint-Léonard (ms. Paris B.N. lat. 12 747 p. 479), ou plutôt sous l'abbé Jean (v. 1170) qui est mentionné au même nécrologe sans précision topographique (*Gallia Chr.*, II, 1101).

« sera divisé également entre l'évêque et les chanoines, mais « les chanoines feront toujours la moitié des frais.

« Après le décès du prieur, il appartiendra au chapitre « de Saint-Léonard d'élire un nouveau pasteur ; si parmi « eux on peut trouver une personne capable, qu'elle soit « élue ; sinon, il est permis d'avoir recours aux conseils « d'autres églises. Où que ce prieur ait été choisi, avant que « d'occuper son siège, il devra être conduit à l'évêque à qui « finalement il fera profession et jurera fidélité. »

Comme on le voit, le principal objet de l'accord était de répartir les biens et revenus de l'église Saint-Léonard entre les chanoines desservants du sanctuaire et l'évêque diocésain ; le texte montre l'évêque plus intéressé par les revenus liquides et les chanoines plus soucieux de consolider leur patrimoine collectif. Ce texte est assez important pour que l'évêque Gérard II l'ait fait insérer *in extenso* dans une bulle d'Adrien IV en 1154, en le présentant comme un accord *(pax et concordia)* entre le chapitre du siège cathédral et celui de Saint-Léonard. Cela suppose nos chanoines en situation de négocier dès avant l'épiscopat de Pierre, du fait de leur régularisation ; ils ne sont plus cette douzaine de clercs, dont un doyen, prébendés par l'évêque seigneur du lieu, mais un chapitre élisant son prieur au même titre que le Chalard, Bénévent ou Aureil, et se recrutant lui-même selon ses ressources. Bien que la règle de saint Augustin ne soit pas mentionnée, la régularité nouvelle est définie par la désappropriation individuelle et la stabilité claustrale.

La dotation collective du chapitre ainsi réformé n'est pas aisée à saisir, car notre texte reflète une situation transitoire et l'accord a résulté de tractations qui supposent les éléments du débat mieux connus des parties que de la postérité. Il semble que sous le régime précédent les biens fonds aient été gérés par baylies, unités de gestion affectées à des dignités. La dignité décanale disparaissant au profit de la dignité priorale, les chanoines avaient intérêt à ce que les baylies décanales ne leur échappent pas dans la substitution, comme la chose avait peut-être eu lieu dans la disparition ou la laïcisation du titre prévôtal. Désormais, tout rentrait dans la masse commune, selon un principe général dont on ne connaît ici la pratique que pour les « prébendes ».

Ce terme de prébende doit être éclairé par le contexte. La fin de l'acte suggère deux modes de recrutement pour Saint-Léonard : d'une part des clercs, probablement formés sur place, promus par le prieur à la profession canoniale, d'autre part des convertis apportant leurs personnes et leurs biens meubles et immeubles, biens qui leur donneraient droit à un titre canonial, appelé prébende dans l'acte de 1062. En théorie, il n'aurait pas dû être plus question de prébendes pour les futurs convertis de Saint-Léonard que pour ceux d'Aureil, mais les rédacteurs de 1100-1105 règlent instinctivement leur vocabulaire sur celui des possibles recrues, peu au fait des nouveaux usages.

La pénurie de documents ne fournit que quelques noms de prieurs et de chanoines pour le XII^e siècle. Que la pratique de la règle de saint Augustin à Saint-Léonard ait été approuvée par Eugène III n'aurait rien de surprenant, mais la chose est bien mal attestée[31] ; peut-être cette attestation provient-elle, comme pour Brive, d'une bulle tardive qui énumère églises et chapelles possédées par nos chanoines. Le texte de cette bulle de Célestin III (1195) est perdu et la liste des possessions n'est connue que par des utilisateurs modernes mieux informés des situations juridiques de leur temps.

Avant d'examiner les dépendances limousines de Saint-Léonard, il faut expliquer en partie certaines dépendances lointaines par le prestige du saint patron[32]. En Angleterre où son vocable est fréquent, un noble fondait à Brisette vers 1100 un chapitre de chanoines réguliers dont il confiait le recrutement, non à l'évêque diocésain, mais au prieur local ; or, au milieu du XIII^e siècle encore, ce prieur faisait serment de fidélité au prieur de Noblat, recevait de lui la moitié de ses effectifs et était visité par lui tous les cinq ans[33]. En 1212, l'évêque de Paris accordait à Saint-Léonard l'église paroissiale de Croissy qui restait entièrement soumise à l'organisation diocésaine, sauf la libre désignation de deux chanoines au moins par le prieur de Noblat ; mais, ayant loué la bonne réputation de nos chanoines, l'évêque exprimait le désir formel qu'ils assurent à Croissy le même service paroissial que chez eux. En 1224, c'est une simple chapelle rurale qu'un noble lorrain donnait à Saint-Léonard sur le territoire paroissial de Landaville, avec assez de bien pour se loger et vivre ; le donateur se réservait le droit de patronage sur cette fondation de type banal, qui n'a pas laissé d'autres suites connues.

En revanche, il faut sans doute attribuer à une initiative ecclésiastique, comparable à celle de Paris, les dépendances

---

(31) Un on-dit rapporté par Estiennot hésite entre Eugène III ou IV, ce qui semblerait indiquer que le Bénédictin n'a pas vu la bulle de Célestin III.

(32) *AA.SS.Boll. cit. infra*, p. 102 : p. 145-148 fournit quantité de références sur la diffusion internationale du culte de saint Léonard. Pour l'Angleterre, on pourrait ajouter la liste des hôpitaux avec vocables que donnent David KNOWLES et R. Neville HADCOCK, *Medieval religious houses.* England and Wales, London-New York-Toronto, 1953, p. 251-324.

(33) Réf. dans J. BECQUET, *Les chanoines..., cit. sup.*, note 20 : p. 203, note 31.

quercynoises de Saint-Léonard, à Mazères et Montagudet, car l'évêque de Cahors Géraud était neveu de l'évêque de Limoges Gérard II.

En Limousin, Saint-Léonard avait au moins deux chapelles éloignées avant sa régularisation, construites sur des territoires paroissiaux préexistants : en 1073, la Chapelle-Salamard représente une implantation de lieu de culte dans un « alleu de Saint-Léonard » proche des seigneuries ecclésiastiques d'Allassac et Donzenac ; en 1076, Aigueperse est une autre implantation dans la région également ecclésiastique de Salagnac, implantation due à trois frères dont l'un est chanoine de Saint-Étienne et de Saint-Léonard à la fois. Il ne s'agit dans les deux cas que de pourvoir aux besoins religieux de tenanciers, comme faisaient les maîtres du sol à l'époque ; Mareilles est peut-être un cas analogue.

Barzanges et Ambrugeat sont encore des dépendances éloignées, dans la vicomté de Ventadour ; mais la seconde semble avoir été une église ancienne et son partage avec l'évêque peut être le résultat d'une « restitution » grégorienne d'un ayant-droit partiel. Quant à l'ancienne église Saint-Martin de Linards, acquise on ne sait comment, elle put, avant de passer au patronage de Solignac de manière tout aussi inconnue vers la fin du XII^e^ siècle, voir son vaste territoire accueillir un établissement d'Aureil.

Non loin de leur monastère, les chanoines de Saint-Léonard et leur prieur Aton (1137-1150) acquirent deux églises. L'une est celle du Châtenet-en-Dognon dont une moitié fut rachetée contre un cens annuel aux moines d'Uzerche ; elle forma un ensemble avec la chapelle castrale du lieu, dédié à Saint-Michel, et la chapelle de la Galamache. L'autre est l'église de Cheissoux, rachetée à Gaucher dans les mêmes conditions ; un clerc obscur avait fondé là un petit monastère et il préféra le léguer à Aureil à une date qu'on ignore et qui est peut-être antérieure à la régularisation de Saint-Léonard. Comme Gaucher céda Cheissoux à Aton qui y préposa un clerc responsable d'une redevance annuelle à Aureil, on peut penser que nos chanoines avaient des vues ou des droits sur leur voisinage oriental, d'autant plus qu'on trouve dans leur patronage Champnétery dédié à saint Thomas de Cantorbéry après 1173.

L'acquisition d'églises proches, recherchée dès la première moitié du XII^e^ siècle par Aton, était encore poursuivie dans la seconde moitié puisque Saint-Moreil était alors acquis des moines de Tulle ; en 1191, l'évêque Sébrand laissait à Saint-Léonard Moissannes et Eybouleuf, à l'occasion d'un rappel à l'ordre pour le sanctuaire et d'un rappel à la règle augustinienne pour la communauté[34]. Si l'on ne sait rien de

(34) On ne connaît cet acte de 1191 que par l'analyse qu'en donne OROUX, *Histoire de la vie et du culte de saint Léonard en Limousin*, Paris, 1760, p. 233.

l'acquisition de Bujaleuf et de Sauviat, il était naturel que nos chanoines contrôlent tôt ou tard églises et chapelles du territoire de Saint-Léonard ; il faut toutefois attendre le XIIIe siècle pour voir signaler par les documents un chanoine régulier curé de l'église et un autre desservant Saint-Étienne[35].

Comme ces mêmes documents signalent fortuitement le seul cas d'un chanoine desservant la lointaine église de Barzanges, il est délicat d'avancer l'hypothèse qu'avant sa régularisation, Saint-Léonard se serait contenté de possessions domaniales et que la régularité aurait habilité — ou intéressé — les chanoines à l'acquisition d'églises paroissiales, les plus proches étant les plus convenables. Le renom du sanctuaire devait enlever tout souci d'argent et de recrutement au prieur ; en 1191, l'évêque avait dû faire fermer la crypte où l'affluence causait des désordres. Il y avait à ce moment un prieur et 23 chanoines, dont 3 jeunes gens, sur les lieux. En 1285, l'archevêque de Bourges leur donne la même dénomination qu'à ceux d'Aureil : un prieuré conventuel de l'Ordre de saint Augustin[36].

## BRIVE

C'est ici aux restes vénérés du martyr espagnol Martin que Grégoire de Tours assigne l'origine d'un sanctuaire dont la situation géographique devait faciliter la fréquentation à l'époque mérovingienne. Siège d'une vicairie, Brive devint le centre d'un archiprêtré et l'on y trouve à la fin du XIe siècle des chanoines vivant selon les usages d'Aix ; l'un d'eux, en effet, dispose à cette époque d'un bien patrimonial en faveur des moines d'Uzerche[37].

Comme il s'agit d'une moitié de fief presbytéral dans une église destinée à abriter un prieuré, et que la donation est assortie de considérations élevées sur la pauvreté volontaire des moines, on doit penser que les idées grégoriennes avaient atteint le milieu canonial de Brive. Mais pour que les choses

---

Rapproché de la bulle de Célestin III, cet acte fait penser à la reprise en main constatée à Aureil dans les années 90 du XIIe siècle.

(35) Par GUIBERT, cité *infra*, p. 102.

(36) BALUZE, *op. cit. sup.*, note 13 : p. 287. Cette qualité est illustrée par le fait que leur légendier perdu contenait des passages de la vie de Geoffroy du Chalard (Estiennot au ms. Paris B.N. lat. 12 747, f° 255).

(37) CHAMPEVAL, *Cartulaire d'Uzerche*, n° 52, 8 et sq. ; M. de MONTÉGUT, « Cartulaire de Vigeois » en *B.S.A.H.L.*, t. 39, 1890, n° XIII et CXXIV. Il n'y a pas de raison de supposer des moines à Brive comme le fait Estiennot, et l'on doit pour une fois donner raison sur ce point à Bonaventure de SAINT-AMABLE, *Histoire de Saint-Martial*, III, p. 158.

aillent plus loin, il fallait assurément que l'autorité supérieure y mît la main, comme à Saint-Léonard et sans doute à Évaux ; or, l'évêque et le chapitre cathédral de Limoges semblent s'être à cette époque disputé le contrôle de Brive. Les chanoines de Limoges, profitant vraisemblablement de la dernière maladie de l'évêque Pierre, se firent confirmer en 1105 ce contrôle sur les monastères de Saint-André, de Bénévent, d'Aureil et aussi de Brive[38].

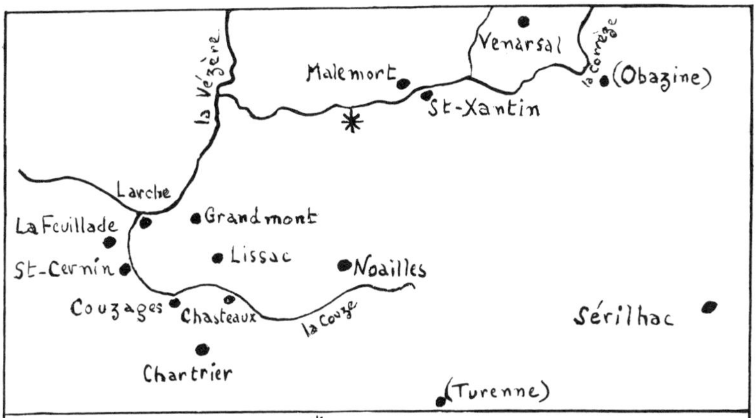


ST-MARTIN de BRIVE* et ses dépendances limousines (localités repères)

On ne s'explique pas très bien la présence de Brive à la fin de l'énumération, puisque l'évêque de Limoges a exercé sur la ville des droits comparables à ceux qu'il avait à Saint-Léonard ou à Saint-Junien. Mais comme on connaît la régularité et la prospérité de Bénévent, de son annexe urbaine de Saint-André, et surtout d'Aureil, on peut se demander si les chanoines de Brive n'ont pas voulu, eux aussi, profiter de la carence ou de la vacance du siège épiscopal pour s'affilier à la réforme canoniale en compagnie d'établissements renommés pour leur statut augustinien.

On ne sait rien de Saint-Martin de Brive sous l'évêque Eustorge (1105-1137), grand protecteur des ordres nouveaux, mais c'est au pape cistercien Eugène III (1145-1153) que nos chanoines sont redevables de la première confirmation apostolique de leur statut et de leurs biens, selon une teneur dont le texte, perdu comme son renouvellement sous

(38) J. Becquet, *Bullaire limousin*, n° 28.

Innocent III, ne devait pas différer essentiellement d'un autre renouvellement délivré en 1231 par Grégoire IX[39]. Mais on sait que l'évêque Gérard II voulut faire affirmer en 1154 son autorité directe sur Brive par le pape Adrien IV[40] ; s'il ne fit pas insérer dans la bulle des stipulations précises comme pour Saint-Léonard, c'est probablement parce que les incidences financières étaient moindres dans le cas, et parce que le fait accompli de la régularisation n'allait pas être remis en cause sous un pape ancien chanoine régulier. Or la bulle de Grégoire IX mentionne explicitement la règle augustinienne pour les chanoines de Brive[41].

La compétence exclusive du chapitre sur le territoire paroissial de Brive, reconnue par la bulle de Grégoire IX, sauf les droits épiscopaux, n'a rien de surprenant. Vers 1161, un acte intéressant une paroisse de l'archiprêtré et les moines d'Uzerche est délivré par l'évêque Gérard II[42] ; or, les seuls témoins sont le prieur de Brive, son archiprêtre, le desservant de Brive et un chanoine rédacteur. A ce desservant, qui n'est pas autrement spécifié, la bulle permet d'ajouter avant 1231 l'église Saint-Sernin et la chapelle Saint-Pierre, outre une obédience au Buis. Le titre de cette dernière, assortie d'un champfroid dans le texte, suggère une qualification économique, et son vocable de Saint-Barthélemy en rapproche l'origine des temps grégoriens, mais rien ne dit que les quatre prébendes attestées au Buis par la suite, aient existé dès le XIIe siècle, pas plus que le titre prioral qui décorera aussi Saint-Pierre[43].

La carte des dépendances de Brive appelle quelques remarques. On y voit deux paroisses avec châteaux, l'une en amont et c'est Saint-Xantin avec Malemort, l'autre en aval et c'est Saint-Cernin avec Larche ; il est fort probable que l'évêque Gérard II ne fut pas étranger à l'acquisition

---

(39) *Ibid.*, en appendice.

(40) *Ibid.*, n° 68.

(41) On ne peut rien tirer de convaincant d'un rouleau des morts qui établit au XIIe siècle une fraternité de prières entre divers monastères voisins de Brive et les chanoines réguliers de Saint-Étienne de Dijon (*Gall. Christ.* IV, 756). On ne sait comment situer exactement le Gaubert d'Artmand, chanoine de Brive au XIIe siècle, dont POULBRIÈRE fait l'éloge (*Dictionnaire*, I, p. 384).

(42) CHAMPEVAL, *Cartulaire d'Uzerche*, n° 108.

(43) Il faut pourtant admettre que la terminologie officielle est généralement en retard sur la réalité. Cette réalité révèle la promotion urbaine de Brive, confirmée du même point de vue ecclésiastique, par les implantations de frères prêcheurs et mineurs (Jacques LE GOFF, « Apostolat mendiant et fait urbain dans la France médiévale » ... *Annales. Économie, sociétés, civilisations*, 1968, p. 335-352).

de la première. L'ensemble se situe de part et d'autre de la Couze, sauf la première paroisse avec château, sauf encore Vénarsal et Sérilhac qui sont peut-être des dépouilles de Beaulieu. Cette dernière abbaye avait certainement possédé Saint-Christophe de Couzages, mais elle avait connu une crise grave au XI^e siècle. Deux possessions d'églises quercynoises ne sont attestées qu'après 1231 : faut-il les rapprocher de la présence de l'évêque de Cahors à Brive en 1285 lors de la visite de l'archevêque de Bourges dans ce « prieuré de l'ordre de Saint-Augustin » ? On sait au moins que le métropolitain fut honoré d'une réception dans le logis *(in domibus)* du prieur grâce à Gui de Noailles, chevecier de Poitiers[44].

## DÉPENDANCES ÉTRANGÈRES

On sait que l'évêque de Périgueux, Raynaud de Thiviers, soutint la fondation canoniale régulière de Geoffroy du Chalard entre 1086 et 1102, à l'occasion de ses interventions dans le diocèse de Limoges en proie à des difficultés épiscopales ; ce même Raynaud avait fondé entre 1083 et 1094 un monastère de chanoines réguliers dans son propre diocèse, à Saint-Jean de Cole, près de son château familial de Thiviers[45]. Un siècle plus tard, ce monastère faisait approuver par le pape Célestin III, en 1192, la possession de treize églises et chapelles dans le diocèse de Périgueux et de cinq dans celui de Limoges[46].

On peut penser que Raynaud de Thiviers a profité de ses interventions en Limousin pour avantager sa fondation. Mais on voit aussi que, dans le premier tiers du XII^e siècle, le prieur de Saint-Jean-de-Cole, Sigebert, est pourvu d'un titre d'archiprêtre dans le diocèse de Limoges et qu'il facilita l'implantation des chanoines d'Aureil en forêt de Gourson[47], c'est-à-dire, par rapport à Limoges, à l'opposé des confins périgourdins où se situent les possessions limousines de Saint-Jean-de-Cole. On verrait donc volontiers dans ce

(44) BALUZE, *op. cit. sup.*, note 13, p. 285.

(45) *B.S.A.H.L.*, t. 98, 1971, p. 156-158.

(46) W. WIEDERHOLD, Papsturkunden in Frankreich, VI (et non V) (*Königl. Gesellesch. d. Wiss. Nachrichten. Phil.-hist. Klasse*, 1911), n° 66.

(47) *B.S.A.H.L.*, t. 48, 1900, p. 145, cf. *ibid.*, t. 69, 1919, p. 202-203 ; on ne précise pas l'archiprêtré mais très exactement le titulaire de l'archidiaconé, doyen du chapitre cathédral. Outre la mention d'obituaire de Saint-Martial signalée à la bibliographie, pp. 107-108, on voit par un acte en faveur de Solignac que le prieur de Saint-Jean-de-Cole gardait plus que des attaches en Limousin (A. LEROUX et A. BOSVIEUX, *Chartes, chroniques, mémoriaux*. Tulle, 1886, n° LXIV).

Sigebert un clerc limousin de famille noble, préposé par Raynaud à sa fondation, et susceptible comme lui d'acquisitions d'églises limousines au profit de cette fondation, plutôt qu'un prieur périgourdin promu archiprêtre en Limousin par Raynaud.

L'une de ces acquisitions est l'église suburbaine de Saint-Cessateur dont la situation est analogue à celle d'une ou deux possessions de Saint-Jean-de-Cole sous les murs de Périgueux

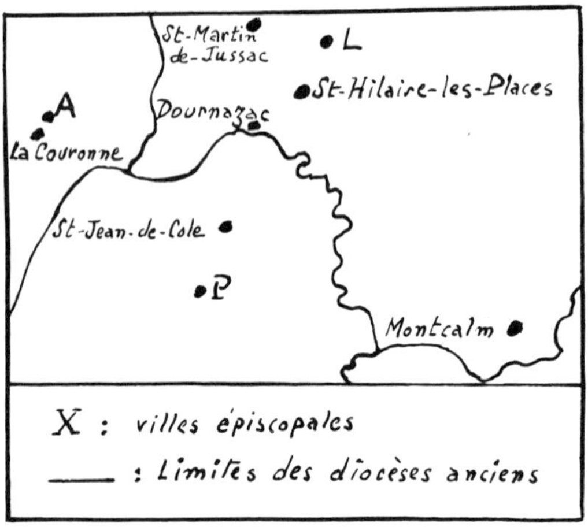


et des possessions d'Évaux sous les murs de Limoges et de Bourges ; un différend réglé par l'évêque de Limoges Gérard II entre Saint-Cessateur et l'hôpital Saint-Gérald montre que cette église suburbaine jouissait de tous les droits paroissiaux, mais on ne sait si son desservant était alors un chanoine.

La bulle de 1192 indique encore deux églises que l'on peut présumer anciennes, du fait de leur vocable, d'autant plus que la première au moins se voit adjoindre une chapelle castrale : Saint-Martin de Jussac avec la Tour de Bar, et Saint-Hilaire des Tours. Une autre chapelle castrale possédée par nos chanoines périgourdins est celle de Saint-André de Montbrun, acquise évidemment avant que les chanoines angoûmois de la Couronne ne s'installent dans l'église paroissiale de Dournazac.

Les sires de Montbrun furent-ils déçus par les chanoines périgourdins ou tentés par des suggestions familiales[48] ?

(48) Le G. Bruni, évêque d'Angoulême en 1212 d'après la chronique d'Altavaux (Leroux, Molinier et Thomas, *Documents*, I, p. 82) aurait été chanoine d'Angoulême d'après Nanglard, *Pouillé*, I, p. 51.

En 1178, le seigneur Aymeric s'adressait au nouvel évêque de Limoges Sébrand Chabot (1177-1198) afin d'installer dans son voisinage des religieux voués « à la contemplation de son âme et de celle de ses ancêtres » ! Sébrand orienta ces nobles projets vers la Couronne, fondation canoniale de l'Angoûmois tout proche, de type strict et encore en plein essor. La fondation d'Altavaux fut donc réalisée dans les meilleures conditions : il n'y manqua ni la flatteuse approbation d'un légat apostolique de passage en 1180, ni la confirmation subséquente, et assez inconsistante, du pape Alexandre III en 1181[49], ni la solennelle installation des nouveau-venus entre temps. Les constructions ne commencèrent pourtant que cinq ans plus tard et, à la consécration de l'église, faite en 1213, assistaient entre autres le prieur de Saint-Jean-de-Cole, patron de la chapelle Saint-André de Montbrun ; deux autels supplémentaires consacrés dans le même temps, abondamment pourvus de titulaires célestes dont les reliques les plus variées étaient rapportées à Altavaux de Cantorbéry, de Jérusalem et d'ailleurs.

Malheureusement pour nous, la plupart des titres anciens d'Altavaux ne sont conservés qu'en analyses, en particulier l'acte de fondation de 1178, et ces analyses ne peuvent, pour la plupart, être que vaguement datées du XIIIe siècle. On voit cependant que, conformément aux usages de la Couronne, les chanoines étaient doublés d'un nombre égal d'auxiliaires laïcs[50], que l'abbaye-mère acquit le patronage de l'église paroissiale de Dournazac, redevable annuellement de 24 livres à Altavaux, qu'un chanoine de la Couronne est signalé comme desservant de Dournazac. Le rayonnement d'Altavaux ne pouvait aller plus loin puisque les usages précités interdisaient d'acquérir d'autres églises paroissiales et d'y envoyer des chanoines desservants ; en outre, on voit l'abbé de la Couronne contrôler de près la gestion temporelle de sa filiale limousine dont il surveillait du même coup le recrutement. Au XIVe siècle, les chanoines d'Altavaux recevaient des frères donnés *(condonati)* vêtus d'un habit spécial, héritiers ou successeurs des auxiliaires laïcs de 1178 ;

(49) Cette bulle, éditée en *B.S.A.H.L.*, t. 28, 1880, p. 251, d'après un original des A. D. Charente, n'est pas mentionnée au bullaire limousin cité *sup.*, note 1. La lettre du légat qui la précède n'est pas signalée par Wilhelm Janssen, *op. cit.* (p. 109) à ce même bullaire n° 41.

(50) Geoffroy de Vigeois, contemporain de l'évènement, appelle ces auxiliaires des domestiques *(famuli)*, mais il parle là en Bénédictin ; si l'on parcourt les Chartes saintongeaises de l'abbaye de la Couronne, 1116-1473. (*Arch. Hist. Saintonge et Aunis*, t. 7, 1880, p. 17-284), on comprend qu'il s'agissait de chanoines et de frères laïcs (Geoffroy, *Chronicon*, éd. Labbe, Paris, 1657, p. 325).

leur désappropriation augustinienne s'était alors assouplie comme ailleurs, puisque les anniversaires des sires de Montbrun étaient l'occasion de gratifications pécuniaires individuelles.

Une autre fondation limousine de la Couronne à l'extrémité du territoire limousin est celle de Montcalm, comparable à celle d'Altavaux pour le peu que l'on sache d'elle : châtelains fondateurs dans la seconde moitié du XII^e^ siècle, existence d'un prieur et de frères, dotation convenable... Il semble toutefois que l'église paroissiale du territoire, celle de Bassignac-le-Bas, n'ait pas été acquise par la Couronne.

Ces deux fondations de la Couronne, surtout celle d'Altavaux, semblent indiquer que les chefs d'ordres analogues du Limousin ne contentaient pas un fondateur de collégiale dans le dernier tiers du XII^e^ siècle. Grandmont était déjà disqualifié par les difficultés que l'on sait ; l'Artige se transférait dans un nouveau site ; Aureil connaissait au moins une crise de recrutement, et Lesterps, plus proche d'Altavaux que la Couronne, avait les mêmes usages qu'Aureil en matière de service paroissial.

Au contraire, la Couronne, née plus tard, restait attachée aux orientations des temps grégoriens en matière d'abstinence, de symbiose des clercs et des laïcs, de liberté à l'égard des responsabilités paroissiales. Déjà en 1155, l'abbaye angoûmoise avait reçu tout l'héritage de Bertrand de Griffeuille[51] ; en 1178, elle devait fournir aux prétentions des sires de Montbrun un label garantissant la bonne observance des religieux préposés aux intérêts éternels de leur lignage. Au reste, on garde encore des fragments de la règle augustinienne apportée à Altavaux par l'essaim révéré des chanoines réguliers angoûmois.

## CONCLUSION

Trois sanctuaires limousins à personnel canonial suivent à moins d'une génération dans la voie de la régularité augustinienne les premiers établissements de chanoines réguliers du diocèse. Le premier en date, Évaux, est à la fois le moins renommé et le plus dynamique dans son expansion que facilitent sa situation géographique, l'affiliation de Chantelle

---

(51) Cette donation fut approuvée par l'évêque de Cahors, Gérard, neveu de Gérard II de Limoges (J.-P. BLANCHET, *Histoire de la Couronne*, t. I, Angoulême, 1888, p. 316, pièce II) ; c'est bien le seul et même personnage, contrairement à ce que pensent le chanoine Edmond ALBE et Armand VIRE, L'Hébrardie. II. Espagnac (Lot), Brive, 1924, p. 9 ; cf. *B.S.A.H.L.*, t. 98, 1971, p. 171. Gérard II était mort aveugle en 1177 après un épiscopat de près de 40 ans.

et la protection archiépiscopale. Les deux autres préfèrent acquérir des églises voisines, aidés en cela par les évêques de Limoges auxquels les rattachent assez étroitement leur situation urbaine et féodale.

Fondés dans les débuts du mouvement de réforme par un évêque de Périgueux quasi-auxiliaire de Limoges, les chanoines réguliers périgourdins de Saint-Jean-de-Cole n'ont pas plus bénéficié de cet état de choses que leurs homologues limousins du Chalard, protégés du même évêque ; l'expansion entrecroisée des deux établissements témoigne plus du succès d'une formule de vie religieuse et pastorale que d'un souci d'autonomie diocésaine. Mais après deux générations, l'arrivée des réguliers de la Couronne attire l'attention sur les incidences locales de la formule ; des seigneurs limousins qui eussent, un siècle plus tôt, fondé un prieuré monastique ou une petite collégiale, font appel à des chanoines réguliers étrangers qui limitent volontairement leurs responsabilités pastorales à la paroisse d'implantation.

## DÉPENDANCES D'ÉVAUX, SAINT-LÉONARD, BRIVE, SAINT-JEAN-DE-COLE ET ALTAVAUX

Les mêmes sigles et références sont employés ici que dans les travaux signalés à la note 1, *sup.*, p. 67, outre les ouvrages qui servent de bibliographie de base pour chacun des établissement principaux. On souligne à nouveau l'incohérence des critères qui ont fait retenir certains prieurés-cures par Nadaud, lesquels sont ensuite repris par Beaunier-Besse et Cottineau.

### *Dépendances d'Évaux*

GANDILHON Alfred — Catalogue des actes des archevêques de Bourges antérieurs à l'an 1200 — Bourges-Paris, 1927.

FAZY Max — Les origines du Bourbonnais. Tome I : Catalogue des actes... — Moulins, 1924.

FOURNIER Gabriel — Le peuplement rural en basse Auvergne durant le haut moyen âge — Paris, s.d. [1962] (*Publ. Fac. Lettres et Sc. Hum. Clermont-Ferrand, 2e sér. fasc. XII).*

MORET J.-J. — Paroisses bourbonnaises — 4 vol. Moulins, 1902-1920 (carte).

PEYNOT Michel — La Combraille — La Petite-Marche et Guéret, 1931.

On ne peut retenir parmi les dépendances d'Évaux :

— Le COMPAS, cant. Auzances (Creuse) d'après le seul PEYNOT, p. 293, car il est écarté par N 264, suivi par LECLER, Creuse, p. 198, conformément à F 483 E (v. 1315), comme patronage épiscopal.

— PYMEU d'après N 767 qui ne sait où le situer dans le diocèse de Limoges.

— SAINT-MARTIAL-LE-MONT. Voir ci-dessous, p. 100.

Arcomps, Saint-Georges — Cant. Saulzais-le-Potier (Cher) — Peynot, p. 305 — C 135 = BB V 48 = Buhot de Kersers, Hist. et Stat. monumentale du dép. du Cher (Bourges, 1875-1898, 8 vol.), t. VII — F 30 C, 52 D, 85 A, 95 A indiquent prieur et desservant aux xive et xve siècles, sans patronage précisé, tandis que BB indique le patronage de Déols, passé au roi selon Deshoulières, Églises de France. Cher (Paris [1932]) ; les bulles de 1119 et 1158 sont sans équivoque *(eccl. sancti Georgii de Arconcensis).*

Arfeuille, Saint-Martial — Cne Arfeuille-Châtain, cant. Évaux (Creuse) — N 269 — Peynot 295 — C 143 = BB V 220 = N+ Lecler, Dict. Creuse, p. 22-23 — F 484 A (desservant v. 1315).

Argenty, Saint-Blaise — Cne Teillet, cant. Montluçon (Allier) — Peynot p. 307 et pièce XI (actes de fondation, sur la paroisse de Lignerolles) — Moret I, p. 466 — F 32 F et 77 E (prieur au xive s.) — Fazy n[o] 402.

Auzances, Saint-Jacques-le-Majeur — N 267-268 est le seul à indiquer l'identification probable avec l'*ecclesia Aentensis* donnée en 1163 à Évaux par l'évêque Gérard (sans référence) ; en fait, le patronage d'Évaux qui n'apparaît dans aucune des deux bulles de 1119 et 1158, est bien attesté en F 483 E (prieur vers 1315) — C 220 = BB V 221 = Lecler, Dict. Creuse, p. 33+Tardieu et Boyer, Histoire illustrée des villes d'Auzances et de Crocq... (1889, in-32).

Bannazac, Saint-Urbain — Cne Chirat-l'Église, cant. Ebreuil (Allier) — Peynot, p. 302 — F 91 D et 118 A indiquent un prieur sans patronage au xve s. et le patronage épiscopal au xviie s. — Les bulles de 1119 et 1158 la désignent comme une *capella Sancti Urbani*, et la qualité de chapelle convient bien à un vocable d'époque grégorienne. — Moret IV, p. 40.

Beaune, Saint-Aignan — Cant. Montmaraud (Allier) — Peynot, p. 302 — F 34 C et 76 F indiquent un prieur et un desservant au xive s. — C 308 = BB V 49 = Moret, Paroisses I 446, qui indique le patronage archiépiscopal malgré les bulles de 1119 et 1158 *(eccl. Sancti Aniani de Belna).*

Blanzat, Saint-Quintin — Cne de Montluçon (Allier) — Peynot ignore cette église malgré sa pièce n[o] II et les bulles de 1119 et 1158 *(eccl. sancti Quintini de Blanciaco)* — Moret l'a localisé sur sa carte en contradiction avec la p. 435, note 9, de son tome I, mais conformément à sa p. 446 où il le donne comme uni à Saint-Pierre de Montluçon, dans l'archiprêtré d'Huriel, comme l'indique F 147 F (non identifié en 613, col. 1) ; la carte d'Émile Chênon, Histoire et coutumes du prieuré de la Chapelle-Aude, Paris, 1915, donne une localisation satisfaisante.

Bourges, Notre-Dame de la Comtale — Peynot, p. 295 — Deshoulières, *op. cit. sup.*, pour Arcomps, p. 55 — F 26 C et 60 A indique un prieur au xive siècle — C 462 = BB V 47 = A.D. Cher série D (Inv. anal. Arch. ant. 1790, t. II, 1885, art. 50-54 du fonds du collège des Jésuites de Bourges) — Acte d'acquisition (1149) édité en annexe.

Boussac-Bourg — Cant. Boussac (Creuse) — N 279 indique à Boussac-les-Églises, ou Bourg, une église Saint-Martin et une chapelle Notre-Dame, repris par LECLER, Dict. Creuse, p. 84 qui a trouvé une *parrochia* de Boussac dans le cartulaire de Bonlieu (la seconde moitié du XII^e s.) — F 482 E a un desservant *de Bossiaco ecclesiarum* (v. 1315) et les deux bulles de 1119 et 1158 ont chacune une église Saint-Martin et une église Saint-Julien pour Boussac.

BUSSIÈRE-NOUVELLE — Cne cant. Auzances (Creuse) — PEYNOT, 294 la dédie à Notre-Dame conformément aux bulles de 1119 et 1158, tandis que N 267, repris par LECLER, Dict. Creuse, p. 97, la dédie aux SS. Pierre et Paul, puis à la Madeleine — F 483 F a un desservant vers 1315 — C 539 = BB V 225 = N+LECLER.

CHAMBÉRAT, Saint-Jean — Cne du cant. d'Huriel (Allier) — F 32 H et 78 A ont un prieur au XIV^e s. et 130 F indique seul le patronage d'Évaux dans une addition au pouillé du XVII^e s. — MORET I, p. 470 et 480 suit ce pouillé en localisant dans la paroisse de Nocq qui devient commune en BB V 62 suivi par C 678 — La carte de CHÊNON, citée *sup.*, pour Blanzat situe respectivement les deux communes actuelles de Nocq et de Chambérat, mais on ne sait quand Évaux a acquis Chambérat.

CHAMPEIX, Saint-Martial — Cne Malleret, cant. Boussac (Creuse) — N 269 avec vocables de SS. Martial et Pierre, suivi par LECLER, Dict. Creuse, p. 126-127 — F 482 D a un desservant vers 1315 — PEYNOT, p. 293, a lu *de Campesio*, et traduit « le Compas » alors que les bulles de 1119 et 1158 indiquent *eccl. de Campigio*.

CHANTELLE — Ch.-l. cant. Allier — Les bulles de 1119 et 1158 mentionnent l'église de Saint-Vincent de Chantelle et celle de Saint-Hippolyte *de Cantella Vetere* : en 1158, s'ajoute l'église Saint-Nicolas *in eodem castro* (Chantelle) — PEYNOT, p. 295-301 et pièces n^os II, VI, VII, IX — FAZY, n^os 42, 197, 240, 405, 530-31 — GANDILHON, n^o 90, et 46* — MORET, I 483, IV 16-34, 53, avec un plan — FOURNIER, p. 568-569 avec plan p. 348 et photographie à la planche II — C 692 donne divers titres, surtout l'article de FLAMENT dans *Le Moyen-Age* XXVII, 1914, p. 120-133 qui réédite et critique la charte de fondation (26 mars 937 n. st.) — F 641 renvoie aux mentions du Pouillé — Voir JANIN, cité *infra*, pour Domérat : p. 514-516.

CHARBOULAT, Saint-Pierre — Cne Chantelle — PEYNOT, p. 301 — MORET I 453 et IV 525.

CHÂTAIN, Saint-Adorateur — Cne Arfeuille-Châtain (cf. *sup.*) — La bulle de 1119 termine les possessions dans le diocèse de Limoges par une *eccl. de Castanea* qui est précisée en 1158, à la même place, par le vocable *sancti Adoratoris* ; il n'y a donc pas lieu d'en faire, comme PEYNOT, p. 302, un lieu de culte disparu dans un village de Chantelle au diocèse de Bourges. Mais N 269, qui dit sans référence cette église donnée au XII^e s. par l'évêque Gérard, lui assigne comme vocable Saint-Christophe après Saint-Jacques — LECLER, Dict. Creuse, p. 22-23 et 148-149 rapporte tout sans difficultés ! — Dans la pièce XVI de Peynot, lire *... ejusdem ecclesie canonicis...* — F. 484 AC n'a qu'un desservant pour Arfeuille et Châtain vers 1315.

CHÂTEAU-SUR-CHER, Saint-Martin — Cne du cant. de Pionsat (P.-de-D.) — PEYNOT, 311 — F LVI (prieur en 1535) — C 727 n'y a vu qu'un prieuré d'Ébreuil d'après BB V 125 et BERNARD et BRUEL, Chartes de Cluny, n^o 162.

Le Châtelet... ? — Les bulles de 1119 et 1158 mentionnent une *ecclesia Sancti Martialis de Castello* ou *Castelleto* dans le diocèse de Limoges, et ce ne peut être que le Châtelet-Landré, cne Budelière (Creuse) qui a un desservant vers 1315 en F 483 C, cf. N 280 suivi par Lecler, Dict. Creuse, p. 153 et 94 — Ces mêmes bulles mentionnent toutes deux une *ecclesia Sancti Martini de Castelleto* pour le diocèse de Bourges, laquelle pourrait être le Châtelet d'Entraygues, dédié ensuite à Sainte-Radegonde et destiné à former avec le Châtelet-Landré la commune de Budelière. Mais la bulle de 1119 ajoute une *ecclesia sanctae Mariae de Castello* qui est vraisemblablement l'église paroissiale d'Évaux et une *capella sancti Mariani de Interaquas* qui est vraisemblablement la chapelle Saint-Marien du confluent ; malheureusement, une omission de scribe sur l'original de la bulle de 1158 rend aléatoires ces identifications, obscurcies encore par les corrections que propose Peynot (p. 294 et 307-311) pour remédier aux confusions des copistes entre les divers vocables (Marie, Marien, Martin, Martial). Le Pouillé de Bourges (F 33 E, 77 E, 130 DF) ne connaît aux xiii$^{e}$ et xiv$^{e}$ siècle qu'un prieur *de Castello inter aquas*, ce qui laisse entendre que le Châtelet d'Entraygues contrôlait le sanctuaire de Saint-Marien ; c'est probablement ce Châtelet qui fut échangé entre Humbert Lafeuille et la Chapelaude (Peynot, pièce n° V ; Fazy, n° 292, daté d'après le seul prieur de la Chapelaude ; Chênon, *op. cit. sup.*, pour Blanzat, n° 66, avec la même datation modifiée sans justification p. 70 n. 3).

Chézelle, Saint-Pierre — Cne du cant. de Chantelle (Allier) — Peynot, p. 302 — F 34 H et 77 A a un desservant au xiv$^{e}$ s. — Moret I 492-93 (499 : confusion avec Saint-Pierre de Chazelet, dans l'Indre, dépendance de Souvigny), IV 37-38 — C 767 = BB V 52 qui confond avec le prieuré Saint-Christophe de Chézelles, dans l'Indre, dépendant de Méobecq (cf. F 648 première colonne).

Clugnat, Saint-Martial et Saint-Jean — Cne du cant. Châtelus-Malvaleix (Creuse) — La bulle de 1119 indique une *eccl. sancti Martialis de Cluniaco* qui devient en 1158 *eccl. sancti Martialis, eccl. sancti Johannis de Cl. cum pertinentiis* — N 531, toujours suivi par Lecler, Dict. Creuse, p. 192-193, indique le vocable Saint-Martial comme succédant à Clugnat à celui de la Vierge, mais aussi une chapelle cémétériale dédiée à Saint-Jean — F 511 A n'a qu'un desservant vers 1315 — Peynot, p. 293 — C 815 = BB V 227 = Lecler.

Deneuille, Saint-Martin — Cne du cant. Chantelle — Peynot, p. 302 — Moret I 493 et IV 42-43 — C 955 = BB V 54 qui en fait un prieuré de Saint-Sulpice de Bourges, conformément à une note du xvii$^{e}$ s. en F 117 A — F 34 F et 77 A indiquent un desservant au xiv$^{e}$ s.

Domérat, Notre-Dame — Cne du cant. Montluçon (Allier) — Peynot, p. 304, 587, 588 et pièces VIII et XXV — F 33 D, 77 D indique un prieur au xiv$^{e}$ s. avec un vicaire pour 1422 en 98 F — C 981 = BB V 54 = Moret I 467+E. Janin, Histoire de Montluçon, Paris-Montluçon 1904, p. 503. — Fréquentes confusions avec Domeyrot *(infra)*.

Domeyrot, Saint-Martial — Cne cant. Jarnages — Peynot, p. 292-293 et pièce n° XIII montre que *Domeuros* était un *oratorium* dépendant de Parsac en 1193, alors que N 268 l'indique comme donnée par l'évêque Gérard en 1148 ; on la trouve en effet comme *ecclesia Sancti Martialis de Domairano cum pertinentiis* dans la bulle de 1158 — Lecler, Dict. Creuse, p. 231 suit N, y compris un vocable récent à Saint-Denis, mais introduit quelques confusions avec Domérat que l'on retrouve dans le toponyme de BB V 228 = C 981.

Durdat, Saint-Martial — Cne Durdat-Larequille, cant. Marcillat (Allier) — Peynot, p. 303-304 — F 34 E et 76 E (desservant au xiv^e s.) — Moret I 449 — C 1011 = BB V 54 où la référence à Janin, *op. cit. sup.*, pour Domérat, p. 503, ne donne rien.

Fleuriel, Notre-Dame — Cne du cant. Chantelle — Peynot, p. 301 — F 21 A, 34 H, 76 F (desservant au xiv^e s.) — C 1152 = BB V 54 qui ne donne rien, même pas Moret I 494 et IV 48-50 !

Fontanières — Cne cant. Évaux — N 269 donne le vocable de la Vierge, puis Saint-Blaise, suivi par Lecler, Dict. Creuse, p. 274 — F 484 D (desservant au xiv^e s.).

Fourilles, Saint-Saturnin — Cne du cant. Chantelle — Peynot, p. 301 — F 34 G et 77 C (desservant au xiv^e s.) — C 1206 = BB V 55 qui ne donne rien, même pas Moret I 494 et IV 50-51.

Jalesches, SS. Léger-et-Julien — Cne du cant. Châtelus-Malvaleix — N 542 repris par Lecler, Dict. Creuse, p. 341 — F 511 A (desservant vers 1315).

Ladapeyre, Saint-Sulpice — Cne du cant. Guéret — Peynot, p. 293 — N 542 avec vocable de Saint-Sulpice et Saint-Georges, suivi par Lecler, Dict. Creuse, p. 351-52, avec une mauvaise lecture, *Sancti Stephani* pour la bulle de 1158 — F 551 A (desservant vers 1315). C'est évidemment Ladapeyre que représente le Saint-Sulpice inconnu dans le diocèse de Limoges, au patronage d'Évaux, de N 767.

Leyrat, Saint-Désiré — Cne du cant. Boussac — N 279 avec erreur de canton due à la graphie Aleyrac, rectifiée par Lecler, Dict. Creuse, p. 363 — Dans la bulle de 1119, l'*ecclesia de Majraco* est une cacographie qui correspond à l'*eccl. sancti Desiderii de Alairaco cum pertinentiis* de la bulle de 1158 — F 482 E (desservant vers 1315).

Lignerolles, Saint-Martin — Cne du cant. Montluçon — Peynot, p. 306-307 — F 33 E et 77 F (prieur au xiv^e s.) — C 1611 = BB V 58 = Moret I 469.

Limoges, Saint-Julien — N 188 l'assigne aux Pénitents Blancs et F 512 C lui donne le même desservant vers 1315 que l'église Saint-Affre qui était toute proche, mais dans la Cité — C 1617 = N+BB V 218 qui renvoie à Louis Guibert, Tableau... de Limoges, p. 71, ce qui correspond à un tirage-à-part de l'article paru en *B.S.A.H.L.*, t. 59, 1909, p. 205-336, mais rien n'y concerne Saint-Julien. Voir Saint-Julien au plan de 1785 édité en *B.S.A.H.L.*, 31, 1883 par Paul Ducourtieux.

Lupersat, Saint-Aloud — Cne du cant. Bellegarde — N 267 et Lecler, Dict. Creuse, p. 586 ne savent trop comment traduire le vocable dont le plus ancien témoin est dans les deux bulles de 1119 et 1158 sous la forme *ecclesia sancti Alundii de Luperciaco*. Il ne peut guère s'agir que de saint Alode, évêque d'Auxerre (Bénédictins de Paris, Vies des Saints..., VI, 1950, p. 565-566) ; on ne sait où situer cette église à Lupersat dont le vocable est Saint-Oradour et le patronage épiscopal (cf. F 483 F avec desservant vers 1315).

98

Mazirat, Saint-Martin — Cne du cant. Marcillat (Allier) — Peynot, 304 et pièces n° II et XLII, n'a pas vu l'appartenance antérieure à 1095, confirmée par les bulles de 1119 et 1158 — Moret I 450 — F 34 E et 76 D (prieur au xiv^e^ s.).

Monestier, Saint-Pourçain — Cne du cant. Chantelle — Peynot, p. 302 — F 34 E, 54 A, 77 B (desservant au xiv^e^ s.) — C 1884 = BB V 60 = Moret I 495 et IV 53.

Montluçon, Saint-Pierre — Peynot, p. 303 et pièce n° II atteste au moins des biens à Montluçon avant 1095, et les bulles de 1119 et 1158 désignent une *ecclesia sancti Petri* — Fazy, t. II, p. 108, indique un prieur en 1248 que l'on retrouve en 1285 (*sup.*, p. 76) — F 33 D, 77 D, 78 B et 98 F suggèrent un prieur et un desservant aux xiv^e^ et xv^e^ s. — C 1962 = BB V 61 qui ne précise pas Moret I 438, d'ailleurs insignifiant malgré la mention d'une paroisse et d'un prieuré en F 129 D et 130 D (xvii^e^ s.).

Néris, Saint-Georges — Cne du cant. Montluçon — Peynot, p. 303 et pièces II et XLII — La bulle de 1158 indique des dépendances — F 34 C, 34 E, 76 C, 101 F suggère un prieur et un desservant aux xiv^e^ et xv^e^ s. — C 2049 donne plusieurs références pour cette localité ancienne, qu'il faut éclairer par Fournier, Peuplement (index, p. 652).

Neuville-Sainte-Thérence. — Cne Sainte-Thérence, cant. Marcillat (Allier) — Peynot, p. 309 et pièce II — L'*eccl. sancte Therentiane de Novavilla* de la bulle de 1119 ne se retrouve pas dans celle de 1158, probablement récupérée par les moines de Saint-Genoux. — F 34 B et 53 D pour le xiv^e^ siècle, tout comme 134 F et 135 C pour le xvii^e^, indiquent expressément un prieuré et une paroisse mais le seul patronage archiépiscopal est indiqué par une addition en 134 F — Moret I 452 renvoie à Grégoire de Tours !

Parsac, Saint-Martin — Cne du cant. Jarnages — Peynot, 292 et pièces XII-XIII — Le texte de la bulle de 1119 a mal transcrit le toponyme — N 279 repris par Lecler, Dict. Creuse, p. 498-499 qui mentionne une chapelle Notre-Dame dans la dépendance du curé de Parsac ; c'est celle dont Suger signale entre 1122 et 1135 la construction par des ermites et le don à la Chapelaude (Chênon, *op. cit.*, *sup.*, pour Blanzat, p. 68) — F 482 C (un prieur vers 1315).

*Periacensis ecclesia* — Peynot, p. 294 et n° VI, l'identifie à tort avec Peyrat-la-Nonière qui est dans le diocèse de Limoges — Fazy, n° 240 ne la cite même pas et Gandilhon, n° 90, qui a cru lire *Periciensem ecclesiam*, avance le lieu de Persenat qu'ignore F.

La Petite-Marche, Saint-Thomas — Cne cant. Marcillat (Allier) — Moret I 451, ignoré de C 2266 = BB 57 — Acte de fondation édité aux références indiquées par Fazy, n° 359 et Gandilhon, n° 227.

Peyrat-la-Nonière, Saint-Vincent — Cne du cant. Chênerailles (Creuse) — On a dit l'erreur de Peynot à propos de la *Periacensis eccl.* — N 280 est suivi par Lecler, Dict. Creuse, 505 = BB V 243 = C 2269 — F 484 B (desservant vers 1315).

Quinssaines, Saint-Marcel — Cne du cant. Montluçon — Peynot, p. 307 — Moret I, p. 471 — F 33 G, 33 A, 77 F et 98 G suggèrent un prieur et un desservant aux xiv^e^ et xv^e^ s., mais 129 E donne la paroisse au patronage de Chambon-Sainte-Valérie au XVII$^{e}$ s. —, C 2393 = BB V 63 = JANIN, *op. cit. sup.*, pour Domérat, p. 493-95.

RETERRE, Saint-Martin — Cne du cant. Évaux — PEYNOT, p. 295, y indique un prieuré et N 280 un prieuré-cure, mais les citations de LECLER, Dict. Creuse, p. 556 n'indiquent qu'un desservant, tout comme F 482 F (vers 1315) — C 2450 = BB V 244 = LECLER.

RICROS, Saint-Pierre — Dans la cne de Domérat, cant. Montluçon — PEYNOT, 305 d'après les deux bulles de 1119 et 1158 *(eccl. sancti Petri de Rivocroso)* — MORET et F l'ignorent.

ROCHE-BERNARD (?) — PEYNOT n'a pas identifié les *capellas de Rocca Bernardi* que la bulle de 1158 assigne au diocèse de Limoges. On peut en rapprocher une *capella de Roca* que J. de Font-Réaulx n'a pas non plus identifiée dans la liste des possessions confirmées par le pape au chapitre cathédral de Limoges en 1105 (*B.S.A.H.L.*, t. 69, 1919, p. 183).

ROUGNAT, SS. Jean-et-Laurent — Cne du cant. d'Auzances (Creuse) — N 269, suivi par LECLER, Dict. Creuse, p. 569-570, l'identifie avec l'église mentionnée comme redevable annuellement au chapitre cathédral de Limoges d'après la confirmation signalée à la notice précédente — PEYNOT, p. 295 — F 483 D (prieur vers 1315) — La bulle de 1119 donne une fausse initiale au toponyme et celle de 1158 indique des dépendances — C 2553 = BB V 64 = N+ LECLER.

SAINT-DOMET — Cne du cant. Bellegarde (Creuse) — PEYNOT, p. 294 — N 267 suivi par LECLER, Dict. Creuse, p. 606-607 qui ajoute un prieur trouvé en 1203 dans le cartulaire de Bonlieu, quoique F 484 C ne signale qu'un desservant vers 1315. — La bulle de 1158 indique fautivement une *eccl. sancti Dominici*, tandis que celle de 1119 a la graphie plus correcte *Domenii*.

SAINT-FARGEOL — Cne du cant. Marcillat (Allier) — PEYNOT, p. 311 — MORET I 672 — F 175 B.

SAINT-GEORGES-NIGREMONT — Cne du cant. Crocq (Creuse) — PEYNOT, p. 294 et pièce VIII (prieur en 1117) — N 458 suivi par LECLER, Dict. Creuse, p. 625-627 — F 484 E ne signale qu'un desservant vers 1315, ce qui explique l'absence en C et BB.

SAINT-JULIEN-LA-GENÊTE — Cne du cant. d'Évaux — L'*ecclesia sancti Iuliani* des deux bulles de 1119 et 1158 a été identifiée par PEYNOT, p. 295 avec cette cne du cant. d'Évaux, contiguë au chef-lieu. Pourtant, F 483 D la donne sous patronage épiscopal vers 1315 et toutes les nominations relevées par N 264 depuis 1554 sont dues à l'évêque, alors que l'église aurait été annexée à la chambrerie d'Évaux en 1600 — LECLER, Dict. Creuse, p. 639 rapporte le tout en faisant la même identification que PEYNOT — Si l'on refusait cette identification, il faudrait identifier l'*ecclesia Sancti Juliani* avec Saint-Julien de Limoges.

SAINT-LOUP — Cne du cant. Chambon (Creuse) — PEYNOT, p. 294 — N 266 suivi par LECLER, Dict. Creuse, p. 646-647 — F 484 B (desservant vers 1315).

SAINT-MARCEL-EN-MARCILLAT — Cne du cant. Marcillat (Allier) — PEYNOT, p. 311 — F 220 A (prieur au XIV$^{e}$ s.) — C 2780 =

BB V 138 = MORET I 672+BRUEL Pouillés de Clermont et de Saint-Flour, dans *Doc. Inédits Hist. France. Mélanges Historiques*, p. 96-99 (162)+Léon X, *Regesta* nº 5660, éd. Theiner.

SAINT-MARTIAL-LE-MONT — Cne du cant. Saint-Sulpice-les-Champs (Creuse) — PEYNOT, 292 ne doit pas être suivi car N 274, repris par LECLER, Dict. Creuse, p. 653-54, aussi bien que F 482 A (vers 1315), rapportent le patronage à Ahun. Il s'agit de Clugnat.

SAINT-PARDOUX du Bost ou le Pauvre — Cne Sannat, cant. Évaux — PEYNOT, 294 a confondu les divers Saint-Pardoux, introduisant notamment Saint-Pardoux-le-Neuf, cant. d'Aubusson qui est au patronage de Déols (cf. N 458) — N 279 est suivi par LECLER, Dict. Creuse, p. 725 et correspond tant à F 483 E (desservant vers 1315) qu'à un Saint-Pardoux conservé en I.

SAINT-PARDOUX du Bouron, ou d'Entraygues — Cne la Petite-Marche, cant. Marcillat (Allier) — PEYNOT, p. 311 — MORET I 672.

SAINT-PARDOUX-DES-CARDS — Cne du cant. Chénerailles (Creuse) — N 263, suivi par LECLER, Dict. Creuse, p. 678-679, l'identifie avec l'*ecclesia sancti Pardulphi de Cadris* de la bulle de 1158, mais F 482 B (desservant vers 1315) le donne sous patronage épiscopal et toutes les nominations sont de l'évêque à partir de 1512.

SAINT-PIERRE-LE-BOSC — Cne du cant. Boussac (Creuse) — PEYNOT, p. 293 — N 280, suivi par LECLER, Dict. Creuse, p. 686-87 — F 482 E (desservant vers 1315).

SAINT-SILVAIN-SOUS-TOULX — Cne du cant. Jarnages (Creuse) — N 268 suivi par LECLER, Dict. Creuse, p. 701-702 — F 482 D (desservant vers 1315).

SAINTE-AGATHE — Cne Saint-Désiré, cant. Huriel (Allier) — PEYNOT, p. 393 y voit l'*ecclesia Sanctae Agathae de Canuno* de la bulle de 1119 (*s. Agathae* en 1158) — Ni F ni MORET I, 472 sq. ne la signalent, bien que la carte de ce dernier ne l'ignore pas.

SAUX, Saint-Pierre — Cne de Prémilhat, cant. Montluçon — PEYNOT, p. 304 — F 32 G et 77 F (prieur au XIVᵉ s.) — MORET I 477.

SAULZAIS-LE-POTIER — Ch.-l. de cant. (Cher) — PEYNOT, p. 305 et pièce VIII (acte de donation contresignée de l'archiprêtre du lieu) — On ne sait pourquoi GANDILHON nº 94 l'orthographie « Sauzet », ce qui l'amène à la confondre dans sa table avec un village de Budelière encore représenté en I (Creuse) — DESHOULIÈRES, *op. cit., sup.*, pour Arcomps, p. 247, le donne au patronage de Chambon, ce qui correspond à une leçon sur trois d'un pouillé du XVIIᵉ siècle que reproduit F 124 C — F 30 B et 79 D (prieur au XIVᵉ s.).

LA SERRE-BUSSIÈRE-VIEILLE, Saint-Pardoux — Pour corriger les confusions de PEYNOT signalées plus haut à propos de divers Saint-Pardoux, on réunit ici pour cette commune du cant. de Chénerailles, les deux *ecclesia sancti Pardulphi de Buxeria, de Serra* de la bulle de 1158 — F 483 F n'a plus qu'un desservant vers 1315 pour Bussière-Vieille — N 267 suivi par LECLER, Dict. Creuse, p. 737-738.

TARDES, Saint-Pierre — Cne du cant. Chambon — PEYNOT, p. 294 — N 280 suivi par LECLER, Creuse, p. 756-57 — F 484 A (desservant vers 1315).

TARGET, Saint-Martin — Cne du cant. Chantelle — PEYNOT, p. 302 et pièce VI — Le texte de 1119 fait deux erreurs *(sancti Martini de Pargiaco)* — MORET I 496 et IV 65-87 — F 34 F, 76 F et 91 C suggèrent un prieur et un desservant aux XIV^e^ et XV^e^ s. — C 3121 = BB V 69 qui ne donne rien !

TEILLET, Saint-Maurice — Cne du cant. Montluçon — PEYNOT, p. 307 — MORET I 478 — F 32 E et 77 D (prieur au XIVe s.) — La bulle de 1119 donne *sancti Mauri*, mais ses graphies sont moins sûres que celles de 1158.

TERJAT, Saint-Martin — Cne du cant. Marcillat (Allier) — PEYNOT, p. 304 — MORET I 452 — F 34 B et 76 C (prieur au XIVe s.).

TOULX-SAINTE-CROIX — Cne du cant. Boussac — PEYNOT, p. 290 et pièce no XIII — Les bulles de 1119 et 1158 indiquent *ecclesia sancti Martialis de Castello Tulli* et ni N 268 ni LECLER, Dict. Creuse, p. 765-67 ne font allusion aux origines du vocable de la Croix — F 482 D (prieur vers 1315).

TRENANT — Prieuré en 1285, d'après la visite de Simon de Beaulieu, citée *sup.*, p. 75 note 13, mais inconnu par ailleurs; il est encore appelé *de Trenant Domino.*

USSEL-D'ALLIER, Saint-Isidore — Cne du cant. Chantelle — PEYNOT, p. 302 et pièce no VI — GANDILHON no 90 — MORET I, p. 497, IV, p. 75-80 — F 34 E et 77 B (desservant au XIVe s.) — C 3246 = BB V 69.

VOUSSAC, Bost-Rond — Cne du cant. Chantelle — PEYNOT, p. 302, considère comme très probable l'identification de l'*eccl. de Bosco de Rantiaco* de la bulle de 1158 avec Bost-Rond, village de Voussac — Voussac, où un desservant est attesté au XIVe s. par F 35 A et 77 A, est rapporté au patronage de Chantelle par un pouillé du XVIIe s. en F 117 A — MORET I 498 et 499 indique le patronage de l'archevêque en raison d'un tableau erroné (cf. F 117 note 1), mais en IV 83-87, il mentionne la qualité de chanoine régulier des prieurs-curés de Voussac, Saint-Martin.

*Dépendances françaises de Saint-Léonard-de-Noblat*

Le fonds du chapitre de Saint-Léonard de Noblat aux A.D. Haute-Vienne (Répertoire numérique... série G... par Auguste PETIT, Limoges, 1931, 11 G no 1-115, p. 34-36) ne contient aucune pièce antérieure au XIIIe siècle. Dom Estiennot, qui rend compte en 1675-1676, de ses recherches dans les archives du chapitre, dit n'y avoir trouvé d'important que l'acte de 1062 (*sup.*, p. 78 note 20) et se contente de quelques conjectures sur la vie du fondateur, d'un relevé des dépendances et d'extraits du nécrologe (ms. Paris B.N. lat. 12747, p. 123-138 et 471-490). On se doute qu'après avoir utilisé les notes de dom Estiennot, Bonaventure de Saint-Amable n'y a pas mis de la clarté dans son « Histoire de Saint-Martial », III, Limoges, 1685, p. 191-193. Il faut attendre 1760 et l'estimable travail d'Oroux (cité *sup.*, p. 85, note 34) pour voir utiliser quelques documents anciens maintenant perdus ; ni Nadaud, ni Legros n'ajoutèrent rien au travail de leurs devanciers (ms. Séminaire de Limoges, entre autres) pour la période qui nous occupe.

102

Tout cela ne facilita pas la besogne de l'abbé Arbellot sur l'hagiographie léonardienne, ni celle de Louis Guibert sur les antécédents de « La commune de Saint-Léonard-de-Noblat au XIIIe siècle » (*B.S.A.H.L.*, t. 37-38, 1890-91, p. 1-115 et 249-349, plan de la seule ville dans l'enceinte ancienne). Depuis lors, la vie et le culte de saint Léonard ont fait l'objet d'un travail de premier ordre qui surclasse celui de l'abbé Arbellot ; il est dû au Bollandiste Albert PONCELET dans les *Acta Sanctorum Novembris*, t. III, Bruxelles, 1910, p. 139-209. Les Bénédictins de Paris ont repris l'essentiel du travail dans leur notice sur saint Léonard au t. XI de leurs « Vies des Saints et Bienheureux », Paris, 1954, p. 192-198 ; à la bibliographie, on peut ajouter Jeanne VIELLIARD, Le guide du pèlerin de Saint-Jacques-de-Compostelle, Mâcon, 1938, p. 51-57. Enfin, A.-M. MARCELLAUD, Le prieuré de Saint-Léonard-de-Noblat à la fin du Moyen Age [surtout la seigneurie] (mémoire de maîtrise de la Sorbonne, 1971, aux A.D. Limoges, en dactylographie) donne une bonne bibliographie archéologique récente, avec plan de la ville et carte des environs ; cette bibliographie surclasse à son tour celle de C 2764. — N 730-742 — F 776 (index) — L'*abbatia que sancti Leonardi dicitur* de l'obituaire de Saint-Martial (LEROUX, MOLINIER et THOMAS, Documents..., I, p. 68) ne peut guère être que Corbigny dont parle le Guide du pèlerin cité plus haut.

AIGUEPERSE — Notice en *B.S.A.H.L.*, t. 99, 1972, p. 122, par suite d'une attribution erronée à Bénévent qui ayant reçu des droits d'Aymeric de Peyruse, a gardé acte de la fondation — F 498 B (vers 1315) et 522 F (XVIe s.) l'attribuent au patronage de Noblat, tout comme Oroux qui y met un prieuré-cure Saint-Gilles, cf. 11 G/115. — N 300 n'y voit qu'une cure annexe d'Arrênes, dédiée à la Vierge et pourvue par Bénévent, en 1587.

AMBRUGEAT, Saint-Martin et Saint-Salvi-d'Albi — Cne du cant. Meymac, Corr. — N 618 donne des précisions sans référence sur la réduction à un seul des deux desservants de l'unique cure attestés en F 488 D (vers 1315) — POULBRIÈRE, Dictionnaire... diocèse de Tulle, I, p. 28-32 — CHAMPEVAL, Le Bas-Limousin, p. 299 — 11 G/116.

BARZANGES, Saint-Léonard — *B.S.A.H.L.*, t. 38, 1891, p. 300 y signale un chanoine régulier de Saint-Léonard desservant en 1288 et Oroux en fait une annexe d'Ambrugeat — Cne de Pérols-sur-Vézère, cant. Bugeat, Corr. — N 618 ; mais N 660 ajoute au patronage de Noblat l'église d'Orluc qui est sur la même commune de Pérols, ce qui a entraîné POULBRIÈRE, Dictionnaire, II, p. 439 et même F CXLI pour Arlhuc. Oroux et 11 G/106 ne connaissent que Barzanges annexe tardive d'Ambrugeat.

LE BOUEIX, Saints-Léonard-et-Nicolas — Cne de Nouhant, cant. Chambon, Creuse — N 289 l'appelle le Bois-près-du-Château-Lespaud d'après Oroux et lui affecte la date de la bulle de 1195, bien que 11 G l'ignore — I : le Boueix — LECLER, Dict. Haute-Vienne, p. 490 = N.

BUJALEUF, Saint-Martin (ord.) — Cne du cant. d'Eymoutiers, Haute-Vienne. — N 743 — F 497 F (desservant vers 1315) — 11 G, *passim* — LECLER, Dict. Haute-Vienne, 126-128 y ajoute la chapelle du Chalard suivant N qui lui affecte 1195 (cf. F CXLII, I « Le Chalard » et 11 G/112, mais rien dans Oroux).

CHAMPNÉTERY, Saint-Thomas de Cantorbéry — Cne du cant. Saint-Léonard — N 743 — F 497 F (desservant vers 1315) — LECLER, Dict. Haute-Vienne, p. 168-169 — C 687 = BB 225 = N — Le vocable indiquerait une fondation de la fin du XII$^{e}$ siècle au plus tôt ou substitution du vocable à ce moment.

LE CHÂTENET-EN-DOGNON, Nativité B.M.V. et chapelle Saint-Michel — Cne du cant. Saint-Léonard — N 336, avec date de 1195 pour la chapelle dont on retrouve le toponyme en I — LECLER, Dict. Haute-Vienne, p. 198-202 — J.-B. CHAMPEVAL, Cartulaire de l'abbaye d'Uzerche, n° 15 avec des localisations erronées — Bullaire limousin cité *sup.*, note 1, pour les confirmations de droits d'Uzerche au XII$^{e}$ s. — F 521 A, qui a un prieur sans patronage au XVI$^{e}$ s. ne peut être retenu comme étant dans l'archiprêtré de Rancon ; 507 D et 510 B sont dans l'archiprêtré de Bénévent vers 1315, conformément à N, mais le premier rapporte un prieur et un desservant à Saint-Martin-de-Limoges et le second un desservant à l'abbaye d'Ahun ; 519 A avec un prieuré Saint-Michel à Saint-Léonard, donc dans l'archiprêtré de Saint-Paul, a donné l'occasion d'une confusion dans l'index (646) avec le Châtenet grandmontain de la paroisse de Feytiat. — Oroux signale sans plus Notre-Dame du Châtenet parmi les bénéfices et les nombreuses nominations que N signale pour les XVI$^{e}$-XVIII$^{e}$ siècles doivent faire écarter avec lui le patronage d'Ahun de F 510 B, la chapelle Saint-Michel ayant tôt disparu. On remarquera que la constitution de l'archiprêtré de Bénévent approchait de bien près le voisinage d'un chapitre de chanoines non encore régularisés.

CHEISSOUX — Notice en *B.S.A.H.L.*, t. 99, 1972, p. 129.

CROISSY, Saints-Martin-et-Léonard. — Cne Croissy-sur-Seine, cant. Saint Germain-en-Laye, S.-et-O., puis Yvelines — LEBEUF, Histoire... Paris, t. II, Paris, 1883, p. 25-28 — C 921 ajoute Inv. anal. arch. dép. S.-et-O., sér. G 628-632 où des prieurs chanoines réguliers de Saint-Jean-des-Vignes ou de Prémontré aux XVII$^{e}$ et XVIII$^{e}$ s., malgré Oroux et A. D. Haute-Vienne 11 G/115 — Le pouillé du XIII$^{e}$ s. le donne à la collation épiscopale. (Auguste LONGNON, Pouillés Province Sens, Paris, 1904, 383, 431) — Acte épiscopal édité par GUÉRARD, Cartulaire de l'Église Notre-Dame de Paris, t. I, Paris, 1850 (*Coll. Cartul. France, Coll. Doc. Inédits)* p. 143, n° CLIX, cf. n° CII.

EYBOULEUF, Saint-Pierre — Cne du cant. Saint-Léonard — N 742 — F 497 E (desservant vers 1315) — LECLER, Dict. Haute-Vienne, 312-13.

FLORENTIN, Saint-Barthélemy — Cne Bonnefond, cant. Bugeat, Corr. — N'est attribué à Saint-Léonard que par N. 670 que suivent C 1161-62 et CHAMPEVAL, Le Bas-Limousin, p. 308, mais non POULBRIÈRE, Dict. paroisses Tulle, I, p. 177 — Ce dernier, comme F 519 C, n'y a trouvé que le patronage de Saint-Angel — Il est probable que N a ainsi localisé la vicairie ou chapelle de Saint-Barthélemy qui est dans les premiers bénéfices d'Oroux et lui a affecté la date de 1195.

LA GALAMACHE, Saint-Blaise — Cne Châtenet-en-Dognon (cf. *sup.*) — N 336-337 lui affecte la date de 1195 pour la même raison que Florentin, mais il est confirmé par F 522 E (desservant au XVI$^{e}$ s.).

104

LANDAVILLE, Notre-Dame — Cne du cant. Neufchâteau, Vosges — A. LONGNON et V. CARRIÈRE, Pouillés provinces Trèves, Paris, 1915, 239 E, sans patron (dans le diocèse de Metz au XVIe s.) — Voir pièce n° IV.

LINARDS, Saint-Martin et Nativité — Cne du cant. Châteauneuf, Haute-Vienne — N 743 — LECLER, Dict. Haute-Vienne, 455-458 — 11 G/102 — Oroux ne donne que le vocable de Saint-Martin — F 498 A indique un prieur et un desservant au patronage de Solignac, ce qui est confirmé à la fois par dom Dumas en *B.S.A.H.L.*, t. 43, 1895, p. 602 et par le cartulaire d'Aureil, *ibid.*, t. 48, 1900, p. 25 — C 1621, en reproduisant BB V 236, a affecté au prieuré de Solignac les références aux A.D. pour le Duveix.

MAREILLES, Saint-Léonard — Cne Sous-Parsat, cant. Saint-Sulpice-les-Champs, Creuse — F 509 C (desservant vers 1315) — LECLER, Dict. Creuse, p. 745 — La graphie est celle de I.

MAZÈRES, Notre-Dame — Devenu lieu de pèlerinage sous le nom de Notre-Dame des Misères comme en témoigne Oroux et François MOULENCQ, Doc. inéd. sur le Tarn-et-Garonne, t. II, Montauban, 1880, p. 224-225 ; ce dernier semble la situer dans la cne de Mirabel, cant. Caussade, mais F 463 note 1, qui la signale comme annexe de Montagudet *(infra)* n'y fait référence dans son index que p. 730 — — Eugène SOL, Le Vieux-Quercy, 2e éd. Aurillac, 1930, p. CXIX suit Moulencq — 11 G/106.

MOISSANNES, Notre-Dame, Saint-Blaise, Saint-Maurice — Cne du cant. Saint-Léonard — F 510 B (desservant vers 1315) — LECLER, Dict. Haute-Vienne, p. 492-493 — La mention au cartulaire d'Aureil (*B.S.A.H.L.*, t. 48, 1900, p. 279), pour les années 1200-1206, concorde avec la date de 1191 que donne Oroux pour l'acquisition.

MONTAGUDET, Saint-Léonard — Mêmes références que pour Mazères, mais F 420 B indique un prieur en 1326 et son index p. 730 et 776 confond les deux établissements, contrairement à Oroux. Moulencq, p. 226, ajoute une église Saint-Barthélemy annexe de Montagudet.

SALAMAR, Saint-Léonard — Cne Saint-Solve, cant. Juillac, Corr. — N 514 la donne comme chapelle avec la date de 1195, puis annexe du prieuré même de Saint-Léonard en 1318 — Comme 11 G/103 donne Salamar en annexe de Saint-Solve, il faut l'identifier avec l'église érigée vers 1073 *a Poi Valentiano*, sur la paroisse de Saint-Solve, proche de la *villa* de Salamart (CHAMPEVAL, Cartulaire d'Uzerche signalé *sup.*, note 34, n° 508 et 509) — POULBRIÈRE, Dict. paroisses Tulle, l'appelle La Chapelle Salamar, mais I ne connaît que la Chapelle — Oroux semble l'ignorer.

SAINT-MOREIL — Cne du cant. Royère, Creuse — N 468 avec date de 1195 — F 485 F (desservant vers 1315, au patronage de Noblat) — L'église était confirmée à Saint-Martin de Tulle dans les bulles de 1114 et 1154 (Bullaire limousin cité *sup.*, note 1, n° 33 et 67 ; lire 118 au lieu de 117 à la table).

SAUVIAT-SUR-VIGE, Saints-Blaise-et-Martin — Cne du cant. Saint-Léonard — N 337 suivi par LECLER, Dict. Haute-Vienne, p. 768 — F 510 B (desservant vers 1315) — 11 G/112 — Oroux ne retient que le vocable de saint Blaise.

*Dépendances de Brive*

Les A.D. Corrèze (G 46-48) n'ont que trois liasses dont la plus ancienne pièce remonte à 1433 — Les copies d'Estiennot au ms. Paris B.N. lat. 12 747, f^os 225-228 et 579-582 sont aussi pauvres que celles de Gaignières pour notre propos (ms. *ibid.*, fr. 22 420, f^os 34-43), ou que le ms. 40 du Séminaire de Limoges (A.D. Haute-Vienne) qui rassemble les indications de Nadaud et Legros — N 701-712 est augmenté par Poulbrière, Dictionnaire... des paroisses du diocèse de Tulle, t. I, Tulle, 1894, p. 227-235 — F 493 C ne taxe que le prieur pour la ville au début du xiv^e s., mais 524 F a un desservant pour Saint-Sernin qui s'ajoute au desservant de Saint-Martin — N 704 ajoute pour la ville le prieuré de Sainte-Catherine et la chapelle de Maranzac — C 508-509, reprenant et augmentant BB V 177-178, donne des références prises souvent au *Bull. Soc. Scientifique et Archéologique de la Corrèze* publié à Brive ; on y trouve quatre articles récents qui ont facilité le présent travail : Michel Labrousse, Un chapiteau mérovingien de Saint-Martin-de-Brive, t. 75, 1953, p. 71-88 ; Léon Dautrement, Les sept ponts brivois, t. 81, 1959, p. 122 (plan ancien) ; *Id.*, Le Vieux-Brives. Vestiges du moustier Saint-Martin, t. 84, 1962, p. 136-141 ; Marie-Rose Guillot, La place et la collégiale Saint-Martin-de-Brive, 1790-1900, t. 92, 1970, p. 217-237. — N 702 constate que le prieuré est appelé séculier pour la première fois en 1691, mais nul ne connaît l'acte de sécularisation (1574 selon Poulbrière) ; de même il a été impossible de localiser l'*ecclesia de Romm... s* de 1231.

Arsas, Saint-Idelpey (Hidulphe ?) — Une addition de Legros à N 700 attribue à Brive le patronage d'Arsas ou Arses, dans la paroisse de Saint-Hilaire-Peyroux, cne du cant. Tulle, Corr. Champeval, Le Bas-Limousin, p. 11, a trouvé dans Nadaud Cerzas-l'Échizac et appelle « Dessas » ce prieuré de Brive qui devient bénédictin dans Poulbrière, Dictionnaire... des paroisses... Tulle, t. I, p. 195, avec une préférence pour la graphie « Arsas-l'Echizac ». — F 524 F n'a qu'une *priorissa d'Arsac* au xvi^e siècle pour laquelle l'index (662) choisit la forme Dessac correspondant à un village de Saint-Hilaire-Peyroux. Or, I n'a que les deux formes Dessas et Derses, dont la seconde correspond à un prieuré de Cisterciennes retransmis par C 958 d'après BB V 248 — Rien n'autorise à voir une dépendance de Brive à Saint-Hilaire-Peyroux.

Chartrier, Saint-Pierre, puis Saint-Loup — Cne Chartrier-Ferrières, cant. Larche, Corr. — N 693 ne donne qu'une nomination en 1569 au prieur de Brive et toutes les suivantes à l'évêque, ce qui correspond à F 524 C pour la pancarte du xvi^e s. Il faut cependant y voir l'*eccl. de Cartro sive de Chartrieri* de 1231 — Poulbrière, *op. cit.*, t. I, p. 321-323 suit N.

Chasteaux, Couzages, Saint-Cernin et Larche — Des confusions propagées dans les divers répertoires obligent à situer à nouveau ces localités à partir de la bulle de 1231 et du Pouillé des environs de 1315. — L'église Saint-Christophe acquise par Beaulieu au ix^e siècle (Deloche, Cartulaire n^os XXV, XXVI, XXVII) se retrouve au patronage de Brive avec un desservant en F 492 B sous le simple nom de Cosacge qui se retrouve en Couzages (I) dans la cne voisine de Chasteaux, cant. Larche. Chasteaux est l'*eccl. de Castello* de 1231 qui a un desservant pour « Chastels » en F 492 C, mais sous patronage épiscopal ; N 713 est suivi par POULBRIÈRE, Dictionnaire, I, p. 327-331, par BB V 721 et C 721, sauf pour le vocable de « Saint-Martin » de Limoges qui doit être erroné — L'*eccl. sancti Saturnini in Cosagis cum pertinentiis suis* n'est pas connue avant la bulle de 1231 qui lui fait suivre la *capellam quae est in castro de Larcha* ; F 492 B ne connaît qu'un desservant *de Archa*, tandis qu'un document de nature et d'époque comparables distingue *sanctus Saturninus cum Archa* (F p. CXLI) et que Jean XXII (1316-1334, cité par POULBRIÈRE, Dictionnaire, t. III, p. 337-338) distingue aussi les *eccl. cur. sancti Saturnini et de Archa*. La première fut à l'origine de la commune de Saint-Cernin-de-Larche tandis que la seconde, dont l'église Saint-Caprais (N 712) rappelle la route des pèlerins de Conques, devenait son chef-lieu de canton sous le nom de Larche ; on ne sait ce qu'il advint des droits de Solignac reconnus dans cette dernière localité par les seigneurs de Turenne en 1190 selon POULBRIÈRE, Dictionnaire II, p. 63-64, car il n'en est pas question dans le polyptyque de cette abbaye (Geoffroy TENANT DE LA TOUR, L'homme et la terre, Paris, 1942, p. 665-719) ni dans A. DELMAS, Les châtellenies de Larche et de Terrasson, *Bull. Soc. Scient. Hist. Corrère*, t. 83, 1961 (p. 6 : forteresse à Larche peu avant 1179).

DAMPNIAT — N 693 donne une nomination en 1606 au prieur de Brive mais six autres du XV^e au XVIII^e s. à l'évêque ; le prieur a probablement agi comme archiprêtre délégué épiscopal.

LA FEUILLADE, Notre-Dame — La *medietas ecclesiae de Folliada* de 1231 correspond à une cne du cant. de Terrasson, Dordogne — DE GOURGUES, Dictionnaire... Dordogne, p. 120 — J.-M. MAUBOURGUET, Le Périgord méridional... [I], Cahors, 1926, p. 389, dioc. Sarlat avec un patronage épiscopal — N 713 la donne comme annexe de Larche et Jean XXII cité par POULBRIÈRE, Dictionnaire, t. III, p. 337, annexe la moitié de l'église aux cures de Saint-Cernin et de Larche attribuées à un chanoine de Brive.

GRAMONT — La *capella de Gramont cum pertinentiis suis* doit être située cne de Lissac-sur-Couze *(infra)* d'après un acte de 1351. (CLÉMENT-SIMON, Archives Hist. I, n° XXVI, p. 179-186).

LENTILLAC — La *capella de Lentilhac* peut difficilement être identifiée avec celle de Lintillac, cne Ussac, cant. Brive que les moines d'Uzerche faisaient bâtir vers 1160 et confirmer par l'évêque en 1185 (CHAMPEVAL, Cartulaire cité note 34, n^os 105-108). On propose au choix deux localités de l'ancien diocèse de Cahors et du département du Lot, toutes deux à la collation épiscopale au XIV^e siècle : Lentillac-Lauzès, cant. Lauzès, ou Lentillac-Saint-Blaise, cant. Figeac, cette dernière proche de Felzins où les chanoines limousins du Chalard avait un établissement (*B.S.A.H.L.*, t. 98, 1971, p. 171-172).

LARCHE : voir CHASTEAUX.

LISSAC-SUR-COUZE, Saint-Pierre — L'*eccl. de Lixac* de 1231 a un desservant en F 492 C (vers 1315) — POULBRIÈRE, Dictionnaire, t. II, p. 110, en fait un prieuré-cure, tandis que N 714 n'en a pas trouvé l'occasion, ce qui exclut Lissac de BB et de C !

MALEMORT et SAINT-XANTIN — Cne Malemort-sur-Corrèze, cant. Brive — En 1231, la mention *eccl. Sancti Xantini cum capella de castro*

*Malne mortis* indique la subordination primitive de la chapelle castrale (dédiée à saint Georges, N 715-716) vis-à-vis de l'église paroissiale attestée au x$^{e}$ siècle (CHAMPEVAL, Cartulaire de Tulle, n° 282) — N 715-716 rapporte textuellement un acte de 1144 par lequel l'évêque Gérard II règle un différend foncier entre l'abbaye de Vigeois et le desservant de Saint-Xantin (cf. M. de MONTÉGUT, Cartulaire..., *B.S.A.H.L.*, t. 39, 1890, n° CCCXIV) — POULBRIÈRE, Dictionnaire, t. II, p. 159-172, indique un chanoine de Brive prieur et desservant en 1297-99, sans autre référence que des titres de Turenne — F 493 C n'a qu'un desservant pour Saint-Xantin, vers 1315 — A.D. Corrèze 6 F/115 (1763) ; D 28-49.

NOAILLES, Saint-Blaise, puis Assomption — Cne du cant. de Brive — L'*eccl. de Noalhiis* de 1231, qui correspond à une *parochia* du x$^{e}$ siècle (CHAMPEVAL, Cart. de Tulle, n° 281), a un desservant vers 1315 d'après F 492 C — Malgré la fondation d'une collégiale dans l'église paroissiale par les Noailles en 1557, le prieur de Brive ne perd pas le droit de nomination d'un prieur-curé (*Arch. Hist. Limousin*, 1$^{re}$ série, t. 5, 1893, p. 339, pour 1640) — N 714, suivi par POULBRIÈRE, Dictionnaire, t. II, p. 370-379, par BB V 242 et C 2080.

SAINT-ALBY — Cne Saint-Projet, cant. Caylus, Tarn-et-Garonne — F 460 D donne au début du XIV$^{e}$ siècle les églises *de Fugia et de Sancto Albino* à la collation du prieur de Brive ; la première est inconnue de l'éditeur, et la seconde inconnue de MOULENCQ, Documents historiques... Tarn-et-Garonne, II, Montauban, 1880, p. 362 — La bulle de 1231 ne les mentionne pas.

SÉRILHAC, Saint-Nicolas — Cne du cant. de Beynat, Corr. — N 715 — F 492 E n'indique qu'un desservant vers 1315, mais les dépendances de l'église avaient sans doute déjà donné naissance à l'église annexe du Pescher qui deviendra commune dans le même canton — POULBRIÈRE, Dictionnaire, t. II, p. 573-582 — A. D. Corrèze 6 F 109 (lire 1533 et non 1159) — Le vocable de l'église date de la fin du XI$^{e}$ siècle ; les limites communales invitent à voir dans l'ancienne *parochia*, non seulement Sérilhac et le Pescher, mais Lagleygeolle qu'il est tentant d'identifier avec l'église inconnue Saint-Pierre de *Nectranas* (DELOCHE, Cartulaire de Beaulieu, n° CLXXIX), peut-être supplantée par un prieuré de la Chaise-Dieu.

VENARSAL, Saint-Martial — Cne du cant. Brive — Cette église donnée à Beaulieu en 925 (DELOCHE, Cartulaire, n° CLXVII) ne se trouve ni dans le bulle de 1231, ni dans F — N 701 la donne comme dépendant du prieur de Brive à titre d'annexe du Buis en 1666, bien qu'il la signale comme annexe de Saint-Germain-les-Vergnes en 1318 et 1579, et donc à la collation épiscopale aux XVII$^{e}$-XVIII$^{e}$ siècles — POULBRIÈRE, Dictionnaire, t. III, p. 572-574.

*Dépendances étrangères*

La bibliographie sur la Couronne et sur Saint-Jean-de-Cole est donnée de manière suffisante en C 899-900 et C 2740, sauf les précisions suivantes : A. LEROUX, E. MOLINIER et A. THOMAS, Documents historiques bas-latins, provençaux et français..., la Marche et le Limousin, I, Limoges, 1883, p. 121-258, concerne toutes les chartes du recueil, alors que Saint Jean-de-Cole n'a qu'une mention du xiii^e s. à un obituaire de Saint-Martial (p. 73) ; les mss Lépine sont ceux-là mêmes de la collection Périgord (Paris B.N. n° 35, f° 83-89).

ALTAVAUX, cne Dournazac, cant. Saint-Mathieu, Haute-Vienne — N 486 — F 499 E (prieur et desservant vers 1315) — Na I p. 400-401 — C à corriger par la note 100 de l'article cité ici note 19, en précisant en outre que l'inventaire de Leroux est celui de la série D ; enfin, ajouter l'article de RAYMOND d'après BB V 228-229 — I : Thavaud — LECLER, Dict. Haute-Vienne, p. 299-305.

BAR, Saint-Jean — Cne Saint-Martin-de-Jussac, cant. Saint-Junien, Haute-Vienne — La *capella sancti Johannis de Bars* de 1192 correspond plutôt à ce que signale Th. de FONT-RÉAULX, Note sur la tour de Bar..., *B.S.A.H.L.*, t. 14, 1864, p. 134-136, qu'à la chapelle rurale dédiée à la Nativité de Saint-Jean de N 258.

LIMOGES, Saint-Cessateur — N 190 — F 512 C (desservant vers 1315) — L'*eccl. Sancti Cessatoris extra muros Lemovicensis* de 1192 est facile à situer grâce aux plans indiqués *sup.* pour Saint-Julien de Limoges (p. 97) mais la référence à Guibert de BB V 218 reprise par C 1617 est tout aussi inexacte. — L'acte de Gérard II (1137-1177) est mal attribué et mal daté par LEROUX, MOLINIER et THOMAS, Documents historiques, t. I, p. 161, cf. p. 263 (bulle de 1184 pour Saint-Gérald).

MONTBRUN, Saint-André — Cne Dournazac (voir *sup.*, Altavaux) dont la notice se retrouve en *B.S.A.H.L.*, t. 31, 1883, p. 18-35 — N 489-492 — F 501 C (un desservant vers 1315 qui est déjà mentionné en 1276-1299 si l'on en croit NADAUD, Nobiliaire, t. I, p. 258) — En 1192 il s'agit de la *capella sancti Andree de Mombra*, l'une des trois chapelles en ruines de 1660 (A.D. Haute-Vienne D 279) — La date de 1179 assignée à la construction du château semble empruntée à la fondation d'Altavaux.

MONTCALM — Cne Bassignac-le-Bas, cant. Mercœur, Corr. — C 1936 reprend à BB V 298 une petite bibliographie qui doit sa substance à POULBRIÈRE, Dictionnaire, I, 86-88 et divers articles ; il y ajoute une référence à Joanne qui rend étonnante l'absence du lieu-dit en I — F 491 C a un desservant à collation épiscopale pour Bassignac, mais ignore Montcalm.

SAINT-BAZILE — Cant. Oradour-sur-Vayres, Haute-Vienne — On ne sait sur quoi se fonde N 481 pour en donner le patronage à Saint-Jean-de-Cole alors qu'il énumère 17 nominations épiscopales du xv^e au xviii^e s. conformément à F 501 B (desservant vers 1315). Le Chalard avait sur la paroisse l'église de Forgeas (*B.S.A.H.L.*, t. 98, 1971, p. 170) dont la sainte Quitterie était honorée à Thiviers au xv^e s.

SAINT-HILAIRE-LES-PLACES — Cne du cant. Nexon, Haute-Vienne — C'est l'*eccl. sancti Hilarii de Turribus* de 1192, paroisse ancienne assez vaste pour avoir encore un prieuré de Saint-Martial — N 653 — LECLER, Dict. Haute-Vienne, p. 638 — F 499 A (desservant vers 1315).

Vallée Bénite — On ne sait où situer dans le diocèse de Limoges cet établissement de la Couronne que Leroux a trouvé dans une liste des A.D. Haute-Vienne, D 272 ; d'autres listes du même article l'ignorent ou le donnent comme annexe du prieuré d'Escamels, au diocèse de Saint-Flour, venu de Bertrand de Griffeuille (C 1065).

PIÈCE n° I

1149

*A la demande du prévôt Hugues et des chanoines d'Évaux, le prieur Humbert et le chapitre de Saint-Pierre-le-Puellier de Bourges accordent à Évaux la chapelle Sainte-Marie la Comtale et son terrain moyennant un cens de trois sous payable à l'Annonciation.*

A : orig. parchemin de 230 mm de hauteur sur 345 mm de largeur au ms. Paris B.N. lat. 9217, n° 66, sceaux disparus.

Ego Humbertus prior Sancti Petri Puellaris et capitulum eiusdem ecclesie notum esse volumus cunctis fidelibus tam presentibus quam futuris quod Hugo prepositus Evaunensis et fratres eius, scilicet canonici Evaunenses, postulaverunt a nobis ut concederemus eis capellam Sancte Marie que dicitur Comitalis censualiter habendam et terram quam habet ecclesia Beati Petri iuxta eandem capellam. Nos autem petitioni eorum assensum prebuimus, concedentes eis capellam prenominatam et terram tali tenore ut per singulos annos persolvant nobis et successoribus nostris tres solidos censuales Bituricensis monete in festo Beate Marie de Annuntiatione. Hec ab utraque parte concessa per presentem scripturam memorie commendavimus, et ut rata et firma in perpetuum permaneant, sigillo nostro et sigillo Evaunensis ecclesie confirmavimus. Hoc autem factum est anno ab Incarnatione Domini M°C°XL°VIIII°.

Pièce n° II

1216, oct.

*Lettre de non-préjudice que le doyen Ar. et le chapitre cathédral de Bourges accordent au prévôt d'Évaux au sujet de la sépulture de leur confrère Jean de Beaulieu, donnée dans leur propre église au lieu de celle de la Comtale choisie par le défunt.*

A : original parch. de 80 mm de haut sur 155 mm de large au ms. Paris B.N. lat. 9217, n° 70, sceau perdu.

Nos Ar. decanus et capitulum Bituricense. Notum facimus presentibus et futuris quod cum contentio esset inter nos et prepositum Evaunensem supra sepulturam magistri Johannis de Bello Loco quondam concanonici nostri pro eo quod in ecclesia sua de Comitali, et nostra, ut dicebatur, idem magister ibi elegerat sepulturam, nos corpus dicti magistri retinuimus et in nostra ecclesia tradidimus sepulture. Ne autem ex retentione ista dicto preposito vel ecclesie sue de Comitali quantum ad proprietatam vel possessionem circa ius sepulture possit in posterum preiudicium generari, ad preces ipsius presentes litteras eidem concessimus sigillo communis capituli consignatas. Actum anno Domini M°CC°XVI° mense octobris.

PIÈCE n° III

1342, 2 octobre — Avignon

*Clément VI accorde au prévôt Raynaud et au convent du monastère d'Évaux, au diocèse de Limoges, de remplacer leurs vêtements tradition-*

*nels de fourrures par des vêtements blancs couverts d'un surplis de toile blanche, conformément à l'usage des religieux.*

A : original parch. avec sceau de plomb sur fils rouges et jaunes, au ms. Paris B.N. lat. 9217, n° 81 [en fait 75].

Indiquée : Moret, *op. cit., sup.*, p. 68 : t. IV, p. 19-20, avec la date de 1345 à propos de Chantelle. — N'est pas mentionnée dans « Clément VI (1342-1352). Lettres se rapportant à la France... », par E. Déprez, J. Glénisson et Mgr G. Mollat, tables (*Bibl. Ec. Françaises Athènes et Rome*, 3e série, 1961) bien qu'on en trouve mention dans le *Schedario* de Garampi, *Miscellanea prima, indice 552*, qui donne la référence « I, 9, p. 268 ».

Clemens episcopus servus servorum Dei. Ad perpetuam rei memoriam. Dignum arbitramur et congruum ut canonici regularis ordinis sancti Augustini non solum morum et vite sed etiam vestimentorum et habitu fulgeant honestate. Oblate siquidem nobis pro parte dilectorum filiorum Raynaldi prepositi et conventus monasterii Euvahonensis per prepositum soliti gubernari dicti ordinis Lemovicensis diocesis petitionis series continebat quod ipsi olim seu eorum aliqui, non tamen ad hoc voto aut ordinatione aliqua, statuto seu regula patroni eorum beati Augustini predicti, sed spontanee voluntatis arbitrio, usi fuerunt certis temporibus quibusdam edulinis et mutonitiis pelliciis pro habitu regulari, qui pelliciarius habitus potissime estivo tempore populo ingratus et personis deformis, precipue circa divinum officium immundus adeo et importabilis efficitur quod ipsi Deo sub eodem habitu famulari honeste cum mentis quiete non possunt. Quare pro parte ipsorum fuit nobis humiliter supplicatum ut cum huiusmodi pelliciarius habitus ad quem aliqualiter astricti, ut prefertur, nequaquam existunt, sed quidam ex eis cum voluntate propria assumpserunt, magis brutalis quam regularis in illis partibus censeatur, providere ipsis super hoc de benignitate apostolica dignaremur. Nos igitur eorumdem prepositi et conventus honestati providere decenter ipsoque aliis personis religionis eiusdem in habitu conformes efficere intendentes, auctoritate apostolica statuimus et etiam ordinamus quod idem prepositus et canonici, dimisso huiusmodi pelliciario habitu, deinceps portent vestes albas longas et rotundas, non fissas, et super eas superpellicium de tela alba debitum et honestum. Nulli ergo omnino... nostrorum statuti et ordinationis ... Datum Avinione VI nonas octobris anno primo pontificatus nostri.

### Pièce n° IV
### 1224, 20 mai

*Liébaud de Bofroimont donne à Saint-Léonard-de-Noblat la chapelle Notre-Dame sur la paroisse de Landaville avec divers biens et droits pour le logement et la subsistance des frères comme pour l'entretien de l'église dont le donateur se réserve le patronage.*

A : original non retrouvé.

B : vidimus en parchemin par le gardien du sceau royal pour le bailliage de Limoges, daté du 29 avril 1450, faisant état d'un sceau pendant en cire blanche à l'original (A.D. Haute-Vienne 11 G/115).

Ego Leobaldus dominus de Bofroimont universis Christi fidelibus presentem cartam inspecturis salutem in vero salutari. Noverint universi tam presentes quam futuri quod ego Leobaldus bone memorie spontaneus et bono ductus spiritu dedi et concessi Deo et ecclesie beati Leonardi Nobiliacensis et canonicis ibidem Deo servientibus pro salute aime mee et uxoris proprie necnon et parentum meorum et heredum meorum capellam beate Marie sitam in parrochia de Landeville cum herbergagio et insuper triginta iugera terre arabilis sita tam in valle quem in monte et quatuor falcatas prati et etiam aragia de terris que sunt in monte et de illis que redigentur ad culturam. In posterum dedi etiam memoratis fratribus terras illas quas propriis laboribus volunt ex... tare et duas partes decimarum que ex... ent de quatuor quarteriis terre et nemora ad domos fratrum edifficandas et foagium ad domum substentandam et ad ecclesiam reparandam et pascua tam in magnis quam in parvis animalibus. Si vero contigerit aliqua dampna de eorum animalibus ibi provenire, dampnum sive emenda restituent. Dicti vero fratres non debent nec possunt alium patronum sibi adquirere nisi me vel heredes meos, quod ut ratum perseveret, presentem cartam de laude et assensu Ameline uxoris mee et heredum meorum sigillo meo roboravi. Actum anno gratie M$^{o}$CC$^{o}$XXIIII$^{to}$ mense maio prima die rogationum.

* * *

## NOTE ADDITIONNELLE

Le présent article était sous presse quand nous avons eu connaissance du livre de M. Guy Devailly, professeur d'histoire du moyen âge à la Faculté des Lettres de Rennes, *Le Berry, du X$^{e}$ siècle au milieu du XIII$^{e}$*. Étude politique, religieuse, sociale et économique (École Prat. des Hautes-Études-Sorbonne, VI$^{e}$ sect. Sciences économiques et sociales. Civilisation et sociétés n$^{o}$ 19. Paris-La Haye, 1973, in-8$^{o}$ de 636 p.).

En outre doit paraître un article de M. Pon, secrétaire général du Centre d'Études supérieures de Civilisation médiévale de Poitiers sur « L'apparition des chanoines réguliers en Poitou. Saint-Nicolas de Poitiers » *(Bull. Soc. Antiquaires de l'Ouest)*.

# IX

# Collégiales et sanctuaires de chanoines séculiers en Limousin aux $X^e$ - $XII^e$ siècles

Nos précédentes études sur les chanoines réguliers en Limousin auraient dû s'ouvrir par une revue de l'ordre canonial dans la même province, ordre dont le tronc devait garder l'épithète péjorative de séculier tandis que la branche augustinienne était dite régulière aux temps grégoriens. Mais les innovations laissent toujours plus de traces à l'historien que le cours habituel des choses. Or, pour nos chanoines, ce cours avait été réglé par le législateur carolingien dans une assemblée tenue à Aix-la-Chapelle en 816.

Ce règlement de 816, appelé encore institution ou règle d'Aix[1], est assez exigeant pour les tenants de la profession canoniale invités, à grand renfort d'autorités patristiques, à une vie consciencieuse et sans négligence *(religiose, non enervate)*. On les distingue toutefois des moines par le droit de porter du lin, de manger de la viande et de disposer de biens propres venus de leur patrimoine ou de leurs fonctions ecclésiastiques ; ces biens propres sont reconnus comme avantageux pour les communautés canoniales, en comparaison des communautés monastiques, mais on admettait le droit d'un chanoine à se dessaisir de tout avoir personnel et d'être entièrement à la charge de son église. Mais on

---

(1) Texte édité par A. Werminghoff dans *M.G.H. Concilia Aevi Karol. t. I, pars II*, Hanovre et Leipzig, 1908, p. 307-421.

admettait aussi le droit des chanoines à des logements particuliers *(mansiones)* dans l'enceinte fermée *(claustra)* des bâtiments communs.

Selon la règle d'Aix, en effet, la vie des chanoines est gardée par une clôture soigneusement interdite aux femmes, dotée d'un dortoir, d'un magasin à provisions et des locaux nécessaires à des frères vivant en groupe *(in una societate)*; le vêtement n'étant assuré qu'aux plus démunis de ressources personnelles, les repas avec distributions égales pour tous sont pris en commun deux fois par jour et chacun y fait son service à tour de rôle, en améliorant éventuellement le menu par les apports de son potager. Les occupations sont d'abord la célébration de l'office divin à l'église, mais aussi toutes celles que l'on retrouve dans la vie claustrale médiévale : prière et lecture, étude et travaux divers *(artes)*, administration, correction collective *(culpae)*, réunion quotidienne pour une lecture du règlement *(institutio)* et d'autres écrits édifiants. Divers officiers devaient assurer la bonne marche de l'ensemble sous l'autorité d'un prévôt au titre déjà traditionnel ; il y avait le cellérier pour la nourriture, les hôteliers pour l'accueil, le responsable des enfants et jeunes gens qui n'était pas nécessairement leur magister, l'infirmier, le portier, sans compter le personnel de service *(famuli)*.

D'après ce réglement qui devait concerner avant tout les cathédrales, mais aussi les églises à personnel canonial appelées postérieurement collégiales, les hauts dignitaires ecclésiastiques *(praelati)* devaient assurer le recrutement au prorata des ressources de l'église intéressée ; ils désignaient ou révoquaient les prévôts qui tenaient d'eux leur supériorité *(prioratus)* sur des frères dont ils avaient la charge *(cura)*. On sait que dans la pratique, les ressources communes furent généralement affectées, au moins partiellement, à un certain nombre de prébendes, variables selon les chapitres cathédraux et autres[2].

Le chapitre cathédral Saint-Étienne de Limoges a fait l'objet d'une édition de cartulaire récente et soigneuse, mais son histoire reste à écrire. Les usages canoniaux qu'on lui suppose aux temps mérovingiens et postérieurs ont dû être partagés par les clercs de Saint-Martial et ceux de Saint-Augustin de Limoges, puisque les premiers avaient adopté la vie bénédictine en 848[3], et que les seconds furent remplacés

---

(2) Émile Lesne, Les origines de la prébende, *Rev. historique de droit français et étranger*, 4e sér. VIII, 1929, pp. 242-290.

(3) Catalogue de la bibliothèque éd. H. Duplès-Agier dans *Chroniques de Saint-Martial* (*Soc. Hist. France*, Paris, 1874) : p. 345 (Amalarius in regula canonicorum) ; Charles de Lasteyrie, *L'abbaye de Saint-Martial de Limoges*, Paris, 1901, p. 52.

par des moines sous l'évêque Turpion vers 938[4] ; la même pratique canoniale doit être supposée non seulement à Saint-Pierre du Queyroix et à Saint-Junien, dévolus en 848 à un dignitaire de Saint-Martial resté chanoine, mais aussi à Saint-André de Limoges qui relevait du chapitre cathédral jusqu'à sa cession à Bénévent en 1160[4bis]. Cette pratique canoniale n'est attestée qu'à la fin du xe siècle pour Eymoutiers, au début du xie pour Saint-Léonard et au milieu du même siècle pour Saint-Yrieix, mais dans ce dernier cas au moins, deux siècles d'existence antérieure n'ont rien d'invraisemblable[4ter].

*
* *

Laissant de côté le chapitre cathédral, on examinera l'apparition des petits chapitres nés aux xe et xie siècles et promis à des destins divers dont le moins remarquable n'est pas celui du Dorat. Puis on étudiera les chapitres « martiniens » de Saint-Yrieix et de Moutier-Rozeille. Enfin, on traitera de deux sanctuaires canoniaux d'origine monastique obscure, relevant du siège de Limoges : Eymoutiers en amont de la Vienne et, en aval, Saint-Junien qui avait aux Salles une dépendance régulière passée jusqu'ici inaperçue.

## LES PETITS CHAPITRES DE COLLÉGIALES

Avec le xe siècle, les collégiales apparaissent dans la documentation limousine, surtout dans la Marche qui est

(4) Dom Jean Becquet, Les premiers abbés de Saint-Augustin de Limoges, *Revue Mabillon*, t. LVIII, 1970-1975, pp. 355-376.

(4 *bis*) C'est ainsi qu'on s'explique les abbés canoniaux qui apparaissent aux côtés des évêques de Limoges au xe siècle : Hildebert et Pétrone (*Cartul. S. Stephani* en *B.S.A.H.L.*, LXIX, 1, 1919, nos XVIII et XX) à rapprocher d'Aimeri (*ibid.*, nos XVII et CXL, cf. Duplès-Agier, *op. cit.*, note 3, p. 4) et surtout de ceux qui sont consentants aux débuts d'Uzerche (Champeval, *Cartulaire nos 31 et 444*). — En l'an mil, les chanoines de Saint-Étienne sont censés vivre en commun (Cartul. cité no CLXXXIX ; voir J. Becquet, La réforme des chapitres cathédraux en France aux xie et xiie siècles, à paraître dans les *Actes du 100e congrès national des sociétés savantes de France*, Paris, 1975).

(4 *ter*) Un abbé Stodilus de Saint-Yrieix est mentionné pour 845 dans la fameuse charte fausse d'Alaon, sans éveiller la suspicion des éditeurs de la nouvelle *Histoire générale de Languedoc* (éd. Privat, t. II, Toulouse 1876, p. 196-204) auxquels renvoie simplement G. Tessier, Recueil des actes de Charles II le Chauve... *(Chartes et diplômes rel. Hist. France)*, t. II, Paris 1962, no 465 ; mais sa mention au Pouillé de Nadaud (éd. *B.S.A.H.L.*, p. 636) n'a pas d'autre autorité que la copie de dom Col citée par Tessier.

la région où se construisent des châteaux[5]. Certaines de ces collégiales donneront naissance à des abbayes ou prieurés de moines ou de chanoines réguliers, mais leur apparition doit être examinée globalement puisqu'elle a eu lieu dans des conditions institutionnelles qui sont encore celles de l'âge carolingien.

Un obscur féodal des confins berrichons, Doctricus, a laissé en 958 une précieuse charte de fondation à la Tour-Saint-Austrille, dans une paroisse dédiée à Saint Dizier ; ce petit moûtier *(monasteriolum, coenobium)* est le type même de la collégiale castrale que son fondateur destine sans plus aux louanges divines prévues par les règlements canoniaux *(canonica institutio)* et qu'il dédie tout simplement à Saint-Étienne en la soumettant au contrôle de l'évêque Ebles et de ses successeurs. Doctricus précise encore que ce contrôle s'exercera de la même manière qu'à Eymoutiers et à Évaux, et il confie à son lignage le soin de maintenir sa fondation à l'abri de toute ingérence laïque, fût-elle autorisée d'une permission épiscopale : on n'est pas plus régulier pour l'époque !

Cette confiance inspirée par l'évêque Ebles, oncle du duc d'Aquitaine et trésorier de Saint-Hilaire de Poitiers, était justifiée, on le sait au moins pour Évaux voisin de la Tour. On a vu comment Saint-Pierre d'Évaux avait reçu en 936 la fondation de Chantelle à qui était assuré, avec la protection éminente de l'Église romaine à la manière déjà clunisienne, le droit de choisir son supérieur *(rector)* sous l'autorité du prévôt d'Évaux ; là aussi, l'ingérence laïque avait déjà été écartée, même en cas d'approbation épiscopale. Doctricus avait fait confiance à son lignage sous la garantie expresse de ses deux suzerains immédiats, le comte de la Marche et le seigneur d'Aubusson, mais les fondateurs de Chantelle, qui n'avaient pas d'héritiers, n'avaient pas cru inutiles les signatures de trois évêques dont l'archevêque de Bourges, de trois abbés dont celui de Cluny, et de trois comtes ou vicomtes ; en fait, dès 945, on trouve par hasard un Boson d'Aubusson abbé laïc d'Évaux et de Moutier-Rozeille. Peut-être ce titre abbatial n'était-il porté qu'en vertu d'usages anciens ou supposés tels[6], le véritable chef de la communauté canoniale étant le prévôt ... Quant à Eymoutiers que mentionne aussi Doctricus, son église Saint-Étienne devait sans

(5) Georges Thomas avance l'explication des dangers normands pour la constitution de la Marche (*op. cit. infra*, p. 104), mais on peut aussi penser à une protection des domaines poitevin et angoûmois du duc d'Aquitaine contre les Limousins, Périgourdins et Auvergnats.

(6) Cf. c. 24 du concile de Tours de 813, Werminghoff, *op. cit. sup.*, note 1, p. 289 ; c. 39 du concile de Paris de 829 (*ibid.*, p. 636).

doute au contrôle du siège limousin la même bonne observance qu'à Évaux puisque l'évêque Hildegaire (969-989) y trouva une minorité prête à fusionner dans l'observance monastique avec un noyau venu de Baume.

La fondation de la Tour-Saint-Austrille avait l'accord exprès de Boson le Vieux, premier comte connu de la Marche pour la maison de Charroux ; on comprend qu'au terme de son existence, vers 975-980, Boson ait fondé Saint-Pierre du Dorat dans des conditions analogues à celles de 958. Il désigna une chapelle, ou petite église, sur une paroisse située aux confins du Poitou et du Limousin pour y faire assurer le service divin selon les usages canoniaux par un certain Foucaud et les compagnons que celui-ci choisirait. Il est évident que Foucaud était prêtre, et les précautions contre les ingérences laïques, assorties de recommandations lignagères, ont été prises cette fois encore ; l'évêque de Poitiers, possesseur du lieu situé en territoire limousin, est le principal garant ecclésiastique, dûment nommé comme ses collègues de Tours et d'Angers. Même si l'évêque de Limoges a été lui aussi nommé dans la liste tronquée des signatures, le vieux Boson pouvait se permettre de chercher des contrepoids épiscopaux à cet Hildegaire amateur de moines. Bien mieux : la liberté d'élection du successeur de Foucaud est assurée dans des termes empruntés au passage de la règle d'Aix qui concerne le choix du prévôt, mais celui-ci est au Dorat un prieur *(prior)*, terme que le texte préfère expressément à ceux de viguier ou de prévôt pour écarter les ingérences laïques[7]. Le titre d'abbé n'était pas mentionné mais le Dorat s'en est trouvé assez malencontreusement pourvu dès la fin du siècle ; peut-être le vieux Boson se l'était-il adjugé *in petto* en prenant là une retraite analogue à celle de ses suzerains les ducs Guillaumes d'Aquitaine dans leurs fondations monastiques ? Les ducs étaient bien abbés de Saint-Hilaire et le roi abbé de Saint-Martin de Tours !

Vers le temps où Boson fondait le Dorat, l'abbaye de Charroux avait comme abbé le fils du petit seigneur de Chabanais, Jourdain I^er^, et c'est évidemment avec l'assentiment du comte, alors maître du Périgord, que Jourdain fonda Lesterps. Fondation bien modeste que ce monastère dédié à la Trinité et à Saint-Pierre, puisqu'il ne comportait initialement qu'un manse et sa chapelle, à un nœud de

---

(7) Cette préférence terminologique s'inspire du texte d'Aix de 816, lui-même influencé par la règle bénédictine. On en trouverait d'autres exemples, telle cette séparation entre deux communautés des chanoines de Saint-Paul de Besançon au début du XII^e^ siècle, les séculiers gardant un doyen et les réguliers ayant un prieur (*Gallia Christiana*, XVI, *Instrum.* col. 26).

routes, sur une ancienne paroisse dédiée à Saint-Quentin ; la population locale était affranchie des droits seigneuriaux au profit des clercs et de leurs supérieurs *(rectores)* et l'établissement était donné au siège romain. Le cens annuel de cinq sous dû au pape *(domno pape)*, et les termes de chanoines et d'abbés semblent avoir été ajoutés après coup dans une copie de l'acte de fondation où manquent les signatures[8].

Lesterps est encore une collégiale castrale de la Marche, aux avant-postes orientaux du domaine des Chabanais, face aux possessions épiscopales de Saint-Junien ; les heurts qui résulteront de ce voisinage vaudront à la collégiale ses premiers malheurs et sa chance. Vers 1020, le jeune clerc Gauthier venait du Dorat pour trouver asile dans sa parenté, à Confolens dont le seigneur le mit à la tête des clercs de Lesterps, après un pélerinage en Terre Sainte. La destruction de Lesterps vers 1040, dans un incendie meurtrier causé par une guerre féodale, donna à Gauthier l'occasion de restaurer les lieux malgré l'évêque de Limoges et grâce à l'appui du Siège Apostolique et du comte de la Marche. Une mort en 1070 après sept ans de cécité, ne permet pas d'attribuer à Gauthier plus qu'une information sur la régularité canoniale nouvellement prônée par le Siège Apostolique, spécialement au concile romain de 1059 ; le silence de son hagiographe Marbode de Rennes, vers 1091-1096, donne à penser qu'il a seulement préparé le terrain à cette régularité dans une communauté visitée par le légat Hugues de Die quelques années seulement après la mort du restaurateur de Lesterps.

Avec Anzème, située cette fois dans la Marche septentrionale, il s'agit d'une ancienne église Saint-Pierre dont les clercs acquirent l'autonomie en 1031 par un don de laïcs possesseurs héréditaires. Ces clercs avaient peut-être quelque dessein de vie régulière, car on les voit constituer en 1059-1060 un monastère canonial de quatre personnes qui se donne au chapitre Saint-Étienne de Limoges ; les conditions d'appartenance stipulées sont les mêmes que celles qui existaient pour Évaux et Eymoutiers, et aussi pour Saint-Junien. Plus précisément, l'évêque devait désigner dans le chapitre de Limoges le prévôt, le chantre et le cellérier d'Anzème pour prendre charge immédiatement, et les nouvelles recrues

(8) La dignité de prévôt persiste à Lesterps auprès de celle d'abbé dans les premiers documents édités en *Gallia Christiana II*, *Instr.* col. 194-198. Ce recueil publie la charte de fondation avec une note marginale « *ex autographo* » qui n'est pas absolument convaincante, et les variantes relevées par Babinet de Rancogne dans sa réédition de cette charte (*Bull. Soc. Archéol. Hist. Charente*, 3e série, t. IV, 1862, p. 47-63) se limitent à de simples graphies.

d'Anzème devaient être agréées par les chanoines de Limoges à qui revenait la moitié des offrandes d'admission. La falsification des premières chartes d'Anzème ne permet pas de dire si le titre d'archiprêtre a été pour le lieu la contrepartie de cette donation, mais il semble bien que l'évêque Itier laissa en place, à titre de prévôt, le premier des clercs qui s'étaient ainsi donnés à son chapitre cathédral.

Non loin d'Anzème, c'est encore en dépendance du chapitre de Limoges, et même sur ses terres, que deux clercs s'établissent à Ségonzelles, au début de l'épiscopat de Gui de Laron (1073-1080). On donne six manses à cette fondation dont le caractère religieux est très explicitement affirmé, qu'il s'agisse des initiateurs *(religiosi)*, de leurs futures recrues *(religionis amatores)*, ou de leur établissement projeté *(basilicam*[9] *voto suo et religioni congruam)*, lequel n'a pas encore de vocable, semble-t-il. La dépendance du chapitre cathédral est entière *(in potestate et in regimine, ... proprium... et speciale membrum)*, puisque les nouveaux chanoines de Ségonzelles devront être reçus à Limoges où les préposés à une charge intérieure *(praelatio)*, telle que celles de prieur, préchantre ou sacriste, devront aussi se faire confirmer ; si personne n'est apte à ces charges, le chapitre cathédral fournira l'un des siens ou même approuvera quelque sujet valable *(religiosa persona)* trouvé ailleurs. Limoges profite même partiellement des dons faits par les recrues de sa fondation lors de leur entrée *(conversio)*.

Comme on le remarque par cette analyse de la charte de fondation de Ségonzelles, il n'est point question de désappropriation personnelle ni de règle augustinienne, et l'on peut entendre comme pratique consciencieuse de la règle d'Aix ce qui est envisagé dans la fondation prévue. Mais l'on n'est pas surpris de constater que la régularité augustinienne sera introduite à Évaux et Chantelle avant 1095 par les chanoines de Ségonzelles transférés à Bénévent sous le vocable de Saint-Barthélemy... pas plus qu'on n'est surpris de voir les chanoines de Gauthier de Lesterps à l'avant-garde de cette même régularité augustinienne.

Il était naturel qu'une fondation adoptât les normes les plus strictes du moment : ainsi ne voit-on pas nos collégiales prévoir ces prébendes qui révèlent un relâchement des usages communautaires carolingiens. Mais était-il si simple de maintenir ces normes au moment où la régularité augus-

---

(9) Le terme peut désigner une église paroissiale appelée aussi chapelle dans le Mâconnais du IXe siècle (G. Duby, *L'économie rurale et la vie des campagnes dans l'Occident médiéval*, I, Paris, 1962, p. 308, n° 21) ; on l'emploie encore en 1211 pour une fondation à Dinsac, patronage du Dorat.

tinienne les décriait comme séculières ? On voit qu'Anzème, abandonné aux moines de Saint-Martial par la cathédrale, puis annexé par Déols comme la Tour-Saint-Austrille, ne put conserver une vie canoniale autonome au delà du règne d'Alexandre III (1159-1181). Non loin de là, les frères établis dans un bois à Blessac par le vicomte d'Aubusson à l'extrême fin du XI$^{e}$ siècle sont absorbés sur place par une maison de moniales fontevristes qu'installe la mère du vicomte, prieure de Tusson en Poitou, alors que dans le même temps et dans des conditions analogues[10], Geoffroy du Chalard avait pu sauvegarder son indépendance canoniale dans la régularité augustinienne. On dira que Geoffroy ne dépendait que de lui-même et de l'évêque ... mais sa réussite ne dépasse pas celle du Dorat où l'on n'a pas adopté la même régularité

## Le Dorat

Le chapitre du Dorat n'éclaire notre propos que par une documentation lacunaire et fragmentaire, mais cette documentation a été présentée de la meilleure façon qui soit par l'éditeur même du cartulaire de la cathédrale de Limoges et des pouillés de la province de Bourges, Jacques de Font-Réaulx, issu d'une famille originaire du Dorat ; il nous suffira donc d'utiliser un travail dont l'ingéniosité devance parfois nos questions.

Si le nom primitif *(Scotorensis ecclesia)* suggère un ancien monastère celtique, c'est sur le territoire paroissial de Dinsac que le prêtre Foucaud établit la vie canoniale vers 980 dans une chapelle, petite église ou cellule. Le titre abbatial y apparaît vers l'an mil au profit de Pierre Drut, membre d'une famille qui, tenant Mortemart, avait reçu du duc d'Aquitaine la garde du comté fondé par Boson. La politique de Pierre Drut et sa retraite au chapitre cathédral de Limoges ne furent pas sans profit pour la fondation de Foucaud puisque des abbés du Dorat apparaissent comme archidiacres et que l'un d'eux, Raoul de Nieul, disputa même, avec l'appui du duc, le siège de Limoges à l'évêque partisan d'Innocent II contre Anaclet.

(10) Ni Bonaventure de Saint-Amable, ni Nadaud, ni Pavillon, n'en savaient plus que ce qui a été édité par Antoine Thomas, mais celui-ci a tort de voir des moines dans les premiers *fratres* de Blessac ; Nadaud est plus près de la vraisemblance en parlant de « religieux de Saint-Augustin ». La date de 1119 est une conjecture fondée sur l'âge de la prieure de Tusson, et ce que dit Bonaventure sur un monastère de Clunisiennes au milieu du XI$^{e}$ siècle n'est qu'une hypothèse sans fondement. (Nadaud, *Pouillé*, p. 466 avec références à Bonaventure).

Entre temps, le Dorat avait compté deux chanoines plus édifiants que son premier abbé : le chantre Israël († 1014) et le trésorier Théobald († 1070). Leurs personnes ne sont connues que par des légendes liturgiques dont l'on situerait

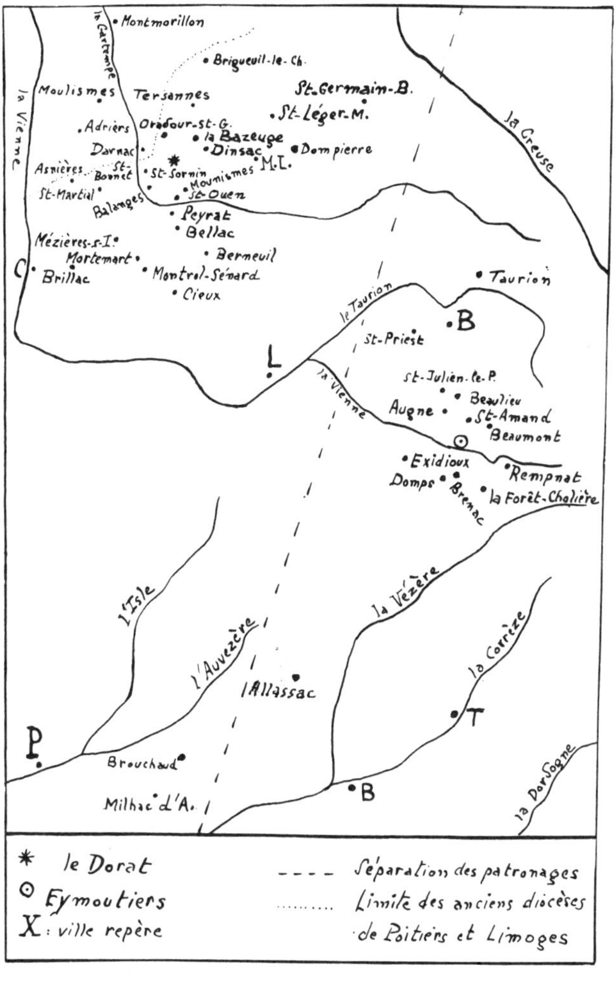


volontiers la rédaction après celle de Gauthier de Lesterps par Marbode de Rennes vers 1091-96. En effet, si Adhémar de Chabannes ignore Lesterps et ne connaît le Dorat que par les exploits militaires des frères Drut, Marbode donne simplement le Dorat comme lieu de formation de Gauthier lequel, selon la légende locale, aurait été élève d'Israël. Si la rédaction des légendes d'Israël et de Théobald était bien un contrecoup de l'illustration de Gauthier par la plume de Marbode et par la canonisation de 1091, on verrait ainsi mise en lumière vers 1100 la sainteté canoniale de trois petits nobles marchois, émules du bienheureux Hervé de Tours, le trésorier de Saint-Martin mort en 1020[11].

C'est précisément chez cet Hervé, de passage au Dorat, que le jeune Gauthier nous est montré prenant l'exemple d'une prière plus affective que verbeuse. Les procédés de Pierre Drut amenèrent Gauthier à s'éloigner pour prendre un peu plus tard la direction de Lesterps où Marbode lui fait honneur de sa doctrine, de sa prière et de ses bons exemples ; si l'hagiographe insiste sur le rôle bienfaisant de Gauthier auprès des pénitents, il ne dit rien du genre de vie qu'il suivait avec les siens, ce qui laisse à penser que la règle d'Aix ne posait pas de problème difficile. Quant aux légendes du Dorat, elle s'accordent sur un trait commun à Israël et Théobald : la charité envers les pauvres qui peut, seule, faire sortir du cadre paisible des locaux ecclésiastiques le sacristain Théobald, jadis formé au rudiment dans l'école de Périgueux. Pour Israël, c'était un jeune clerc familier de l'évêque Hilduin — le restaurateur des chanoines à Eymoutiers — qui l'avait envoyé au Dorat, dans la région de sa naissance ; là, ses fonction de chantre en faisaient le second personnage d'un chapitre où le premier était Pierre Drut et où ses fonctions d'écolâtre sont connues indirectement. De même, c'est par hasard qu'il est question du réfectoire et du dortoir des frères qui vivent au Dorat en communauté *(socialiter Deo famulantes)*, selon la formule même d'Aix ; la pieuse assiduité dont on fait honneur à Théobald pour les occupations intérieures fait encore écho aux mises en garde de 816 contre les divagations et l'oisiveté qui tentaient les chanoines.

Consacré en 1063 par les évêques de Poitiers et de Limoges, Saint-Pierre du Dorat recevait à cette occasion des églises dans l'un et l'autre diocèse, dont une seule est connue pour Poitiers. En fait, une église du Périgord lui était déjà venue lors de la main-mise de Boson le Vieux sur cette région à la fin du xe, et une autre lui en viendrait par voie de conséquence un siècle plus tard. Le Poitou avait ensuite donné quatre églises sous l'évêque grégorien Pierre II (1086-1115), et sans doute aussi l'hôpital de Montmorillon où le Dorat avait l'église Saint-Pierre. Est-ce à ces libéralités que l'évêque

---

(11) On ne voit pas que le tombeau du seul Théobald, ou Thibaut, ait été si vite vénéré que le suggère E.-R. Labande, Situation de l'Aquitaine en 1066, *Bull. Soc. Antiquaires de l'Ouest*, 4e série, VIII, 1966, p. 360. On attribuerait volontiers les légendes aux abbés Geoffroy et surtout Raoul de Nieul.

de Poitiers devait de disposer d'une prébende au Dorat à la fin du XII$^{e}$ siècle ?[12] Y eut-il essai de faire patronner par le Dorat une dépendance augustinienne en Poitou, dans le même type de relations qui existaient depuis 1075 entre les Salles et Saint-Junien ? En fait, les frères de l'hôpital de Montmorillon reprirent leur liberté en 1167, abandonnant pour cela le patronage de leur propre église qu'ils avaient pourtant récupéré avant 1185.

Une bulle-pancarte de 1153 en faveur du Dorat est complètement perdue, mais une autre du printemps de 1185 est conservée tout entière, et son texte semble faire suite à une confirmation apostolique, délivrée à l'automne de 1184, des libertés traditionnelles au Dorat en matière de désignation des desservants, ou de présentation de ceux-ci aux églises patronnées. Celles-ci sont au nombre de vingt-quatre pour le Limousin, outre deux chapelles castrales, mais le chiffre de quatre pour le Poitou et de deux pour le Périgord n'a pas varié ; l'ensemble est groupé dans la Marche occidentale. La clause habituelle du droit de présentation aux églises paroissiales *(In parrochialibus ... ecclesiis vestris...)* n'est pas assortie, comme pour Évaux, de la possibilité de désigner des chanoines ; nul chanoine desservant, nul prieuré n'est signalé dans la documentation conservée pour notre période.

Au groupement géographique des églises sous patronage du Dorat correspond l'ancienneté généralement admise de leurs vocables que la bulle de 1185 mentionne exactement. Les conditions dans lesquelles elles furent acquises ne sont pas connues : deux sont celles d'un terroir où le Dorat avait des possessions anciennes, deux ou trois sont venues de patrimoines privés à une époque où les laïcs « restituaient » de tels biens aux établissements religieux, et Raoul de Nieul essaya d'accaparer l'église de Mortemart qu'il fallut ensuite partager avec le chapitre cathédral en 1144. On sait trop peu de choses pour dire si le groupement des églises du Dorat résulte d'une politique d'acquisitions prochaines menée par ses chanoines ou si les préférences des donateurs allaient aux établissements proches des églises à restituer[13].

On doit toutefois noter l'importance accordée aux possessions d'églises dans la documentation conservée sur le Dorat. L'acte de fondation d'une chapelle de château au Dorat par le comte de la Marche en 1174 a été conservé en entier sans que la bulle-pancarte ait eu à y faire allusion ; c'est le chapitre qui avait le droit de désignation du desservant

(12) Le fait a échappé à J. de FONT-RÉAULX (MIGNE, *Pat. Lat.* 20, col. 1342).

(13) Il faut remarquer aussi que les acquisitions d'églises par un monastère bénédictin comme Saint-Augustin de Limoges et une collégiale seigneuriale comme le Dorat sont fort comparables pour la même époque.

*(instituere)*. Par contre, en 1216, la fondation d'une autre chapelle seigneuriale sur le territoire de Dinsac, dont le Dorat patronnait l'église, laisse apparemment cette désignation au fondateur ; l'abbé et le chapitre règlent soigneusement les droits du desservant qui est laissé au contrôle diocésain *(justitia)* pour le spirituel, et doté par le fondateur pour le temporel. Sous Urbain III déjà, le Dorat s'était fait préciser ses droits à placer des desservants *(ponere)* dans ses églises avec part décente et suffisante des revenus locaux et compte tenu du contrôle diocésain ; comme le même pape invitait les évêques de Poitiers et de Périgueux à respecter ces mêmes droits dans des termes que l'on ignore, l'on pourrait penser que tout cela allait de soi en Limousin. En fait, il fallut préciser en 1215 les dix églises qui étaient à la présentation du chapitre, la situation mal connue des autres étant peut-être moins avantageuse pour nos chanoines[14] : ainsi se justifierait l'hypothèse de Jacques de Font-Réaulx au sujet d'un effort de récupération des églises par les évêques à la fin du XII<sup>e</sup> siècle.

Au début du XIII<sup>e</sup> siècle, les chanoines du Dorat étaient répartis en une vingtaine de ces prébendes dont la première attestation a été tardivement fournie à propos de l'évêque de Poitiers, comme on l'a dit plus haut. Il ne semble pas que l'archevêque de Bourges Simon de Beaulieu leur ait rendu visite à la fin du même siècle.

## Saint-Yrieix et Moutier-Rozeille

C'est en mars 1060 que la restitution de Moutier-Rozeille à Saint-Yrieix[15] confirme l'appartenance de l'une et l'autre église à l'ordre canonial, appartenance explicable par leur

---

(14) Lesterps fait également l'objet d'une précision qui semble défensive à la fin du XII<sup>e</sup> siècle.

(15) Baluze a publié ce texte non daté dans son *Histoire généalogique de la Maison d'Auvergne*, t. II, Paris, 1708, p. 47, avec un millésime marginal de 1070 qui s'inspire de la présence de l'archidiacre Hugues Berland parmi les témoins (cf. Font-Réaulx, *Cartulaire du chapitre de Saint-Étienne*, n° LIV). Le texte est donné du vivant du roi Philippe Ier sacré le 23 mai 1059, mais Geoffroy de Vigeois signale le fait du vivant du roi Henri (*Vivente adhuc Henrico rege, et Iterio praesule...* : Chronica, éd. Labbe, *Bibliotheca Nova Mss.*, II, p. 284) ; comme Henri est mort le 4 août 1060 et que l'évêque Itier assista au sacre de Philippe, on s'explique cette double référence royale que l'on trouve aussi pour un acte d'Anzème. Il faut pour une fois rendre justice à Bonaventure de Saint-Amable qui a résolu correctement ce petit problème diplomatique (*Histoire de Saint-Martial*, III, p. 225). — Cf. M. Prou, Recueil des actes de Philippe Ier... *(Chartes et diplômes rel. Hist. de France)*, Paris, 1907, introduction p. CXCII avec note sur le ms. Paris B. N. Baluze 79 et le faussaire de Saint-Yrieix.

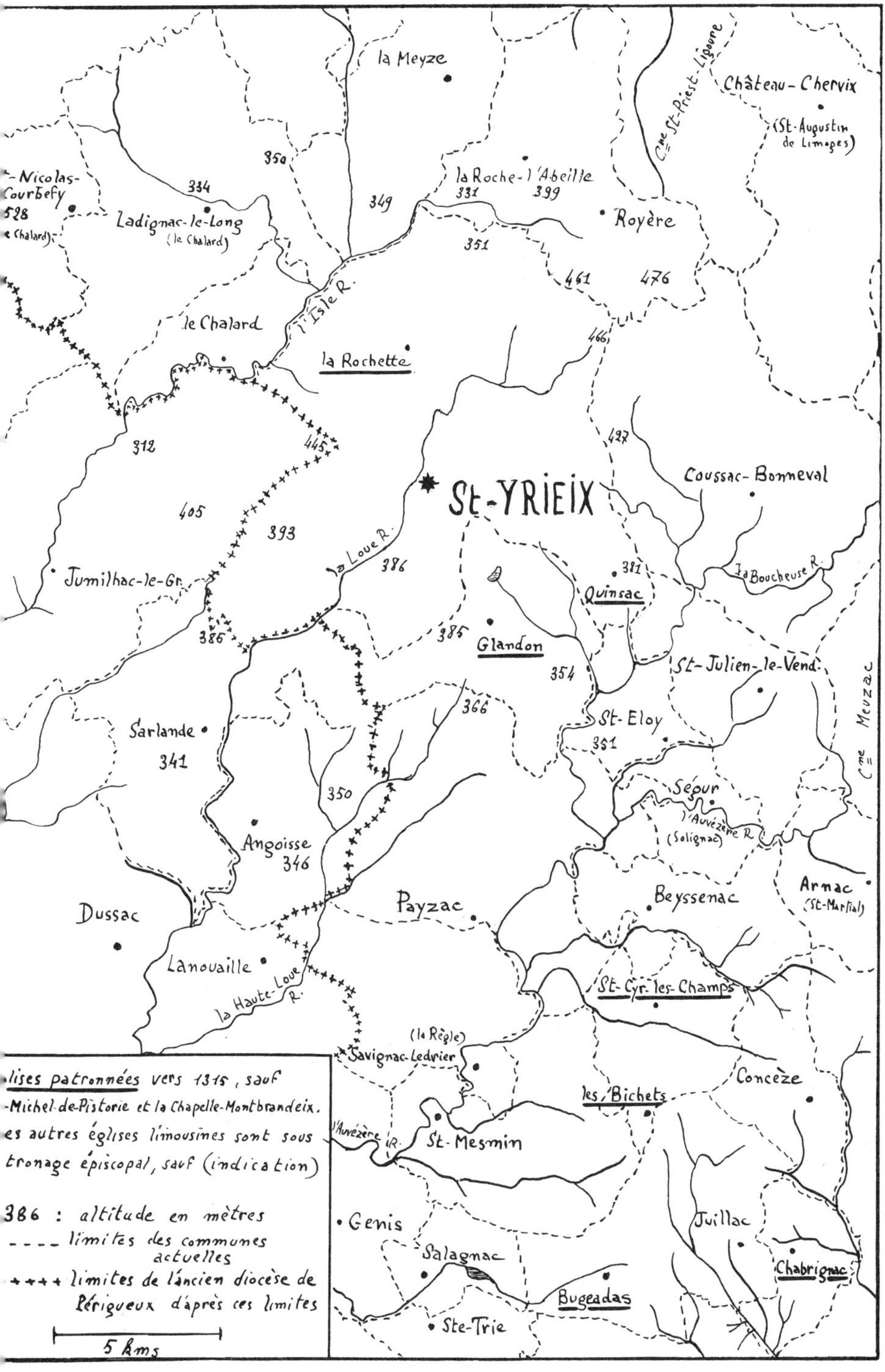
la Meyze
Château-Chervix
(St-Augustin de Limoges)
C^ne St-Priest-Ligoure
-Nicolas-Courbefy
528
(le Chalard)
Ladignac-le-Long
(le Chalard)
334
350
349
la Roche-l'Abeille
331
399
Royère
351
461
476
l'Isle R.
le Chalard
la Rochette
466
312
445
427
St-YRIEIX
Coussac-Bonneval
405
393
la Loue R.
386
381
Jumilhac-le-Gr.
la Boucheuse R.
Quinsac
385
Glandon
386
354
St-Julien-le-Vend.
C^ne Meuzac
366
Sarlande
St-Eloy
341
351
Ségur
350
l'Auvézère R.
(Solignac)
Angoisse
346
Armac
(St-Martial)
Beyssenac
Payzac
Dussac
Lanouaille
la Haute-Loue R.
St-Cyr-les-Champs
(la Règle)
Savignac-Ledrier
lises patronnées vers 1315, sauf
-Michel-de-Pistorie et la Chapelle-Montbrandeix.
es autres églises limousines sont sous
tronage épiscopal, sauf (indication)
386 : altitude en mètres
---- limites des communes actuelles
++++ limites de l'ancien diocèse de Périgueux d'après ces limites
5 kms
Conceze
les Bichets
l'Auvézère R.
St-Mesmin
Genis
Juillac
Salagnac
Chabrignac
Bugeadas
Ste-Trie

dépendance de Saint-Martin de Tours et expliquée par un faux diplôme de Charlemagne. Ce dernier document doit, en effet, être rapproché de l'adoption de la vie canoniale à Tours au milieu du IXe siècle et peut-être de la démarche inverse accomplie simultanément à Saint-Martial de Limoges en présence de Charles le Chauve : ce n'est point seulement Charlemagne, mais déjà son père Pépin qui, dans le texte forgé, renonce à peupler Saint-Yrieix de moines, faute des eaux nécessaires à la pisciculture[16]. Il y aura donc trente-deux prébendes, outre les quatre dignités d'abbé, doyen, chantre et sacristain, lesquels sont tenus de vivre dans le cloître.

C'est en effet à un abbé Seguin, au doyen Ramnulphe et au sacristain Adémar qu'en 1060 le vicomte Raynaud d'Aubusson rend le monastère de Rozeille géré *(praeordinatum)* par défunte dame Carissime dont la sœur contresigne la restitution. Comme un sire d'Aubusson se trouve abbé laïc d'Évaux et de Rozeille en 945, au lendemain de la mort de son parent l'évêque Turpion (905-944), et comme cette titulature ne semble pas avoir empêché la vie régulière d'Évaux et de Chantelle, on n'a pas de raison de croire que Rozeille ait été plus défavorisé pour être resté « au pouvoir des laïcs » dans la famille vicomtale d'Aubusson ; après les initiatives de Carissime, contemporaines de celles de la comtesse Agnès en Poitou, le vicomte Raynaud, poussé par le comte d'Auvergne et poussant lui-même à la fois ses vassaux et le desservant du complexe paroissial aubussonnais, achève en 1060 un processus de restitution scrupuleuse qui a pu terminer une gestion familiale honnête, puisque les clercs de Rozeille ont deux églises adjacentes à la leur.

Néanmoins, il s'agit bien ici d'une restauration confiée aux chanoines de Saint-Yrieix et de Saint-Martin, après la « destruction » d'un état antérieur, assez grave pour créer une culpabilité lignagère dans le cas d'un monastère explicitement désigné comme tel. Cette restauration qui avait l'appui

---

(16) Tenant de la Tour a vu dans ce faux diplôme une preuve de la scission de la communauté en deux groupes, l'un monastique, l'autre canonial alors que la distinction porte sur les dignitaires canoniaux et les simples chanoines. Cette erreur a été suivie par LIMOUZIN-LAMOTHE, *Le diocèse de Limoges des origines à la fin du moyen âge*, Strasbourg et Paris, 1951, p. 62 et 103. Une autre confusion entre le Moûtier d'Ahun et Eymoutiers fera même placer des chanoines à Uzerche par ces mêmes auteurs. (Voir *infra*, notes 23 et 24). La donation de l'église d'Ahun en 997 à Uzerche par Boson le Vieux ne fait état que d'un passage *(transvertimus)* à l'ordre monastique après la mort de l'occupant *(possessor)* (CHAMPEVAL, *Cartulaire*, n° 46). — Voir notes 4 *bis* et 15. Le contrat de pariage de 1307 fait état de l'emplacement ancien d'une *turris abbatis* (*B.S.A.H.L.*, t. 40, 2, 1893, p. 633).

de l'évêque de Limoges et de ses archidiacres, était aussi une promotion au statut des chanoines de Saint-Yrieix. Ceux-ci durent renouveler en 1090 leur soumission à

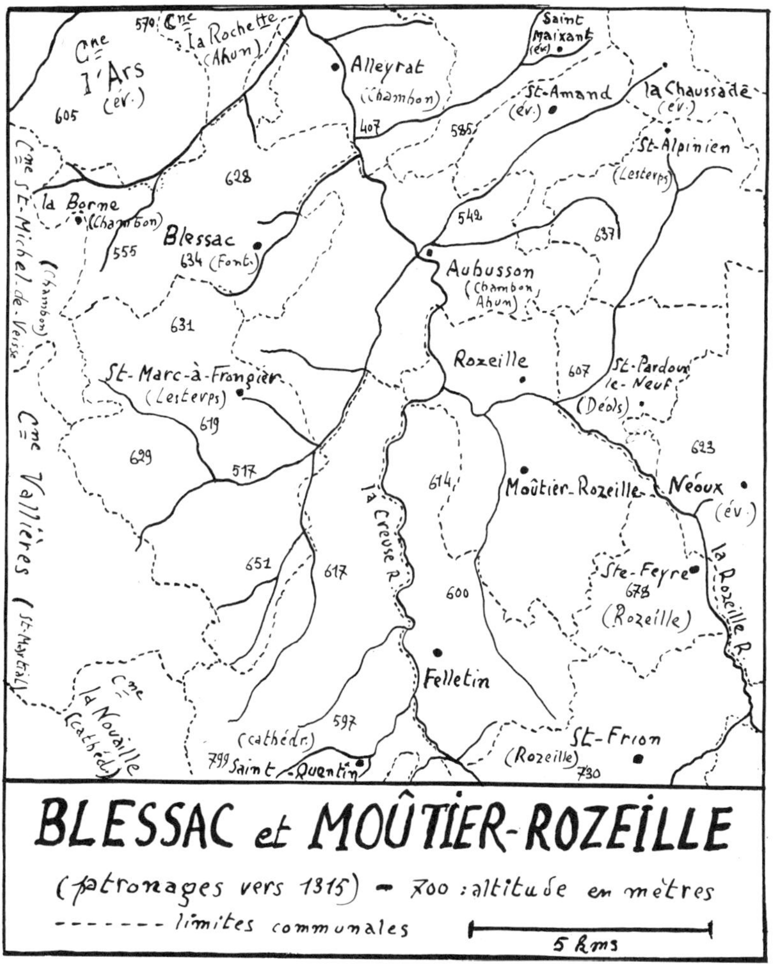


BLESSAC et MOÛTIER-ROZEILLE

(patronages vers 1315) — 700 : altitude en mètres

------- limites communales

Saint-Martin de Tours, acceptant de présenter à la confirmation des chanoines martiniens les doyens qu'ils auraient élus sans qu'il soit plus question d'abbé[17]. Les conditions de cette soumission furent renouvelées en 1185 sans autre changement notable que des précisions sur le droit de gîte

(17) Pièce justificative, *infra*, p. 101-103. On y notera la présence attestée du corps de saint Yrieix, ce que n'a pas fait Bosvieux.

et d'accueil mutuel, et la limitation au seul doyen de Saint-Yrieix de la qualité de chanoine de Saint-Martin. Ce sont des chanoines séculiers que l'on signale à Saint-Yrieix en 1240[18] et que l'archevêque de Bourges visite à la fin du XIII^e^ siècle, tout comme dans sa filiale de Rozeille ; ici et là, le prélat désigne même des juges pour les menus procès évoqués devant lui. Rozeille aurait dès 1267 réduit ses prébendes à douze, outre la dignité d'un prévôt[19], tandis que le même nombre n'est attesté pour Saint-Yrieix qu'en 1417, avec la dignité de doyen.

Dans le pouillé du début du XIV^e^ siècle, il n'y a de patronage pour Rozeille qu'à l'égard de deux églises au territoire contigu, différentes des églises adjacentes de 1060 qui ont disparu ; ces églises du voisinage ont dû être acquises entre temps. En revanche, les chanoines de Saint-Yrieix avaient gardé la main sur les nombreuses églises urbaines, suburbaines et rurales d'un territoire qui devait former plus tard une commune dont Glandon seul semble avoir été distrait ; s'il faut voir dans ce territoire le noyau de l'héritage arédien, on rappelerait volontiers, à propos des quatre ou cinq églises plus éloignées possédées par les chanoines de Saint-Yrieix, l'appui discret que leur donna leur ancien confrère l'évêque Gérard II dans un conflit malchanceux avec Solignac pour la possession de l'église d'Ayen[20]. Mais l'on ne sait comment expliquer l'acquisition par ces mêmes chanoines de l'église de Saint-Michel de Pistorie, donnée par le testament de Saint-Yrieix à son monastère de Vigeois.

## Eymoutiers

L'histoire canoniale d'Eymoutiers rappelle l'attention sur celle de Saint-Léonard de Noblat. Grâce aux chartes de la Tour-Saint-Austrille et d'Anzème, on sait qu'en 958, Évaux et Eymoutiers étaient régis par l'évêque et le chapitre de Limoges tout comme l'était aussi Saint-Junien avant 1059-60, sans doute depuis l'évêque Hilduin. Puisque ces témoignages n'incluent pas Noblat, dont la *Vita* locale apparaît

---

(18) Nadaud, *Pouillé*, p. 452, qui ne cite pas ses sources, mais que l'on peut croire.

(19) *B.S.A.H.L.*, XXVI, 1878, p. 340 : rouleau des morts de Solignac annoté « *per nos canonicos saeculares* ».

(20) Tout le dossier original de l'affaire est publié par Alfred Leroux et Auguste Bosvieux, *Chartes, chroniques et mémoriaux de la Marche et du Limousin*, Tulle, 1886, p. 30-49. Nadaud, *Pouillé*, p. 506, indique Génis comme église possédée par Saint-Yrieix en 1153, sans doute d'après une bulle perdue, car toutes les autres attestations indiquent le patronage épiscopal.

précisément sous l'évêque Jourdain (1023-1050), on serait enclin à accorder à saint Psalmet, honoré à Eymoutiers, la même crédibilité qu'à saint Marien et à saint Junien, connus de Grégoire de Tours.

En effet, la disparition des livres liturgiques de l'excentrique Évaux nous laisse ignorer la légende liturgique de saint Marien, ce qui n'est pas le cas pour saint Psalmet d'Eymoutiers ; d'autre part, les trente chanoines attestés à Eymoutiers font ressortir la modestie des douze prébendes établies à Noblat dans la première moitié du XIe siècle. On peut donc se demander si le sanctuaire honoré par le souvenir de saint Léonard n'était pas à ce moment dans une situation précaire par rapport à ceux qu'honorait le souvenir respectif des saints Marien, Junien et Psalmet ; cette situation précaire aurait donné occasion à Jourdain de Laron de doter Noblat d'une hagiographie avantageuse à tous égards[21], et peut-être d'un collège de douze chanoines, si ce n'était déjà fait, tout comme son prédécesseur Hilduin avait doté Eymoutiers d'un collège trentenaire comparable à celui de Saint-Yrieix. La légende de saint Psalmet, qui n'a pas été l'objet d'étude critique, semble faite de bribes d'hagiographie celtique, peut-être au temps d'Hilduin[22] ; faute de textes, on ne peut que récuser les références à Charlemagne et à l'évêque Turpion dont l'historiographie locale se prévalait au XVIIIe siècle.

En fait, on ne sait comment les sanctuaires canoniaux de la vallée de la Vienne et celui d'Évaux sont entrés dans le domaine du siège de Limoges. Si le vocable de Saint-Trophime précède celui de Saint-Léonard dans le plus ancien document concernant Noblat (vers 1060), Adhémar de Chabannes ne connaît à Eymoutiers qu'un monastère Saint-Étienne où l'évêque Hildegaire avait remplacé les chanoines par des moines, substitution sur laquelle revint son frère et successeur Hilduin trois ans avant de mourir sur place en 1014[23]. Le cartulaire d'Uzerche donne sur l'affaire des détails de première main car le chanoine Richard et plusieurs de ses confrères se rallièrent aux moines installés par

---

(21) La célébrité de saint Léonard comme libérateur de prisonniers a éclipsé ses vertus locales de protecteur du bétail, attestées dans l'acte de l'évêque Pierre (1100-1105). L'hagiographie due à l'évêque Jourdain n'aurait-elle pas privilégié des traditions historiques plus actuelles parce que plus martiales ? Mais les inquiétudes zoologiques du monde rural vont aux recours les plus proches !

(22) A la bibliographie de l'abbé Legros, ajouter le texte pris dans un légendier disparu de Saint-Léonard au ms. Paris B. N. lat. 12746 p. 565.

(23) ADÉMAR DE CHABANNES, *Chroniques*, p. 158 et 172. Des confusions avec le Moutier d'Ahun se retrouvent, non seulement chez l'éditeur du texte, mais ches Estiennot et d'autres (*sup.*, note 16).

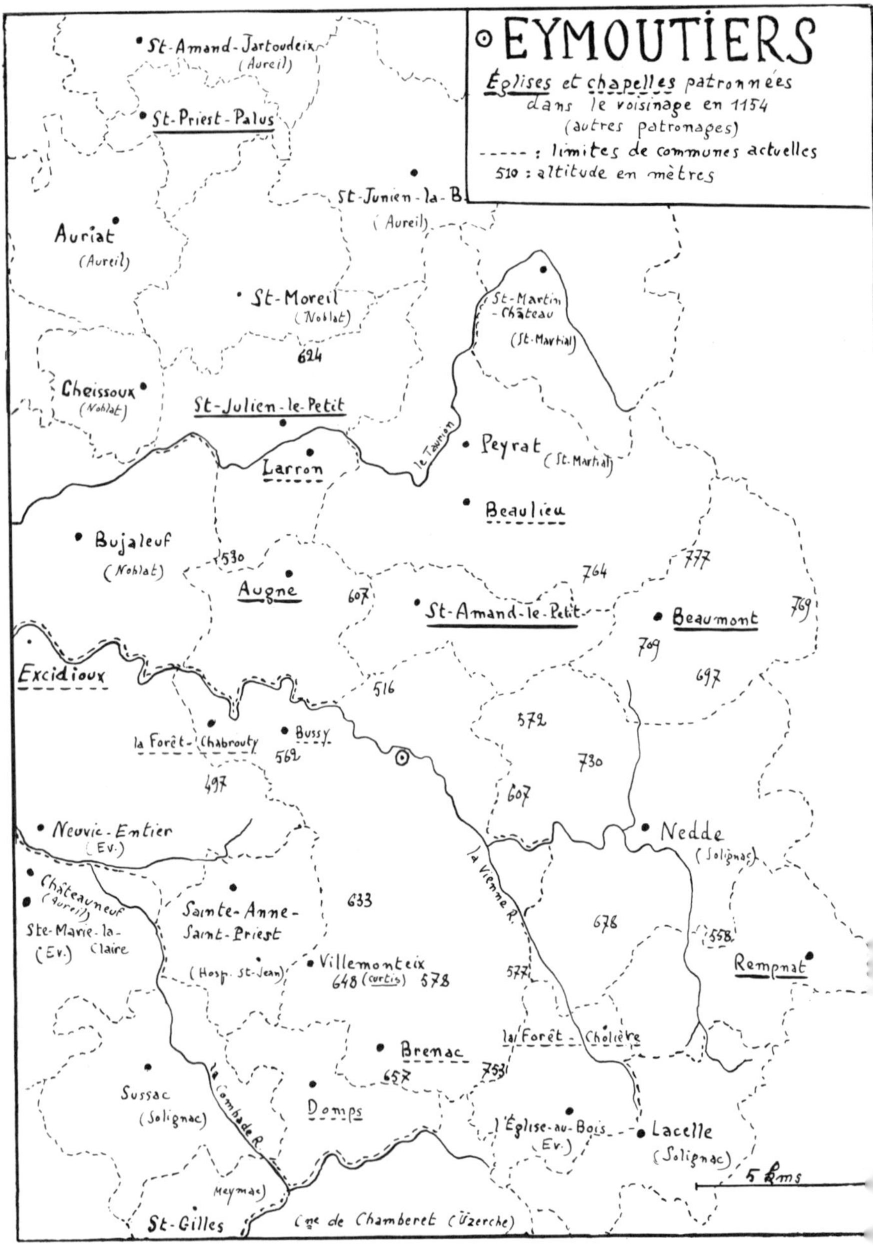
EYMOUTIERS
Églises et chapelles patronnées dans le voisinage en 1154
(autres patronages)
----- : limites de communes actuelles
510 : altitude en mètres
St-Amand-Jartoudeix (Aureil)
St-Priest-Palus
St-Junien-la-B. (Aureil)
Auriat (Aureil)
St-Moreil (Noblat)
624
St-Martin-Château (St-Martial)
Cheissoux (Noblat)
St-Julien-le-Petit
le Taurion
Peyrat (St-Martial)
Larron
Beaulieu
Bujaleuf (Noblat)
530
Augne
607
764
777
769
St-Amand-le-Petit
Beaumont
709
697
Excidioux
516
572
730
la Forêt-Chabrouty
Bussy
562
497
607
Neuvic-Entier (Ev.)
Nedde (Solignac)
Châteauneuf (Aureil)
Ste-Marie-la-Claire (Ev.)
Sainte-Anne-Saint-Priest
633
la Vienne R.
678
558
Rempnat
(Hosp. St-Jean)
Villemonteix
648 (curtis)
578
577
la Forêt-Cholière
Brenac
657
753
Sussac (Solignac)
la Combade R.
Domps
l'Église-au-Bois (Ev.)
Lacelle (Solignac)
5 kms
Meymac
St-Gilles
Cne de Chamberet (Uzerche)

Hildegaire ; quand les moines durent ensuite se réfugier à Uzerche, Richard dut à ses belles qualités de devenir abbé de ce monastère[24]. Cette substitution faite et défaite prouve au moins la dépendance des sanctuaires par rapport à l'évêque, dépendance rappelée par les bulles du XIIe siècle, mais assez lâche pour permettre aux sanctuaires d'obtenir par bulles identiques confirmation de leurs propres droits.

Un acte perdu de l'évêque Eustorge avait été adressé en 1120 au prévôt et aux chanoines d'Eymoutiers[25]. La bulle-pancarte d'Adrien IV qui énumère leurs possessions ne connaît, elle encore, qu'une église dédiée à Saint-Étienne et peut-être aussi à la Vierge. Reprise vraisemblablement par Alexandre III dans une version plus précise sur un point au moins, la bulle-pancarte a l'intérêt de distinguer les églises, les chapelles et les domaines *(curtes)*, ce qui évoque les étapes d'une expansion en cours d'encadrement ecclésiastique. Or, mis à part les noms aberrants de Taurion et d'Allassac où l'on verrait volontiers la trace de générosités épiscopales, l'ensemble des possessions se situe de part et d'autres de la Vienne et ne semble limitée que par des territoires paroissiaux anciens ; ceux de Peyrat au Nord, de Nedde à l'Est, de Chamberet au Sud, de Sainte-Marie-la-Claire à l'Ouest ; et comme les églises sont toutes au Nord de la Vienne, on peut croire que l'implantation y est plus ancienne qu'au Sud.

## Saint-Junien

*Comodoliacum*, ou Saint-Junien-sur-Vienne, est un sanctuaire dont l'éponyme est attesté par Grégoire de Tours encore mieux que saint Marien d'Évaux. Cette possession de l'église de Limoges fut, tout comme Saint-Pierre du Queyroix, dévolue à Josfroy, trésorier de Saint-Martial qui n'avait pas voulu suivre ses confrères dans leur option monastique de 848. Comme on trouve incidemment un titre abbatial au Queyroix du IXe au début du XIe siècle[26], on peut penser qu'il y en eut un autre à Saint-Junien, d'autant plus

(24) Champeval, *op. cit.*, *infra*, pour les Salles p. 106 : p. 22-23 et 28. Le coût de l'opération est évoqué, conformément aux prévisions carolingiennes et aux remarques de Musset, *Recherches*, p. 16, pour la Normandie. Sous Innocent III, dans la province d'Albi, les mêmes revenus pouvaient suffire à 20 clercs ou 7/8 moines, ou bien à 10 clercs et 3/4 moines (*P.L.* 204, 1498 ; cf. *Regesta* de Potthast n° 11 410 où la sécularisation est la conséquence de l'appauvrissement d'une maison-Dieu). Voir note 34 *infra*.

(25) Il y en a trace au ms. Paris B. N. Baluze n° 38 f° 300.

(26) Font-Réaulx, *Cartulaire de Saint-Étienne*, n[os] XXII et L.

que le chroniqueur local des débuts du xiv^e siècle, Étienne Maleu, a trouvé trois noms de ces dignitaires. Abusé comme son contemporain Bernard Gui par une notice de Saint-Augustin de Limoges, Maleu voit, dans cette abbaye comme à Saint-Junien, des chanoines réguliers établis par les évêques Rorices, mais il ne s'agit que d'un titre abbatial comparable à celui qui a persisté au Dorat et disparu au Queyroix, à Évaux et à Rozeille[27].

Le dernier abbé de Saint-Junien, Itier, neveu de son prédécesseur, aurait été un homme instruit et pieux *(theologus, devotus)*, et il organisa sous l'évêque Hilduin (990-1014) une de ces « révélations » du corps de saint Junien qui faisaient alors la liesse populaire et le profit d'un sanctuaire avant d'être un repère archéologique. Mais cette cérémonie n'empêcha pas, semble-t-il, l'appauvrissement de Saint-Junien dont les collecteurs de dîmes furent un jour massacrés par les paysans de la paroisse voisine d'Étagnac[28]. En outre, à cette époque, les sires de Chabanais, dont un parent était abbé de Charroux aux dernières décennies du x^e siècle, constituaient un danger grandissant depuis une génération au moins ; l'évêque Hilduin avait réussi, avec l'appui momentané du duc d'Aquitaine, à construire un château pour protéger Saint-Junien, mais vaincu par Jourdain de Chabanais il avait dû le détruire. Malgré une regrettable lacune dans la chronique de Maleu pour les alentours de l'an mil, on sait qu'Hilduin fit appel, pour la prévôté de Saint-Junien à un fidèle collaborateur qu'il avait déjà envoyé au Dorat, maître Israël.

Israël étant mort la même année qu'Hilduin (1014), le nouveau prévôt ne put pas mieux que les évêques de Limoges empêcher les sires de Chabanais de pousser leurs avantages ; leur forteresse de Rochechouart dans la paroisse épiscopale de Biennac permit l'installation d'un prieuré de moines de Charroux, malgré l'opposition de l'évêque Jourdain de Laron, grand ami du duc d'Aquitaine, malgré l'appel à Rome des chanoines de Saint-Junien, malgré les remontrances à l'évêque Itier (1052-1073) de l'archevêque de

---

(27) Voir *sup.*, note 6. Estiennot, en bon Bénédictin, verrait plutôt des moines que l'évêque Gérard II aurait autorisés à passer à la vie canoniale en 1160 ! (Ms. Paris B. N. lat. 12746 f^o 586). Il est vrai qu'à l'occasion d'une visite de 1618, on pensait que les chanoines de Saint-Junien avaient été réguliers pour la raison qu'ils ne retrouvaient pas de bulle de sécularisation ! (Ms. Paris Ste-Geneviève 1919 f^o 31 v^o, d'après un factum in-8^o, Paris, 1622, semble-t-il ; le reste de la notice ne contient que des extraits d'Estiennot par le P. Prévôt).

(28) Lecler rapporte le trait dans ses *Documents historiques*, p. 133-134, d'après les *Vies des Saints* de Collin qui utilise là un passage perdu de la *Chronique* de Maleu.

Bourges et d'un légat de passage. Finalement, un évêque d'Angoulême fut appelé pour bénir le cimetière des moines intrus.

L'appel à Rome étant le fait des seuls clercs de Saint-Junien, on doit constater que leur chapitre exerçait avec énergie les droits vraisemblablement acquis depuis ses restaurateurs Hilduin et Israël ; ce chapitre élit ses prévôts, admet ses membres par cooptation et résiste même victorieusement à l'évêque Jourdain qui voudrait l'obliger à réintéger un chanoine expulsé pour faute.

Avec l'évêque Gui de Laron (1073-1086) et le prévôt Amélius commença une période d'acquisitions d'églises et de domaines. Les Salles et Gorre étaient des églises récemment construites ou reconstruites, mais le domaine de Saint-Amand, donné par un avocat, fut l'occasion de fouilles pieuses présidées par saint Hugues de Cluny en personne et aboutissant à la construction d'une église qu'un desservant industrieux dota d'un moulin ; un oratoire bénit à la Devaise semble avoir été une fondation érémitique *(locus)* approuvée par l'évêque Humbaud successeur de Gui.

Aux toutes premières années du XII^e^ siècle, le siège de Limoges eut recours aux services de l'évêque de Périgueux, Raynaud de Thiviers, pour suppléer son titulaire malade, Pierre Viroald. Saint-Junien avait alors comme prévôt l'abbé même du Dorat, Raoul de Nieul, assez puissant pour entrer un jour en compétition avec l'évêque Eustorge que persécutaient le duc d'Aquitaine et le légat Girard d'Angoulême, soutiens de l'antipape Anaclet. L'évêque Raynaud et le prévôt Raoul procédèrent non seulement à une dédicace de l'église sous le vocable de Saint-André honoré à Bordeaux d'où venait l'évêque Pierre, mais à une « révélation » de corps saints qui ajouta Rorice à saint Junien et à saint Amand. Cette belle cérémonie a fait oublier à Maleu que les chanoines périgourdins de Saint-Jean-de-Cole, protégés de Raynaud de Thiviers, acquirent l'église de Saint-Martin de Jussac distraite des possessions épiscopales limousines dans le voisinage immédiat de Saint-Junien ; non loin de là encore, la moitié de l'église de Saint-Brice passait aux chanoines de Lesterps protégés, eux, par les sires de Chabanais.

Sous l'évêque Eustorge (1105-1137), les chanoines de Saint-Junien avaient reçu d'un laïc, avec l'approbation épiscopale prévue par les principes grégoriens, la moitié de l'église de Montrollet et la même chose avait déjà eu lieu, semble-t-il, pour celle de Saint-Auvent ; mais c'est une église nouvelle qui fut bâtie avec statut de chapelle dans le terroir encore inculte *(silva)* de la Bretagne, sous l'évêque Gérard II entre 1142 et 1157. Le même évêque dota encore nos chanoines des églises de Javarzac, de Montrollet tout entière, de

Saint-Cyr-sur-Gorre et de l'autre moitié de Saint-Brice ; en tous ces cas, les chanoines patrons devaient choisir des desservants capables, et l'évêque précisait pour deux cas en 1157 que ces desservant devaient lui être présentés pour recevoir charge d'âme. Rien n'exclut les chanoines du service paroissial, mais le cas urbain de Saint-Amand, suggère qu'il ne s'y adonnaient pas.

En 1151, le pape Eugène III confirmait les possessions de Saint-Junien dans une banale bulle-pancarte qu'Alexandre III reproduirait textuellement en 1163 ; on y voit apparaître les noms de l'île Saint-Germain et de la Malaize. Le premier désigne sans doute un vestige des possessions de l'église de Limoges au Nord de Confolens, dans une région où Charroux et Lesterps s'étaient taillé la part belle[29]. La Malaize, d'autre part, est un établissement *(locus)*, qui s'ajoute à la Devaise précédemment connu, et que l'inconduite de ses occupants ermites fit donner par l'évêque Gérard aux Cisterciens de Beuil. Est-ce en dédommagement que Gérard donna à Saint-Junien l'église voisine de Chaillat ? Peut-être lui fallait-il par ce don reconnaître les libéralités des chanoines envers l'hôpital Saint-Gérald qu'il fondait à Limoges.

A cette époque, les chanoines de Saint-Junien étaient si peu capables de patronner une fondation érémitique qu'ils voyaient s'émanciper leur filiale régulière des Salles. Cette église, construite en 1075 par des nobles des confins angoûmois périgourdins et limousins, avait été en même temps donnée à Saint-Junien qui devait assurer par un prieur[30] le contrôle matériel et spirituel de son personnel *(servitores)*. Faute de pouvoir utiliser, comme dans le cas de Chantelle et d'Évaux, une charte de fondation, on ne sait comment les Salles acquirent assez d'autonomie pour se faire confirmer, par bulle-pancarte perdue de 1154 ou 1157, autant d'églises qu'en avait Saint-Junien ; entre 1163 et 1177, les deux chapitres acceptèrent même un arbitrage épiscopal sur une possession lointaine qui resta aux Salles moyennant redevance.

---

(29) Saint-Germain était le siège d'un viguier ou vicaire avant 1102 (*Gallia Christiana II, Instr.* 195 n° XL). La chapelle de l'île fut cédée avant 1211 à l'abbaye de Charroux qui possédait déjà les églises de Sainte-Eulalie et de Saint-Vincent (Dom Pierre de Monsabert, Chartes et documents... Charroux, *Archives historiques du Poitou*, XXXIX, 1910, p. 172). Cette île est actuellement sur le territoire de Lessac (Charente, autrefois dioc. de Poitiers).

(30) Sur ce titre de prieur, voir *sup.*, note 7. La régularité initiale des Salles est renforcée par l'indice que fournit la présence commune de l'évêque Gui et du prévôt Amélius auprès du légat Amat d'Oloron en 1081 dans le règlement d'une affaire qui concerne Saint-Martial de Limoges (J. Ramackers, *Papsturkunden in Frankreich, Neue Folge, 5 Band: Touraine, Anjou, Maine und Bretagne*, Göttingen ; 1956, n° 15).

Mais l'arbitrage portait aussi sur la dépendance du prieur des Salles vis-à-vis du prévôt de Saint-Junien ; celui-ci devait à l'origine participer à l'élection du prieur par le chapitre des Salles, et l'agréer ensuite dans celui de Saint-Junien par l'octroi d'une prébende analogue à celle du prieur d'Aureil à la cathédrale de Limoges. Une importante compensation, accordée une fois pour toutes en 1227, résolut toutes difficultés en supprimant tout lien entre les deux chapitres ; il y avait alors aux Salles douze chanoines dont le prieur.

L'analogie avec Aureil suggère pour les Salles une régularité augustinienne qui est confirmée par les termes exprès de l'archevêque de Bourges en visite à la fin du XIIIe siècle dans ce « prieuré conventuel de l'ordre de saint Augustin » ; mais on ne sait rien de l'apparition de cette régularité[31]. Quant à Saint-Junien, il est visible que l'on s'en tint aux usages carolingiens : outre le titre de prévôt, on remarque une délibération capitulaire de la fin du XIIe siècle qui permet aux chanoines de construire des maisons dans le verger ou des chambres dans le dortoir et de les transmettre, pour une fois seulement, à un autre chanoine. Le prévôt fut le premier à profiter de la permission, et lorsqu'il eût été élu évêque de Limoges en 1198, son neveu et successeur traita si bien ses confrères dans la maison prévôtale que ceux-ci lui accordèrent une prébende de vin supplémentaire ; les précautions juridiques prises en cette mémorable occasion témoignent encore une fois de la personnalité solidement acquise par un chapitre qui limitait à 20 le nombre de ses membres à la fin du XIIIe siècle.

La carte des églises possédées par Saint-Junien et par les Salles est d'autant plus suggestive que les dates sont assurées dans le premier cas et globalement utilisables dans le second. Dans une région où le patronage épiscopal est resté important, Saint-Junien a acquis en un siècle (1070-1170) une quinzaine d'églises et les Salles presque autant ; il semblerait que ces dernières aient compté plus de fondations nouvelles, à en juger par les vocables et par les limites de communes actuelles. Ce qui est visible dans l'un et l'autre cas, c'est que les églises les plus proches semblent les plus désirables ; on s'explique ainsi l'opposition de Saint-Junien à la fondation de Rochechouart.

La confirmation de la moitié de Saint-Brice à Saint-Junien par l'évêque Gérard ne suggère pas que celui-ci ait voulu

---

(31) On remarque aussi trois prieurs dans les dépendances des Salles au début du XIVe siècle (FONT-RÉAULX, *Pouillé*), ce qui est une analogie de plus avec les établissements de chanoines réguliers du diocèse.

continuer à Lesterps la faveur de certains de ses prédécesseurs. Il est en outre piquant de constater que les Salles patronnent la paroisse de Grenord et son annexe de Saint-Sébastien, toutes proches de Chabanais qui relève évidemment de Lesterps : sans doute la fondation de 1075 a-t-elle profité des bons rapports entre Jourdain V de Chabanais et l'évêque Gui de Laron, mais on se demande alors pourquoi les fondateurs n'ont pas offert les Salles à Lesterps, alors dans l'éclat de sa régularité pré-grégorienne, plutôt qu'aux chanoines de Saint-Junien. Y eut-il antagonisme lignager ou simple ignorance de la régularité nouvelle... ?

* * *

Cette revue de la vie canoniale appelée plus tard séculière s'est faite dans les perspectives offertes au Limousin ecclésiastique jusqu'au troisième tiers du XI^e^ siècle : celles de la législation carolingienne fixée à Aix en 816. Faute d'étude d'ensemble sur l'application locale de la même législation fixée en 817 pour la vie monastique, une comparaison n'a pu être convenablement établie avec des abbayes bénédictines qui, en l'an mil, étaient sept pour les hommes et une pour les femmes, et ne comptaient qu'une seule survivance des temps mérovingiens, Solignac.

Les résultats obtenus sont limités par une documentation rare : d'une part, la vie canoniale carolingienne s'est développée en des âges où la culture écrite était pauvre ; d'autre part, le système des prébendes n'a pas pu favoriser la conservation par les chanoines séculiers des titres qui feront l'objet de cartulaires vite dressés par les réguliers du XII^e^ siècle. Ce système de prébendes lui-même ne fait pas d'apparition bien nette dans la documentation : tout au plus le cas de Noblat permet-il de dire que ce système était considéré comme normal dans les sanctuaires limousins au milieu du XI^e^ siècle ; mais les collégiales nouvelles n'y ont point recours d'entrée de jeu, et seul subsistera parmi elles le Dorat qui les adopte on ne sait quand.

Jusqu'à mieux informé, on peut dire que la règle d'Aix offrait aux monastères mérovingiens la possibilité d'un nouveau départ. Trahi par un faux et pris dans le sillage martinien, ce départ fut délibéré à Saint-Yrieix, mais il le fut tout autant dans un autre sens au sanctuaire de Saint-Martial. Ailleurs, la tutelle épiscopale devait trouver la règle d'Aix commode et honorable dans des lieux où les reliques d'un saint personnage rappelaient seules un monastère supposé disparu. Que ces lieux fussent placés sur le cours d'eau desservant la cité épiscopale, et les chanoines bénéficieraient en outre d'appuis tels que les entreprises guerrières d'Hilduin pour Saint-Junien, ou les sollicitudes hagiographiques de Jourdain pour Noblat, promis encore aux précautions augustiniennes de Pierre Viroald.

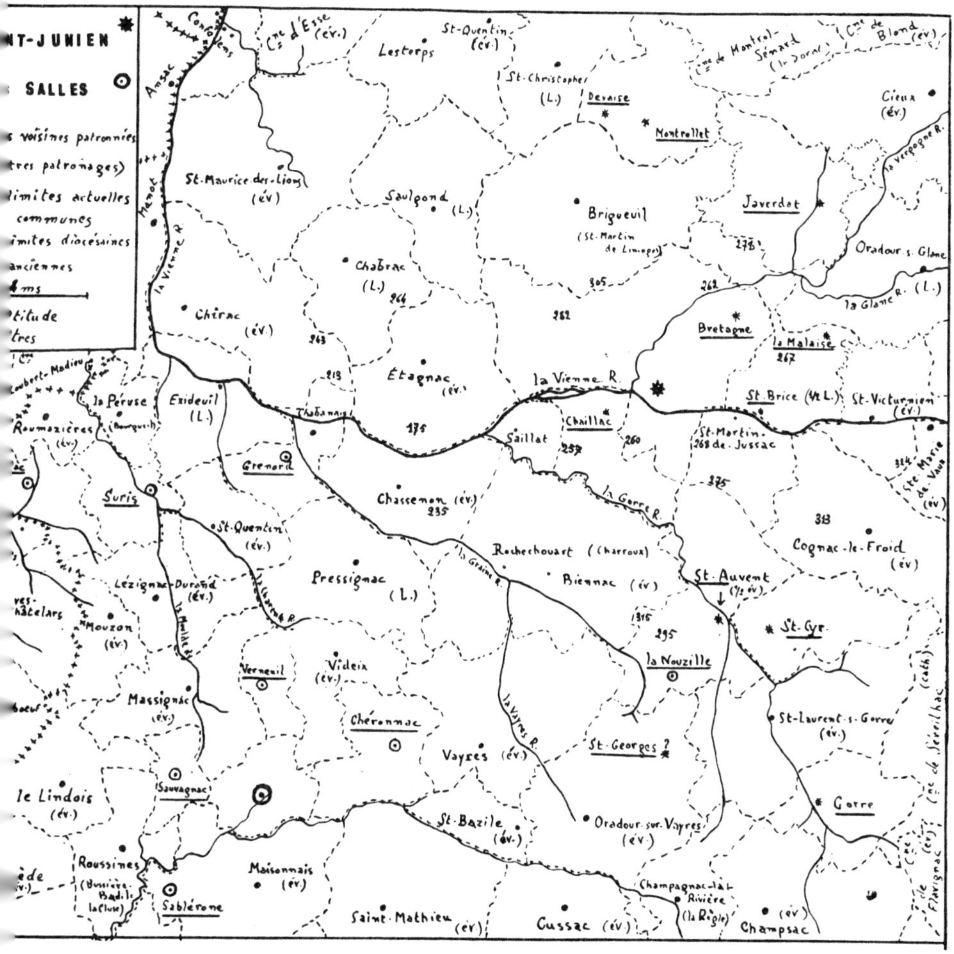


Ces précautions, peut-être intéressées, témoignent tardivement et maladroitement des préparations offertes par la vie canoniale carolingienne à celle des chanoines réguliers grégoriens. Déjà on pouvait dire que la collégiale de Lesterps et le sanctuaire d'Évaux avaient offert à la régularité augustinienne un terrain immédiatement favorable, pour une excellente raison, certaine dans un cas : la valeur du supérieur. Puis, si le propos de vie religieuse est original à Bénévent et à Aureil, il s'est réalisé grâce aux chanoines séculiers de la cathédrale : en comparant les garanties fournies successivement par celle-ci à la Tour-Saint-Austrille, à Anzème, à Bénévent et à Aureil, on voit que le chapitre principal du diocèse cautionne les fondations sous réserve de la meilleure régularité du moment. Un parrainage ainsi continué montre que l'institution canoniale était vivante, perfectible de l'intérieur, et les relations des Salles avec Saint-Junien le confirment[32]. Seul le Chalard réussit dans la régularité initiale sans autre appui connu que celui d'un évêque voisin du diocèse limousin ; mais ce marginalisme géographique correspond au caractère indépendant du fondateur.

Il est remarquable qu'en plein Xe siècle une petite collégiale adopte le même contrôle diocésain que trois sanctuaires canoniaux dont le bon niveau d'observance est attesté directement ou indirectement : Évaux, Eymoutiers et Saint-Junien ; encore un quatrième sanctuaire, Noblat, sera-t-il restauré au XIe siècle avec des considérants épiscopaux utilisés un siècle plus tôt pour installer des moines à Saint-Augustin de Limoges, et l'évêque Hilduin, faute de garder les moines introduits à Eymoutiers, en installe d'autres à Saint-Martin, en contrepartie inconfortable entre la Cité épiscopale et le Château du vicomte. Comme on voit, l'excellence des normes monastiques était reconnue, mais leur application exacte restait subordonnée à la découverte de sujets idoines et à la réunion de moyens matériels importants ; à défaut, l'efficacité épiscopale ou cathédrale s'exerçait sur le cours habituel des usages canoniaux, cours relancé vers la régularité augustinienne au tournant de l'année 1059, mais antérieurement assez fort pour permettre la création du Dorat et de Lesterps sans recours diocésain connu.

Passé le cap de 1100, on ne constate plus d'évolution. Les prieurés monastiques se développent d'une manière qui semble avoir fait tort aux collégiales : certaines de celles-ci sont absorbées. Les chapitres canoniaux séculiers voguent à la même vitesse de croisière que les abbayes de moines noirs, tandis que leurs confrères réguliers développent leur implantation paroissiale et qu'une nouvelle vague de rigueur

---

(32) Des remarques pertinentes sont faites par dom Jacques DUBOIS (Les moines dans la société du moyen âge (950-1350), *Rev. d'Histoire de l'Église de France*, LX, 1974, pp. 5-38) sur l'inconvénient de juger d'une forme de vie religieuse d'après ses succédanés plutôt que d'après ses précédents. La vitalité de la vie canoniale pré-grégorienne a été montrée par Georg DENZLER, Die Kanonikerbewegung und die gregorianische Reform im 11. Jahrhundert, *Studi gregoriani*, IX, 1972 (Roma) pp. 225-237. — Voir encore *B.S.A.H.L.*, t. CI, 1974, p. 70 sur les études vers 1100.

pousse au « désert » Grandmontains, Artigiens et Cisterciens.

Dans la deuxième moitié du XII^e siècle, la règle augustinienne gouvernera les frères hospitaliers diocésains de Saint-Gérald de Limoges, un peu comme la règle bénédictine avait été introduite à Saint-Augustin ; une règle est un label d'observance[33]. Assurément, à la fin du siècle, la Couronne installera ses chanoines réguliers en deux sites ruraux bien dotés, mais, règle mise à part, ces implantations préfigurent celles des chapitres cardinalices du XIV^e siècle à Saint-Germain et la Chapelle-Taillefer, ou celle des sires de Noailles au XVI^e. En cette même fin de siècle, l'évêque de Limoges mettrait volontiers une collégiale séculière dans l'abbaye Saint-Martin ruinée par un siège[34]. Mais à ce moment, l'initiative en matière de vie cléricale est le fait des petites communautés grandmontaines ou artigiennes qui annoncent les frères prêcheurs et mineurs du siècle suivant.

## PIÈCE JUSTIFICATIVE

1090, fin mai

[Saint-Martin de Tours]

*A la suite d'une visite de Pierre, doyen de Saint-Martin de Tours, les chanoines de Saint-Yrieix se soumettent à nouveau au chapitre de Tours. Une délégation de quatre des leurs, conduite par l'archiprêtre Aimeri, accepte à Tours les conditions de l'accord qui comporte le contrôle de leurs élections, la réciprocité des prières funéraires, la jouissance d'une prébende à Saint-Martin. La réinvestiture des possessions de Saint-Yrieix se fait par l'écrit même de son fondateur et l'octroi de la chape léonine.*

*A* : original non retrouvé.

*B* : copie du XVII^e s. au ms. Paris B. N. Baluze, n° 76, f° 227 avec indication « *Collationé à l'original. J'ay corrigé cecy sur l'original* ».

Analyse : MABILLE La pancarte... Index n° 193.

Indiqué : ms. Paris B. N. Baluze, n° 383, f° 25.
LEROUX Chronologie... *passim*.

(Texte d'après *B* avec uniformisation des graphies *ae*, *j* et *v*).

---

(33) Les Grandmontains venaient précisément de tirer une « règle » des souvenirs écrits recueillis sur leur fondateur ; elle fut approuvée par le pape en 1189.

(34) J. BECQUET, *Les premiers abbés de Saint-Augustin*, cité *sup.*, note 4 : note 49 de l'article. Innocent III trouve le procédé inconvenant dans un autre cas tout à fait contemporain (POTTHAST, *Regesta*, n° 130) ; mais la chose ne sera pas rare, surtout pour des raisons de pauvreté locale (*ibid.*, n^os 6684, 6805, 9873, et note 24 *sup.*).

102

Cum omnia orta occidere et aucta senescere videantur et opera hominum nova in vetustatis situm nitantur, fructuosa discretione fieri merito perpenditur ut si quid utile posteris a praecedentibus in ecclesia Dei dignum memoratu peragitur, perpetuo apicum notatione commendetur, ut mens et judicium futurorum sine litis controversia in scientia et tenacitate veritatis fixe et immobiliter solidetur, ne corrumpi aliqua ignavia vel socordia posterum bene et salubriter provisa et statuta a prioribus sinantur et iterum successores priorum bona studio imitentur. Unde in honore regis aeterni et beati Martini gloriosi confessoris clerus in ipsius confessoris ecclesia Turoni constitutus statuit in notitiam deferre tam futuris quam praesentibus quod ipse condolens se amisisse per longa tempora ex beneficio[a] et ecclesiam in Lemovicensi pago sitam quae sancto Martino olim juste et religiose sub privilegiorum authenticis adnotationibus contulerat sanctus Aredius et quae tenuerunt per multa annorum interstitia antecessores eorum antiquis temporibus; sapienti consilio adquiescens invicem ipse clerus interventu suo misit decanum ecclesiae ipsius, videlicet domnum Petrum nomine quarto anno decaniae ejus et cum eo nobilem virum Othonem sancti Martini capicerium praeditum honestis moribus, ut in praedicta ecclesia in Lemovicensi, ut dictum est, dioecesi sita, quam construxerat sanctus Aredius et modo ibidem requiescit corpus ejus, et dederat in jus et dominium sancti Martini cum terris et multis aliis rebus, sancti Martini jura et dominium requirerent, et quam injuriam clerus ipsius Sti Aredii sancto Martino et ipsi sancto Aredio et maxime animabus eorum nocituram faciebat de subtractione et de non subjectione sua a sancto Martino ad sui periculum recesserat, ei ostenderent et humilliter praedicarent. Decanus ille domnus Petrus ad sanctum Aredium ex communi fratrum consilio ivit, cleri sancti Aredii congregationem ex nobilibus viris frequentem et repletam benignam sibi et hospitalitatem invenit, et ob quam causam venerat aperuit. Illi divino spiritu contacti et calefacti, unanimes culpam suam de subtractione sua a subjectione beati Martini et generali consulto vivificati in capitulo peccatum suum recognoscentes et confitentes et veniam postulantes, sese et suam ecclesiam et terras quae proprio[b] juri sancti Martini cedere debebant et quas sibi vindicaverant, in manibus ipsius decani reddiderunt et omnem subjectionem et obedientiam secundum quod scriptum est in privilegiis beati Aredii, quam debent sancto Martino et clero ejus ab eo tempore in antea se reddituros pepigerunt. Terras etiam quas dedit olim beatus Aredius sancto Martino ad peculiarem usum cleri ejus, et[c] nunc extranei sibi usurpant, fideliter ipsi adnitentur ut clerici beati Martini sibi repetant et adquirant. Praeter haec omnia clero beati Martini facient quae scripta in supradictis privilegiis beati Aredii continentur. Decanus vero praedictus in eodem sancti Aredii capitulo revestivit ipsos fratres de beneficiis quae olim habuerunt a Sto Martino. Haec juris restitutio facta est die Paschae ecclesiae[d] beati Aredii Sto Martino in sancti Aredii capitulo. Post haec in diebus rogationum ex limite sequentium per optionem ipsius decani et cleri Sti Aredii venerabiles personae communi concessione et voluntate eorum qui domi remanserant venerunt in capitulum Sti Martini, videlicet Haimericus archipresbiter, Petrus *(blanc)*, Jordanus *(blanc)*, Gerardus *(blanc)*[e], et iterum videntibus canonicis qui ibi[f] erant, praesentibus prioribus domno Galterio thesaurario, Roberto magistro scolae, Burchardo praecentore et Fulcherio subdecano, sicut prius se dominationi et subjectioni, secundum quod scripserat sanctus Aredius ut essent subditi et obedientes in manibus ipsius decani Petri per cartam Sti Aredii manu scriptam et omnes successores eorum dediderunt eo quidem pacto ut priores[g].

In ecclesia beati Aredii de eadem ecclesia electi statuantur ex voluntate et consensu cleri beati Martini et praesententur[h] in capitulum ejus ; quod si ibi idoneae personae ad haec officia non inveniuntur, de Martinopoli accipiantur. Peragent generales exequias de mortuo sancti Martini canonico sicut pro uno suorum more suo. Decanus autem sancti Martini ibidem ex rogatione totius capituli revestivit[i] eos de antiquo a sancto Martino eorum beneficio et insuper pro recognitionis suae emolumento adcrevit eis praebendam sancti Martini ut potirentur redditibus ejus, canonicorum sancti Venantii exemplo, et intrarent chorum Sti Martini canonicorum ejus privilegio, et ut fiat pro eorum canonico defuncto sicut fit pro sancti Martini in ecclesia ejus canonico. Hanc revestitionem domnus Petrus decanus fecit supradictis quatuor canonicis in capitulo Sti Martini per privilegium manu sancti Aredii scriptum. Addidit etiam eis capam leoninam de pallio quam ferrent sancto Aredio aeternum memoriale tam piae et honestae recognitionis suae et subjectionis erga sanctum Martinum et clerum ejus in ejus templo. Insuper de tam diuturna eorum insubjectione et inobedientia facta est eis postulantibus indulgentia cum psalmo uno et oratione dominica. Hanc restitutionem si quis resolvere temptaverit, inefficax hujus conatus poenas luat in inferno inferiori. Data MLXXXX anno ab incarnatione Domini, inditione XIII, imperii Philippi regis Francorum anno XXXIII. Ego Aderbal nobilium apochrisiarius composui et scripsi.

---

a) *lacune probable, telle que* terras (ex beneficio) b) -prie *B :* c) et *barré* d) *il faut peut-être lire* ab ecclesia f) quibi : *B* e) les blancs sont indiqués par *B* g) cecy est en blanc : *B* h) praesentati : *B* i) -tiunt : *B*.

## BIBLIOGRAPHIE

Il a paru inutile d'ajouter à la cartographie une topobibliographie de chaque église dépendante des chapitres séculiers. En effet, à la différence des chapitres réguliers, ces dépendances n'ont pas donné sauf exception tardive et très rare, l'occasion de créer des prieurés susceptibles d'être relevés par les recueils douteux que l'on sait (*B.S.A.H.L.*, XCVII, 1970, p. 114). Les références sur les établissements en cause dans l'article sont limités au sujet traité. Cottineau et les tables du *B.S.A.H.L.*, permettent d'aller plus loin.

### *Généralités*

*Acta visitationis provinciarum Burdigalensis et Bituricensis facta a Simone de Belloloco archiepiscopo Bituricensi, Aquitaniae primate, ab anno Christi MCCLXXXIV usque ad annum MCCXCI* (éd. Baluze dans les *Miscellanea*, édition de Mansi, t. I, Lucques, 1761,

p. 267-310. — Voir à ce propos : J. de BASCHER, La chronologie des visites pastorales de Simon de Beaulieu, *Rev. d'Histoire de l'Église de France*, LVII, 1972, pp. 73-89 ; Tibor PATACKI, Visites des archevêques de Bourges en Bas-Limousin (XIII^e s.), *Bull. Soc. Hist. et Archéol. Corrèze*, t. 92, 1970, pp. 87-108 [cartes].

ADÉMAR DE CHABANNES, *Chronique* publiée... par Jules Chavanon (« Coll. de Textes pour servir à l'étude et à l'enseignement de l'histoire » Paris, 1897).

Cartulaire du Chapitre de Saint-Étienne, publié par M. Jacques DE FONT-RÉAULX, *B.S.A.H.L.*, LXVIII, I [en fait LXIX], 1919.

THOMAS Georges, Les comtes de la Marche de la Maison de Charroux (x^e siècle-1177), *Mém. Soc. Sciences Naturelles et Archéol. Creuse*, XXIII, 1925-1927, pp. 561-700.

COTTINEAU dom Henri, Répertoire topobibliographique des abbayes et prieurés. — Mâcon, 1935 et 1937, 2 vol. in-8° sous une seule série de colonnes.

MUSSET Lucien, Recherches sur les Communautés de Clercs Séculiers en Normandie au XI^e siècle (Extr. *Bull. Soc. Antiquaires de Normandie* LV, 1959-1960, pp. 1-34) [concerne les seules collégiales ; excellent].

BECQUET dom Jean, Les chanoines réguliers en Limousin aux XI^e et XII^e siècles, *Analecta Praemonstratensia* XXXVI, 1960, pp. 283-324 ; et d'autres articles sur divers aspects du sujet en *B.S.A.H.L.*, XCVIII, 1971, pp. 153-171 (le Chalard), XCIC, 1973, pp. 80-135 (Lesterps, Bénévent et Aureil), CI, 1974, pp. 67-111 (Évaux, Saint-Léonard et Brive, plus les dépendances de chapitres réguliers étrangers). L'abbaye Saint-André de Limoges aurait pu être mieux présentée à l'aide des cartulaires (vg. CHAMPEVAL, *Uzerche* n° 67 *bis*) et des églises patronnées d'après les Pouillés. Celui de NADAUD (p. 600) permettait de situer la Vallée Bénite, dépendance de la Couronne.

*Anzème*

FONT-RÉAULX Jacques de, Saint-Pierre d'Anzème et les origines de son prieuré, *Mém. Soc. Sciences Naturelles et Archéol. Creuse* XXXIII, 1925-1927, pp. 129-156 ; Un dernier mot sur Anzème, *ibid.*, XXVII, 1934-1937, pp. 353-355.

LEVILLAIN Léon, Note sur des actes concernant Anzème, *ibid.*, XXV, 1931-1934, pp. 467-470.

COTTINEAU, *op. cit.*, col. 124.

*Blessac*

COTTINEAU, *op. cit.*, col. 395.

PAVILLON (B.), La vie du bien-heureux Robert d'Arbrissel patriarche des solitaires de la France et instituteur de l'ordre de Font-Évraud. — Saumur s.d. [1666] p. 575-576, n° 83 [extr. du cartulaire].

THOMAS Antoine, Rapport sur une mission philologique dans le département de la Creuse. Appendice III : Extraits du cartulaire de Blessac. — *Archives des misions scientifiques et littéraires... Troisième série, tome cinquième*, Paris, 1879, pp. 461-471.

*Eymoutiers*

COTTINEAU, *op. cit.*, col. 1094.

DUBOIS J., Documents historiques sur Eymoutiers. — *B.S.A.H.L.*, XXXVI, 1889, p. 377-447. — Il s'agit de la vie de saint Psalmet par l'abbé Legros, de l'*Ecclesiae Ahentis Monasteriensis* du Feuillant Pierre de Saint-Bruno (1681) éditée par A. Leroux et traduite par J. Dubois, de l'« Histoire du chapitre d'Eymoutiers » par Mathieu Vergne, archiviste de Meymac, enfin des « Institutions ecclésiastiques et civiles d'Eymoutiers » par l'abbé Legros.

*Le Dorat*

COTTINEAU, *op. cit.*, col. 989-990.

FONT-RÉAULX Jacques de, Recueil de textes et d'analyses concernant le chapitre Saint-Pierre du Dorat en *B.S.A.H.L.*, LXXII, 1927, pp. 250-370 ; le chapitre Saint-Pierre du Dorat, *ibid.*, LXXIII, 1930, pp. 35-183. — Le tout a été réuni en deux tomes sous un seul brochage et une courte préface en 1940, tandis qu'une troisième partie concernant la ville du Dorat trouvait place dans le *Bull. Phil. et Historique (jusqu'en 1610) du Comité des Travaux Hist. et Scient. Année 1962*, pp. 412-452.

*Saint-Junien*

COTTINEAU, *op. cit.*, col. 2752-53. — Chronique de Maleu, chanoine de Saint-Junien ... publiée... avec des notes ... et suivie de documents historiques sur la ville de Saint-Junien par M. l'abbé Arbellot. Saint-Junien et Paris, 1847. Quelques documents en pièce justificatives suivent le tout.

Colonnes en granit du haut moyen âge conservées dans le « sépulcre » de Saint-Junien, par divers en *B.S.A.H.L.*, LXXXVIII, 1961, pp. 84-91.

*Saint-Yrieix et Moutier-Rozeille*

COTTINEAU, *op. cit.*, col. 2925 et 2003.

MABILLE Émile, La pancarte noire de Saint-Martin de Tours... restituée d'après les textes imprimés et manuscrits. Paris et Tours, 1866. Terminée par un « Index chronologique des chartes et diplômes de Saint-Martin antérieurs à l'année 1131 ».

LEROUX Ernest, Chronologie de l'histoire de Saint-Yrieix-la-Perche en *B.S.A.H.L.*, XL, 1893, pp. 562-643. Il s'y ajoute des notes et travaux d'Auguste Bosvieux, en particulier des extraits de l'« Histoire générale de Saint-Martin de Tours par Raoul Mousnyer, mais ni Leroux ni Bosvieux ne semblent avoir connu Mabille.

TENANT DE LA TOUR Geoffroy, Saint-Yrieix « ville d'église », *ibid.*, LXXIV, 1933, pp. 290-336 et LXXV, 1934, pp. 248-321.

La référence du catalogue des mss. de la coll. Duchesne à la B.N. Paris (ms. 66, f° 15 r°v°) ne concerne pas Saint-Yrieix-la-Perche mais un chapitre canonial berrichon, les Aix-d'Angillon (édité *Gallia Christiana II, Instr.* col. 10).

*les Salles*

COTTINEAU, *op. cit.*, col. 2939 avec une référence énigmatique à « Champeval 102-103 » qui peut provenir du n° 103 du *Cartulaire de l'Abbaye d'Uzerche*, Paris et Tulle, 1901, où il est question du village de Sall, commune de Treignac, Corrèze).

LABORDERIE, Albert de, Les Salles-Lavauguyon. L'église, en *B.S.A.H.L.*, LXXII, 1927, pp. 210-221. Les travaux imprimés auxquels se réfère la bibliographie ne signalent pas les corbeaux destinés à soutenir une charpente de préau pour cloître à l'extérieur du mur sud de l'église, ni les très frustes fenêtres de salle capitulaire dans ce qui reste du bâtiment est. Les datations de l'église ne tiennent pas compte suffisant de la construction de 1075 et du développement du chapitre au cours du XII$^{e}$ s. (Chronique de Maleu citée plus haut, p. 34-68).

*La Tour-Saint-Austrille*

COTTINEAU, *op. cit.*, col. 3186.

FONT-RÉAULX, *op. cit.*, *sup.*, dans les généralités (charte de fondation au n° VIII).

# X

# LE MOUVEMENT CANONIAL EN LIMOUSIN AUX X$^{e}$-XII$^{e}$ SIÈCLES

Posé dès 1960 en fonction de l'implantation au XII$^{e}$ siècle d'ordres érémitiques locaux, le problème de l'apparition des chanoines réguliers en Limousin a été repris dans une série d'études qui en ont dégagé les données principales pendant toute l'époque romane. C'est la synthèse de ces études qui est présentée ici. A l'inverse de la démarche suivie dans l'analyse, on présentera d'abord la situation canoniale de base — dite plus tard séculière — avant de faire voir comment la régularité s'y développe et évolue jusqu'à laisser place à un érémitisme clérical et laïc qui préfigure les Ordres mendiants du XIII$^{e}$ siècle.

Les réglementations carolingiennes édictées à Aix-la-Chapelle en 816 et 817 distinguaient bien l'ordre clérical et canonique de l'ordre monastique. C'est à ces réglementations que sont censés assujettis les clercs qui desservaient « canoniquement » la cathédrale Saint-Etienne de Limoges et divers sanctuaires de l'agglomération : Saint-Martial d'abord, au tombeau du premier évêque connu, Saint-Augustin au cimetière proche de la Cité épiscopale, Saint-André et Saint-Pierre du Queyroix où subsistèrent un temps des monastères avec abbé. Dans le reste du diocèse, la pratique canoniale est mieux attestée pour d'autres établissements du cours de la Vienne, comme Eymoutiers, Saint-Léonard et Saint-Junien, ou de la périphérie diocésaine comme Saint-Yrieix et Evaux. Si l'évêque ne put empêcher les clercs de Saint-Martial de passer en 848 à l'observance monastique, les autres restèrent sous un contrôle dont l'exercice par le chapitre cathédral est attesté expressément en 958 et 1031 à propos d'Evaux, d'Eymoutiers et de Saint-Junien.

L'église Saint-Etienne d'Eymoutiers était assez florissante, en amont de la Vienne, pour que l'évêque de l'an mil essayât de faire passer à l'ordre monastique son groupe canonial dont une fraction seulement essaima vers l'abbaye bénédictine d'Uzerche. Fort d'une trentaine de membres, le chapitre d'Eymoutiers put grouper sous son patronage une vingtaine d'églises dans un voisinage immédiat, mais il ne vit pas son saint Psalmet sortir de l'obscurité dont un évêque tira saint Léonard de Noblat. Possession épiscopale plus proche de Limoges, Noblat n'avait qu'une douzaine de prébendes quand l'évêque Jourdain (1024-1051) fit rédiger une biographie avantageuse d'un patron céleste qui allait assurer au sanctuaire renom et profits.

En aval de Limoges, Saint-Junien était une position précieuse pour l'évêque, face aux remuants vassaux du comte de la Marche. Pour remplacer un dernier abbé instruit et pieux, mais débordé par les événements, l'évêque Hilduin († 1014) avait envoyé comme prévôt son homme de confiance, maître Israël. Les chanoines, comparables en nombre et en possessions à ceux d'Eymoutiers, eurent bientôt assez de pouvoir pour résister à l'évêque Jourdain sur le point de leur autonomie interne, et assez de zèle pour patronner une annexe régulière à la génération suivante.

Saint-Yrieix porte le nom d'un personnage du VIe siècle qui fit don de ses domaines à Saint-Martin de Tours ; quand les moines tourangeaux passèrent à l'ordre canonial au milieu du IXe siècle, il en fut probablement de même à Saint-Yrieix où une trentaine de chanoines avait gardé, outre la dignité abbatiale, une observance louée par une visite martinienne de 1090. Cette observance explique en partie la restitution en 1060 par les seigneurs d'Aubusson du petit monastère arédien de Rozeille aux chanoines de Saint-Yrieix qui en firent un chapitre d'une vingtaine de membres. Si Rozeille ne constitua pas de domaine d'églises, Saint-Yrieix garda la main sur le patrimoine immédiat de son fondateur où l'on compta bientôt une quinzaine d'églises et chapelles.

Evaux, où Grégoire de Tours signale un saint Marien, était un sanctuaire contrôlé par Limoges, mais c'était devenu une collégiale castrale dédiée à saint Pierre, assez vivante pour qu'en 936 on lui confiât une fondation à Chantelle en présence de trois évêques et de trois abbés, dont Odon de Cluny, toute ingérence laïque étant exclue sous une garantie romaine encore bien vague. La rencontre fortuite d'un abbé laïc d'Evaux et de Rozeille en 945 dans la famille d'Aubusson n'autorise pourtant pas à noircir le long siècle sans documents qui prépare Evaux à sa régularisation grégorienne, puisque Rozeille fut rendue à Saint-Yrieix dans les conditions qu'on a vues.

Entre-temps naissaient quelques petites communautés de clercs — appelées collégiales au XIIIe siècle — dont la réussite devait être diverse :

ainsi Blessac devint vite un prieuré fontevriste pour une dame d'Aubusson. C'est dans la mouvance du chapitre cathédral que furent créés en Marche septentrionale la Tour-Saint-Austrille en 958 par un noble et Anzème en 1031 par des clercs bénéficiaires d'une restitution d'église ; on se réclame alors du même statut de dépendance qu'Evaux, Eymoutiers et Saint-Junien, et l'on reçoit ses dignitaires de l'évêque et de son chapitre cathédral. Ces deux établissements devaient également finir en prieurés des Bénédictins de Déols, mais c'est dans la même ligne de dépendance vis-à-vis du siège de Limoges que, non loin d'Anzème, s'installèrent les clercs de Segonzelles, bientôt devenus les chanoines réguliers de Bénévent.

Le Dorat et Lesterps sont des créations castrales quasi-simultanées, plus libres à l'égard de Limoges. Le premier comte de la Marche, Boson le Vieux, qui avait donné son accord à la fondation de la Tour-Saint-Austrille, facilita directement vers 975-980 la création, vers les confins poitevins, d'un établissement similaire dédié à saint Pierre, et le titre abbatial du Dorat apparaît vite au profit de tenants d'allure séculière ; cependant, des dignitaires comme le chantre maître Israël, et le trésorier Théobald († 1070) y donnèrent d'excellents exemples. Ces exemples venaient de plus haut encore puisque le bienheureux Hervé, trésorier de Saint-Martin de Tours, passant au Dorat, fit grande impression sur un élève d'Israël, le jeune Gautier qui devait illustrer Lesterps. Toute décorée qu'elle fût du titre abbatial et environnée d'une trentaine d'églises pour sa vingtaine de prébendes, la collégiale du Dorat ne semble pas avoir tenté d'accéder à la régularité.

Il en alla tout autrement de Lesterps. Les Chabanais de la Marche occidentale, déjà bien placés à Charroux, avaient chichement doté cette petite collégiale à un nœud de routes fortifié de leur frontière, face aux positions épiscopales de Saint-Junien ; Lesterps devait y voir sa chance sortir de ses premiers malheurs. Echappé du Dorat après la mort d'Israël, le jeune Gautier reçut la direction de Lesterps et fit d'un incendie meurtrier, survenu vers 1040 à la suite de guerres féodales, l'occasion de chercher auprès du Siège Apostolique une protection que d'autres trouvaient à Limoges. Un cens annuel symbolisa cette allégeance d'une église où le vocable de Saint-Pierre doublait celui de la Trinité.

Au moment où Adémar Taillefer d'Angoulême succède à Gautier († 1070), et reçoit le premier titre abbatial, l'idéal de régularité augustinienne avait été proposé aux clercs, cependant que l'idéal de liberté ecclésiastique était proclamé à la face des laïcs. L'archidiacre romain Hildebrand avait présidé des conciles à Lyon et à Tours en 1054-55 comme légat de Léon IX et de Victor II ; l'évêque de Limoges qui accompagnait le duc d'Aquitaine au sacre du roi de France Philippe Ier, en 1059, ne pouvait ignorer les positions prises par Hildebrand au dernier synode romain sur la désappropriation personnelle des clercs. Les légats de Grégoire VII allaient circuler facilement en Aquitaine, et Hugues de Die fut amené à Lesterps comme chez lui dans cet « alleu de saint Pierre ».

Adémar Taillefer devenu évêque d'Angoulême en 1076, l'archidiacre d'Angers Marbode illustra la sainteté canoniale en la personne de Gautier, comme il avait illustré la sainteté monastique en la personne de Robert de la Chaise-Dieu. Marbode insiste longuement sur l'exercice, par son héros, des pouvoirs d'absolution à lui donnés par le pape Victor II, et il faut rapprocher cette insistance des difficultés qu'avaient alors les clercs épris de vie religieuse à faire admettre leur compétence pastorale ; on les assimilait, en effet, volontiers à ces moines toujours enclins à étendre le champ de leurs fonctions sacerdotales. En 1078, le concile de Poitiers, présidé par Hugues de Die, était formel quant à l'autorité exclusive de l'évêque en matière pénitentielle : « Que nul abbé, moine ou quelque autre ne donne des pénitences si son propre évêque ne lui en a confié la charge (c. 5). »

La chose était d'importance pour Lesterps. Gautier avait obtenu les honneurs des autels en 1091, dans un monastère rénové dont le second abbé s'était fait réserver par les Chabanais les dons et créations d'églises sur tout leur territoire. Dans le diocèse de Poitiers, l'évêque réformiste Pierre II avait, malgré une expérience fâcheuse à Saint-Nicolas [1], créé en 1095 des filiales de Lesterps à Airvault et à Celle-sur-Belle, filiales immédiatement dotées d'églises voisines ; en 1100, un chanoine de Lesterps irait même diriger Saint-Emilion dans le Bordelais. Qu'un évêque de Limoges, issu accidentellement de l'ordre monastique en 1097, se montrât réticent dans ses autorisations pastorales, et son docte confrère Yves de Chartres, consulté par Lesterps, mettait les choses au point. Aussi le concile tenu à Poitiers en 1100 édicta-t-il deux canons successifs dont la teneur consacrait les droits et devoirs de la régularité cléricale, distinguée de celle des moines : « Que les clercs réguliers aient le droit, sous l'autorité de leur évêque, de baptiser, de prêcher, de donner la pénitence, d'ensevelir les morts (c. 10). Qu'aucun moine ne s'attribue le ministère paroissial des prêtres, c'est-à-dire baptiser, prêcher, donner la pénitence (c. 11) ». Les sépultures dans les églises monastiques, très prisées, n'étaient pas interdites.

En une génération, les chanoines de Lesterps s'étendirent si bien en Aquitaine qu'ils y avaient une cinquantaine d'églises au milieu du XII$^{e}$ siècle, dont quelques prieurés, sans que la rareté des documents per-

1. Georges PON, *L'apparition des chanoines réguliers en Poitou. Saint-Nicolas de Poitiers,* dans *Bulletin de la Société des Antiquaires de l'Ouest,* 4$^{e}$ série, t. XIII, 1975, p. 55 à 70.

mette de dire comment s'est organisée cette expansion. Cette rareté se fait encore plus cruellement sentir à l'autre extrémité du diocèse, dans le cas d'Evaux venu à la régularité avant 1095 et que l'on trouvera à la tête de presque soixante-dix églises ou prieurés. La faveur épiscopale a certainement facilité les choses, comme le montre l'attribution d'églises suburbaines à Tours pour Lesterps, à Bourges pour Evaux... Cette faveur serait élevée à la hauteur d'un principe dans le cas de Bénévent et d'Aureil.

Comme on l'a dit, des clercs s'étaient établis à Segonzelles dans les possessions du siège de Limoges, au début de l'épiscopat de Gui de Laron (1073-1086) ; leur propos de vie religieuse était clairement exprimé dans la charte qui les soumettait au chapitre cathédral, sans qu'il fût pourtant question de règle ou de désappropriation personnelle. Presque aussitôt l'écolâtre de Limoges, maître Humbert, à peine connu de nous par un séjour à Paris, prit la direction de l'établissement transféré un peu plus loin sous le titre de prieuré Saint-Barthélemy de Bénévent ; c'est Bénévent qui fournit un prévôt régulier à Evaux dont les chanoines régularisèrent immédiatement leur filiale de Chantelle. Bénévent reçut des églises, non seulement de l'évêque grégorien Gui de Laron, mais aussi de l'archevêque de Bourges Richard II (1073-1093), le fondateur d'un chapitre régulier qui reçut sa tombe après avoir reçu de lui quinze églises d'un coup. Ces libéralités épiscopales étaient souvent le fait des laïcs qui passaient par l'intermédiaire de l'évêque, et elles constituèrent autour de Bénévent le noyau d'une nébuleuse dont la cinquantaine d'églises n'est pas sans rappeler Lesterps. A vrai dire, les notices qui subsistent du cartulaire de Bénévent ne donnent pas la preuve qu'on ait voulu, là aussi, réserver un secteur territorial ; du moins un nouvel archiprêtré y fut-il constitué.

En accueillant vers 1080 sur leur terre d'Aureil le jeune pèlerin normand Gaucher, devenu ermite sur un domaine monastique inhospitalier, maître Humbert et les chanoines de Limoges donnaient à la régularité augustinienne une nouvelle chance dont l'historiographie canoniale profiterait largement, puisqu'à l'exception d'un obituaire, Aureil nous a tout laissé : vie du fondateur, cartulaire original, calendrier liturgique, coutumier primitif et même le catalogue de la première bibliothèque dans sa rédaction autographe ! Cette documentation cohérente éclaire les documents fortuitement conservés dans les autres établissements limousins du même type.

La formule de dépendance développée par la Tour-Saint-Austrille, Anzème et Bénévent trouva à Aureil son achèvement dans la prébende que Gaucher reçut au chapitre cathédral à titre de prieur local, et sa maison fut habilitée à recevoir les chanoines de Limoges désireux d'en suivre la règle. Au vrai, cette réciprocité se rencontrait en Auvergne dès

1070 entre Brioude et Pébrac, et Yves de Chartres semble l'avoir répandue, à des degrés divers, à partir de 1080 dans quelques cathédrales de l'espace capétien ; mais le prieur d'Aureil était élu par les siens. Un demi-siècle de gouvernement permit à Gaucher de développer ses aptitudes personnelles dans le cadre de la régularité nouvelle et le service des besoins pastoraux du moment.

Ces aptitudes avaient d'abord fait de Gaucher un ermite prédicant, comparable à Robert d'Arbrissel et à son disciple Giraud de Sales. Comme eux, il fit approuver sa prédication de pénitence au passage d'Urbain II, et il installa des monastères féminins à proximité de son centre canonial. Ces fondations féminines devaient finalement peser trop lourd dans la congrégation d'Aureil pour rester toutes sous l'autorité du prieur après la mort de Gaucher (1140) ; du moins auraient-elles encouragé le fondateur à surmonter ses hésitations initiales dans l'acceptation d'églises anciennes et nouvelles, offertes ou bâties ici et là.

C'est en effet comme desservants que les chanoines d'Aureil apparaissent dans une documentation plus explicite qu'à Lesterps, Bénévent ou Evaux, et ceci est dans la ligne des directives épiscopales données à Poitiers en 1100. Evaux se fera même confirmer par le Siège Apostolique au milieu du XII^e^ siècle le droit — que négligent les séculiers du Dorat — de placer ses propres chanoines dans les églises de son patronage, et ces églises d'Evaux compteront une vingtaine de prieurs au début du XIV^e^ siècle. Dans les diverses dépendances de nos chanoines réguliers limousins, les titres de prieurs s'accompagnent fortuitement de mentions de cloîtres, ce qui suggère au moins des espérances de recrutement conditionné par les ressources locales. En fait, les prescriptions de Latran en 1179 sur le minimum de 3 ou 4 réguliers à conserver dans les dépendances interviennent trop tard pour que l'Aquitaine en ait tenu grand compte, semble-t-il [2].

Cette occupation des églises canoniales patronnées répond à une question importante posée aux historiens de la réforme grégorienne : la restitution des églises par les laïcs a-t-elle eu pour principal résultat le transfert des profits patronaux aux établissements monastiques et canoniaux ? Pour le Limousin, on n'a pas encore étudié la manière dont les abbayes monastiques des XI^e^ et XII^e^ siècles ont accru leur domaine d'églises ; à moins d'y établir un prieuré, ces abbayes ne pouvaient que les pourvoir en desservants séculiers présentés à l'évêque. En revanche, il est certain que les communautés canoniales régulières ont pourvu de desservants pris en leur sein une partie de leurs églises ; cette partie

2. Ph. JAFFE, *Regesta Pontificum Romanorum...*, éd. G. WATTENBACH, t. II, Leipzig, 1888, n° 16313 (pour 1188) et A. POTTHAST, *Regesta Pontificum Romanorum...*, t. I, Berlin, 1874, n° 458 (pour 1198).

semble importante, et la comparaison entre le domaine ecclésiastique des chanoines réguliers et celui des séculiers donne aux premiers un net avantage quantitatif. Sur un territoire qui comptait un millier de desservants au début du XIV$^e$ siècle, soit le Limousin et des extensions en Berri méridional, en Marche poitevine et en Périgord, nos chanoines réguliers ont acquis ou fondé quelque deux cents établissements dont une moitié d'églises paroissiales anciennes.

Encore jeune prieur d'Aureil, Gaucher était allé faire un stage à Saint-Ruf, et lui-même devait recevoir et conseiller des fondateurs canoniaux comme Lambert de la Couronne. Mais les usages de sa petite congrégation étaient assez simples pour qu'on tardât jusqu'au début du XIII$^e$ siècle à les rédiger en coutumier. D'après ce coutumier, les chanoines claustraux exercent diverses charges au chef d'ordre, auprès du prieur, des novices et des enfants scolarisés ; tout ce monde dispose d'une fort bonne bibliothèque et deux prêtres séculiers, entretenus pour assurer les fondations pieuses, s'ajoutent à quelques familiers. Les chanoines obédienciers résident dans les dépendances et viennent chaque année au chapitre général qui les nomme et les révoque au besoin, qui reçoit les comptes et qui semble partager avec les successeurs de Gaucher la répartition des effectifs ; mais le contrôle de l'autorité diocésaine en matière de responsabilités paroissiales n'est pas mis en cause. Pour tous, claustraux ou obédienciers, l'abstinence chère à Gaucher n'est plus qu'un trait hagiographique, et la désappropriation personnelle, qui avait été l'un des slogans de la régularité cléricale aux premiers âges grégoriens, se voit si bien assouplie par les responsabilités individuelles que certaines dispositions testamentaires sont admises.

Evaux était à la fois un sanctuaire et une collégiale castrale. Si son expansion pastorale met ses chanoines au premier rang des réguliers limousins, les conditions de cette expansion sont aussi mal connues que celles de sa régularisation, et les deux autres cas de sanctuaires régularisés par la suite n'apportent guère de lumière. Au moins peut-on dire à propos d'Evaux que l'autorité assurée au prévôt sur ses sujets par le pape Adrien IV en 1158 ne touchait pas plus qu'ailleurs à l'autorité de l'évêque, tout comme les cens payés au Siège Apostolique par Lesterps et par Brive restent en deçà d'une véritable exemption.

Saint-Léonard de Noblat et Saint-Martin de Brive étaient deux sanctuaires étroitement dépendants de l'évêque, et le premier des deux devait aux initiatives hagiographiques de Jourdain une prospérité enviable. En 1105, l'adoption de la régularité à Noblat selon des formules désormais officielles permettait à l'évêque et au chapitre local le partage des revenus du sanctuaire. A Brive, cette adoption se fit une ou deux décennies plus tard, peut-être assortie du paiement d'un cens au Siège

Apostolique, comme à Lesterps. Ni à Noblat, ni à Brive le domaine ecclésiastique rassemblé dans le voisinage ne diffère des groupements réalisés par les sanctuaires restés séculiers, comme Saint-Junien ou Eymoutiers, sauf la présence tardive de rares chanoines dans les dépendances.

Au concile tenu à Poitiers en 1100 prit part l'évêque de Périgueux Raynaud qui, après avoir assuré plusieurs intérims à Limoges, vit le concile désigner pour ce siège vacant le doyen du chapitre cathédral de Bordeaux, Pierre, destiné à régulariser Saint-Léonard ; tout comme Richard II de Bourges, Raynaud avait fondé un chapitre régulier périgourdin qui profita de quelques églises limousines. L'évêque de Périgueux avait soutenu, aux confins des deux diocèses, au Chalard, la fondation hasardée en 1089 par Geoffroy (†1125), un jeune prêtre de Limoges, austère et instruit, dont le successeur presque immédiat nous a laissé la biographie, outre la confirmation apostolique des possessions du lieu. Tout ami qu'il fût de Gaucher — le prieur d'Aureil présidera ses obsèques en l'absence de l'évêque —, Geoffroy était trop indépendant de caractère pour s'inféoder au chapitre cathédral après avoir repoussé les lourdes observances monastiques offertes à sa jeunesse par Hugues de Cluny. Sa vie, occupée de culte et de prédications, lui permit seulement de rassembler autour de l'église construite par lui les desservants de quelques chapelles de hameaux. Ses successeurs devaient étoffer ce modeste ensemble par l'acquisition de deux ou trois églises anciennes, dont celle de leur territoire paroissial, comme il était naturel.

Les liens solides attesté par un obituaire entre le Chalard et les frères de l'Artige corroborent le caractère marginal de Geoffroy par rapport au système canonial diocésain. L'Artige et Grandmont représentent en effet la plus poussée des formules de vie religieuse cléricale, et aussi laïque, que le Limousin ait produites dans la seconde moitié du XII$^e$ siècle. Comme les chapelles rassemblées par Geoffroy du Chalard, la quarantaine d'établissements grandmontains et artigiens du diocèse s'installe dans des sites nouveaux, mais si le Chalard s'adapte ensuite à la pastorale courante des chanoines réguliers, Grandmont et, à un degré moindre, l'Artige se cantonnent dans un érémitisme de groupe qui refuse plus ou moins explicitement les possibilités largement exploitées par Gaucher d'Aureil : responsabilités féminines, recrutement d'enfants, reprises de fondations en déshérence ou de patronages paroissiaux, acceptation de prestations obituaires, etc.

La mort de Gaucher en 1140 fournit un repère commode pour l'apogée du mouvement canonial en Limousin à l'époque grégorienne. A ce moment, un nouveau prieur de Grandmont met en forme, et même en « règle », le programme radical d'un érémitisme évangélique que l'évêque de Limoges fera approuver à Rome en 1158. C'est cette année-là que le pape approuvera l'expansion artigienne sous une règle de Saint-Augustin qui est devenue un peu une étiquette puisqu'elle garantit dans le même temps l'observance hospitalière à Saint-Gérald de Limoges. C'est en 1142 encore qu'Etienne d'Obazine, clerc ermite aussi indépendant que Geoffroy du Chalard, finit par adopter la règle monastique qui l'introduit dans l'Ordre des Cisterciens ; ceux-ci lui permettront de garder le contrôle de ses religieuses, alors que le prieur d'Aureil va voir les siennes lui échapper en partie sous l'étiquette bénédictine. Au reste, les usages de Fontevrault étaient venus donner une réponse de plus aux nécessités des fondations féminines.

La fondation tardive d'Altavaux et de Montcalm en 1178-1180 par les chanoines de la Couronne en Angoûmois marque en Limousin le déclin du mouvement canonial étudié ici : ces tard venus sont férus des formules les plus étudiées en fait de régularité et n'établissent que des communautés de douze chanoines et de douze frères lais, sans dispersion individuelle. La Couronne s'assurait les garanties préconisées par les Prémontrés de la seconde génération, tout en tenant compte des innovations du siècle en fait de religion laïque, mais elle préfigurait les chapitres seigneuriaux ou cardinalices du bas Moyen Age : Altavaux est doté par un noble « pour la contemplation de son âme et de celle de ses ancêtres », bien pourvu de reliques et honoré d'une approbation pontificale parfaitement inconsistante.

Un siècle après la canonisation épiscopale de Gautier de Lesterps Gaucher d'Aureil était pareillement canonisé en 1194. La première fête marquait le début d'un mouvement de rénovation cléricale qui allait assurer des desservants régulièrement formés à quantité d'églises rurales. L'autre cérémonie semblait bien faite, tout comme à Grandmont en 1189, pour réconforter une congrégation diocésaine à court de souffle : l'octogénaire Gaucher n'avait pas, à l'instar de Geoffroy du Chalard, préparé sa succession que se disputèrent deux vieillards et que recueillit un autre vieillard venu de Bénévent. Et une génération plus tard, les frères de Grandmont et de l'Artige allaient voir leurs homologues urbains, Prêcheurs et Mineurs, s'installer à Limoges et en d'autres villes du diocèse.

L'expression de mouvement canonial correspond bien à une réalité dynamique observée dans le Limousin des xe, xie et xiie siècles. L'enquête menée dans ce vaste diocèse aura permis de voir les normes carolingiennes et la tutelle du siège cathédral assurer à la fois le maintien d'établissements monastiques rescapés des destructions normandes et la création spontanée d'autres communautés cléricales ; aux unes et aux autres fut offerte, à partir du milieu du xie siècle, la promotion à une régularité nouvelle prônée par le Siège Apostolique.

Sauf une brève exception, tous les évêques de Limoges des trois siècles romans venaient de l'ordre clérical ou canonial [3]. Le fait, assez rare en Aquitaine pour n'être relevé qu'à Périgueux, s'explique suffisamment par la tenace rivalité entre la cathédrale et Saint-Martial ; mais on peut se demander quel rôle l'ordre monastique, plus strict et plus estimé, a pu jouer dans le mouvement canonial des divers diocèses aquitains, spécialement Poitiers ou Bourges dont l'étendue est comparable à celle de Limoges. Pour ce dernier, le rôle des moines n'a guère laissé de traces ; on est réduit à supposer une incitation initiale au xe siècle dans le cas d'Evaux et de Lesterps, et à reconnaître une réelle attraction transformée en concurrence vers l'an mil dans le cas d'Eymoutiers. A la fin de la période, Etienne d'Obazine trouvera dans la rigidité des normes cisterciennes tout autant la garantie de son autorité personnelle que le maintien de ses orientations austères. Mais en se contentant des structures cléricales, Grandmont poussait cette austérité jusqu'à un désintéressement évangélique tapageur qui surclassait provisoirement les ordres nouveaux de moines et de chanoines.

## BIBLIOGRAPHIE

R. LIMOUZIN-LAMOTHE, *Le diocèse de Limoges des origines à la fin du Moyen Age,* Strasbourg-Paris, 1951, in-8°, 192 p. (Collection d'histoire des diocèses de France publiée sous la direction de l'abbé Eugène JARRY).

Dom Jean BECQUET, *Les chanoines réguliers en Limousin aux XIe et XIIe siècles,* dans *Analecta Praemonstratensia,* XXXVI, 1960, p. 283 à 324. — *La règle de Grandmont,* dans *Bulletin de la Société archéologique et historique du Limousin,* LXXXVII, 1958, p. 9 à 36. — *Le coutumier des chanoines réguliers d'Aureil en Limousin au XIIIe siècle, ibid.,* XCI, 1964, p. 71 à 85. — *La bibliothèque des chanoines réguliers d'Aureil en Limousin au XIIIe siècle, ibid.,* XCII, 1965, p. 107-134. — *L'Ordre de l'Artige, ibid.,* XCVII, 1970, p. 83-142, carte. — *Les chanoines réguliers du Chalard (Haute-Vienne), ibid.,* XCVIII, 1971, p. 153-171, carte. — *Les chanoines réguliers de Lesterps, Bénévent et Aureil en Limousin aux XIe et XIIe siècles, ibid.,* XCIX, 1972, p. 80-135, cartes. — *Chanoines réguliers en Limousin au XIIe siècle : sanctuaires régularisés et dépendances étrangères, ibid.,*

3. Jean BECQUET, *Les évêques de Limoges aux Xe, XIe et XIIe siècles,* en cours dans *Bulletin de la Société archéologique et historique du Limousin ;* des éléments comparatifs sont fournis par Guy LANOË, *Approche de quelques évêques moines en Angleterre au Xe siècle,* dans *Cahiers de Civilisation médiévale. X[e]-XIIe siècles,* XIX, 1976, p. 135 à 150.

CI, 1974, p. 67-111, cartes. — *Collégiales et sanctuaires de chanoines séculiers en Limousin aux Xᵉ-XIIᵉ siècles, ibid.*, CIII, 1976, p. 75 à 106, cartes. — *L'érémitisme clérical et laïc dans l'Ouest de la France*, dans *L'eremitismo in Occidente nei secoli XI e XII. Atti della seconda Settimana internazionale di studio, Mendola, 30 agosto-6 settembre 1962*, p. 182 à 211, Milano, 1965. — *La paroisse en France aux XIᵉ et XIIᵉ siècles*, dans *Le Istituzioni della 'Societas cristiana' dei secoli XI e XII : diocesi, pievi e parrochie. Atti della sesta Settimana etc... Mendola...* 174, p. 199 à 222, Milano, 1976. — *Chanoines réguliers et érémitisme clérical*, dans *Revue d'histoire de la spiritualité. Revue d'ascétique et de mystique*, XLVIII, 1972, p. 361-370. — *La réforme des chapitres cathédraux en France aux XIᵉ et XIIᵉ siècles*, dans *Bulletin philologique et historique (jusqu'à 1610) du Comité des Travaux historiques et scientifiques. Année 1975*, p. 31 à 41, Paris, 1977.

# XI

# LA RÉFORME DES CHAPITRES CATHÉDRAUX EN FRANCE AUX XI$^{e}$ ET XII$^{e}$ SIÈCLES

De la catégorie, ou *ordo,* des moines régis par la règle bénédictine, la législation carolingienne avait bien distingué la catégorie des chanoines, réglementés par des prescriptions patristiques qu'un capitulaire de 816 leur rappelait, en écho à saint Chrodegang de Metz. L'institution canoniale ainsi définie allait être, jusqu'à l'époque contemporaine, au service liturgique, scolaire et caritatif des églises requérant un groupe de clercs et spécialement des églises cathédrales [(1)].

Dans ces cathédrales, le chapitre des chanoines était le principal responsable du choix de l'évêque et il exerçait un certain contrôle sur les autres chapitres canoniaux qui desservaient soit des sanctuaires, soit des collégiales castrales ou suburbaines, soit des monastères désertés par les moines ou les moniales en période d'insécurité. Dans ces chapitres, les revenus avaient progressivement été partagés en prébendes individuelles, plus fortes dans le cas des dignités capitulaires, diminuées au contraire dans d'autres cas par le malheur des temps ou des appétits lignagers.

La réforme grégorienne des XI$^{e}$ et XII$^{e}$ siècles rappela l'ordre canonial à plus de discipline et plus de désintéressement dans le service des églises à lui confiées. Le concile romain de 1059, qui assurait la liberté des élections aux degrés élevés de la hiérarchie

(1) La bibliographie est fournie par l'*Histoire des institutions françaises au Moyen Age,* publiée sous la direction de F. LOT et R. FAWTIER, t. III, *Institutions ecclésiastiques,* par J.-F. LEMARIGNIER, J. GAUDEMET et Mgr G. MOLLAT (Paris, 1962), p. 188; par l'*Histoire du droit et des institutions de l'Eglise en Occident,* publiée sous la direction de G. LE BRAS, t. X, *L'Age classique* (1140-1378). *Les religieux,* par dom J. HOURLIER (Paris, 1974), p. 86; par dom J. BECQUET, « Chanoines réguliers et érémitisme clérical », dans *Revue d'histoire de la spiritualité. Revue d'ascétique et de mystique,* t. 48 (1972), pp. 361-370.

ecclésiastique, prescrivait aux clercs des ordres majeurs astreints au célibat l'usage commun d'un dortoir et d'un réfectoire adjacents à leurs églises; il invitait ces mêmes clercs de façon pressante à réaliser entre eux la « vie apostolique » de la première communauté chrétienne où personne n'avait rien en propre et où tout était commun à tous (2).

La prescription de 1059 n'allait pas au-delà des règlements carolingiens, mais son invitation pressante à la désappropriation personnelle faisait écho à la pratique monastique et trouvait appui dans l'autorité de saint Augustin dont la vie et les écrits auraient désormais valeur de règle. A vrai dire, les meilleurs des chanoines, tels ceux de Saint-Ruf, de Saint-Paul de Narbonne, de Lesterps et même de Saint-Martin de Tours, n'avaient pas attendu 1059 pour restaurer ou maintenir une vie régulière, mais les réformateurs grégoriens ne ménagèrent pas à la nouvelle régularité augustinienne les bulles d'approbation, les encouragements des légats, les appuis d'évêques réformistes : aussi bien la libération des églises allait-elle de pair avec la restauration ou la fondation d'établissements canoniaux dans tous les diocèses de l'Occident chrétien.

Depuis un quart de siècle environ, les chanoines réguliers, augustiniens ou pré-augustiniens, ont été l'objet d'un intérêt soutenu de la part des historiens de l'Eglise médiévale, depuis les clercs-ermites initiateurs de formules au rayonnement limité, jusqu'aux grandes associations du type de Prémontré ou d'Arrouaise, calquées sur les organisations monastiques centralisées. Moins attrayant, le cas des chapitres cathédraux appelle pourtant l'attention, s'il est vrai que ces chapitres s'assurent au cours du XII^e^ siècle le monopole des élections épiscopales (3); du simple point de vue institutionnel, cette attention a l'avantage de porter sur un cas-type, observable dans des conditions identiques. En effet, à la différence de bien d'autres établissements canoniaux, la régularité augustinienne des cathédrales est nécessairement le résultat d'une réforme d'un corps permanent par un personnage transitoire, l'évêque diocésain opérant sans intervention laïque déterminante (4). Une vue d'ensemble de la

(2) Canon 4, dans J. MANSI, *Amplissima collectio conciliorum*, t. XIX (Paris-Leipzig, 1902), col. 898 B et 908 C.

(3) J.-F. LEMARIGNIER, *op. cit. sup.*, note 1, p. 167.

(4) Un bel exemple d'intervention laïque dans la fondation d'une collégiale régulière par un évêque est celui de Saint-Médard de Doulon au diocèse de Nantes en 1105 (Dom E. MARTÈNE et dom U. DURAND, *Thesaurus novus anecdotorum*, t. I, Paris, 1917, col. 315-320); *Gallia Christiana XIV, Instrum.*, col. 174-175). La réforme des chapitres de toute espèce au XII^e^ siècle n'est évoquée que par le cas de quelques collégiales d'après les travaux de VACANDARD sur saint Bernard par A. FLICHE dans l'*Histoire de l'Eglise depuis les origines...*, sous la direction de A. FLICHE et Mgr MARTIN, t. IX, 1 (Paris, 1944), p. 143; le progrès est très net dans l'important ouvrage de B. BLIGNY, *L'Eglise et les ordres religieux dans le royaume de Bourgogne aux XI^e^ et XII^e^ siècles*, Grenoble, 1960, pp. 156-161 et 198-228.

question ne peut être prise que sur la base de la *Gallia Christiana* (5) puisque les regestes épiscopaux sont une rareté en France; une coupe est ainsi réalisée dans un tissu documentaire cohérent, quoique ancien, avec des zones de plus grande netteté dues à des publications récentes.

***

La régularisation la plus poussée comportant la désappropriation personnelle, il y a dans ce cas substitution progressive de chanoines augustiniens aux autres que l'on appelle alors séculiers; ceux-ci meurent ou se convertissent librement, et leurs prébendes retournent à la masse commune. Toute régularisation d'un chapitre, fût-ce avec rétablissement d'un dortoir et d'un réfectoire, n'est pas nécessairement du type augustinien qui va caractériser, à partir du XIIe siècle, les seuls chanoines réguliers par opposition aux séculiers. Les exemples ne manquent pas, pour les cathédrales, de régularisation pré-augustinienne.

Pour le rétablissement de l'évêché de Lectoure en 1068, sous le contrôle du légat Hugues Candide, on met au lieu et place des moines du lieu, des « clercs religieux, honorables et chastes, décidés à vivre régulièrement » (6). La vie commune attestée à Riez en 1052, à Apt en 1057, à Béziers en 1093 peut n'avoir été que le retour à cette régularité carolingienne que l'on essayait de maintenir à Saint-Martin de Tours (7). Cette vie régulière méritait d'être confirmée pour Apt en 1115 par Pascal II (8), et le cas n'y apparaît pas différent de celui d'Angoulême où le légat Gérard et son prédécesseur n'ont pas fait plus que d'assurer la vie commune par le rétablissement du dortoir et du réfectoire (9). De grandes églises (*bonae ecclesiae*) comme Lyon et Reims ont la table commune que

(5) Il s'agit soit de la classique *Gallia Christiana (nova)* des Bénédictins de Saint-Maur, reprise et complétée au XIXe siècle en 16 volumes in-f° par B. HAURÉAU et dom P. PIOLIN, soit de la *Gallia Christiana novissima* du chanoine J.H. ALBANÈS et de divers collaborateurs, consacrée en 7 volumes in-4° à la Provence de 1899 à 1920. Sur ces divers recueils voir dom H. LECLERCQ « Gallia christiana » dans *Dictionnaire d'Archéologie chrétienne et de liturgie,* t. 6, 1 (Paris, 1924), col. 277-310.

(6) M.-J.-J. BRIAL, *Recueil des historiens de la Gaule...,* éd. L. DELISLE, t. XIV (Paris, 1877), 28.

(7) *Gallia Christiana I, Instrumenta,* col. 82; C. DEREINE, « Vie commune, règle de saint Augustin et chanoines réguliers au XIe siècle », dans *Revue d'histoire ecclésiastique,* t. 41 (1946), pp. 363-406, n° 40; *Gallia Christiana VI,* col. 310-311; dom G. OURY, « L'idéal monastique dans la vie canoniale. Le bienheureux Hervé de Tours († 1020) », dans *Revue Mabillon,* t. 52 (1962), pp. 1-31.

(8) *Gallia Christiana I, Instrumenta,* col. 77.

(9) *Historia pontificum et comitum Engolismensium,* éd. crit. par J. BOUSSARD (*Bibliothèque elzévirienne, nouvelle série : Etudes et documents,* Paris, 1957), pp. 27-28 et 35-36; « Cartulaire de l'Eglise d'Angoulême », par l'abbé J. NANGLARD dans *Bulletin et mémoires de la société archéologique et historique de la Charente,* 6e série, t. 9 (1899), n° XVII-XIX et CLXXXIX.

l'on recommande en 1112 aux chanoines de Jérusalem[10]; mais ces deux métropoles n'ont pas laissé de texte mentionnant la règle de saint Augustin ou l'abandon des biens propres (*proprium*) par leurs chanoines. Il en va de même à Bourges où l'on mange ensemble à date fixe en 1178, et c'est le cas en carême à Auxerre où un évêque réformiste a fait une dotation spéciale dans ce but en 1136[11]. Dans le cas d'Angers, on a récemment montré avec sagacité que la régularité n'avait pas été plus loin que le réfectoire et le dortoir, sans même durer au-delà du milieu du XIIe siècle[12].

La régularité augustinienne véritable se trouve attestée dans une vingtaine de chapitres cathédraux, tous situés au sud d'une ligne tirée de Bordeaux à Belley, sauf deux qui sont respectivement en Normandie et en Bretagne. Dans cet ensemble méridional, les sièges métropolitains ne se distinguent nullement : si Narbonne n'est pas en retard, les sièges de Bordeaux, de Tarentaise et d'Arles sont les derniers à avoir adopté cette régularité. En revanche, le siège de Toulouse tient la vedette, non tant par l'étendue de son ressort que par la date et les termes de la régularisation adoptée et récemment étudiée[13].

En 1073, l'évêque Isarn, appuyé par le comte et par Hugues de Cluny auquel il donnait Saint-Sernin et la Daurade dans sa ville, imposait la désappropriation à ses chanoines dans une véritable proclamation finalement adressée au pape Grégoire VII nouvellement élu: « Désormais, tout clerc qui voudra s'agréger à l'église cathédrale saura qu'il est soumis à la rigueur de la vie canonique, c'est-à-dire qu'il ne devra s'attribuer ni en fait, ni en droit, aucun bien propre; tous mangeront ensemble, dormiront ensemble, le vivre et le couvert étant communs à tous selon la norme de l'institution apostolique ». En fait, c'est à Saint-Sernin que la régularité augustinienne irait supplanter les usages clunisiens, et cette régularité aurait disparu de la cathédrale avant 1142[14]. Les influences toulousaines en Quercy et en Rouergue avaient amené cette régularité aux chapitres cathédraux de Cahors et de Rodez, plus durablement à Cahors où des imprécisions de vocabulaire la feront remettre en cause sous

(10) *Gallia Christiana novissima,* t. II, n° 478.

(11) *Gallia Christiana II, Instrumenta,* col. 18; *ibid. XII,* col. 291.

(12) Gérard Robin, « Le problème de la vie commune au chapitre de la cathédrale Saint-Maurice d'Angers du IXe au XIIe siècle », dans *Cahiers de civilisation médiévale. Xe-XIIe siècles,* t. 13 (1970), pp. 305-322.

(13) E. Magnou-Nortier, *La société laïque et l'Eglise dans la province ecclésiastique de Narbonne (zone cispyrénéenne) de la fin du VIIIe à la fin du XIe siècle,* Publications de l'Université de Toulouse - Le Mirail, série A, t. 20, Toulouse, s.d. [1974], in-8° de 686 p., pp. 475-490.

(14) *Gallia Christiana XIII, Instrumenta,* col. 19.

Grégoire IX [15]; la cathédrale d'Albi semble avoir dû à ces mêmes imprécisions sa sécularisation en 1278 [16].

Comme on l'a remarqué pour Toulouse, en effet, la mention expresse de la règle augustinienne n'apparaissait pas aussi nécessaire aux premiers évêques réformistes qu'elle serait fréquente dans les confirmations apostoliques à partir d'Urbain II (1088-1099); on peut alors citer Carcassonne, Avignon, Nîmes, Maguelonne, Comminges, puis Lescar où des chanoines réguliers remplacent en 1101 des moines relâchés, Orange après 1107 grâce à un évêque venu de Saint-Ruf, Mende enfin en 1123 [17]. A Nice, la régularité amorcée en 1108 par des libéralités épiscopales, aboutit à la pratique augustinienne en 1137 seulement, mais s'enrichit d'une clause due, semble-t-il, à un exemple grenoblois, sur la régularité de l'évêque lui-même [18].

A Grenoble, un demi-siècle d'épiscopat exemplaire n'avait sans doute pas donné occasion à saint Hugues (1080-1131) de régulariser sa cathédrale... pas plus que n'avait fait le légat Amat d'Oloron dans la sienne. On voit pourtant le saint évêque substituer avec précaution des réguliers aux séculiers dans quelques églises de son voisinage où les nouveaux occupants seront ses hôtes et ses exécuteurs testamentaires; c'est son successeur, le Chartreux Hugues II qui, en 1136, imposera au chapitre à la fois la régularité augustinienne et l'obligation de ne plus élire qu'un régulier comme évêque [19]. Les mêmes mesures furent prises dans le diocèse voisin de Belley en 1142; là, dès 1129, un autre évêque chartreux avait établi et confié aux chanoines de Saint-Ruf une sorte d'annexe régulière de son chapitre

(15) Pour Cahors, voir dom J. Becquet, « Saint Hugues sur les chemins de Moissac. La réforme canoniale », dans *Annales du Midi,* t. 75 (1963), pp. 365-372; Ph. Jaffé, éd. Loewenfeld, *Regesta pontificum romanorum,* Leipzig, 1885-1888, n° 6025 et 6721; A. Potthast, *Regesta pontificum romanorum* (Berlin, 1874-1875), n° 10837 et 11373. Pour Rodez, voir l'abbé Migne, *Patrologia latina,* t. 156, col. 546.

(16) E. Magnou-Nortier, *op. cit.,* pp. 481-482; E. Auriac, *Histoire de l'ancienne cathédrale... d'Alby,* Paris, 1858, p. 197, cf. pp. 224-228; Potthast, *op. cit.,* n° 21494. Le cas de Bordeaux, où la règle de saint Augustin fut expressément prévue, montre les conséquences juridiques au XIII^e^ siècle d'une précision qui ne fut pas réalisée d'un seul coup comme l'a fait voir Michel Dortel-Claudot, « Origine du terme clercs réguliers », dans *Ius populi Dei. Miscellanea in honorem Raymundi Bidagor,* vol. II, pp. 307-326, Rome, 1972 et l'on peut y ajouter au moins le cas de Lectoure cité plus haut; pour Bordeaux, voir J. Hourlier, *op. cit.,* p. 90, note 10.

(17) *Gallia Christiana VI,* 875, et *Instrumenta,* col. 431-433 (Carcassonne); *Gallia Christiana I,* 810 et *Instrumenta,* col. 140, outre *Gallia novissima VII,* n° 182 (Avignon); *Gallia Christiana VI,* 438-439 et *Instrumenta,* col. 198 (Nîmes); *ibid.,* 742 et *Instrumenta,* col. 352 (Maguelonne); *Gallia Christiana I,* 1094-96 (Comminges); *ibid.,* 1289 (Lescar); *ibid.,* 772 et *Gallia novissima I,* n° 519 (Orange); *Gallia Christiana I,* 90 et Jaffé, *op. cit. sup.,* note 15 : n° 7025 (Mende).

(18) *Gallia Christiana III,* 1278.

(19) *Ibid. XVI,* 237 et *Instrumenta,* col. 78-85.

cathédral[20]. Dans la même région alpestre enfin, l'archevêque cistercien Pierre de Tarentaise avait régularisé son chapitre sous Innocent II (1130-1143), faisant même écarter ensuite par son confrère le pape Eugène III les chanoines élus en contravention avec cette mesure[21].

Deux métropoles méridionales devaient encore passer à la régularité augustinienne d'une manière où la volonté épiscopale semble plus déterminante que la vogue des formules réformistes. A Bordeaux, l'archevêque Geoffroy du Loroux, parti de l'érémitisme prédicant pour arriver au faîte de la politique ecclésiastique aquitaine, mit presque une décennie pour faire entrer la régularité dans son chapitre; sur un nombre habituel de 24 chanoines, il ne restait en 1145 que 9 séculiers et 5 réguliers pour conclure un compromis avec le prélat[22]. Arles, qui avait connu une régularisation précoce de type carolingien, atteste la règle augustinienne à la date surprenante de 1186, grâce à un archevêque sorti des rangs du chapitre où il était déjà en 1141[23]; cet homme dont la patience n'avait pas émoussé la détermination, devait aller trouver la mort au siège de Saint-Jean d'Acre en 1190 ! Tant à Arles qu'à Bordeaux, la régularité acquise était nette et devait rester en vigueur un siècle au moins[24].

Les cathédrales alpestres régulières n'avaient pu servir d'exemple aux deux cathédrales régulières de la France septentrionale. En effet, l'année même où mourait saint Hugues de Grenoble, l'évêque Jean de Séez introduisait dans son chapitre, un jour de carême 1131, le petit noyau de réguliers rassemblés par lui et dirigés par un prieur; à la mort de Jean, la douzaine des pauvres chanoines séculiers de Séez avait été progressivement remplacée par un nombre triple de réguliers prospères[25]. A Saint-Malo, un autre évêque Jean, ancien abbé de chanoines réguliers, réussit une régularisation analogue entre 1144 et 1150[26]. Dans les deux sièges, la régularité s'étendait aussi bien au futur évêque à élire qu'à l'archidiacre, et l'on pratiquait les usages de Saint-Victor, aussi commodes que ceux de Saint-Ruf pour les cathédrales. Une chronique fait gloire à Jean de Séez

(20) *Ibid. XV, Instrumenta,* 307; [U. CHEVALIER] « Codex diplomaticus ordinis sancti Rufi », dans *Bulletin de la Société départementale d'Archéologie et de Statistique de la Drôme,* t. 25 (1891), paginé 1-120, n° XVIII.

(21) *Gallia Christiana XII, Instrumenta,* col. 381.

(22) J. BECQUET, « Geoffroy Babion, archevêque de Bordeaux, † 1158 », dans *Dictionnaire de Spiritualité,* t. 6 (1965), col. 229-231; Jean de la Croix BOUTON, « Bernard et les chanoines réguliers », dans *Bernard de Clairvaux* (*Commission d'Histoire de l'Ordre de Cîteaux,* III, Paris, 1953), p. 279; *Gallia Christiana II,* 814-815.

(23) *Gallia Christiana I,* 554, 556, 564; *Gallia novissima II,* n° 407, 573, 576, 665, 2890 et 2969. La règle augustinienne, nullement évoquée par Anastase IV et Adrien IV, disparaît entre 1369 et 1433.

(24) A Orange et Nice, la sécularisation ne se produisit qu'au XVII^e siècle.

(25) *Gallia Christiana XI, Instrumenta,* col. 160-169; la sécularisation intervint en 1547 (col. 176).

(26) *Gallia Christiana XIV,* 1002 et *Instrumenta,* col. 234.

d'avoir réussi là où son oncle Jean de Lisieux et l'évêque-légat Geoffroy de Chartres avaient échoué : tout comme dans le Midi, les régularisations tardives devaient requérir une grande fermeté épiscopale... ou une grande pénurie canoniale car, sous Alexandre III déjà, l'évêque de Séez n'était plus régulier et sécularisait l'archidiacre.

Saint-Malo et Séez font exception dans les deux tiers septentrionaux de la France où les chapitres cathédraux se sont contentés de participer à la régularité augustinienne d'établissements voisins, soit par des libéralités initiales, soit par une confraternité spéciale qui jouait surtout au bénéfice des défunts. Cette confraternité spéciale n'était pas plus une innovation des chapitres cathédraux que le procédé de régularisation par substitution : en 1070, les réguliers de Pébrac, qui devaient beaucoup aux riches chanoines du sanctuaire de Brioude, assuraient à ceux-ci un asile éventuel en cas de conversion, et le supérieur de Pébrac recevait sa prébende à Brioude (27). Or, le même procédé se retrouve, hors de toute correspondance verbale, dans l'accord conclu à la fin du XIe siècle entre le chapitre cathédral de Limoges et les réguliers d'Aureil installés sur ses domaines : le prieur Gaucher serait agrégé au chapitre de Limoges après élection par les siens, et c'est chez lui que les chanoines de la cathédrale pourraient embrasser la vie régulière (28).

La même situation était faite en 1099 à l'abbé de Saint-Jean-en-Vallée par l'évêque Yves de Chartres — conseiller des réguliers d'Aquitaine —, à cela près que l'abbé gardait à la cathédrale la prébende qu'il avait lors de sa conversion et y devait faire son service de semaine comme ses anciens confrères; dans l'élection du successeur par les réguliers, l'avis de l'évêque et de son chapitre, prévu en 1103, n'est plus requis après 1150 et il n'est nulle part question de Saint-Jean comme lieu de conversion pour les séculiers de la cathédrale (29). On comprend mieux, dans ces conditions, les résistances rencontrées à Chartres par l'évêque-légat Geoffroy de Lèves ! Pourtant son diocèse formait à la vie canoniale, à Bourgmoyen régularisé vers 1122, le futur évêque Jean de Saint-Malo (30).

Peut-être faut-il voir dans le service d'hebdomadier assuré par l'abbé de Saint-Jean-en-Vallée le moyen imaginé par Yves de Chartres pour assurer une présence régulière au sein d'un corps resté séculier. Le prieur de Saint-Georges de Troyes reçut le même droit en 1090 lorsque l'évêque fit appel aux réguliers de Saint-Quentin de Beauvais dont Yves venait de quitter la direction en 1089 (31); ces mêmes

(27) *Gallia Christiana II, Instrumenta,* col. 131.

(28) J. Becquet, « Les chanoines réguliers de Lesterps, Bénévent et Aureil », dans *Bulletin de la Société Archéologique et Historique du Limousin,* t. 99 (1973), pp. 80-135.

(29) *Gallia Christiana VIII, Instrumenta,* col. 305-307, 333.

(30) *Ibid. Instrumenta,* col. 420 et *XIV,* 1002 et 1137.

(31) *Gallia Christiana XII,* 497, 584-585; Migne, *Patrologia latina,* t. 200, col. 1204.

réguliers, introduits à Saint-Jean et à Saint-Sauveur de Sens à partir de 1111, eurent deux prébendes quelconques à la cathédrale (32); à Nevers encore, dès 1096-97, les réguliers de Saint-Loup pouvaient recueillir les convertis de la cathédrale, lesquels gardaient leur prébende et venaient faire leur service (33). Mais on constate aussi qu'à Chartres même, l'évêque Arrald avait donné en 1070 une prébende dans son chapitre aux Clunisiens évidemment inaptes au service liturgique du lieu (34), et d'autre part, on ne voit point que le prieur d'Aureil ait été astreint à ce même service à Limoges (35). En réalité, la donation d'une prébende était une générosité permanente d'une communauté canoniale à l'égard d'une autre qui avait la possibilité, stipulée ou non, de faire assurer les prestations liturgiques par un suppléant (*vicarius*).

C'est à Senlis que l'on voit en 1076 le doyen de la collégiale royale Saint-Frambauld laisser sa prébende aux réguliers augustiniens de Saint-Vincent; ceux-ci devaient envoyer un chanoine pour les suppléer dans le service d'hebdomadier et un prêtre les autres jours (36). En 1080, dans la ville épiscopale voisine de Beauvais, l'abbé des réguliers de Saint-Quentin — notre futur Yves de Chartres — obtenait du roi Philippe Ier l'affectation d'une prébende de la cathédrale Notre-Dame pour assurer aux défunts royaux les prières des siens; le procédé ne semble pas avoir été goûté à Notre-Dame car un accord de 1126 oblige les réguliers à un service personnel à la cathédrale. Bien que Saint-Quentin s'obligeât aussi à recevoir, quelle que fût sa pauvreté, tout chanoine de ladite cathédrale désireux de faire retraite, les bénéficiaires ne se soucièrent pas de faire confirmer ce droit avec d'autres en 1151 (37).

L'accord de 1126 mentionne un autre avantage possédé par les réguliers, plus substantiel et assez apprécié dans l'espace capétien du moment : les chanoines réguliers percevaient durant un an les revenus de toute prébende vacante à la cathédrale par décès ou conversion du titulaire. Ainsi en alla-t-il à Saint-Laurent et Saint-Loup de Nevers avant 1109, à Saint-Eusèbe d'Auxerre avant 1115, à Saint-Jean et Saint-Sauveur de Sens avant 1127 (38). Mais c'est à Paris que le double avantage de la prébende et de l'année de revenus joua le plus visiblement en faveur de Saint-Victor sous l'épiscopat d'Etienne

(32) *Gallia Christiana XII, Instrumenta,* col. 18, 28-29.

(33) *Ibid. Instrumenta,* col. 336-340.

(34) *Gallia Christiana VIII,* 303. L'office liturgique était l'objet de distributions différentes (psaumes, hymnes, etc.) dans l'ordre monastique et dans l'ordre canonial.

(35) Le texte souligne même que la place du prieur d'Aureil n'est nullement à Limoges. Il n'est fait aucune allusion à un service liturgique pour Pébrac vis-à-vis de Brioude, ni pour Ordenas vis-à-vis de Belley, alors que l'accueil matériel est ici et là cordialement assuré.

(36) *Gallia Christiana X, Instrumenta,* col. 423.

(37) *Ibid.,* col. 244-259.

(38) Voir notes 32 et 33, outre *Gallia Christiana XII,* col. 289.

de Garlande (1124-1141); la résistance du chapitre cathédral obligea le pape Innocent II à forcer la main du roi Louis VI au concile de Reims en 1131, et elle occasionna même le meurtre du prieur de Saint-Victor par les neveux de l'archidiacre de Notre-Dame ! Dans trois autres chapitres du diocèse, les Victorins eurent aussi leur prébende où les vicaires les remplaçaient, tout comme à Notre-Dame qui leur laissait encore l'année de revenus à chaque vacance; on voit même l'évêque de Senlis, désireux d'assurer cette dernière faveur aux réguliers de Saint-Vincent de Senlis, se renseigner en 1129 auprès d'Etienne de Garlande sur les modalités d'exécution (39).

Il n'est donc pas surprenant que les Victorins de Saint-Euverte d'Orléans aient eu leur prébende à la cathédrale dès leur installation en 1140 et que leur évêque Manassès de Garlande leur ait donné dès son élévation en 1147 l'année de revenus vacants (40). C'est sans doute au même Manassès que Saint-Euverte est encore redevable du bénéfice de la confraternité spéciale avec la cathédrale mentionnée plus haut pour Limoges et Belley, mais à la fin du XII$^{e}$ siècle, ce bénéfice semble avoir été considéré par les réguliers comme la charge de recueillir les séculiers malades et moribonds (41). Dans deux évêchés normands se retrouvent les faveurs de la cathédrale pour les réguliers : la prébende à Bayeux pour le Plessis-Grimoult en 1162, l'année de revenus à Avranches pour la Luzerne vers 1161. En Berry, les réguliers de Saint-Satur ont la prébende à la cathédrale sous Eugène III (42).

Le Berry fournit un des plus anciens témoignages de l'ultime faveur dont un évêque réformiste honorait les réguliers dont il avait assuré l'établissement, parfois revêtu l'habit et dont il voulait s'assurer les prières pour l'éternité : la sépulture au chœur ou au chapitre dont on ne sache pas que les cathédrales aient été les premières bénéficiaires. C'est ainsi que sont ensevelis Richard II de Bourges à Plaimpied en 1092 (43), Manassès d'Orléans à Saint-Euverte, les Parisiens Etienne de Garlande et Maurice de Sully à Saint-Victor, etc... Mais aucun évêque de Limoges ne fut enterré à Aureil : la faveur allait à d'autres religieux quand en 1226 fut interrompue la tradition de sépulture épiscopale dans un ancien monastère cémétérial.

*
* *

(39) *Gallia Christiana VII*, 54-61, 660; MIGNE, *Patrologia latina*, t. 179, col. 620 (le caractère rémunérateur de la prébende est nettement évoqué dans la bulle d'Innocent II).

(40) *Gallia Christiana VIII, Instrumenta*, col. 507-509 (quelques prébendes sont exceptées de ce système).

(41) J. DESILVE, *Lettres d'Etienne de Tournai*, nouv. éd., Valenciennes-Paris, 1893, n° CCC.

(42) MIGNE, *Patrologia latina*, t. 200, col. 366.

(43) G. DEVAILLY, *Le Berry du X$^{e}$ siècle au milieu du XIII$^{e}$. Etude politique, religieuse et économique* (Ecole pratique des Hautes Etudes-Sorbonne, VI$^{e}$ section : sciences économiques et sociales. Civilisation et sociétés 19, Paris - La Haye, 1973), pp. 250-255.

Si rapide qu'il ait pu être, le survol des chapitres cathédraux de la France actuelle aux XIe et XIIe siècles permet de suggérer quelques orientations en vue de recherches plus poussées, à partir de constatations élémentaires.

Tout l'abord les réactions positives observées durent le temps de deux générations, de 1070 à 1140 environ. Ensuite, ces réactions consistent dans l'adoption de la règle augustinienne, la concession aux réguliers de prébendes permanentes ou de revenus temporaires, la fraternité spirituelle assortie de quelques avantages et commodités réciproques; comme les églises cathédrales de la France appartiennent toutes à l'ordre canonial, ces diverses réactions servent à déceler la pénétration des idées grégoriennes sur l'ensemble du territoire et aussi à établir une typologie de la régularité canoniale.

Le succès de la règle augustinienne dans le Midi pyrénéen, languedocien et provençal doit être rapproché de l'action personnelle de légats méridionaux comme Amat d'Oloron et Hugues de Die, ou de légats en route pour l'Espagne comme Hugues Candide et Hugues de Cluny. L'autorité morale du monachisme qui favorise ce succès au départ de Toulouse avec la bénédiction clunisienne, se retrouve accrue à l'arrivée dans les Alpes avec la pression du prestige cartusien (44), au point que c'est alors le statut épiscopal lui-même qui est soumis aux obligations régulières par l'intermédiaire du chapitre cathédral.

Dans le reste du territoire considéré, quelques initiatives épiscopales n'ont abouti qu'à des résultats insignifiants en fait de régularité proprement augustinienne dans les cathédrales. Cette insignifiance ne saurait être attribuée à un pouvoir épiscopal dont des titulaires comme Yves de Chartres, Jean de Thérouanne ou Pibon de Toul (45) ont largement déployé les moyens en bien des domaines. L'exiguïté relative des diocèses méridionaux a-t-elle joué en faveur d'une règle plus facilement imposée dans des cathédrales plus pauvres ? L'on ne saurait le dire quand on compare les territoires de Toulouse, de Bordeaux ou de Grenoble à ceux d'Avranches, d'Arras ou de Mâcon (46).

(44) Il n'est pas excessif de parler de pression, car à Belley la régularisation est décidée en présence des Chartreux de Portes réunis. On peut encore évoquer le rôle de saint Bernard à Bordeaux (note 22).

(45) A Toul, la collégiale Saint-Léon est fondée en 1091 avec règle augustinienne sur le territoire et par le doyen du chapitre cathédral (J. CHOUX, Recherches sur le diocèse de Toul au temps de la réforme grégorienne. L'épiscopat de Pibon (1069-1107) (Nancy, 1952); pour Saint-Paul de Besançon, il y eut plus de timidité, semble-t-il (*Gallia Christiana XV*, *Instrumenta*, col. 12, 26).

(46) Pour ce faire, on consultera commodément « La carte des diocèses de France » par dom J. DUBOIS dans *Annales, Economies, Sociétés*, 20e année, n° 4, juillet-août 1965, pp. 680-691, encart au millionième.

Hormis la régularité augustinienne méridionale, on ne trouve dans les diocèses des régions de Seine et de Loire qu'une sorte de participation statutaire des cathédrales séculières à la régularité d'établissements annexes ou subalternes. Cette formule, que l'on pourrait appeler chartraine, ne paraît pas avoir eu plus d'extension que l'autre. Les chanoines des cathédrales considéraient probablement les usages d'Aix-la-Chapelle comme un niveau d'observance honnête, et de bons esprits comme Yves de Chartres et Hugues I^er^ de Grenoble semblent s'être montrés réalistes à cet égard. Le réformisme grégorien avait pu rétablir le dortoir et le réfectoire carolingiens dans nombre de cathédrales et pour quelques générations : à l'entrée du XIII^e^ siècle, qui verra les moines noirs s'aménager des chambres individuelles (47), les chanoines séculiers retrouvaient leur prébende et leur logis pour ne prendre leur repas commun qu'en des occasions exceptionnelles. L'indépendance personnelle ainsi préservée n'empêchait pas le clergé des cathédrales de remplir les fonctions caritatives et liturgiques que lui laissait l'essor des Ordres mendiants et des Universités.

(47) P. MINARD, « L'habitation monastique. Du dortoir à la cellule », dans *La vie bénédictine*, t. 4 (1938), pp. 76-78.

# ADDENDA ET CORRIGENDA

De menues corrections d'erreurs matérielles ont été effectuées ici et là, dans le texte et jusque dans les cartes.

I -Une première rectification des plus attendues (p.364) est fournie par la reprise de parution de la revue Ordo canonicus et surtout par le début d'une excellente "Bibliographie canoniale" dans la Revue des Etudes augustiniennes (t.29, 1983, p.175-206 pour la période 1980-81).

V -A propos de la bibliothèque d'Aureil dont le catalogue doit beaucoup d'identifications à M. André Vernet, il faut signaler que celui-ci est entré à l'Institut de France et qu'il a publié en 1979 "La bibliothèque de l'abbaye de Clairvaux du XIIe au XVIIIe siècle. I - Catalogues et répertoires" (Documents, études et répertoires publiés par l'Institut de recherche et d'histoire des textes, Ed.du C.N.R.S. Paris, in 4° de 918 p.)

VI -La liste des sigles de référence signalée pour le Chalard (p.166) et utilisée pour toutes les localisations de dépendances dans les articles ultérieurs, est la suivante:

BSAHL = Bulletin de la Société archéologique et historique du Limousin.

BB = Abbayes et prieurés de l'ancienne France... par dom Beaunier [et dom Besse], divers tomes, Paris-Ligugé, 1910-12.

C = Répertoire topo-bibliographique des abbayes et prieurés par dom L.H. Cottineau, 2 vols. in-4°, Mâcon, 1935-37.

F = Recueil des historiens de la France...Pouillés, t.IX - Pouillé de la province de Bourges...par M. Prou, C.-E. Perrin et J. de Font-Réaulx, Paris, 1961-1962.

I = Institut national de la statistique et des études économiques. Direction régionale de Limoges. Nomenclature des hameaux, écarts et lieux-dits, 2e ed. Corrèze, 1966, Creuse, 1966, Haute-Vienne, 1965; chaque département en deux parties.

N = Pouillé historique du diocèse de Limoges... de l'abbé Joseph Nadaud (1775) publié par l'abbé Lecler en BSAHL t.53, 1903.

Na = Pouillé historique du diocèse d'Angoulême par l'abbé Nanglard, 4 vols. in-8°, Angoulême, 1894-1903 (Bull. et Mém. Soc. Archéol. Hist. Charente, 6é. sér. t.2, 1892 sq.).

-Pour Le Chalard lui-même, on recourra en outre à P. Delattre "Les Etablissements des Jésuites en France depuis quatre siècles", t.2, 1953, col.1072, et t.4, 1956, col. 431 n.3.

-Enfin la dépendance du Chalard à Saint-Nicolas de Courbefy (p.170) a été mentionnée dans la Chronique de Maillezais, ou de Saint-Maixent, et non dans celle de Geoffroy de Vigeois comme il est dit à deux reprises. Cette Chronique de Saint-Maixent a fait depuis lors l'objet d'une publication par Jean Verdon, texte critique et traduction, dans Les classiques de l'histoire de France au moyen âge, Paris, 1979, in-8° de xxxi-230 p, mais Courbefy y est identifié à tort avec Aubazine (p. 193). La paroisse Saint-Nicolas de Courbefy est attestée comme telle à la fin du XIIe siècle (A.D. Haute-Vienne 1 H 84, orig.).

VII -L'eglise de Lesterps (p. 107) est titrée des saints Pierre et Paul en 1113 (L. Delisle, "Rouleaux ... des morts du IXe au XIe siècle ...", Paris, 1896, p.279). Aux dépendances de Bénévent (p.122) on peut ajouter celles qui lui viennent de Saint-André de Limoges: Pourioux et la Veyrine (N 341, 658). Parmi les dépendances d'Aureil (p.131), celle de Magnat est signalée par F 510 A, qui l' omet dans son index.

VIII -Quant aux sanctuaires régularisés, les origines de Brive et du Dorat sont évoquées par J.M. Desbordes et divers dans "Vie urbaine en Limousin", Annales du Midi, t.92, 1980, p.381-399. Evaux, signalé comme faisant anciennement partie du Limousin par A. Thomas (BSAHL t.70, 1923, p.45), a conservé un terrier sur papier du XVe siècle aux A.D. Allier, H 994. La redevance due par Brive au Siège Apostolique (p.87) est déjà au Liber Censuum de l'Eglise romaine, édité par l'Ecole française de Rome (Fabre et divers, 1905-1952, 3 vols.). L'archa de Saint-Léonard de Noblat (p.82 n.29) est assurément un coffre à offrandes, une châsse étant normalement désignée par le terme de capsa (Potthast, Regesta, n° 4438). Enfin la Vallée Bénite (p.108) correspond à Saint-Jean des Estourocs, com. Saint-Julien, cant. Saint-Privat, Corrèze, d'après N 600 et Poulbrière "Dictionnaire" III 212. Sur Saint-Junien (p.105), on trouvera des copies de Nadaud dans le fonds Codet de Boisse aux archives de la Société archéologique et historique du Limousin (A.D. Haute-Vienne, acrton 6).

# INDEX

NOMS DE PERSONNES

NOMS DE LIEUX